CONGRÈS NATIONAL

DES DROITS CIVILS ET DU SUFFRAGE DES FEMMES

tenu en l'Hôtel des Sociétés Savantes

à Paris

LES 26, 27 ET 28 JUIN 1908

Compte rendu in extenso, *recueilli, mis en ordre et publié*

par les soins de

Mme ODDO DEFLOU

Secrétaire générale

ORNÉ DE TROIS PORTRAITS TIRÉS HORS TEXTE

Prix : 3 fr. ; franco par la poste : 3 fr. 25.

Pour la vente, s'adresser à Mme VINCENT, 13, rue de Paris, ASNIÈRES (Seine).

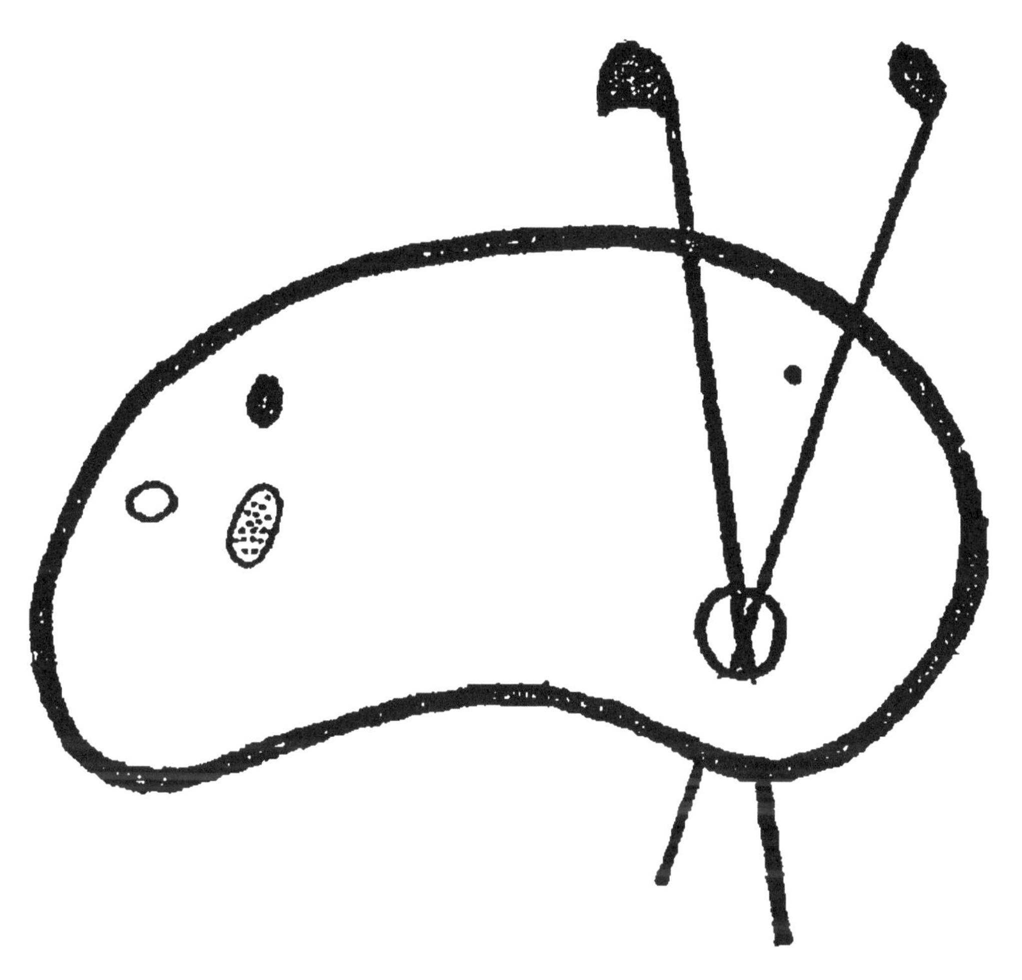

FIN D'UNE SERIE DE DOCUMENTS
EN COULEUR

Présidente de l'Union Française pour le Suffrage des Femmes

CONGRÈS NATIONAL

DES DROITS CIVILS ET DU SUFFRAGE DES FEMMES

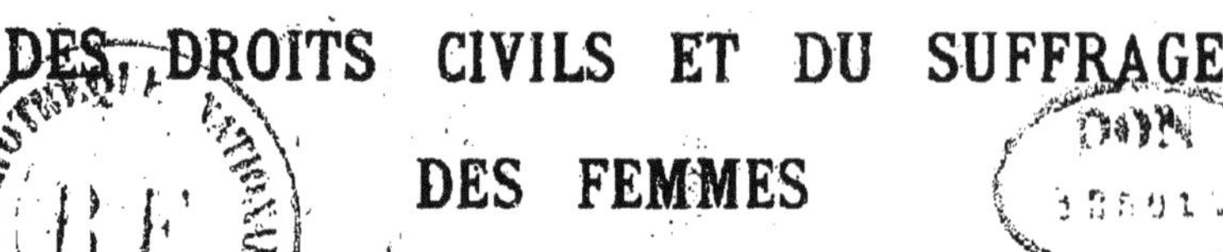

tenu en l'Hôtel des Sociétés Savantes

à Paris

LES 26, 27 ET 28 JUIN 1908

Compte rendu in extenso, *recueilli, mis en ordre et publié*

par les soins de

Mme ODDO DEFLOU

Secrétaire générale

ORNÉ DE TROIS PORTRAITS TIRÉS HORS TEXTE

PRÉFACE

La principale raison d'être du Congrès féministe de 1908 fut celle-ci : *aucun congrès féministe n'avait eu lieu en France depuis l'année 1900*, qui vit la grande exposition.

Or, il est éminemment utile, il est même nécessaire que, de temps à autre, le travail des divers groupements se synthétise en un mouvement d'ensemble qui lui donne plus de poids devant l'opinion et aux yeux du Parlement.

Le lecteur verra que les réformes ne s'inscrivent dans nos lois qu'avec la plus grande lenteur. Mais les progrès de l'opinion sont incomparablement plus rapides. La presse, qui en subit les fluctuations en même temps qu'elle en règle l'essor, nous les transmet chaque jour sous la forme d'un nombre considérable d'articles, presque tous favorables. Même le suffrage politique des femmes, qui naguère souleva des polémiques si virulentes, des oppositions si obstinées, aujourd'hui ne rencontre plus guère que des objections tirées de l'opportunité de l'application.

Plusieurs fois l'idée d'un parlement consultatif féminin a été émise et soutenue. Les congrès remplissent ce rôle, et c'est pourquoi nous devons regretter qu'ils ne soient pas plus fréquents.

Le *Congrès national des Droits civils et du Suffrage des femmes* se distingue des précédents en ce que son programme a été plus restreint afin d'être plus approfondi. Ce n'est pas que, sous ce dernier rapport, il ait encore atteint l'idéal de ses organisatrices, mais enfin il a, le premier, indiqué un commencement de spécialisation qui, suivant nous, doit être fructueux, si l'avenir le poursuit et le développe.

Le féminisme, comme toute étude nouvelle, a d'abord traversé une période chaotique. Une certaine confusion dans les idées et dans les discussions accompagne nécessairement toute exploration dans un nouveau domaine scientifique, sociologique ou autre. Il a fallu sérier les revendications, en examiner plus à fond la nature, et surtout, accentuer la séparation si importante du féminisme et de la politique.

D'ailleurs, en s'appuyant sur les droits civils et le suffrage, le Congrès de 1908 a — peut-on dire à juste titre — pris pour soutiens les deux colonnes maîtresses de l'édifice. La vie civile se ramène totalement, en somme, dans ses formes extérieures, aux règles prescrites par le droit civil de chaque pays. Les droits économiques ne sont qu'une variété des droits civils, comme le code de commerce et le code du travail sont des variétés du code civil. Quant au suffrage politique, il domine tout le reste, puisque, dès le jour où les femmes l'obtiendront et sauront s'en servir, elles édicteront, par elles-mêmes ou par leurs représentants, les lois qui leur paraîtront justes.

Nous aurions désiré donner beaucoup plus tôt ce volume au public. Ne voulant incriminer personne, nous passerons sous silence les causes de ce retard. Nous indiquerons seulement que, malheureusement pour le féminisme, notre compte rendu n'a guère perdu de son intérêt parce que les choses en sont à peu près au même point qu'en 1908. Le Sénat vient de voter le projet Rivet-Bérenger sur la recherche de la paternité, mais il faut maintenant que la Chambre se prononce D'autre part, la Chambre a voté, sur l'exercice de la tutelle par les femmes, un texte transmis mais non discuté, au Sénat ; M. Guillier en est nommé rapporteur. Les projets de M. Beauquier sur l'incapacité légale de l'épouse et sur le régime matrimonial des biens devront être repris tous deux, bien que le premier ait été adopté (très modifié par M. Violette) à la Chambre des Députés. La loi sur les retraites ouvrières ne traite pas les femmes aussi favorablement que les hommes. Son remaniement doit stimuler l'activité des féministes. Le projet Dussaussoy sur le suffrage local des femmes a été rapporté par M. le député Ferdinand Buisson, qui a donné à son exposé des motifs l'importance d'un traité sur la matière. Les formalités nécessaires ont été remplies pour que ses conclusions, évitant la caducité, figurent à l'ordre du jour de la nouvelle Chambre, élue au printemps dernier. Une nouvelle société du suffrage s'est formée, affiliée à l'Alliance internationale.

Mais aucun résultat définitif n'a encore été obtenu. Les diverses questions qui nous intéressent restent pendantes.

On s'est efforcé de respecter, au cours du travail dont le présent volume est le résultat, l'exacte physionomie des débats telle que la donnait la sténographie ; on n'a pas cherché à en atténuer la vivacité. De très rares et très courts passages ont été supprimés, soit comme redondants, ou comme évidents résultats de malentendus. Un orateur s'étant opposé à ce que son discours figurât dans ce recueil, on s'est vu également forcé de l'omettre. Mais on a recueilli avec soin tous les rapports écrits, ce qui ne fut pas toujours facile, les auteurs ayant parfois négligé d'en remettre une copie à la secrétaire générale.

L'appendice est formé des rapports ou communications dont les auteurs étaient absents ; ce ne sont pas ceux de moindre valeur. La raison qui a dicté cet arrangement n'est pas le proverbe en vertu duquel les absents ont toujours tort, mais le fait que leur absence même les empêchait de soutenir leurs théories à la discussion.

Quelques vœux, parmi ceux qui furent proposés à la quatrième séance, n'ont pas été mis aux voix ni, par conséquent, votés. Cet incident, se produisant au sujet du suffrage féminin, n'a qu'une très minime importance, parce que l'opinion de l'assemblée fut exprimée, dans l'ensemble, avec la plus grande clarté.

On a eu l'intention de distinguer, par des caractères italiques, les vœux qui ont été votés. Comme parfois il est arrivé que la présidente ne les a pas relus avant de les mettre aux voix, il en résulte, dans l'ordre des pages, tel que la table l'indique, une interversion dont l'anomalie n'est qu'apparente.

L'impression s'étant prolongée de longs mois et les feuilles n'ayant été tirées qu'une à une, un grand décousu a nécessairement marqué la correction des épreuves. On veut espérer que cet inconvénient n'a exercé que peu de répercussion sur le fond même du travail, et qu'il n'aura pas d'effet plus fâcheux que quelques imperfections typographiques.

Enfin, bien que la vente des cartes, la subvention du conseil municipal, plusieurs dons particuliers, aient formé une somme assez ronde, ce livre n'aurait pu voir le jour sans la générosité de Mme Vincent, présidente du Congrès (1).

Paris, décembre 1910.

(1) Mme Nelly Roussel a exprimé le très vif désir de voir consignés ici les regrets qu'elle eut de son absence forcée, et des raisons de santé qui la tinrent éloignée du Congrès.

PRÉSIDENTES D'HONNEUR :

Mme FERESSE-DERAISMES, présidente honoraire de la Société pour l'amélioration du sort de la Femme.

Mme BOGELOT, chevalier de la Légion d'honneur, directrice honoraire de l'Œuvre des Libérées de St-Lazare.

COMITÉ D'ORGANISATION :

Mmes V. VINCENT, présidente ; présidente de la Société féministe l'Egalité.

MARGUERITE DURAND, vice-présidente, ancienne directrice du journal *la Fronde*, directrice de l'Office du Travail féminin.

ODDO DEFLOU, secrétaire générale ; présidente du Groupe français d'Etudes féministes.

Toutes trois membres des Comités d'organisation des Congrès féministes de 1900.

COMITÉ D'HONNEUR :

MM. les Députés et Sénateurs, membres du Groupe de la Défense des Droits de la Femme (Chambre des Députés), et de la Commission des Droits civils des Femmes (Sénat).

MM. VIVIANI, ministre du Travail et de la Prévoyance sociale ;

PAUL DESCHANEL, ancien président de la Chambre des députés ;

BEAUQUIER, président du Groupe de la Défense des Droits de la Femme ;

le comte D'ALSACE, AURIOL, LOUIS BAUDET, DE BELCASTEL, BENAZET, BERTEAUX, RENÉ BESNARD, BLANC, BOUCTOT, BOUTTIÉ, EMMANUEL BROUSSE, CAILLAUX, CARNAUD, CARNOT, CARPOT, CAZOT, EDMOND CHAPUIS, CHAUMIÉ, CHAVOIX, CHÉRON, COACHE, COMBROUZE, COSNIER, JULES COUTANT, CRUPPI, CUTTOLI, DAUTHY, DEJEANTE, DESJARDINS, DESSOYE, EDMOND

DEVELLE, Louis DUMONT, DUSSAUSSOY, FAILLIOT, FITTE, Etienne FLANDIN, Daniel de FOLLEVILLE, GAUTHIER de CLAGNY, GAYOT, GÉRALD, GERVAIS, Théodore GIRARD, GIROD, GODART, A. GOURJU, de GRANDMAISON, GROSDIDIER, GROUSSIER, GUILLIER, GUILLOTEAUX, HENRI-ROY, JOYEUX-LAFFUIE, KLOTZ, LABORI, LAFFERRE, LANIEL, Hippolyte LAROCHE, Alexandre LEFÈVRE, LEFORT, LÉGLISE, de LUDRE, MAHIEU, MAILLE, MAIRAT, Louis MARTIN, Maurice SPRONCK, MESSIMY, Paul MEUNIER, MUNIN-BOURDIN, A. MUTEAU, OSSOLA, PASTRE, Paul BROUSSE, PELLETAN, Pierre BERGER, de POMEREU, POULLAN, PRADET-BALADE, Joseph REINACH, Th. REINACH, Paul STRAUSS, Robert SURCOUF, SAINT-MARTIN, de SAINT-POL, SCHMIDT, SIEGFRIED, SIMYAN, VARENNE, ZÉVAÈS.

MM. les Députés et Sénateurs qui, sans faire partie des groupes féministes parlementaires, ont rendu des services à la cause des femmes :

MM. Georges BERRY, DEVÈZE, Charles DUMONT, Jules GODIN, Charles HUMBERT, Louis MARIN, MAURICE-FAURE, Dr MESLIER, MILLEVOYE, MOUGEOT, E. NOEL, René RENOULT, Marc RÉVILLE, SAINT-GERMAIN, VIOLLETTE.

SOCIÉTÉS ET GROUPEMENTS FÉMINISTES ADHÉRENTS

La Société pour l'Amélioration du sort de la Femme et la Revendication de ses Droits; la Ligue française pour le Droit des Femmes ; le Droit humain (Evreux) ; la Société d'Education et d'Action féministe (Lyon) ; l'Egalité ; le Groupe français d'Etudes féministes ; le Foyer de l'Etudiante ; les Foyers pacifistes ; le Jury féminin ; la Société Néosophique ; l'Office du Travail féminin ; le Comité ariégeois de Progrès féminin ; le Comité de Réforme du Mariage ; le Suffrage des Femmes ; le Syndicat des Femmes caissières, comptables et employées aux écritures ; le Syndicat des Infirmières ; l'Union fraternelle des Femmes ; l'Union internationale des Femmes : l'Union de Pensée féminine ; le journal *l'Entente ;* le *Journal des Femmes ;* le journal *le Féministe* (Nice) ; le journal *la Française.*

RÈGLEMENT

ARTICLE PREMIER.

Il est institué à Paris, au cours de l'année 1908, un Congrès national des Droits civils et du suffrage des femmes. Il se tiendra en juin, dans la grande salle de l'hôtel des Sociétés savantes.

ARTICLE 2.

Seront membres du Congrès les personnes des deux sexes qui auront adressé leur adhésion à la secrétaire générale de la Commission d'organisation, ou qui se feront inscrire pendant la durée de la session, et qui auront acquitté la cotisation dont le montant est fixé à 5 francs par personne. Les groupes ou sociétés pourront, moyennant une cotisation de 10 francs, envoyer quatre délégués.

ARTICLE 3.

Les membres du Congrès recevront une carte qui leur sera délivrée par les soins de la Commission d'organisation.

Nul ne pourra prendre part au vote s'il ne justifie de sa qualité d'adhérent par la présentation de sa carte.

ARTICLE 4.

Le Congrès ne comprend que des séances générales et publiques.

ARTICLE 5.

Il ne sera reçu aucun travail déjà publié ou communiqué à d'autres Congrès.

ARTICLE 6.

Les orateurs ne pourront occuper la tribune plus de dix minutes, ni parler plus de deux fois dans la même séance sur le même sujet, à moins que l'assemblée, consultée par la Présidente, n'en décide autrement. Exception faite pour les membres du bureau.

ARTICLE 7.

Toute attaque personnelle, toute altercation sont rigoureusement interdites.

ARTICLE 8.

Les membres du Congrès qui auront pris la parole dans une séance devront remettre à la secrétaire générale, dans les vingt-quatre heures, un résumé très succinct de leur communication, pour la rédaction des procès-verbaux.

ARTICLE 9.

Les votes ont lieu à main levée avec la carte d'adhérent; en cas d'épreuve douteuse, il sera procédé au vote par assis et levé. Le bureau décidera souverainement sur le résultat des votes.

ARTICLE 10.

Le bureau statue en dernier ressort sur tous incidents non prévus par le règlement.

PREMIÈRE SÉANCE

Vendredi 26 juin, à 2 heures.

DISCOURS DE Mme BOGELOT

Présidente d'honneur.

MESDAMES,

MESSIEURS,

Tout d'abord, je souhaite la bienvenue à toutes les personnes présentes et aussi à celles qui, malgré leur absence, s'intéressent à nos travaux et les suivent.

Dans cette présidence d'honneur qui m'a été offerte et que j'ai acceptée, j'ai vu l'augure d'un grand pas fait en avant vers l'union entre tous les groupes féminins.

Ces groupements diffèrent souvent encore dans la forme ; mais peu importe : tous poursuivent le même but, avec sincérité.

On veut, de part et d'autre, plus de justice. Je n'ai jamais cessé de dire que ces différences dans l'action ont eu, et peuvent avoir encore, leur utilité ; et que, plus souvent on se réunira pour étudier ensemble tous ces graves problèmes, plus les malentendus se dissiperont. Les directrices et présidentes d'œuvres et de sociétés qui, en apparence, ont l'air de ne songer qu'au présent, sont aussi, comme les revendicatrices, des prévoyantes de l'avenir. Les revendicatrices savent très bien qu'elles ne s'adressent jamais en vain aux sociétés, quand elles désirent leur aide et leur appui. Et les directrices ou présidentes de sociétés, quoique absorbées par de lourdes responsabilités matérielles et morales, s'unissent à leur tour, dans un même élan de solidarité, aux avocates des revendications près des pouvoirs publics. Chacune, ainsi, remplit sa tâche et accomplit son devoir. Aussi toute personne qui lutte pour améliorer le sort de ses semblables a-t-elle le droit d'être appelée *militante*.

Mmes Vincent, Marguerite Durand et Oddo Deflou ont fait une œuvre utile, il me semble, et rendu service à la cause des femmes en appelant à la même présidence d'honneur Mme Féresse-Deraismes et la philanthrope féminine, Mlle Isabelle Bogelot.

Toutes deux symbolisent des états d'âme bien tranchés dans la forme, et pourtant toutes deux sont très unies dans le but poursuivi. Ces deux noms associés réalisent, à mon sens, le rêve féminin préparé par les congressistes des précédents congrès.

En ce jour, n'oublions pas de saluer M. Léon Richer, le vaillant qui eut le grand honneur et le grand courage d'être *l'avocat du droit des femmes*, à une époque où il fallait presque de l'héroïsme pour braver les sarcasmes, les railleries, pour affirmer sa foi. Léon Richer eut ce courage et cet héroïsme. Il fut l'ami, le soutien et le guide d'un grand nombre de féministes disparues. Je suis heureuse d'être parmi les fidèles qui ne l'oublient pas, et ce m'est une douce joie de penser que la reconnaissance des femmes ira le trouver dans la retraite où, vieux maintenant, il vit comme un sage, entouré des soins dévoués d'une compagne qui sut le comprendre et l'encourager.

Une heure sonnera où tout ce qui fut fait par les femmes, ou pour améliorer leur sort, formera une importante bibliothèque renfermant des documents précieux pour la gloire des pionniers des deux sexes ayant servi la cause de la justice et de l'humanité. De tous les congrès nationaux et internationaux qui ont eu lieu jusqu'à l'heure actuelle, il a surgi l'idée féconde du *Conseil international des femmes*, auquel le Conseil national des femmes françaises est affilié. Le Congrès qui nous réunit aujourd'hui consolidera de plus en plus notre union, j'en ai le ferme espoir. La conscience que nous avons de la grandeur de notre mission et de la justice de notre cause nous fera aborder les discussions sur les sujets de notre programme avec le calme qui convient aux forts et aux justes. Les travaux seront exposés à cette tribune avec fermeté et courtoisie ; on n'oubliera jamais que les revendications féminines ne doivent avoir qu'un but : tendre sans cesse au perfectionnement de *l'être humain* et que, si la femme veut être la compagne et l'égale de l'homme, c'est pour atteindre ensemble l'idéal de justice que les deux sexes doivent rêver et réaliser.

(*Applaudissements.*)

DISCOURS DE Mme VINCENT

Présidente.

C'est avec une profonde émotion que nous nous retrouvons dans cette même salle où, en 1896, nous avons tenu un congrès international qui eut un si grand retentissement.

En commençant, nous remercions le Conseil municipal de Paris, qui a bien voulu, comme aux précédents congrès, nous accorder une subvention.

Un grand nombre de sénateurs et de députés nous ont, par lettres, donné leur adhésion et exprimé toute leur sympathie pour notre cause. Ces lettres nous confirment qu'après les votes émis dans ce Congrès, nous pouvons compter sur leur appui, pour soutenir nos revendications.

Mmes Féresse-Deraismes et Bogelot ont accepté d'être nos présidentes d'honneur ; nous leur en exprimons toute notre gratitude.

Nous devons aussi adresser nos remerciements aux sociétés

féministes adhérentes, qui ont tenu à cœur de se joindre à nous, en témoignage de l'union et de la solidarité qui existent entre les féministes.

Nous avons été heureuses des témoignages de sympathie qui nous ont été donnés par les sociétés anglaises, en premier lieu par la *Women's freedom league*. Mme Manson, que vous entendrez dimanche, vous dira les efforts des suffragettes anglaises, que rien ne rebute pour conquérir leurs droits.

Mme Rigby, de la *Women's social and political Union*, est venue de Londres pour nous inviter à la grande manifestation qui a eu lieu, il y a huit jours. Nous avons regretté vivement de ne pouvoir y prendre part, trop pressée par le travail de notre propre Congrès.

Nous avons eu très peu de temps pour préparer ce Congrès ; notre première réunion eut lieu fin février. Nous espérons avoir, en ce court laps de temps, mis à l'ordre du jour les questions qui intéressent directement toutes les femmes. Il est bon que l'on sache que, tout en ayant un programme commun, la plus grande liberté d'appréciation est laissée à chacune de nous.

Notre vice-présidente, Mme Durand, nous a fait bénéficier de la grande expérience acquise pendant sept ans, lorsqu'elle dirigea le journal *la Fronde*.

Notre secrétaire, Mme Oddo Deflou, a déployé une grande activité qui, jointe à sa parfaite connaissance des questions juridiques, nous a été d'un précieux concours.

Ce Congrès est le sixième qui se tient à Paris.

Le premier fut organisé en 1878, par Léon Richer ; le deuxième en 1889, par la Société l'Amélioration du sort de la Femme, dont Maria Deraismes, l'illustre féministe, était la présidente et Léon Richer, le vice-président.

Le troisième Congrès, en 1892, fut organisé par la Fédération des Sociétés féministes. Eugénie Pierre assuma la lourde tâche de secrétaire générale.

Le quatrième s'ouvrit en avril 1896, dans cette même salle. La présidente fut Mme Maria Pognon, une féministe dévouée, dont nous regrettons l'absence. Elle présida avec une autorité et une compétence magistrales ; nous lui adressons l'expression de notre gratitude pour les services qu'elle a rendus à la cause féministe, et nous prions le Congrès de lui envoyer, ainsi qu'à Léon Richer, un télégramme de sympathie.

En 1900, à l'occasion de l'Exposition, nous eûmes le Congrès de la condition et des droits des femmes, qui se tint du 5 au 8 septembre, au Palais des Congrès. Ce fut le premier reconnu d'une façon officielle par le gouvernement de la République. En effet, la Commission d'organisation, composée d'hommes et de femmes connus pour avoir étudié les questions de droit concernant les femmes, fut nommée par le ministre de l'Intérieur ; une forte subvention fut accordée aux organisateurs, et le gouvernement fut représenté aux séances. Des réceptions officielles furent offertes aux membres du Congrès.

Parmi les organisateurs, nous avions M. René Viviani, aujourd'hui ministre du Travail ; il prit une part active à nos travaux et, depuis, nous a toujours prêté son appui.

La période de huit années qui s'est écoulée depuis le dernier Congrès a fait, hélas ! disparaître nombre de nos amis. Je tiens à les rappeler à votre souvenir, car notre premier devoir est de ne point oublier ceux et celles qui ont servi notre cause. Ils ont lutté vaillamment à une époque où le public n'était pas encore accoutumé à envisager les réformes à apporter dans nos lois, en ce qui concerne les femmes.

Nous avons vu disparaître, depuis le dernier Congrès, Paule Minck, l'ardente socialiste ; Clémence Royer, l'illustre traductrice de Darwin ; Mme Gagneur, auteur de romans sociaux ; M. Bogelot, avocat, si dévoué à la cause féministe ; Mme Clouard, la dernière femme transportée à Lambessa après le coup d'Etat de 1851 ; Ernest Legouvé, auteur d'une Histoire morale des femmes, qui est consultée et fait autorité ; Charles Longuet et Jules Allix, membres de la Commune en 1871, féministes convaincus ; la princesse Wisniewska, présidente de l'Alliance universelle pour la Paix ; Mme Wiggishoff, si dévouée à la cause féministe, notre collègue et amie, à toutes ; Amélie Bosquet, collaboratrice du journal *le Droit des Femmes*, où elle traitait, avec une grande compétence, la question de la réforme du Code ; Louise Michel, dont le nom seul suffit à rappeler le souvenir ; Adrien Ranvier, un jeune écrivain féministe, collaborateur à la *Revue féministe*, auteur d'une biographie de Jeanne Deroin ; Mme Gatti de Gamond, aussi connue à Paris qu'à Bruxelles ; Suzanne B. Anthony, une des premières femmes qui demandèrent le suffrage, dans le monde entier ; Joséphine Buttler, connue par sa campagne contre la réglementation de la prostitution ; Mme Blanc Bentzon, le délicat écrivain qui fit connaître le féminisme dans les milieux mondains ; Antoine Dissard, fondateur de la *Revue féministe* ; Mme Robert Halt, écrivain fouriériste, dévouée à la cause des ouvrières ; une amie bien chère, la doctoresse Marie Pierre, sœur d'Eugénie Pierre, tuée par une automobile le 17 avril dernier (elle devait prendre part à notre Congrès) ; et, pour terminer cette liste douloureuse, Mlle Pauline de Grandpré, fondatrice de l'Œuvre des libérées de Saint-Lazare, décédée il y a quelques jours.

Les exemples laissés par ces vaillants lutteurs sont un encouragement à la poursuite de nos travaux, dont nos sœurs profiteront.

Depuis 1900, de notables réformes ont été apportées dans les lois concernant la condition des femmes. Nos législateurs, trop lents à se rendre à nos justes demandes, ont cependant tenu compte de certains vœux émis dans les congrès.

Un rapide examen vous donnera un aperçu des modifications apportées :

Suppression de l'apport dotal pour les femmes d'officiers ;

Les femmes licenciées en droit sont admises à exercer la profession d'avocat ;

Améliorations apportées au régime matrimonial ;

Assistance accordée aux mères et aux nourrissons ;

Loi accordant l'électorat des femmes aux conseils de prud'hommes ;

Loi permettant à la femme mariée de disposer de son salaire.

Nous passons sur des modifications moins importantes pour en arriver aux propositions de lois :

Propositions de loi sur la recherche de la paternité ;

Proposition de loi accordant aux femmes le droit de vote aux élections des conseils municipaux, des conseils d'arrondissement ;

Propositions de lois sur la capacité civile de la femme mariée, sur la tutelle et tant d'autres qui seront exposées dans chacune de nos sections.

Le féminisme, si discuté il y a une trentaine d'années, a conquis de nombreux adhérents. Les livres, les revues, les journaux, le théâtre mettent sans cesse sous les yeux du public tous les faits se rapportant aux questions féministes. C'est ainsi que nous sommes au courant des campagnes si originales adoptées par les suffragettes anglaises, et ce n'est pas un spectacle banal de voir les femmes anglaises de toutes les conditions, sous le même drapeau, coude à coude, fraternellement, processionner dans les rues de Londres. Ah ! combien est supérieur le respect de la liberté d'opinion, dans ce pays si près du nôtre !

Nous sommes heureuses de constater l'immense progrès de la cause féministe, mais nous ne devons pas nous laisser bercer par le demi-succès obtenu. Il est nécessaire de lutter avec d'autant plus d'énergie que nous sommes plus près du but.

Il ne faut pas croire que les Françaises n'ont pas protesté contre le Code Napoléon, si funeste pour elles.

Sous la monarchie de Juillet, surtout dans la période saint-simonienne, les femmes ont réclamé la réforme du Code ; elles ont même demandé le vote politique : campagne continuée vers 1842 par Flora Tristan, Claire Desmars et, en 1848, par Jeanne Deroin, Pauline Roland, Jenny d'Héricourt, Eugénie Niboyet, Adèle Esquiros et tant d'autres, hommes et femmes. Nous gardons le souvenir des efforts tentés par cette élite, en faveur de notre émancipation.

Sous le second Empire, la campagne fut continuée par Léon Richer, André Léo, Maria Deraismes et, depuis, par Hubertine Auclert, M. de Gasté et nous toutes. Ah ! quel beau geste aurait eu George Sand, inspirant les législateurs de 1848 et les décidant à décréter le vrai suffrage universel, pour la nation tout entière !

Je termine, Messieurs et Mesdames, en souhaitant une pleine réussite à notre Congrès. Si nos efforts sont couronnés de succès, nous pourrons en être fières, et reconnaissantes à ceux et à celles qui, dans cette enceinte et au dehors, nous auront apporté leur précieux et désintéressé concours.

(Applaudissements.)

Discours de Mme ODDO DEFLOU

Secrétaire générale.

LENTS PROGRÈS DU FÉMINISME DANS LA LÉGISLATION FRANÇAISE (1900-1908)

Madame la Présidente,
Messieurs et Mesdames les Congressistes,

Je me propose de résumer devant vous — suivant la nature des travaux qui constituent, depuis longtemps, l'objet spécial de mon activité féministe et de celle de notre groupe français d'études féministes — je me propose, dis-je, de résumer devant vous les améliorations qui ont été apportées à la condition légale de la femme depuis l'année 1900, époque des derniers congrès.

Je souhaiterais que la tâche fût plus difficile, plus longue et plus compliquée. Mais, hélas ! après que le Parlement nous eut fait, en l'espace de trois des dernières années du dernier siècle, trois cadeaux qu'il jugea sans doute d'une valeur inestimable, fatigué de cette production extraordinaire, il se reposa, et ce n'est guère qu'en l'année 1907 qu'il se réveilla sérieusement de sa torpeur.

Ces trois cadeaux avaient-ils une importance de nature à justifier ce long sommeil ? Jugez-en.

En 1897, les femmes sont admises à servir de témoins dans les actes de l'état civil et dans les actes notariés.

En 1898, on leur donne le droit de voter aux élections consulaires.

En 1900, on leur permet de se faire inscrire au barreau et d'exercer la profession d'avocat.

La première de ces conquêtes n'est qu'une nouvelle occasion pour notre sexe de pratiquer la vertu qui lui est propre, et dont on voudrait lui laisser le monopole, je veux dire de se dévouer à l'avantage ou à la commodité d'autrui.

La seconde est, certes, très précieuse, mais son domaine est restreint ; elle ne s'applique qu'à une catégorie de femmes intéressante mais absolument limitée : à celles qui exercent un commerce distinct de celui de leur mari, et qui l'exercent en leur propre nom.

Infiniment plus restreint encore est le domaine de la troisième. Parcourant avec soin le *Petit Annuaire de la Cour d'appel de Paris pour 1908*, je ne trouve que deux avocates inscrites au tableau et quatre avocates stagiaires, sur un total d'environ 1.900 avocats masculins. C'est une profession à laquelle les femmes se sont fort peu adonnées jusqu'ici.

Franchissons, maintenant, le seuil du xxe siècle ; notre inventaire sera-t-il plus riche ?

Loin de là ; les améliorations que nous constatons, au début surtout, n'ont qu'une portée minime, ne s'appliquent qu'à des cas assez rares. C'est ce qui va devenir évident tout à l'heure. Et cependant, un événement d'une nature tout exceptionnelle, qui nous avait fait concevoir de grandes espérances, en attirant l'attention générale sur le Code et sur sa vétusté, avait pris place dans cette période.

En octobre 1904 est célébré, en grande pompe, le centenaire du Code civil. Les féministes s'agitent. Les unes essaient de brûler sur une place publique, en manière de protestation, ce vénérable monument de nos lois ; d'autres demandent, sans succès, à être admises au banquet officiel où de nombreuses personnalités, même étrangères, doivent émettre un jugement sur l'opportunité d'une réforme ; d'autres organisent, ici même, une grande réunion publique. Elles sont repoussées de partout, pourchassées dans les rues par la police, exclues du banquet ; mais la presse enregistre et commente leurs manifestations, et les auditeurs accourent en foule à l'Hôtel des Sociétés savantes.

Pendant ce temps, que font les hommes ? Pour perpétuer à eux tout seuls ce mémorable centenaire, ils font des discours, ils font des volumes, où parfois ils reconnaissent, au moins dans une certaine mesure, le bien-fondé de nos réclamations.

Que fait le gouvernement ? Il institue, en 1904 (1), une commission chargée de rechercher les modifications désirables dans la législation française. Bien entendu, il en exclut notre sexe, malgré les demandes, instantes et réitérées, de tous les groupes féministes. Par contre, il y introduit des littérateurs, éminents sans doute, mais qui, vu leur qualité d'hommes, semblaient moins désignés pour connaître et interpréter les besoins et desiderata féminins. La commission est divisée en sous-commissions qui semblent, au début, animées d'une grande ardeur. Les journaux nous apportent les échos de leurs délibérations. La plus éclatante fut, sans contredit, celle au cours de laquelle un romancier fameux (2) proposa d'introduire dans le Code l'amour légal et obligatoire, sous forme d'article de loi. Tout le monde se rappelle les copieux commentaires auxquels donna lieu l'innovation projetée, et comme elle partagea le public en deux camps.

Et depuis ? Eh bien, depuis, nous n'entendons plus parler de la Commission du Code civil. A-t-elle continué de se réunir ? Poursuit-elle ardemment, mais silencieusement, sa tâche ? Va-t-elle sortir un de ces jours, à l'improviste, du ministère de la Justice et paraître à la lumière armée d'un nouveau code, telle Minerve sortit, armée de pied en cap, du cerveau de Jupiter ? Nous n'en savons rien. Exclues de son sein, exclues toujours, nous fûmes réduites à agir au dehors en implorant de nos amis, députés et sénateurs, le dépôt de propositions de loi. Plusieurs furent éla-

(1) Arrêté du garde des sceaux, publié à *l'Officiel*, le 3 décembre 1904.
(2) M. Paul Hervieu.

borées à notre prière, notamment sur la tutelle, sur la recherche de la paternité, sur le régime légal des biens dans le mariage, sur l'incapacité civile de la femme mariée. Presque toutes attendent encore la sanction du Parlement. Nous en parlerons au fur et à mesure que les divers sujets auxquels elles ont trait se présenteront à la discussion.

Une autre commission, d'initiative privée, se constitua, un peu plus tard, en 1905, par les soins de MM. Henri Coulon et René de Chavagnes. Elle me semble avoir, sur sa sœur officielle, deux supériorités. D'abord elle admit les femmes, en petite minorité, il est vrai, mais enfin elle en admit quelques-unes, dont j'eus l'honneur d'être. Six femmes siégèrent au comité Coulon, contre vingt-sept hommes. Sa seconde supériorité, c'est qu'elle a abouti. Son œuvre peut être imparfaite, comme tout ce qui est humain, mais elle existe, elle est vivante. Après que le résultat des différentes séances eut été communiqué aux journaux, qui le publièrent régulièrement, il fut condensé en une brochure qui est, elle aussi, depuis longtemps déjà, livrée à la circulation. Nous serons également amenés à critiquer ou à approuver les solutions qu'elle propose, au cours de nos débats.

Pour le moment, dressons, suivant notre promesse, la liste de nos conquêtes féministes dans le domaine de la législation, en prenant pour point de départ l'année 1900.

Nous trouvons, en 1901 (21 novembre), une loi modifiant, ainsi qu'il suit, les articles 300 et 302 du Code pénal :

« Art. 302. — Tout coupable d'assassinat, de parricide et d'empoisonnement sera puni de mort, sans préjudice de la disposition particulière contenue en l'article 13, relativement au parricide. *Toutefois, la mère*, auteur principal ou complice de l'assassinat ou du meurtre de son enfant nouveau-né, sera punie, dans le premier cas, des travaux forcés à perpétuité et, dans le second cas, des travaux forcés à temps, mais sans que cette disposition puisse s'appliquer à ses coauteurs ou à ses complices ».

Il convient cependant de remarquer que l'atténuation de la peine a surtout, ici, pour but d'en rendre l'application plus fréquente.

Nous lisons au décret du 14 mars 1903, portant réorganisation du Conseil supérieur du travail, les conditions d'éligibilité, conçues en ces termes (art. 7, § 18) : « Pour être éligible, il faut être Français, âgé de 25 ans au moins, et non déchu de ses droits civils et civiques. *La candidature des femmes est admise suivant les mêmes conditions d'âge et de nationalité* ».

Le 27 juin 1905, la loi sur la compétence des juges de paix décide qu'ils pourront autoriser une femme mariée à ester en justice, si elle n'obtient pas cette autorisation de son mari, entendu ou dûment appelé par voie de simple avertissement. Voilà, sans doute, un échec à la puissance maritale, mais il ne faut pas se faire d'illusion sur sa portée. Les juges de paix ne tranchent que les plus minimes affaires, et la loi ne dit pas même qu'ils *doivent*, mais seulement qu'ils *peuvent* autoriser la femme, sur le refus du mari.

Le même jour, le Sénat a décidé que les femmes pourraient faire partie des commissions communales d'assistance, mesure contenue, il est vrai, implicitement, dans la loi du 5 août 1879.

En décembre de la même année, M. Bienvenu Martin revient sur la mesure de M. Chaumié, son prédécesseur, qui excluait les femmes du Conseil supérieur du Conservatoire.

En mars 1906, le Parlement modifie l'article 386 du Code civil, changement très profitable à notre sexe, en apparence du moins. Désormais, la loi n'ôte plus à la femme, lorsqu'elle se remarie, l'usufruit des biens de ses enfants mineurs. Malheureusement, comme le régime de la séparation de biens est fort rare et que, sous tous les autres, le mari a la jouissance et l'administration de la fortune de sa femme, en définitive, c'est pratiquement le second mari qui profitera des biens du premier.

La même année 1906, on admet, en principe, que les femmes entreront dans les conseils consultatifs du travail, alors en voie de formation parlementaire (1).

Nous arrivons enfin à l'année 1907, la plus fructueuse.

Le 27 mars est parachevée l'importante loi qui réorganise la juridiction prud'homale. Allons-nous enfin obtenir satisfaction complète, être électrices et éligibles, car, ici, l'éligibilité a presque plus d'utilité pratique que l'électorat? Ce serait trop beau. Le Sénat et la Chambre n'étant pas d'accord à ce sujet, ils font la paix à nos dépens et abandonnent l'éligibilité. Vainement M. Viviani, notre ami de la première heure, dont les convictions n'ont jamais varié, ni dans le domaine féministe ni dans le domaine politique, nous promet-il, au nom du gouvernement, un prochain projet complémentaire. Déposé à la Chambre le 23 mai, et voté d'urgence le 20 juin, ce projet n'a pas encore reçu la sanction du Sénat. On dit, il est vrai, qu'elle ne se fera plus attendre (2).

Le 10 juin sont simplifiées les formalités du mariage. Il est très douteux que cette mesure, louable en elle-même, soit particulièrement profitable aux femmes. L'intérêt bien entendu de la femme, c'est moins de se marier facilement que d'entourer son union de toutes les garanties propres à en assurer la durée. Espérons qu'elle apprendra mieux, à l'avenir, à se protéger elle-même, maintenant qu'une liberté plus grande la prive en partie du contrôle salutaire de ses parents.

Le 29, loi sur la condition des enfants naturels. Le père qui reconnaît tardivement son enfant n'enlèvera plus à la mère la puis-

(1) La création de ces conseils consultatifs du travail a été terminée, quelques jours après notre Congrès, par un vote de la Chambre (9 juillet 1908), ratifiant un vote antérieur du Sénat. Voici le texte de la nouvelle loi : « Les femmes françaises ayant l'exercice de leurs droits civils, non frappées de condamnations entraînant la perte des droits politiques, et résidant dans la commune depuis six mois au moins, sont électeurs à 21 ans et éligibles à 25 ans accomplis, après deux ans d'exercice effectif de la même profession ».

(2) La loi a été, en effet, votée depuis.

sance paternelle. Elle appartiendra définitivement à celui des deux parents qui aura, le premier, reconnu l'enfant. Les femmes pourront être tutrices des enfants naturels. Nous ne pouvons qu'applaudir à ces deux dispositions.

Loi du 13 juillet : la femme divorcée pourra contracter mariage dès que la confusion de part (incertitude sur la filiation paternelle de l'enfant) ne sera plus possible. Le délai de viduité, à courir du moment où le divorce est définitif, ne lui sera plus imposé.

Loi du 17 juillet : elle supprime la peine de la relégation pour les femmes récidivistes. Il faut ajouter que la déportation était rarement appliquée à notre sexe, et rarement méritée par lui.

Aux termes de la loi du 7 novembre, étendue et complétée par une loi toute récente, les enfants adultérins pourront être parfois légitimés par le mariage subséquent de leurs père et mère. Involontairement, l'esprit se reporte à une mesure du même genre, prise par le roi-soleil Louis XIV, et qui souleva chez les historiens une réprobation violente et unanime. Je laisse chacune de vous se faire juge de la question qui se pose à ce propos : les enfants y gagneront-ils plus que les femmes n'y perdront ? car je suis fermement persuadée que les femmes ont intérêt à maintenir fortes et inviolables les barrières du mariage.

La même observation s'applique aux deux modifications importantes de la loi de 1884 sur le divorce. La première, en date du 15 décembre 1904, abroge l'article 298 du Code civil et permet à l'époux coupable de convoler avec son ou sa complice. La seconde, achevée depuis quelques jours, oblige les juges à transformer en divorce, sur la demande d'un des conjoints, une séparation de corps ayant duré trois ans (1). Ces facilités accordées à la satisfaction des passions — bien qu'elles se défendent, sans aucun doute, par des raisons très acceptables — ces facilités, dis-je, profiteront surtout aux hommes. Et si je les mentionne ici, c'est que rien de ce qui touche au mariage, en quelque manière que ce soit, ne peut nous laisser indifférentes.

Arrivons enfin à la loi du 13 juillet 1907, sur les salaires des femmes mariées. De beaucoup elle est la plus importante à notre point de vue féministe, et cependant elle laisse encore fort à désirer. Désormais, les sommes gagnées par la femme, au moyen d'un travail séparé, formeront un pécule distinct, sur lequel elle aura des droits de jouissance, d'administration, et même de disposition très étendus. Il nous est impossible d'en analyser les diverses parties. La jurisprudence complètera, éclaircira cette œuvre du Parlement qui, touchant à la matière des contrats de mariage, si complexe dans notre Code français, a nécessairement besoin, pour être parachevée, de l'œuvre subséquente du temps. Nous devons regretter, au point de vue du fond, que le mari reste maître de demander et d'obtenir que l'épouse perde son nouveau droit en cas de dissipation, d'imprudence ou de mauvaise gestion, sans qu'une

(1) Cette loi ne fut définitivement votée qu'un peu plus tard.

disposition parallèle permette à la femme d'agir de même à son égard, lorsqu'il encourt les mêmes reproches.

Vous le voyez, Mesdames, à part cette dernière loi, il n'y a pas de changement bien notable dans notre situation depuis huit ans, depuis l'année 1900. Encore cette loi sur les salaires ne s'applique-t-elle, pratiquement, qu'aux ouvrières et aux domestiques. Elle laisse en dehors de son action une foule d'humbles travailleuses, petites bourgeoises, paysannes, dont le labeur fécond, ménager et agricole, est une des sources les plus énergiques et les plus pures de la prospérité de notre pays.

De tout ce qui manque à la femme pour que sa condition légale devienne conforme à la justice, conforme, aussi et surtout, à la position réelle de la femme dans la famille française, notre programme a dressé la liste. Il ne faudrait pas croire, en effet, que nous sommes, la plupart du temps, en face de nos maris et de nos fils, les mineures, les incapables du Code civil. L'activité, l'intelligence, le courage, le dévouement que nous déployons dans nos familles dissipent les préjugés, imposent l'estime. Oui, je le dis avec un sentiment de plaisir et de juste orgueil : après avoir visité bien des pays, je n'ai guère vu, ailleurs, de femmes qui sussent allier au même degré les qualités diverses, et souvent opposées, de la femme française : douceur et force, tendresse et énergie, sens des choses réelles et pratiques, allié au sens de la beauté et de l'idéal. Que la loi lui reconnaisse donc officiellement la place qu'elle a conquise, d'ores et déjà, par son mérite.

De propos délibéré, la Commission d'organisation a laissé de côté plusieurs sujets dont nous ne méconnaissons pas l'importance : et d'abord, tout ce qui touche à l'éducation. L'éducation peut être considérée comme la condition, nécessaire et suffisante, de toute réforme sociale. Mais c'est une question excessivement complexe qu'il valait mieux ne pas aborder que traiter superficiellement. De plus, les effets ne sont susceptibles d'en être calculés qu'avec une certaine approximation et ils ne se produisent qu'à longue échéance. Le temps dont nous disposons était trop limité pour aborder toutes ces contingences que des spécialistes élucident, d'ailleurs, en des assemblées expressément formées pour ce but.

La réglementation des services des mœurs passionne certains esprits ; en la traitant dans le sens de sa suppression complète, nous nous serions fait, auprès d'eux, une popularité certaine. Nous avons négligé ce moyen de succès. Nous n'avons pas cru, non plus, devoir parler de l'union libre. Nous prenons le monde où nous nous trouvons, tel qu'il est, et nous nous efforçons de l'améliorer.

Nous nous limitons aux réformes de portée générale, d'acception positive, qui sont du ressort du législateur. Nous ne sortirons que bien peu de ce cadre. Nous attaquons l'ennemi saisissable et tangible qui est devant nous et qui nous expose ses côtés faibles, par où nous pouvons le terrasser. Ainsi il n'y a point de nécessité naturelle et inéluctable à ce que la femme ne soit pas tutrice, à ce que la paternité ne soit pas recherchée par les magistrats, à ce que les cas de divorce ne soient pas restreints ou augmentés, à ce que les biens des époux ne soient pas régis par certaines règles différentes des règles actuelles. Nous pouvons émettre ces affirmations sans crainte puisque, non loin de nos frontières, les choses se passent différemment. Et nous nous croyons fondées en raison à demander que l'axe de notre vie sociale se déplace légèrement, de façon non pas, certes, à supprimer l'esprit de sacrifice, qui est l'essence même de cette vie sociale, mais de façon à ce que les charges nécessaires soient réparties un peu plus également entre l'un et l'autre sexe.

Tous les points inscrits au programme sont loin d'avoir la même importance, aussi ne seront-ils pas tous traités avec le même développement. Les quatre points mentionnés tout à l'heure, auxquels il faut rattacher l'incapacité légale de la femme mariée, dominent tous les autres. Les discussions qui s'y rapportent devront aussi avoir plus d'étendue. Vous voudrez bien comprendre, j'espère, que notre temps soit, en conséquence, très inégalement partagé. Parfois nous pourrons, quand les circonstances l'exigeront, nous borner à demander un vote après des explications toujours claires, mais sommaires.

Dans les discussions, Mesdames, je vous exhorte à la fermeté, surtout quand il s'agira de discuter contre des hommes. Il y a, il y aura toujours des hommes parmi nous, et vous savez que les hommes sont habitués à être nos maîtres. Il leur semble très étonnant que nous contestions leurs dires et que nous nous permettions de ne pas être de leur avis. Je vous engage fortement à tenir bon, à tenir pour ce que vous croyez juste, sans vous inquiéter de plaire ou de déplaire. Oui, même si vous rencontrez, parmi vos contradicteurs, quelques-uns des honorables députés et sénateurs qui ont promis de se joindre à nous, malgré le juste prestige qui les entoure, ne laissez point fléchir votre ligne de conduite. On nous a longtemps appris à plaire ; maintenant, il faut nous apprendre nous-mêmes à déplaire. Rappelez-vous la fermeté des Anglaises. La *Women's freedom League*, dont nous avons l'honneur et le plaisir de compter parmi nous un membre, a inscrit dans ses statuts, comme tactique obligatoire :

Action entièrement indépendante de tous les partis politiques ;

Opposition à tout gouvernement, quel qu'il soit, jusqu'à ce que le but de la Ligue soit atteint (en l'espèce, le suffrage politique).

Le premier conseil est, sans restriction aucune, excellent à suivre. Le second est peut-être un peu radical. Je n'oserais vous conseiller de boycotter tout gouvernement, quel qu'il soit, par des moyens violents, parce que ces procédés révolutionnaires peuvent entraîner, dans notre France continentale, des conséquences autrement dangereuses que dans l'île verte d'Albion. Du moins, n'avouons jamais que nous sommes satisfaites quand nous ne pouvons ni ne devons l'être. Les demi-mesures, les palliatifs ont, en matière législative, un inconvénient grave. Lorsqu'une fois l'on s'est occupé de nous, de nous qui ne sommes pas électrices, on estime que, certes, la faveur est grande et que nous aurions mauvaise grâce à revenir sitôt à la charge. En voulez-vous un ou deux exemples ?

Nos voisines et amies, les féministes belges, ont obtenu en 1900, comme nous l'année dernière, que le salaire de l'épouse restât entre ses mains. Mais, en Belgique, le législateur n'a été généreux que jusqu'à 3.000 francs. Passé ce chiffre de gain annuel, c'est le mari qui encaisse. Naturellement, nos consœurs ne sont pas contentes. Croyez-vous que l'on va, maintenant, écouter leurs doléances ? Non, la matière est réglée, bien ou mal, peu importe. De même, en Belgique, une loi fort imparfaite sur la recherche de la paternité vient d'être votée — imparfaite et insuffisante, de l'aveu même de beaucoup d'hommes. Tant pis, il faudra bien qu'on s'en contente. Chez nous, une proposition, des plus incomplètes, sur la tutelle des femmes, a été déposée et déjà votée à la Chambre. Il est à craindre que son adoption n'ajourne à une époque très lointaine une conquête féminine des plus justes, qui a l'approbation universelle.

Travaillons, Messieurs et Mesdames, travaillons, non seulement avec zèle, mais encore avec courage. Unissons-nous dans le seul désir de la conquête de nos droits. Abandonnons toute arrière-pensée de coterie politique, religieuse ou antireligieuse. Quand nous aurons nos droits civils, quand nous serons électrices et éligibles, chacune de nous choisira son orientation politique, mettra le cap de son navire sur son étoile polaire. Il sera temps, alors, de nous diviser.

Il y a quelques années, quelques journalistes, moins bien inspirés, et surtout moins bien informés, qu'ils n'ont coutume de l'être, prononcèrent, à propos de la conversion inattendue de plusieurs néophytes, un mot plutôt fâcheux. Ils parlèrent de réhabilitation du féminisme. Certes, Mesdames, il nous faut des recrues, il nous faudrait surtout de jeunes recrues, qui entrent dans la carrière quand nous, les aînées, n'y serons plus ou, ce qui est préférable, pendant que nous, les aînées, y sommes encore. Mais rendons à chacun ce qui lui est dû. C'est seulement dans un livre divin, écrit loin des contingences et de la logique terrestre, qu'il a pu être question de rétribuer les ouvriers de la onzième heure comme ceux de la première, sans manquer à toutes les règles de la justice. De fait, les nouvelles féministes ne sont-elles pas un peu comme la garde nationale qui s'installe tranquillement dans une citadelle, après que les troupes de ligne l'ont emportée de vive force, en se faisant tuer sur les remparts ? Vous me répondrez que nous ne sommes pas encore tout à fait mortes. Je l'accorde, mais pour ce qui est de la réhabilitation !... Une bonne cause, Mesdames, est au-dessus de cet ordre d'idées. Les personnes sont imparfaites, plus ou moins défectueuses, exposées aux critiques. La cause plane au-dessus de toutes ces misères, dans un ciel pur et serein ; elle n'admet ni réhabilitation, ni apologie.

Encore un mot, et ce sera le dernier, et je lui donnerai la forme

3.

d'un court sermon, qui sied à mon âge et au tournant de la vie où je suis parvenue. Je vous prierai de vous en souvenir lorsque vous rédigerez ou voterez des formules de vœux. Ne croyez pas que le relâchement des règles morales puisse amener une société meilleure ni, surtout, une condition féminine meilleure. Plus que l'homme, nous avons intérêt à prétendre que les relations constitutives de notre existence familiale et sociale doivent être basées sur le devoir, et non sur la satisfaction illimitée, déréglée, des passions et des instincts individuels. Qu'il soit bien entendu que, toutes les fois que nous demandons un droit, c'est que nous sommes décidées à remplir le devoir corrélatif. Autrement, nous ne mériterions pas de l'obtenir. *(Applaudissements.)*

Avant d'aborder les divers sujets, j'ajouterai quelques explications sur le mécanisme du travail auquel nous allons nous livrer. Quelques-unes d'entre vous ont assisté aux deux grands Congrès de Londres et de Berlin, quelques-unes d'entre vous y ont pris part. Je vais indiquer, en deux mots, la différence qui existe entre ces Congrès et le nôtre.

Dans ces Congrès immenses, avec lesquels nous ne pouvons même prétendre à rivaliser au point de vue du nombre, il n'y a jamais eu ni discussion à proprement parler, ni vœux émis ; c'était une série de discours, de commentaires fort intéressants, présentés les uns après les autres, sans conclusion. Les orateurs et les oratrices se succédaient à la tribune ; ils traitaient les uns après les autres les divers sujets, mais, très souvent, il n'y avait pas de lien entre leurs discours : l'un n'était pas la riposte de l'autre. — Au contraire, dans notre organisation, suivant ce qui s'est toujours passé en France, les discussions auront une place considérable ; voilà une première et très importante différence.

Vous voudrez bien m'excuser si je n'ai pas pu prendre connaissance, autant que je l'aurais voulu, des travaux qui me sont arrivés tout à fait à la dernière heure (car j'en ai reçu encore ce matin). Vous voudrez bien comprendre qu'il est impossible que mon temps soit consacré à ce genre de travail en ce moment. Je tiendrai compte, autant qu'il dépendra de moi, de toutes les communications qui m'ont été faites ; et vous m'excuserez si je fais, sous ce rapport, des fautes compatibles avec la faiblesse humaine, mais qui ne devront jamais être attribuées à la mauvaise volonté.

J'ajouterai que nous pouvons être obligées, parfois, d'intervertir l'ordre des matières suivant les commodités des orateurs ou oratrices, lorsqu'il n'en résultera pas des troubles sensibles dans nos travaux. C'est ce qui arrivera demain : nous traiterons d'abord la question de la femme dans le jury, ensuite tout ce qui est relatif au divorce, ensuite tout ce qui est relatif au régime des biens dans le mariage ; l'ordre des matières se trouvera donc transposé.

Je n'ai à ma disposition, pour cette section des droits civils, que cette après-midi et l'après-midi de demain. Notre programme est très chargé. Peut-être, si une question très importante n'a pas pu trouver sa place, Mme Marguerite Durand me permettra-t-elle d'empiéter légèrement sur les heures qui lui sont dévolues.

Mme Marguerite DURAND, *vice-présidente*. — Tant que vous voudrez !

Mme ODDO DEFLOU, *secrétaire générale*. — Ce serait à grand regret que je sacrifierais quelques-uns des travaux que j'ai entre les mains; il faudrait que j'y fusse absolument contrainte sous la pression des circonstances, de l'heure et du temps.

Maintenant, nous aborderons le sujet de la nationalité de la femme.

L'ordre que vous verrez au programme est celui qui nous a semblé le plus rationnel, le plus conforme à l'ordre naturel de la vie civile, et même le plus compatible avec l'ordre suivi par le Code civil.

Mme VINCENT, *présidente*. — La parole est à M. Etienne Leduc, docteur en droit, sur la nationalité de la femme.

M. Etienne LEDUC, *docteur en droit* :

DE LA NATIONALITÉ DE LA FEMME

MESDAMES,

MESSIEURS,

Je voudrais très brièvement, et de façon aussi précise que possible, vous exposer les règles qui déterminent actuellement la nationalité de la femme mariée et les justes critiques qu'elles provoquent.

La réforme que nous réclamons présente un double intérêt : intérêt de principe et intérêt pratique.

Premièrement : intérêt de principe. Actuellement, lorsqu'une Française épouse un étranger ou qu'une étrangère épouse un Français, le Code lui impose, à la place de sa propre nationalité, celle de son mari. Au contraire, jamais le mariage avec une femme d'un autre pays ne fait perdre à l'homme sa patrie. Le Code civil semble donc dénier à la femme le droit d'être autant que l'homme attachée à cet ensemble de traditions, de gloires et d'aspirations communes qui constitue la patrie. Une semblable idée ne saurait rester plus longtemps inscrite dans nos lois. Nous revendiquons pour la femme le droit au patriotisme intégral.

En second lieu : intérêts pratiques. Ils sont multiples. La nationalité n'est pas seulement une étiquette sentimentale ; elle implique aussi tout un ensemble de droits et de devoirs. C'est elle qui, pour un grand nombre d'actes de la vie juridique, et notamment pour toutes les questions de statut familial ou de capacité, détermine la loi applicable. Changer de nationalité, c'est donc changer de lois, — et quand le mouvement féministe aura abouti à faire accorder à la femme une part dans la vie publique de son pays, ce sera, pour elle, perdre tous ses droits de coopération au gouvernement d'un Etat donné.

La question de la nationalité de la femme se pose dans deux cas : celui où une femme étrangère épouse un Français, et celui où une femme française épouse un étranger. Le premier cas est prévu par l'article 12, § 1, du Code civil ; le second, par l'article 19, § 1. Ces deux textes appliquent une règle identique. Art. 12, § 1 : « L'étrangère qui aura épousé un Français suivra la condition de son mari ». Art. 19, § 1 : « La femme française qui épouse un étranger suit la condition de son mari, à moins que son mariage ne lui confère pas la nationalité de son mari, auquel cas elle reste Française ». Ce dernier membre de phrase a été ajouté en 1889, pour remédier à certains inconvénients pratiques résultant de divergences entre la loi française et les lois étrangères.

Quels sont les motifs de la loi ? On a voulu en voir un dans le désir d'augmenter le nombre des nationaux français, mais à tort, puisque les dispositions concernant la Française qui épouse un étranger et l'étrangère qui épouse un Français sont réciproques.

En réalité, le législateur a voulu réaliser l'unité dans la famille :

Unité morale, qui sera compromise, si le mari et la femme appartiennent à deux nationalités différentes ;

Unité matérielle, qui n'existera pas si le statut familial et les intérêts pécuniaires de l'un et de l'autre époux ne sont pas régis par les mêmes lois.

Qu'il y ait là une idée juste, je suis le premier à le reconnaître. Au point de vue moral, d'abord, il est certain que les mariages entre individus de nationalités différentes sont de nature à produire de fréquents froissements, d'abord à cause de l'état actuel de relations hostiles entre les différents peuples, et même, en ne tenant pas compte des complications extérieures possibles, parce que le fait d'appartenir à un peuple donné imprime généralement, dans l'esprit, un ensemble d'idées et de traditions différentes de celles du peuple voisin.

Mais l'erreur du législateur, c'est de s'être figuré qu'il suffirait d'une naturalisation forcée pour effacer tout cela. Des étrangères, devenues légalement Françaises par leur mariage, peuvent, en fait, acquérir une mentalité française et en venir à préférer leur nouvelle patrie à l'ancienne. Mais ce ne sera pas parce que la loi, au jour de leur mariage, les a dénommées Françaises ; ce sera à cause des influences subies dans la vie quotidienne en France, avec leur mari. En matière de patriotisme, ce sont les sentiments, ce n'est pas l'étiquette qui compte. Or, un texte de loi ne modifie pas les sentiments intimes d'un individu, au contraire ; l'enrégimentation forcée produirait plutôt une réaction.

Au point de vue des difficultés juridiques pratiques, les articles 12 et 19 du Code civil se justifient mieux. Il est nécessaire qu'une seule législation puisse être appliquée aux procès entre époux. Ainsi, une Autrichienne catholique épouse un Français ; faudra-t-il admettre les époux à divorcer, conformément à la loi française, ou le leur interdire, conformément à la loi autrichienne ? Les conventions matrimoniales entre époux sont régies par la loi de leur nationalité ; quelle sera, au cas de mariage mixte, la loi applicable ? De graves difficultés surgissent ainsi, du moment que nous conservons à la femme sa nationalité propre après son mariage. Mais elles ne sont pas insolubles : il suffirait, par exemple, d'exiger des époux, lors de leur mariage, une déclaration indiquant la loi qu'ils désirent leur être appliquée. En tout cas, ce n'est pas une façon admissible d'éviter ces complications que d'en supprimer la cause, comme le fait la loi, en sacrifiant, une fois de plus, la personnalité de la femme à celle de son mari.

Du reste, si nous ne voulons pas que la femme soit contrainte, par le seul fait de son mariage avec un étranger, à changer de patrie, nous reconnaissons qu'il est désirable qu'elle le fasse de bon gré et que du moins, entrant dans une famille française, elle doit avoir des facilités spéciales pour se faire naturaliser.

Le Code a pris des dispositions en ce sens pour le cas où un étranger épouserait une Française. L'article 8, § 5, alinéa 4, réduit pour lui à une année de domicile autorisé, au lieu de trois, le temps nécessaire pour obtenir la naturalisation.

Il faudrait même faire plus encore. La règle insérée dans la loi, pour le cas où un étranger déjà marié se fait naturaliser, nous donne toute satisfaction. Elle porte que : « La femme mariée à un étranger qui se fait naturaliser Français pourra, si elle le demande, obtenir la qualité de Française, sans condition de stage, par le décret qui confère cette qualité à son mari (art. 12, al. 2). » Il faut donc, en ce cas, un acte de volonté de la femme pour lui conférer la nationalité française. Notre Code n'a pas cru pouvoir lui imposer de changer sa nationalité pour obéir à la volonté de son mari.

Le motif de cette différence est le suivant : la femme qui épouse un Français sait à quoi s'en tenir : elle sait qu'elle deviendra Française par son mariage ; elle n'a donc qu'à ne pas se marier, si elle veut garder sa nationalité. Elle ne pouvait prévoir, au contraire, qu'au cours de son mariage son mari demanderait à devenir Français ; c'est pourquoi la loi ne lui impose pas, dans ce dernier cas, un changement de nationalité. Mais ces raisons sont mauvaises.

Cet article implique que l'attachement à sa propre patrie est respectable, même chez une femme, et justifie une infraction à la règle d'obéissance de la femme à son mari, inscrite dans le Code. Alors, pourquoi lui imposer, lorsqu'elle épouse un étranger, ce renoncement douloureux ? N'est-il pas choquant de voir le législateur la placer entre le sacrifice de son amour et celui de son patriotisme ?

Voici donc ce que je propose.

Le Congrès émet le vœu que les articles 12 et 19 du Code civil soient rédigés de la façon suivante :

« ART. 12 : *L'étrangère qui aura épousé un Français sera naturalisée par décret, sur sa demande, sans condition de stage.*

« ART. 19 : *La femme française qui épouse un étranger reste Française, sauf si, par déclaration adressée au ministère de la*

Justice, elle renonce à la qualité de Française, et si, du reste, la loi étrangère lui confère la nationalité de son mari ».

Mme Oddo Deflou, *secrétaire générale*. — Mme Lucie Wahl m'a envoyé son rapport, mais m'a fait savoir qu'il lui était impossible de venir au Congrès aujourd'hui.

Mme Lucie Wahl, quoique s'étant placée à un tout autre point de vue que M. Etienne Leduc, aboutit à des conclusions analogues. J'indiquerai seulement les points principaux de son travail.

Elle énumère les inconvénients pour la femme pauvre — qui a été Française, mais qui n'est plus Française, à cause de son mariage avec un étranger — de rester dans ce pays, qui est pourtant sa patrie. Elle montre les déchéances auxquelles elle est exposée au point de vue des secours qu'elle pourrait espérer, auxquels même elle aurait droit, si son mariage ne l'avait pas dénationalisée.

Elle s'étend sur ce genre de considérations, et sur différentes dispositions que M. Etienne Leduc n'a pas citées, parce que, je le répète, il ne se place pas au même point de vue ; telles sont : la loi du 24 vendémiaire, an II, la loi du 7 août 1851, la loi du 15 juillet 1893, la loi du 14 juillet 1905, qui mettent cette femme, Française de naissance, mais étrangère par son mariage, dans la plus triste situation (1).

Quelqu'un demande-t-il la parole sur le sujet que vous venez d'entendre exposer ?

Mme Slatoff, *déléguée de la Loge « Progrès »*. — La femme divorcée ayant épousé un étranger est obligée de se faire réintégrer dans sa nationalité, même quand son mari est devenu Français ; c'est un cas excessivement curieux.

Mme Durand, *vice-présidente*. — Elle peut obtenir la réintégration.

Mme Slatoff. — En payant, mais cela devrait être de droit ; son divorce devrait entraîner sa réintégration. Pendant l'instance en divorce, le mari s'est fait, parfois, naturaliser Français, et la femme est restée de la nationalité du mari, après le divorce.

Mme Oddo Deflou, *secrétaire générale*. — Voulez-vous rédiger un vœu ?

M. Etienne Leduc. — Il aurait été facile à cette femme de redevenir Française, du moment que son mari demandait à le devenir ; le mari a demandé à devenir Français pendant l'instance en divorce, par conséquent avant que le divorce ne fût prononcé.

Mme Marguerite Durand, *vice-présidente*. — C'est un cas très curieux, mais qui est très peu connu.

Mme Oddo Deflou, *secrétaire générale*. — (On cause dans la salle.) Pas de colloques. J'engage les personnes qui ont quelque chose à dire à le préparer, de façon à le dire tout d'une venue. Si vous avez à exprimer un vœu, rédigez-le, et on le mettra aux voix.

(1) Voir, à l'appendice, le rapport de Mme Lucie Wahl.

Mme Slatoff quitte la tribune pour rédiger un vœu (1).

M. Bergerot. — J'ai moi-même été très intéressé d'entendre cette dame parler d'une Française ayant épousé un étranger, ce qui lui a ôté sa nationalité et l'empêche, une fois veuve et dans une situation malheureuse, de recevoir des secours. C'est absolument exact, et ce fait existe souvent à Paris. Nous avons, dans les bureaux de bienfaisance de Paris, des demandes qui sont faites par des veuves, Françaises ayant épousé des étrangers, ayant, par conséquent, perdu leur nationalité, des femmes qui sont très intéressantes, qui ont des familles nombreuses. On ne peut rien leur donner, parce qu'elles sont étrangères.

Mme Vincent, *présidente.* — On leur donne, cependant.

M. Bergerot. — Pas toujours. Il y a des arrondissements privilégiés, où il y a très peu de malheureux ; mais, à côté, il y a les arrondissements de la périphérie, où les malheureux sont en très grand nombre, et où les indigents ne peuvent être secourus que par des sommes infimes ; autant que possible, on ne donne qu'aux personnes qui ont des droits. Or, dans le malheur, tout le monde a un peu des droits.

J'émets le vœu qu'une Française qui a épousé un étranger puisse redevenir Française sans difficulté, et avoir droit aux secours qu'ont toutes les Françaises chargées de famille, d'enfants, et qui sont dans le malheur. *(Applaudissements.)*

M. Etienne Leduc. — Si l'on adoptait la réforme que je propose, si la femme ne perdait pas sa nationalité par son mariage, il serait inutile de la lui rendre. La question disparaît du moment que mon vœu est adopté. *(Applaudissements.)*

Une Congressiste. — Le vœu présenté par Monsieur me paraît tout à fait logique, rationnel : nous avons le devoir de le voter ; mais, en attendant qu'il soit devenu loi, j'exprime le désir que l'observation qui vient d'être faite par M. Bergerot soit prise en considération, et que nous demandions aux municipalités, particulièrement à celles de Paris, de considérer comme étant encore des Françaises les femmes qui, après le décès de leur mari, auraient perdu légalement cette qualité. Ainsi, les municipalités pourraient toujours continuer à allouer des secours à ces femmes qui, en réalité, sont des Françaises par le cœur et par l'esprit.

M. Etienne Leduc. — La femme devenue étrangère par son mariage redevient Française du moment qu'elle le demande. Or, si elle veut obtenir des secours, il faudra bien qu'elle fasse une demande ; par conséquent, je ne vois pas qu'il soit plus difficile pour elle de demander son ancienne qualité de Française que de demander un secours.

Mme Marguerite Durand, *vice-présidente.* — Mesdames, le vœu qui vous est soumis est, à peu de chose près, s'il n'est exactement

(1) Voir, sous la rubrique : *Vœux divers*, le vœu complémentaire de Mme Slatoff.

le même comme texte, celui qui a été voté au précédent Congrès de 1900, et qui est ainsi conçu :

« Que la femme prenne la nationalité de son mari, à moins qu'elle ne se réserve, par une déclaration faite au jour de son mariage, devant l'officier de l'Etat civil, sa nationalité d'origine ».

M. Etienne Leduc. — Mon vœu est plutôt plus féministe ; il me semble qu'il serait plus logique d'exiger une déclaration pour changer de nationalité d'origine.

Mme Marguerite Durand, *vice-présidente*. — Je serai peut-être encore plus féministe, en vous proposant de dire simplement que, dans le mariage, la femme conserve sa nationalité.

M. Etienne Leduc. — Sauf demande contraire.

Mme Marguerite Durand, *vice-présidente*. — Vous savez qu'au moment du mariage ces consentements-là s'arrachent facilement, que la jeune fille n'est pas très consciente, que souvent elle ne connaît pas bien les questions de droit, et que ce n'est que plus tard qu'elle s'apercevra de la faute commise.

Une Voix. — Et les enfants ?

Mme Marguerite Durand, *vice-présidente*. — C'est une autre question.

M. Valabrègue, *avocat*. — Avant de passer au vote d'un vœu, je crois utile d'indiquer que certaines nations ne reconnaissent pas le régime de la séparation des biens, lequel intéresse les femmes à un haut degré. Il pourrait y avoir danger à ce que certaines femmes, appartenant à la nation qui ne reconnaît pas le régime de la séparation de biens, conservent ou perdent leur nationalité par le mariage.

M. Etienne Leduc. — C'est exact, mais il me paraît difficile de faire une règle spéciale suivant que la nation du mari admettra ou non la séparation de biens. Il faut faire une règle d'ensemble, ou n'en pas faire.

Mme Oddo Deflou, *secrétaire générale*. — Nous ne pouvons pas nous éterniser sur cette question.

La nationalité des enfants est réglée par le Code civil de façon à peu près acceptable.

Nous allons donc mettre aux voix les vœux.

(A M. Etienne Leduc.) Monsieur, voulez-vous relire votre vœu, qui est en deux parties ? (M. Etienne Leduc relit son vœu.)

Une Voix. — Je demande la parole, parce que le vœu qui a été émis en 1896 était de moi ; il a été voté, par conséquent il me tient au cœur.

Il me semble que la chose la plus simple serait de répéter ce vœu encore plus fermement : que la femme étrangère ou française ne perd pas sa nationalité par le seul fait de son mariage.

C'est une chose vraiment désagréable à admettre que la femme, par le seul fait qu'elle se marie, doit perdre absolument sa nationalité, ses souvenirs, ses attaches. Alors, il me semble qu'il faudrait formuler cela par un vœu très net et très clair.

Mme Oddo Deflou, *secrétaire générale.* — N'êtes-vous pas d'avis que cette femme doit avoir des facilités pour acquérir la nationalité de son mari ?

M. Etienne Leduc. — On pourrait peut-être rédiger ainsi :

« Le Congrès émet le vœu que la femme conserve sa nationalité par le mariage, sauf demande contraire ». *(Applaudissements.)*

Une Voix. — Je voudrais savoir si cette demande doit être faite au moment du mariage ou pendant le mariage.

M. Etienne Leduc. — Elle doit être faite avant le mariage.

Une Voix. — Il me semble qu'il serait important de pouvoir la faire pendant le mariage, parce que la jeune fille ne se rend pas bien compte des conséquences au moment où elle se marie.

M. Leduc. — C'est justement là que mon vœu diffère de celui de Mme Durand. Je propose :

« La femme française qui épouse un étranger reste Française, sauf si, par déclaration adressée au Ministère de la Justice, elle renonce à la qualité de Française, et si, du reste, la loi étrangère lui confère la nationalité de son mari ».

Et Mme Durand propose de dire tout simplement : « La femme française conserve sa nationalité en se mariant ».

Mme Marguerite Durand, *vice-présidente.* — Le Congrès est national, nous ne nous occupons que du Code français.

M. Etienne Leduc. — Oui, mais il faut tenir compte des lois étrangères en ce qui concerne les Françaises.

Un Congressiste. — Le Congrès est national, mais n'y a-t-il pas une question internationale ? Vous voulez que la femme reste Française ; sera-t-elle Française vis-à-vis de la loi anglaise ? Il faut un accord international.

M. Etienne Leduc. — C'est pourquoi ma rédaction était différente. Je conservais cette partie de l'article 19 du Code civil : « Si, du reste, la loi étrangère lui confère la nationalité de son mari ».

Si vous préférez voter sur les deux articles tels que je les avais proposés, je ne demande pas mieux.

Mme Hubertine Auclert, *secrétaire générale de la Société* Le Suffrage des Femmes. — Cela va de soi, ce que vous dites : si la loi ne confère pas à la femme une nationalité, ce n'est pas la peine de discuter ; je trouve plus logique la proposition de Mme Marguerite Durand.

M. Etienne Leduc. — Cela ne va pas de soi ; la preuve, c'est qu'en 1889 on avait été obligé d'insérer un article pour prévoir le cas. C'est pourquoi j'avais proposé une rédaction complète des deux articles ; je peux les relire.

Mme Hubertine Auclert. — Nous avons l'air de vouloir accepter toujours des chaînes, nous qui voulons émanciper les femmes.

M. Valabrègue. — Cette question doit être renvoyée à un Congrès international. Voici pourquoi : c'est qu'il est des législations qui donnent à la femme beaucoup moins de droits que la législation française, et je ne crois pas qu'une femme turque qui épouserait un Français voulût garder la nationalité turque. S'il est, ici, des femmes turques qui voudraient conserver leur nationalité turque, je les prie de m'excuser, et je vais me placer à un point de vue plus général. Ce qu'on ne contestera pas, c'est qu'il est des nations qui sont beaucoup moins larges que certaines autres relativement aux droits des femmes, et je crois qu'avant d'émettre un vœu, Mme la Présidente devrait mettre aux voix le renvoi à un Congrès international.

M. Etienne Leduc. — C'est justement parce qu'il y a des nationalités qui sont moins favorables aux femmes que je réclame, pour les femmes de ces pays, le droit d'en demander une autre.

(Applaudissements.)

Mme Hubertine Auclert. — Nous sommes ici un congrès national ; nous n'avons donc pas à légiférer pour d'autres pays, mais seulement pour la France : nous devons donner à la femme française la plus grande liberté.

La femme doit avoir le droit, si elle le veut, de prendre la nationalité de son mari ; aucune opposition ne doit lui être faite. Nous devons lui laisser la liberté la plus grande en tout.

M. Etienne Leduc. — Le Congrès émet le vœu que les articles 12 et 19 du Code civil soient remplacés par la rédaction suivante :

Art. 12. — *L'étrangère qui aura épousé un Français sera naturalisée par décret, sur sa demande, sans condition de stage.*

Art. 19. — *La femme française qui épouse un étranger reste Française, sauf si, par déclaration adressée au Ministère de la Justice, elle renonce à la qualité de Française, et si, du reste, la loi étrangère lui confère la nationalité de son mari.*

Mme Vincent, *présidente.* — Je mets cette proposition aux voix. (Adoptée à l'unanimité (1).)

Nous allons passer à une autre question : La femme tutrice, curatrice, membre des conseils de famille.

Mme Jane Misme, rédactrice en chef du journal *la Française*, et Mme Gabrielle Louis vont vous lire leurs rapports.

Mme Jane Misme :

LA FEMME TUTRICE, CURATRICE

Membre des Conseils de famille.

Malgré l'inconvénient des lois fragmentaires, c'est encore une modification de détail que nous souhaitons obtenir des législateurs en réclamant l'attribution, aux femmes, de la tutelle et des fonctions qui s'y rattachent : la subrogée-tutelle et la participation aux conseils de famille.

(1) Voir, à la fin du volume, sous la rubrique *Vœux divers*, le vœu complémentaire de Mme Slatoff sur ce sujet.

Il serait évidemment plus simple de demander le parallélisme complet, dans le Code, entre la femme et l'homme. Et, en matière de droits familiaux particulièrement, il semble d'un plaisant illogisme de vouloir n'importe lequel pour la femme avant d'avoir détruit, à la base du mariage, le principe qui lui interdit tout acte indépendant : l'autorité maritale.

On s'est pourtant résigné à entreprendre toute une série de réformes qui entament ce principe sans l'abolir. C'est ce qu'on appelle de la diplomatie ; et ce n'est point si maladroit. Nous nous trouvons, en effet, en présence d'un mur à démolir et d'une impossibilité absolue d'en faire admettre la démolition par tous les intéressés. En revanche, nous reconnaissons qu'il nous sera permis d'y faire des trous. Ces brèches, hélas ! nous le savons, ne seront point un chemin aussi praticable qu'une place nette. Ceux qui auront à y passer s'y meurtriront, et beaucoup ne sauront ou n'oseront s'en servir.

N'importe. Songeons à ce qui se passe lorsqu'un objet quelconque, vêtement ou mur, arrive à présenter un trop grand nombre de solutions de continuité. On aurait beau vouloir le conserver encore ; sa laideur, son insuffisance le condamnent avant l'usure totale, et, un beau matin, on s'en défait avec soulagement. Donc, essayons de faire un trou de plus dans le mur de l'autorité maritale.

La question de l'exercice, par la femme, de la tutelle et des fonctions connexes, subrogée-tutelle et participation aux conseils de famille, est une de celles qui soulèvent le moins d'objections dans l'opinon publique.

La réforme est mûre, comme l'était, depuis plus de dix ans, celle obtenue par la loi de juillet 1907, sur la propriété des gains personnels de la femme, grâce à la campagne de Mme Schmahl.

Ceux mêmes qui se disent non féministes trouvent injuste et absurde qu'une femme, tante, cousine ou amie, ayant aidé le père ou la mère à élever un enfant, soit, l'enfant devenu orphelin, déclarée incapable de continuer à l'élever et se voie préférer un homme ne s'étant souvent jamais occupé de lui. Peut-être est-il encore admis par certains que les femmes seraient, en général, moins aptes que les hommes à gérer la fortune d'un orphelin. C'est de moins en moins vrai. Et cela le fût-il dans quelques cas, les tutrices feraient alors ce que nous faisons tous, hommes ou femmes, lorsque la necessité nous met en face d'une obligation nouvelle : on s'instruit de ce qu'on a besoin de savoir. On ne saurait nier que les femmes, si souvent jetées, jusqu'à présent, sans préparation, dans les pires difficultés, les responsabilités les plus graves, ne montrent une facilité spéciale d'adaptation.

En 1905, le Conseil national des femmes formulait le désir de l'opinion publique en un projet de loi rédigé par Mme Oddo Deflou.

Ce projet, qui constituait une réforme très franche, n'est point venu devant le Parlement. Cependant, en novembre 1907, M. le député Maurice Violette a fait voter, par la Chambre, l'admission des femmes dans les conseils de famille. Mais il stipule que les femmes mariées y seront toujours représentées par leurs maris. Et de la tutelle il ne parle point.

Pour le coup, voilà une brèche trop exiguë. Nous n'en voulons pas, parce que nous savons qu'on est disposé à donner plus, et que, si nous acceptons cela maintenant, il sera difficile de faire revenir, avant longtemps, le Parlement sur ce sujet. Donc il importe, avant que la loi Violette passe au Sénat, de lui substituer un projet plus libéral.

Faut-il souhaiter que ce soit le projet du Conseil national ? Oui, à très peu de chose près.

L'examen des modifications qu'il propose a été fait dernièrement par la Société des Etudes législatives qui vient, elle aussi, de préparer un projet de réforme du Code civil sur cette question. Elle se trouve magistralement étudiée dans le rapport des travaux de la Commission, rédigé par M. Meynial, professeur à la Faculté de droit, et qui est une merveille d'analyse profonde et limpide. A la vérité, ce rapport aurait dû, pour l'instruction et le plaisir de tous, figurer ici au lieu du mien. Mais il ne le pouvait, le Bulletin de la Société des Etudes législatives l'ayant déjà publié. Il en résulte (et j'ai pu le remarquer aussi au cours des séances de la Commission, remarquablement présidée par M. le professeur Larnaude, qui m'avait fait l'honneur de m'inviter à les suivre) que cette réforme, admise d'avance en principe, ne se fera peut-être point avec toute la netteté désirable.

Il en serait ainsi, du moins, si le Parlement adoptait le projet de la Société et même celui du Conseil national. Aussi croyons-nous devoir appeler tout particulièrement l'attention du Congrès sur les points de la réforme où le conflit entre le droit de la femme, l'intérêt des orphelins d'un côté et l'autorité maritale de l'autre, semble devoir être assez aigu pour que cette dernière l'emporte.

Aucune difficulté ne s'élèvera, sans doute, au sujet de la femme célibataire. Ainsi que le souhaitent les deux projets dont nous avons parlé, elle sera tutrice comme un homme est tuteur.

On peut s'attendre, cependant, à ce que des amis trop zélés demandent pour elle ce qu'on appelle « l'excuse de sexe ». On sait que la tutelle est une obligation imposée par la loi aux membres de la famille de l'orphelin ou, à leur défaut, à un ami ou à une personne quelconque. Les hommes ne peuvent s'y dérober qu'en invoquant certaines circonstances prévues dans le Code. A ces cas d'excuse s'en ajouterait un nouveau pour les femmes. Elles pourraient refuser la tutelle, sous prétexte qu'étant de faibles femmes, elles se sentent incapables de l'exercer. Ce serait un privilège que les féministes jugent funeste. Là où un homme, même s'il se croit au-dessous du devoir imposé, ne peut se récuser, une femme ne doit pas le pouvoir davantage. Il s'agit, pour l'un comme pour l'autre, en ce cas, de se hausser jusqu'à leur devoir. Nous avons dit que la femme a, plus que l'homme, peut-être, l'habitude de ce genre d'effort.

Toutefois, les salaires féminins étant actuellement, à travail égal, inférieurs aux salaires masculins, on trouvera juste que la femme spécialement puisse invoquer, pour refuser la tutelle, l'excuse d'une situation matérielle trop absorbante. Le Conseil national n'a point songé à cela. La Société des Etudes législatives, avec raison, selon moi, a admis cette excuse et l'a formulée ainsi, afin qu'elle ne prête à aucun abus : « Seront, en outre, dispensées de la tutelle les femmes qui, à raison de l'insuffisance de leur salaire, ne seraient point en mesure de supporter cette charge ».

Les choses, très simples, malgré ce détail, pour la femme célibataire, se compliquent dès que le mariage et, par conséquent, l'autorité maritale, entre en jeu.

La tutrice célibataire restera-t-elle tutrice si elle se marie ? Personne, croyons-nous, n'osera dire non. Mais une partie de nos députés, de nos sénateurs et, sans doute, du public, admettra malaisément qu'elle le soit sans que le mari ait le droit de s'en mêler. Et la question se posera de faire ou non, du mari, un cotuteur obligatoire,

De même, lorsqu'il s'agira de choisir pour tutrice une femme mariée, d'aucuns voudront qu'elle n'accepte point sans le consentement du mari. La Société des Etudes législatives et le Conseil national lui-même n'ont point osé écarter l'intervention du mari.

La question d'égalité entre le mari et la femme se trouvera soulevée, à coup sûr, à propos du conseil de tutelle que le mari mourant peut imposer à la mère tutrice, sa veuve, tandis que la réciprocité n'existe point et que les féministes, au nom du bon sens et de l'intérêt des enfants et du père lui-même, la réclament. Vous le verrez par le développement que doit, tout à l'heure, donner, à ce point particulier, Mme Gabrielle Louis.

D'autres détails de moindre importance seront, à coup sûr, discutés.

Qu'adviendra-t-il de tout cela devant le Parlement ?

Je serais d'avis qu'on lui demandât une réforme intégrale, quitte à le voir en rogner quelque chose. Mais je vais laisser à Mme Oddo Deflou, en sa qualité d'auteur du projet de loi du Conseil national, le soin de vous présenter les vœux qu'elle désire voir adopter par le Congrès.

Pour faciliter l'examen de la question, nous croyons devoir faire précéder ces vœux du texte actuel de la loi et des modifications que le Conseil national et la Société des Etudes législatives y proposent (1).

(1) PROJET DU CONSEIL NATIONAL, EN 1905
Rédigé par Mme Oddo Deflou et accepté sans modifications.

(Mme Oddo Deflou n'avait point prétendu présenter un projet étudié dans tous les détails, comme la Société des Etudes législatives, mais seulement marquer les points principaux sur lesquels, à son sens, la réforme doit porter.)

1° Les femmes sont désormais admises aux fonctions de tutrices, subrogées-tutrices, membres des conseils de famille, conseils de tutelle, curatrices,

Mme Oddo Deflou, *secrétaire générale*. — Je vous prie de ne pas vous laisser rebuter par l'aridité de ce sujet. C'est un des points importants de notre programme, et c'est un des points sur lesquels nous pouvons remporter une victoire assez facile.

L'opinion est avec nous et, si les législateurs ou les membres de

conseils judiciaires, dans les mêmes circonstances et sous les mêmes conditions que les hommes.

2° Elles ne pourront décliner aucune de ces fonctions à raison de leur sexe, mais devront exciper d'une des excuses de droit commun.

3° L'autorisation donnée par le mari à la femme d'accepter la tutelle l'habilitera à faire seule, et sans nouvelle autorisation, tous les actes y afférents.

4° La mère pourra, comme le père, désigner un conseil de tutelle, sans le consentement duquel le père ne pourra accomplir aucun acte relatif à la tutelle, ou aucun de ceux que la prémourante aura limitativement indiqués.

5° Le père comme la mère, tuteur ou tutrice d'un ou plusieurs enfants, qui veut se remarier, devra, avant l'acte de mariage, convoquer le conseil de famille, qui décidera si la tutelle doit lui être conservée ; si non, il la perdra de plein droit.

6° Il n'y aura aucune préférence, au point de vue de la dévolution de la tutelle, entre les ascendantes et les ascendants du même degré, ni entre la ligne masculine et la ligne féminine. S'il y a plusieurs ascendants ou ascendantes d'égal degré en concurrence, le conseil de famille choisira celui ou celle qui présente le plus de garanties de capacité et d'honnêteté.

7° Il n'y aura plus de curatelle au ventre.

8° Le père remarié perd la jouissance légale des biens de ses enfants.

En cas de remariage de la mère, la co-tutelle du mari est supprimée. La femme exercera alors ses droits de tutrice sans autorisation maritale.

Modification des articles 399 et 400, dans le sens de l'égalité de l'homme et de la femme.

DISPOSITIONS ACTUELLES DU CODE CIVIL	PROJET DE LA SOCIÉTÉ DES ÉTUDES LÉGISLATIVES EN 1908
	ARTICLE UNIQUE Seront modifiés, ainsi que suit, les articles 390, 391, 397, 399, 400, 402, 403, 405, 407, 408, 412, 420, 428, 442 et 470 du Code civil.
Art. 390. — Après la dissolution du mariage arrivée par la mort naturelle ou civile de l'un des époux, la tutelle des enfants mineurs et non émancipés appartient de plein droit au survivant des père et mère.	Art. 390. — *Ajouter le paragraphe suivant :* Toutefois, si les deux parents avaient, auparavant, obtenu le divorce ou la séparation de corps, le survivant à qui le tribunal n'avait pas accordé la garde de l'enfant ne sera investi de la tutelle qu'autant que le conseil de famille en aura délibéré et la lui aura confirmée.
Art 391. — Pourra néanmoins le père nommer à la mère survivante et tutrice un conseil spécial, sans l'avis duquel elle ne pourra faire aucun acte relatif à la tutelle. Si le père spécifie les actes pour lesquels le conseil sera nommé, la tutrice sera habile à faire les autres sans son assistance.	Art. 391. — *Intercaler après les mots :* conseil spécial, *les mots :* de l'un ou de l'autre sexe.

la Société d'Etudes législatives nous font quelques chicanes, soyez sûrs que le public nous approuve.

D'ailleurs, les membres de la Société d'Etudes législatives sont relativement libéraux puisque, comme Mme Misme vous l'a dit tout à l'heure, ils ont, sur tous les points principaux, adopté un projet

ART. 397. — Le droit individuel de choisir un tuteur parent, ou même étranger, n'appartient qu'au dernier mourant des père et mère.	ART. 397. — *Ajouter après les mots :* choisir un tuteur, *ceux-ci :* ou une tutrice.
ART. 399. — La mère remariée, et non maintenue dans la tutelle des enfants de son premier mariage, ne peut leur choisir un tuteur.	ART. 399. — *Ajouter à la fin de l'article les mots :* ou une tutrice.
ART. 400. — Lorsque la mère remariée, et maintenue dans la tutelle, aura fait choix d'un tuteur aux enfants de son premier mariage, ce choix ne sera valable qu'autant qu'il sera confirmé par le conseil de famille.	ART. 400. — *Intercaler après les mots :* et maintenue dans la tutelle, *les mots :* ou lorsque le père se remarie.
ART. 402. — Lorsqu'il n'a pas été choisi au mineur un tuteur par le dernier mourant de ses père et mère, la tutelle appartient de droit à son aïeul paternel ; à défaut de celui-ci, à son aïeul maternel, et ainsi en remontant, de manière que l'ascendant paternel soit toujours préféré à l'ascendant maternel du même degré.	ART. 402. — *Ajouter après les mots :* à son aïeul paternel, *ceux-ci :* ou à son aïeule paternelle ; *et après les mots :* à son aïeul maternel, *ceux-ci :* ou à son aïeule maternelle.
ART. 403. — Si, à défaut de l'aïeul paternel et de l'aïeul maternel du mineur, la concurrence se trouvait établie entre deux ascendants du degré supérieur qui appartinssent tous deux à la ligne paternelle du mineur, la tutelle passera de droit à celui des deux qui se trouvera être l'aïeul paternel du père du mineur.	ART. 403. — *Ajouter après les mots :* de l'aïeul paternel, *ceux-ci :* de l'aïeule paternelle ; *et après les mots :* de l'aieul maternel, *ceux-ci :* de l'aïeule maternelle.
ART. 405. — Lorsqu'un enfant mineur et non émancipé restera sans père ni mère, ni tuteur élu par ses père et mère, ni ascendants mâles, comme aussi lorsque le tuteur de l'une des qualités ci-dessus exprimées se trouvera ou dans le cas des exclusions dont il sera parlé ci-après, ou valablement excusé, il sera pourvu, par un conseil de famille, à la nomination d'un tuteur.	ART. 405. — *Ajouter après les mots :* ni tuteur, *ceux-ci :* ou tutrice ; *supprimer le mot :* mâle *après* ascendants. *Ajouter après les mots :* comme aussi lorsque le tuteur, *ceux-ci :* ou la tutrice ; *ajouter à la fin de l'article :* ou d'une tutrice. *Ajouter à l'article le paragraphe suivant :* Si la tutrice nommée par le père ou la mère ou par le conseil de famille se marie ou se remarie pendant la durée de la tutelle, elle sera soumise aux règles des articles 395 et 396.
ART. 407. — Le conseil de famille sera composé, non compris le juge de paix, de six parents ou alliés, pris tant dans la commune où la tutelle sera ouverte, que dans la distance de deux myriamètres, moitié du côté paternel, moitié du côté maternel, et en suivant l'ordre de proximité dans chaque ligne. Le parent sera préféré à l'allié	ART. 407. — *Ajouter après les mots :* six parents ou alliés, *les mots :* de l'un ou l'autre sexe. *A la fin de l'article, ajouter le paragraphe suivant :* Le mari et la femme ne pourront faire partie ensemble du même conseil de famille. La préférence sera donnée à celui des deux dont le degré de parenté est le plus rapproché ; à éga-

dont j'étais moi-même l'auteur. Ce fait nous permet de juger que leurs sentiments féministes sont arrivés à un degré, sinon louable, au moins acceptable (*Rires*), et je vous assure qu'en discutant avec eux, je me suis même aperçue que quelques-uns étaient plus

du même degré ; et, parmi les parents de même degré, le plus âgé à celui qui le sera le moins.

lité de degré, le mari sera préféré à sa femme.

ART. 408. — Les frères germains du mineur et les maris des sœurs germaines sont seuls exceptés de la limitation de nombre posée en l'article précédent. S'ils sont six, ou au delà, ils seront tous membres du conseil de famille, qu'ils composeront seuls avec les veuves d'ascendants et les ascendants valablement excusés, s'il y en a. S'ils sont en nombre inférieur, les autres parents ne seront appelés que pour compléter le conseil.

ART. 408. — *Au lieu de :* les frères germains du mineur et les maris des sœurs germaines, *mettre :* les frères ou sœurs germains du mineur.

ART. 412. — Les parents, alliés ou amis, ainsi convoqués, seront tenus de se rendre en personne, ou de se faire représenter par un mandataire spécial. Le fondé de pouvoir ne peut représenter plus d'une personne.

ART. 412. — *Ajouter au texte le paragraphe suivant :* Le mari pourra représenter sa femme, ou, inversement, la femme son mari. Le mandataire devra produire une procuration écrite exonérée de tous frais.

ART. 420. — Dans toute tutelle, il y aura un subrogé-tuteur, nommé par le conseil de famille. Ses fonctions consistent à agir pour les intérêts du mineur, lorsqu'ils seront en opposition avec ceux du tuteur.

ART. 420. — *Ajouter après les mots :* un subrogé-tuteur, *ceux-ci :* ou une subrogée-tutrice ; *et à la fin de l'article :* la femme mariée pourra être nommée subrogée-tutrice sans l'autorisation de son mari.

ART. 428. — Sont également dispensés de la tutelle les militaires en activité de service, et tous autres citoyens qui remplissent, hors du territoire du royaume, une mission du roi.

ART. 428. — *Ajouter à la fin de l'article le paragraphe suivant :* Seront, en outre, dispensées de la tutelle les femmes qui, à raison de l'insuffisance de leur salaire, ne seraient pas en mesure de supporter cette charge.

ART. 442. — Ne peuvent être tuteurs ni membres des conseils de famille : 1° les mineurs, excepté le père ou la mère ; 2° les interdits ; 3° les femmes, autres que la mère et les ascendantes ; 4° tous ceux qui ont ou dont les père ou mère ont, avec le mineur, un procès dans lequel l'état de ce mineur, sa fortune, ou une partie notable de ses biens sont compromis.

ART. 442. — *Supprimer l'alinéa troisième et donner le numéro 3 au quatrième.*

ART. 470. — Tout tuteur, autre que le père et la mère, peut être tenu, même durant la tutelle, de remettre au subrogé-tuteur des états de situation de sa gestion, aux époques que le conseil de famille aurait jugé à propos de fixer, sans néanmoins que le tuteur puisse être astreint à en fournir plus d'un chaque année. Ces états de situation seront rédigés et remis, sans frais, sur papier non timbré, et sans aucune formalité de justice.

ART. 470. — *Après :* tout tuteur, *supprimer les mots :* autre que le père et la mère. *Enfin, ajouter à l'article le paragraphe suivant :* Après la constitution du conseil de famille, le juge de paix sera tenu de donner lecture au conseil de famille du présent article 470, et de le consulter sur l'application de ses dispositions au tuteur quand il aura été nommé.

féministes que nous (*Rires*), seulement ce n'est pas la majorité.

Mesdames, nous ne pouvons pas discuter ici comme on discute à la Société d'Etudes législatives ; nous serions obligés, pour cela, de consacrer, non seulement tout notre Congrès, mais un temps bien plus long, à cette seule question. La Société d'Etudes législatives ne se presse pas. Elle examine, comme des légistes doivent examiner, chaque question l'une après l'autre, puis tous les petits litiges que chaque question peut soulever. Ces messieurs les résolvent comme des gens très compétents, et qui ont tous une parfaite compréhension de l'esprit et de la lettre de notre Code.

Nous, nous sommes forcés d'aller vite. Il faut donc que nous nous en tenions à de grandes lignes, claires, que chacun puisse apprécier, et puis que nous émettions des vœux sur ces grandes lignes.

On vient de me communiquer le vœu émis sur ce sujet, au Congrès de 1900. Je trouve qu'en fait de grandes lignes, le Congrès de 1900 n'en a tracé qu'une seule ; c'est un peu trop de simplicité.

Je vous proposerai donc plusieurs grandes lignes et j'appellerai, tout d'abord, votre attention sur un projet de M. le député Marc Réville, qui se rapporte beaucoup, soit au projet de la Société d'Etudes législatives, soit au mien propre.

M. Marc Réville, qui devait être avec nous aujourd'hui, me fait parvenir une lettre dont je crois devoir vous donner lecture. Voici ce qu'il dit :

« Paris, 128, boulevard Haussmann, 26 juin 1908.

« Madame la Présidente (1),

« J'étais bien décidé à venir assister à la séance du Congrès de cette après-midi, moins pour y prendre la parole que pour y entendre discuter la question de la femme tutrice et membre des conseils de famille.

« J'étais résolu, en effet, à déposer de nouveau ma proposition à ce sujet ; mais je ne voulais le faire, depuis que je savais que la question serait discutée au Congrès par les intéressées les plus compétentes, qu'après avoir connu les critiques que ma proposition, imparfaite comme toute œuvre humaine, provoque nécessairement.

« C'étaient là des raisons plus que suffisantes pour tenir à assister à cette séance. Malheureusement, la Commission des Douanes, dont je suis l'un des rapporteurs pour son vaste travail de revision douanière, travail désormais pressé, vu l'approche de la séparation des Chambres, tient, cette après-midi, une séance particulièrement importante ; des questions peut-être vitales pour notre industrie nationale y seront discutées et solutionnées. D'autre part, la réunion de la Commission des Douanes ne peut pas être remise à demain, car je suis obligé de partir, ce soir, pour la Franche-Comté.

(1) M. Marc Réville n'avait pas remarqué que Mme Oddo Deflou n'était que secrétaire.

« J'ai tenu, Madame la Présidente, à vous donner ces détails pour deux raisons : la première est que je ne veux pas que vous croyiez, de ma part, à une supercherie ; la seconde est que je voudrais vous demander un service : c'est de me faire savoir quelles décisions auront été prises par le Congrès sur la question dont il s'agit. Je suis, en effet, tout disposé à modifier mon texte conformément à ses critiques motivées.

« Il est un peu excessif de ma part de vous mettre ainsi à contribution ; mais je n'hésite pas à le faire, car je sais que lorsqu'il est nécessaire de servir une juste cause, vous ne mesurez jamais la peine à prendre.

« Veuillez agréer, Madame la Présidente, avec mes excuses et mes bien vifs regrets, l'hommage de mon profond respect.

« Marc Réville,
« *Député du Doubs.* »

Nous allons entendre, maintenant, Mme Gabrielle Louis et je proposerai ceci : lorsque le Congrès aura voté les vœux, nous pourrons les transmettre à M. Réville, et même nous pourrions lui envoyer, si vous voulez, une délégation composée d'une ou deux déléguées de chacun des groupes féministes qui se sont joints à nous.

Vous verrez si cette idée vous paraît bonne ; mais, en tout cas, nous sommes très près de nous entendre avec M. Réville, puisque sa première proposition était déjà très satisfaisante, coïncidant, dans ses grandes lignes, avec nos propres projets, et qu'il est disposé encore à l'amender, si nous en exprimons le désir.

Mais le rapport de Mme Gabrielle Louis, qui est le complément de ce que vient de nous dire Mme Misme, vient ici à sa place.

Mme Gabrielle Louis :

RÉFORME DE L'ARTICLE 391
sur le conseil de tutelle.

Mesdames,

Un de nos gais poètes du siècle dernier, Armand Silvestre, dans une de ses joyeuses boutades, disait qu'il ne comprenait pas, en lisant la Bible, pourquoi ceux qui s'y réfèrent ne sont pas plus pervers.

On pourrait en dire autant du Code. On y trouve des choses irrationnelles et de telles anomalies que nos descendants le regarderont comme une curiosité et penseront que nous avions des coutumes bien illogiques ; ils seront quelque peu surpris de notre mentalité, et arriveront à en concevoir les mêmes idées que le poète toulousain avait sur la Bible.

Heureusement que la plupart des braves gens ignorent les chinoiseries du Code, ce qui leur permet de vivre une vie pas trop anti sociale.

C'est à ceux que la pratique du Code n'a pas gangrenés, qui ont le cœur droit — et nous espérons qu'il y en a encore parmi les hommes — que nous nous adressons et allons signaler une erreur, un oubli, une lacune ; je veux parler du singulier article 391, du droit qu'a le mari, divorcé ou non, d'enlever une partie de la tutelle à sa femme par testament, sans que celle-ci puisse en faire autant. Je vais m'expliquer et vous rappeler le texte des trois articles du Code spéciaux à cette matière.

« Art. 390. — Après la dissolution du mariage, arrivée par la mort naturelle ou civile de l'un des époux, la tutelle des enfants mineurs et non émancipés appartient de plein droit au survivant des père et mère. »

« Art. 391. — Pourra, néanmoins, le père nommer à la mère survivante et tutrice un conseil spécial, sans l'avis duquel elle ne pourra faire aucun acte relatif à la tutelle. Si le père spécifie les actes pour lesquels le conseil sera nommé, la tutrice sera habile à faire les autres sans son assistance. »

« Art. 392. — Cette nomination du conseil ne pourra être faite que de l'une des manières suivantes :

« 1° Par acte de dernière volonté ;

« 2° Par une déclaration faite, ou devant le juge de paix assisté d'un greffier, ou devant notaire. »

Je vous prie, Mesdames, de bien faire attention à cet article 391 ; il est en complet désaccord avec la loi du divorce. Il a été bien entendu, n'est-ce pas ? que c'est le père seul qui a le droit de nommer un conseil ; la femme est complètement négligée, mise de côté, et n'a pas le même droit que son mari, qu'elle soit divorcée ou non.

Ainsi, une mère ayant obtenu le divorce à son profit et la garde des enfants, peut se les voir moralement enlever, à la mort du mari coupable, par un caprice de testament. Par vengeance, le mari peut faire beaucoup de mal en empêchant la mère d'être complètement libre pour la direction d'éducation, ou le choix d'une carrière à donner aux enfants, ou l'administration des biens. Elle peut ne plus être tutrice que de nom. Les conseils nommés par le mari peuvent faire ce qu'ils veulent, et la mère n'aura le droit que de protester dans le vide. Il est un peu violent d'évincer une mère, ce résultat est révoltant.

Ce devrait être, au contraire, à la femme qui a la garde des enfants, d'avoir le droit, et même le devoir, de protéger ses enfants en faisant un acte de dernière volonté, nommant un conseil de tutelle, et ceci dans l'unique intérêt moral des enfants.

Il est certain que le mari contre qui le divorce a été prononcé n'est jamais content de cette solution ; il est courroucé, il cherche noise à sa femme, et à ses enfants dont il ne peut disposer ; aussi ne manquera-t-il jamais de créer des ennuis à sa femme en lui nommant un contrôle néfaste, par exemple dans la personne d'une belle-mère, ou d'un homme d'affaires, ou d'un ami louche, gens toujours prêts à profiter des chicanes de famille.

Donc, cette loi du divorce, qui a donné un si grand pouvoir à la femme, la plénitude de ses droits de mère, puisqu'elle peut disposer à son gré de ses enfants, cette loi qui a donné un si formidable coup de pied à la puissance paternelle, triste héritage des oppresseurs romains, cette bonne loi se trouve tout à coup en échec devant l'article 391 ; cette loi n'a plus de raison d'être. C'est un oubli du législateur, une lacune, une chose anormale, qu'il faut signaler à cor et à cri. Ce n'est plus ici du féminisme, c'est de l'équité que nous réclamons, de la pure logique (il est vrai de dire qu'à ce Congrès, presque toutes mes consœurs la peuvent revendiquer aussi pour chacune de leurs causes, la raison ; et c'est pourquoi nous réussirons).

Le mari qui, de son vivant, ne pouvait plus nuire, par le seul fait de sa mort devient une force néfaste, un épouvantail, une puissance redoutable. C'est d'une incohérence tellement flagrante que, chaque fois que j'ai exposé cette curieuse disposition de la loi, je n'ai trouvé que de l'étonnement et des sentiments favorables à la réforme de l'article 391. La conscience se révolte ; on ne peut s'empêcher de dire que la femme doit avoir les mêmes droits que ceux conférés au mari par l'article 391, c'est-à-dire que, par testament, elle doit pouvoir, elle aussi, en raison des torts de son mari, surtout s'il y a alcoolisme, mauvaise conduite ou indignité quelconque envers les enfants, pouvoir nommer un conseil de tutelle au mari survivant, conseil pris parmi les parents ou amis des enfants.

Autre considération : si le mari n'est ni indigne, ni débauché, ni alcoolique, s'il est remarié et a formé une nouvelle famille, les enfants du premier lit peuvent, au décès de leur mère, être lésés et tomber dans un milieu hostile.

La mère a le devoir de continuer à veiller sur ses enfants, même après sa mort, mais l'immoral article 391 l'en empêche.

Cet article 391, si profondément injuste lorsqu'il s'agit de divorce, est tout aussi incompréhensible lorsque les époux ne sont pas divorcés.

Pour des questions de convenance, de religion, d'argent ou d'âge, et même dans l'intérêt des enfants, les époux ne divorcent pas ; mais ceci n'empêche pas les époux de se connaître, de s'apprécier ou de se mépriser. Il ne faut pas oublier qu'il y a de sublimes résignations dans la continuité du mariage, et un père ou une mère doit avoir également le droit, sans être divorcé, de songer à préserver les enfants contre les fautes du survivant. C'est pourquoi il est presque incroyable qu'un conseil de tutelle puisse être infligé à la femme seule, par simple volonté du mari, sans que la réciproque ait lieu.

Cet article 391 a l'air de sous-entendre que l'homme seul est infaillible en fait de paternité. Pourtant, la femme étant plus maternelle que l'homme n'est paternel, une mère a doublement le droit de se rebeller contre une telle vexation et une telle oppression.

Actuellement, la bonne cause n'étant pas défendue par la loi, les parents ont recours à toutes sortes de moyens détournés, qui sont le plus clair profit des hommes d'affaires. On sait aussi que la procédure finit toujours par tourner la loi. C'est ce que nous ne voulons plus.

Il nous faut des lois nettes, claires et humaines, permettant d'échapper aux maquis de la procédure, aux officines des oiseaux de proie, vrais chancres de la loi, qui la tournent, la rongent, en font un épouvantail détesté, alors qu'elle devrait être, au contraire, le refuge du citoyen.

La femme française mariée, elle aussi, a droit à des égards; elle a dans le sang les grands principes de 89. Et comment ne les aurait-elle pas? Peut-elle renier sa race et oublier qu'elle n'est pas fille d'esclaves, qu'elle aussi est l'héritière morale de ces héros qui ont proclamé par le monde les grandes idées de liberté et d'idéalisme? Plus la femme sera libre et respectée, plus la race sera fière et perfectionnée.

Nous demandons pour la mère, qui a créé des citoyens libres, l'égalité devant l'enfant; que la femme puisse, à son tour, réclamer la protection de la loi pour ses enfants; que cette loi lui permette de donner un conseil de tutelle au mari survivant, lorsqu'il est indigne, ou quand cela est nécessaire.

Mais, comme il faut aussi éviter les caprices de l'un comme de l'autre époux, le testament motivé s'impose. En cas de contestation, on pourrait réclamer la sanction du juge de paix ou du tribunal, sanction qui a déjà été admise par la récente loi sur le salaire de la femme. Par exemple, un testament motivé, donnant un conseil de tutelle à un mari qui est joueur, noceur ou alcoolique, ne pourrait qu'être approuvé par le juge de paix. Ce qu'il faut éviter par-dessus tout, c'est le conseil de tutelle imposé sans raison, par simple caprice ou volonté de vengeance.

Je laisse ici à mes consœurs avocates, plus versées que moi dans les expressions techniques et les termes juridiques, le soin de formuler avec talent ces revendications. Moi, je viens en mère de famille, armée de mon simple bon sens, signaler cet oubli de la loi, vous proposer d'admettre les deux vœux suivants et de rédiger l'article 391 à peu près de la manière suivante :

1° Pour les époux non divorcés. — « Par acte de dernière volonté, l'époux prémourant pourra nommer un conseil de tutelle à l'époux survivant, sans l'avis duquel celui-ci ne pourra faire aucun acte relatif à la tutelle.

« Si le prémourant ou la prémourante spécifie les actes pour lesquels le conseil sera nommé, le survivant ou la survivante sera habile à faire les autres sans son assistance. Le conseil de tutelle donné à l'époux survivant ne sera admis que si le testament est motivé, et s'il y a nécessité reconnue par le juge de paix. »

2° Pour les époux divorcés. — « L'époux contre lequel le divorce ou la séparation de corps a été prononcé (ou qui a commis des actes préjudiciables à ses enfants) perd le droit de nommer un conseil de tutelle à l'époux survivant, par acte de dernière volonté. »

Ces deux sages amendements, ou plutôt cette transformation de l'article 391, que nous demandons dans l'intérêt des enfants, ont également pour but d'établir, dans les familles, le principe de l'égalité du père et de la mère devant l'enfant et devant la loi, de rendre la mère digne et respectée, de lui donner le rang et la dignité officielle auxquels elle a droit, et, par contre-coup, de fortifier l'institution du mariage.

Il faut donner autant de droits à la mère légitime qu'à la mère naturelle. Il faut craindre qu'avec la femme nouvelle, qui se lève, nous n'assistions à la vraie faillite du mariage, causée par la saine logique d'un esprit sensé, étudiant les abus du Code.

Je me suis servie de la publicité de ce Congrès, auquel Mme Oddo Deflou a bien voulu me convier, pour répandre la bonne parole en signalant les méfaits de l'article 391.

Mme Oddo Deflou, *secrétaire générale*. — Suivant l'ordre nécessaire et afin d'aboutir, nous laisserons de côté les questions secondaires sur lesquelles il serait impossible d'arriver à une solution dans une assemblée comme celle-ci, ces questions qui demandent, pour être élucidées, un public spécial, ou plutôt une commission très peu nombreuse de gens spéciaux, et nous allons tracer de grandes lignes sur lesquelles, d'après les explications qui vous ont été données, vous serez en état d'émettre une opinion.

Nous avons reçu une courte communication de Mme Gabrielle Lipman, qui ne fait que dire, en d'autres termes, ce que ces dames ont déjà dit.

« J'ai une amie (ainsi s'exprime Mme Lipman, rédactrice à *la Française*, etc.), professeur de lycée, qui a recueilli un jeune orphelin, le fils de sa sœur. Elle a toutes les charges, mais la loi ne lui confère aucun droit. C'est l'intérêt de l'enfant qui en pâtit. Toutes sortes de questions utiles à son avenir restent en suspens, parce que sa tante ne peut pas être sa tutrice. Cette injustice criante est indigne de notre époque. »

Je vous proposerai un premier vœu. Nous allons, suivant une distinction qui s'impose tout naturellement, séparer le cas où la femme est célibataire, veuve ou divorcée, de celui où elle est mariée. Et nous pourrons voter un vœu ainsi conçu :

« La femme veuve, divorcée ou célibataire, sera tutrice, subrogée-tutrice, curatrice, conseil de tuteur ou de tutrice, membre des conseils de famille, dans les mêmes conditions que les hommes. » *(Applaudissements.)*

Mme Vincent, *présidente*. — Quelqu'un demande-t-il la parole sur cette proposition ?

Mme Selma Riza. — En Turquie, c'est la mère ou la grand'mère qui est tutrice.

Mme Oddo Deflou, *secrétaire générale*. — En France aussi ; ce que nous demandons, c'est que les femmes puissent être tutrices d'enfants qui ne sont pas les leurs, d'un étranger ou d'un parent.

Mme Selma Riza. — Elles sont tutrices des enfants des autres aussi.

Mme Oddo Deflou, *secrétaire générale*. — Eh bien, alors, nous demanderons à être traitées comme les femmes turques. *(Rires.)*

Voici la formule du vœu :

La femme célibataire, veuve ou divorcée, sera tutrice, curatrice, conseil de tuteur ou de tutrice, subrogée-tutrice, membre des conseils de famille, dans les mêmes conditions que les hommes.

(Adopté à l'unanimité.)

Il n'y a pas d'illusion à se faire : c'est une corvée que nous demandons. Nous le faisons, il est vrai, avec l'arrière-pensée d'obtenir quelques compensations ; c'est une corvée d'être tutrice, quelquefois très onéreuse, parce que le tuteur et la tutrice sont responsables, sur leurs biens, de leur gestion.

Passons à la seconde partie de notre travail, la plus difficile, et occupons-nous des femmes mariées. Nous ferons une nouvelle distinction, si vous le voulez bien, entre les femmes mariées sous le régime de la séparation de biens, et les femmes mariées sous les régimes de communauté, et nous dirons :

« Comme la distinction des patrimoines reste entière sous le régime de séparation de biens, nous demanderons que la femme mariée sous ce régime puisse accepter les fonctions de tutrice, de subrogée-tutrice et autres, sans le consentement de son mari ». Voulez-vous voter ce vœu ?

(Le vœu est adopté à l'unanimité.)

Mesdames, on me donne le texte d'un vœu qui est beaucoup plus hardi que le mien ; voulez-vous en prendre connaissance ? *(Oui, oui !)*

Nous allons donc recommencer. Voici la rédaction en question, elle est de Mme Misme :

« La femme mariée sous quelque régime que ce soit pourra accepter les fonctions de tutrice et de subrogée-tutrice sans le consentement de son mari ».

Mme Vincent, *présidente*. — Avant de voter cela à la légère il faut envisager les responsabilités pécuniaires.

Mme Compain, *déléguée de « la Française »*. — Dans l'état actuel de la loi, il est difficile que la femme mariée sous le régime de la communauté puisse accepter les fonctions de tutrice sans l'autorisation de son mari, puisqu'il est responsable des biens de la communauté.

Mme Misme. — La femme tutrice n'est responsable de sa tutelle que dans la limite de ses biens propres ; par conséquent, le mari n'a à tenir compte aux mineurs que de la partie de la communauté qui appartient à sa femme.

Mme Oddo Deflou, *secrétaire générale*. — Je crois, au contraire, que la femme engagerait la communauté dans ce cas-là, comme la femme commerçante l'engage. Les juristes qui sont dans la salle peuvent nous départager.

Mlle Marie Popelin, *docteur en droit*. — C'est votre solution qui est la plus juridique, et c'est votre premier texte qui aurait le plus de chances d'être adopté ; la femme séparée de biens, voilà un point ; quant à la femme commune en biens, c'est autre chose.

Mme Misme. — Cependant, quatre juristes contre cinq ont voté que la femme accepte la tutelle sans l'autorisation du mari, sous quelque régime que ce soit.

Mlle Bouvard, *déléguée du Syndicat des fleuristes et plumassières.* — Si la femme engage la communauté en acceptant la tutelle, est-ce que le mari, en acceptant le rôle de tuteur, n'engage pas la communauté également ?

Je demanderai que la femme puisse accepter toutes fonctions sans l'autorisation de son mari.

Mme Compain. — Mesdames, dans l'état actuel de la loi, il me semble impossible que la femme puisse accepter une fonction qui retentira sur la communauté sans l'autorisation de son mari. Il faut attendre, pour cela, que le régime de la séparation de biens soit devenu le régime légal, et c'est une chose qui est peut-être prochaine, étant donné le projet de loi que M. Maurice Violette vient de déposer à la Chambre sur la suppression de l'incapacité légale de la femme mariée (1).

Je regrette de n'être pas d'accord avec Mme Misme, mais il me semble que ce qu'elle demande est impossible.

Mme Oddo Deflou, *secrétaire générale.* — Terminons, si vous le voulez bien, cette discussion en disant :

La femme mariée peut accepter la tutelle et toutes autres fonctions analogues à la tutelle, sous tous les régimes matrimoniaux, sans l'autorisation maritale.

Mme Vincent, *présidente.* — Je mets ce vœu aux voix.

(Adopté.)

Mme Oddo Deflou, *secrétaire générale.* — Passons à la co-tutelle. Le mari, actuellement, est toujours co-tuteur quand la femme est tutrice, c'est-à-dire qu'en définitive, une femme qui se remarie n'a jamais la gestion des biens de ses enfants à elle toute seule.

Eh bien ! nous proposerons que le mari ne soit plus co-tuteur. Remarquez que ceci va s'accorder avec le vœu que vous venez d'émettre, et se serait aussi bien accordé avec le premier.

Voulez-vous que nous disions :

Suppression de la co-tutelle du mari ?

Mme Vincent, *présidente.* — Je mets ce vœu aux voix.

(Adopté à l'unanimité.)

Mme Oddo Deflou, *secrétaire générale.* — Venons à la question que Mme Gabrielle Louis a développée. C'est un point bien moins important dans la pratique, mais qui choque beaucoup les

(1) Il y a ici une erreur. L'auteur de la proposition de loi destinée à abolir l'incapacité légale de la femme mariée n'était pas M. Violette, mais M. Charles Beauquier. M. Violette en était seulement le rapporteur.

féministes : le mari prémourant peut nommer à sa femme un conseil, sans l'avis duquel elle ne peut pas faire les actes relatifs à la tutelle, ou quelques-uns d'entre eux. Nous demandons, tous les féministes demandent, que la femme aussi ait ce droit, qu'elle puisse assujettir aussi son mari à une espèce de contrôle de sa tutelle.

Mme Gabrielle Louis. — Nous ne demandons pas la déchéance paternelle.

Mme Oddo Deflou, *secrétaire générale*. — Etes-vous d'avis d'adopter cette disposition :

La mère pourra, comme le père, désigner, avant sa mort, un conseil, homme ou femme, qui contrôlera la gestion du père ?

(Voté à l'unanimité, moins une voix.)

Mme Oddo Deflou, *secrétaire générale*. — Seulement, il y a une restriction. Mme Gabrielle Louis pense que ce conseil pourrait quelquefois être donné par animosité ; que l'époux mourant, conservant quelque rancune contre l'époux survivant, pourrait lui infliger cette humiliation, cette gêne, sans une nécessité absolue. En conséquence, Mme G. Louis propose que la dation de ce conseil soit motivée, et que le juge de paix en contrôle la nécessité. Etes-vous de cet avis, ou bien préférez-vous qu'il n'y ait pas de contrôle ?

Mlle Marie Popelin. — Est-ce que ce conseil spécial est nécessaire ? Est-ce qu'il devrait être permis au prémourant de prolonger sa haine au delà de la mort ? Est-ce qu'il ne serait pas plus simple de supprimer ce conseil spécial ?

Mme Oddo Deflou, *secrétaire générale*. — Mlle Popelin est d'avis de supprimer ce conseil. Ce serait peut-être la chose la plus raisonnable de toutes, et voici pourquoi. D'abord, parce qu'il est très fort question d'établir dans notre pays, comme dans d'autres, une espèce de tribunal de tutelle qui contrôlerait bien plus efficacement qu'un particulier, parent ou ami de l'enfant ; ensuite, un de ces messieurs, je crois que c'est un ancien notaire ou avoué de Paris, c'est-à-dire un praticien émérite, nous disait justement hier, à la séance de la Société d'Etudes législatives, que, dans toute sa carrière, il n'avait pas vu donner plus de deux conseils de tutrice. C'est donc une institution qui n'a pas grande utilité pratique, et qui pourrait peut-être être supprimée. Mademoiselle Popelin, le proposez-vous ?

Mlle Marie Popelin. — Je trouve que le conseil de tutrice a un caractère injurieux.

Mme Gabrielle Louis. — Mais quand on la mérite, cette injure ?

Un Congressiste. — Nous pourrons ajouter : « En admettant que ce tribunal sera institué », car s'il ne l'est pas ?

Mme Compain. — Est-ce que le conseil de famille ne suffit pas amplement ? Il y a un contrôle, puisqu'il y a un conseil de famille.

Mme Misme. — On nous dit que le contrôle du conseil de famille est suffisant. En réalité, le contrôle du conseil de famille est tout à fait illusoire ; je connais le fait, et je sais que le conseil de famille est une garantie insignifiante. Il ne se réunit que sur la volonté du père, il fonctionne peu ou pas, et c'est justement pour cela que les personnes qui s'intéressent à ces questions songent à établir un contrôle sérieux au moyen de tribunaux de tutelle. Dans l'état actuel des choses, le conseil de famille n'existe pas comme contrôle de la tutelle, et c'est pour cela qu'on croit utile de maintenir le conseil de tutrice et d'établir même un conseil de tuteur, que la mère pourra donner au mari si elle meurt la première. N'y aurait-il qu'un cas dans lequel cela serait nécessaire, je crois qu'il faut laisser une possibilité à celui qui meurt de garantir ses enfants, non pas seulement contre l'indignité, mais contre l'incapacité de celui qui reste.

Mme Oddo Deflou, *secrétaire générale*. — Mesdames, nous ne pouvons pas voter deux choses contradictoires. Tout à l'heure, nous avons voté que ce conseil serait conservé, puisque nous avons dit que la femme pourrait le nommer comme l'homme. Puisqu'on a voté sur les conditions dans lesquelles il serait nommé, on a voté, à plus forte raison, son existence. Si, maintenant, vous voulez voter sa suppression, il est entendu que ce second vœu annulera le premier.

Est-ce que ce que je dis est clair ?

Si nous votons sa suppppression, il n'existera plus pour personne ; si nous votons sa conservation, nous votons que la femme, comme l'homme, pourra le donner.

Mme Vincent, *présidente*. — Nous ne pouvons pas mettre aux voix une chose qui a déjà été acceptée. Le premier vœu est acquis.

Mme Oddo Deflou, *secrétaire générale*. — Mme la Présidente étant d'avis que, le premier vœu étant acquis, nous ne pouvons pas revenir sur ce vote, nous mettrons aux voix le vœu complémentaire de Mme Gabrielle Louis, qui demande que la dation du conseil soit entourée de certaines précautions. Elle dit :

Le conseil de tutelle ne sera admis que s'il y a nécessité reconnue par le juge de paix.

Mme Vincent, *présidente*. — Je mets ce vœu aux voix.

(Adopté à l'unanimité, moins trois voix.)

Mme Oddo Deflou, *secrétaire générale*. — Voici un autre vœu de Mme Gabrielle Louis :

L'époux contre lequel le divorce ou la séparation de corps a été prononcé ; elle ajoute : *ou qui a commis des actes préjudiciables à ses enfants...*

Je fais observer que ceci pourrait être supprimé, parce que ce n'est pas assez précis.

Mme Gabrielle Louis. — Si vous voulez.

Mme Oddo Deflou, *secrétaire générale*. — ..... *a été prononcé, perd le droit de nommer un conseil de tutelle à l'époux survivant, par acte de dernière volonté.*

Mme Vincent, *présidente*. — Je mets aux voix ce dernier vœu.

(Adopté.)

Mme Oddo Deflou, *secrétaire générale*. — Etant arrivés à ce point de nos travaux, nous avons formulé les principales dispositions sur lesquelles les féministes peuvent s'appuyer, relativement à la question de la tutelle.

Voulez-vous, comme je l'ai proposé tout à l'heure, que les groupes féministes nomment chacun une déléguée pour former une délégation qui ira trouver M. Marc Réville, qui est très disposé, vous avez pu vous en rendre compte, à déposer une nouvelle proposition conçue dans le sens de la première.

Vous me demanderez pourquoi il ne s'occupe pas de faire voter la première ? C'est qu'elle est caduque, n'ayant été ni rapportée ni discutée au cours de la législature où elle fut émise ; donc il faut recommencer.

Voulez-vous donc qu'on forme une délégation en vue de soumettre à M. Marc Réville les desiderata du Congrès, en vue de la rédaction d'un nouveau projet ?

(Cette proposition est adoptée.)

La semaine prochaine, avant que les Chambres se séparent, nous pourrons fixer un jour pour nous rendre auprès de M. Réville.

Mme Marguerite Durand, *vice-présidente*. — Je vous demande de vouloir bien, uniquement au nom du Congrès, nommer une personne des plus compétentes pour faire cette démarche en votre nom : Mme Oddo Deflou, qui dirige ces débats, comme vous le voyez, avec une grande autorité et une grande compétence. Je demande à la Présidente de mettre aux voix cette proposition, et de vous prier, Madame Oddo Deflou, de remercier M. Marc Réville de sa lettre, de lui demander de nous continuer son bienveillant intérêt, et de lui transmettre les vœux émis tout à l'heure.

(La proposition de Mme Marguerite Durand, mise aux voix, est adoptée à l'unanimité.)

Mme Oddo Deflou, *secrétaire générale*. — Je remercie mes collègues les congressistes de la confiance qu'ils me témoignent ; mais je désirerais connaître l'avis des dames des autres groupes féministes, et échanger avec elles nos vues respectives.

Mme Marguerite Durand, *vice-présidente*. — Les deux vœux ont été votés : nomination de délégués des groupes et nomination d'une déléguée du Congrès (1.) (*Applaudissements*).

(1) Nous résumons ici les vœux votés sous la rubrique :

La femme tutrice, curatrice, membre des conseils de famille :

1° *La femme veuve, divorcée ou célibataire, sera tutrice, subrogée-tutrice, curatrice, conseil de tuteur ou de tutrice, membre des conseils de famille, dans les mêmes conditions que les hommes.*

2° *La femme mariée peut accepter la tutelle et toutes autres fonctions analogues à la tutelle, sous tous les régimes matrimoniaux, sans autorisation maritale.*

3° *Suppression de la co-tutelle du mari.*

4° *La mère pourra, comme le père, désigner avant sa mort un conseil, homme ou femme, qui contrôlera la gestion du père.*

5° *Le conseil de tutelle ne sera admis que s'il y a nécessité reconnue par le juge de paix.*

6° *L'époux contre lequel le divorce ou la séparation de corps a été prononcé perd le droit de nommer un conseil de tutelle à l'époux survivant, par acte de dernière volonté.*

Mme Oddo Deflou, *secrétaire générale*. — Je crois, Mesdames, que nous pouvons espérer, sur cette question, une solution heureuse et prochaine.

ADMINISTRATION LÉGALE, JOUISSANCE LÉGALE des biens des mineurs.

Je vous proposerai, maintenant, un vœu sur une autre question dont les détails sont difficiles et ardus à expliquer dans une assemblée comme celle-ci ; c'est pourquoi je n'ai pas cru qu'ils dussent faire l'objet d'un rapport, et c'est aussi parce qu'une accumulation trop considérable de rapports nous aurait tenus trop longtemps. Il s'agit de l'administration légale et de la jouissance légale.

Peut-être quelques-unes d'entre vous ne savent-elles pas ce que c'est que l'administration légale et la jouissance légale ? Il faut les définir.

Lorsque des biens échoient à un enfant, soit par testament, soit par donation, c'est le père, si l'enfant est mineur, qui les administre — je dirai presque sans contrôle — et il en jouit jusqu'à ce que l'enfant ait atteint l'âge de 18 ans, c'est-à-dire qu'il n'est pas comptable des revenus de ces biens.

Nous trouvons d'abord exorbitant le droit du mari de jouir, sans contrôle, des biens de ses enfants. La Société d'Études législatives a étudié beaucoup cette question et a fini par élaborer un projet très compliqué, que je me permets de trouver un peu contradictoire. Après avoir posé en principe que ce qu'il y aurait de plus naturel, et peut-être de plus efficace, ce serait de faire contrôler la gestion du mari par la mère, elle organise toute l'économie de son projet de façon à se passer de son intervention.

Ainsi l'exécution du projet n'est nullement d'accord avec son principe.

Nous mettrons en pratique ce que la Société d'Études législatives approuve en théorie, parce que nous pensons que c'est, en effet, ce qu'il y a de mieux. Que l'administration des biens des enfants mineurs soit confiée au père et à la mère conjointement. La mère surveillera, ainsi, l'administration du père, et elle sera là, en quelque sorte, comme une co-tutrice, comme une subrogée-tutrice ; enfin, elle sera le contrôle qui manque à l'administration du père.

Cette disposition vous paraît-elle raisonnable? Voulez-vous la voter, si vous la trouvez telle?

Mme Vincent, *présidente*. — Je mets cette proposition aux voix. (Adoptée.)

Mme Oddo Deflou, *secrétaire générale*. — Comme je viens de le dire, la gestion des biens des enfants est, entre les mains du père, presque sans contrôle. Il est vrai qu'il doit s'adresser aux tribunaux pour vendre les immeubles ; mais un président de tribunal me disait, il y a quelque temps : « Moi, je donne l'autorisation au père toutes les fois qu'il me la demande ». Vous voyez qu'il n'éprouve pas, de ce chef, une bien grande gêne. Voilà un point qui est acquis.

Maintenant, il nous parait juste que, sous le régime de la séparation de biens, la mère jouisse de la moitié des revenus.

Actuellement, tous les revenus des biens des enfants vont dans la bourse du père ; il serait bon de partager.

Nous ne le demandons pas sous le régime de la communauté, parce qu'il y aurait contradiction avec la nature même du régime. Mais, sous le régime de la séparation de biens, alors que les deux époux ont chacun leur caisse, que la femme est obligée de donner un tiers de son revenu pour les dépenses du ménage, pourquoi donc ne se joindraient pas, à sa caisse, les revenus des biens des enfants mineurs ?

Trouvez-vous cette disposition juste ?

Mme Vincent, *présidente*. — Je mets aux voix cette proposition. (Adoptée à l'unanimité) (1).

Mme Oddo Deflou, *secrétaire générale*. — Nous avons encore deux questions portées à l'ordre de ce jour : le nom de l'épouse et la recherche de la paternité. La recherche de la paternité est la plus importante. Le nom de l'épouse a une importance moins grande. Nous avons deux manières de procéder.

M. Louis Marin, député de Nancy, voulait prendre la parole sur la recherche de la paternité ; il m'écrit qu'il ne peut venir qu'à la fin de la séance de la Chambre. Je vais vous lire sa lettre, et vous verrez si vous voulez que nous entendions tout de suite le rapport sur le nom de l'épouse, de Mme Lydie Martial, ou si, au contraire, nous devons passer tout de suite à la discussion sur la recherche de la paternité.

Lettre de M. Louis Marin :

« Paris, le 26 juin 1908.

« Madame,

« J'espère que la séance de la Chambre (car vous savez que je considère comme un devoir strict d'être toujours présent aux séances) se terminera assez tôt pour me permettre d'arriver, cette après-midi, avant la fin du Congrès. Je serais très heureux, en effet, de joindre aux vôtres ma protestation contre l'injustice poignante, toujours commise par l'Etat envers les enfants, par l'interdiction de la recherche de la paternité.

« J'aimerais surtout à expliquer au Congrès comment, contrai-

(1) Voici le résumé des vœux émis sous la rubrique :

Administration légale, jouissance légale :

1° *L'administration des biens des enfants mineurs appartient conjointement au père et à la mère.*

2° *Sous le régime de la séparation de biens, les revenus des biens des mineurs sont partagés entre le père et la mère.*

rement à ce qui se prétend d'habitude, les tribunaux pourraient très simplement assurer les droits des enfants, et nous verrions, en passant, combien, si les femmes avaient eu droit de vote, cette question si claire, si réclamée par la plus élémentaire justice, si puissamment fondée sur les sentiments les plus profonds de la nature, aurait été facilement réglée, comme tant d'autres, depuis longtemps.

« Je vous prie de vouloir bien accepter, Madame, avec mes vœux pour le succès du Congrès, l'assurance de mes sentiments les plus respectueux et entièrement dévoués.

« Louis Marin,
« *Député de Nancy.* »

Si nous entamions cette discussion, peut-être sa durée, sans doute assez longue, donnerait-elle à M. Louis Marin le temps de venir ; voulez-vous que nous changions l'ordre du jour, remettant à demain le nom de l'épouse ?

(On vote d'intervertir l'ordre. — Une personne fait observer que le programme de ce jour porte encore : condition des enfants naturels ; droit de la mère).

Mme Oddo Deflou, *secrétaire générale.* — Vous avez raison, cette partie du programme doit être traitée d'abord.

Mme Vincent, *présidente.* — Mme Voillaume a la parole.

Mme Voillaume :

MODIFICATION DE LA PUISSANCE PATERNELLE

La question si compliquée et si délicate de la protection des enfants naturels soulève une objection importante en ce qui concerne leur garde et leur direction.

Les parents naturels sont certainement les seuls êtres auprès desquels l'enfant puisse trouver de l'affection et de l'intérêt. Toutefois, les enfants nés hors mariage sont particulièrement exposés aux conséquences qui surgissent des mésintelligences de leurs parents et à celles résultant de ce fait : que ceux-ci vivent souvent séparés.

La loi du 29 juin 1907 dit qu'en cas de reconnaissance simultanée par le père et la mère, le père seul exercera l'autorité attachée à la puissance paternelle.

Cette disposition est déjà un grand progrès sur la législation précédente qui permettait au père d'exercer la puissance paternelle, au détriment de la mère, à quelque moment qu'il lui plût de reconnaître l'enfant.

Mais en cas de reconnaissance simultanée, la loi permet encore au père naturel de faire prévaloir son droit sur celui de la mère et, même, de lui arracher impunément son enfant.

En nous appuyant sur le droit naturel, dans l'intérêt de l'enfant, nous pensons que la mère devrait être seule investie de l'autorité jusqu'à ce que l'enfant ait atteint l'âge de 18 ans.

La substitution de la puissance maternelle à la puissance paternelle est ici une mesure d'équité, de justice, le droit naturel de la mère.

La mère ne pourrait être déchue de son droit que lorsqu'il serait jugé que son inconduite ou son incapacité cause un préjudice à l'enfant.

LE DROIT DE LA MÈRE

relatif aux secours accordés aux mères pour empêcher les abandons d'enfants.

Au nom de toutes les femmes abusées par de fausses promesses, ayant succombé à leur propre cœur, à la lâcheté des hommes dont le Code actuel favorise la débauche, j'appelle votre attention sur les milliers d'enfants qui naissent chaque année, en France, et deviennent les victimes de l'affreuse misère dans laquelle tombent, le plus souvent, les filles-mères abandonnées !

La loi force la mère à accepter, pour elle seule, une responsabilité qui devrait incomber, pour une part égale, au père de l'enfant.

Cette injustice est d'autant plus criante que la femme est généralement la moins coupable et la plus pauvre. La maternité la place dans une situation absolument inégale, la désarmant et la mettant à la merci de l'homme.

Et pourtant, n'est-ce pas causer un dommage à la femme que de la séduire, détruire sa santé et lui laisser la charge matérielle de l'enfant à nourrir et à élever ? N'est-ce donc rien que la maternité : les longs mois de grossesse, le déchirement de l'enfantement ?

Aussi, lorsque le père se dérobe au devoir d'être père et abandonne la femme qu'il a possédée et dont il a eu un enfant, la société n'a-t-elle pas un devoir à remplir envers ces deux êtres délaissés ? Ne doit-elle pas les protéger tous deux et leur assurer la vie ?

Et puisque la femme a des devoirs auxquels elle ne peut et ne doit se soustraire, la société, qui use de son droit en employant les hommes à sa défense, a le devoir absolu de protéger les mères qui engendrent des défenseurs.

Il ne faut pas que l'abandon de l'amant, qui jette une malheureuse femme dans la misère, l'entraîne au crime, non seulement contre son enfant, mais aussi contre la société.

En frappant impitoyablement la femme séduite, la loi prépare la séparation de la mère et de l'enfant, en dépit de leurs sanglots et de leurs cris.

D'un même coup, elle pousse celle-ci, qui était née pour faire une honnête mère de famille, à grossir les rangs des prostituées.

Les filles-mères se recrutent le plus souvent dans les classes pauvres de la société ; ce sont des jeunes filles exposées, dès l'âge le plus tendre, à tous les dangers du travail en commun. Elles se recrutent également parmi les orphelines.

Eh bien, si la jeune mère est malade ou sans travail, ne peut nourrir l'enfant commun, qu'arrivera-t-il ? Ce qui, hélas ! se produit tous les jours.

Sans ressources ni secours, elle est contrainte, tôt ou tard, à abandonner son enfant à l'Assistance publique.

On sait que le gouvernement a établi des hospices pour y recevoir les enfants abandonnés, lesquels y sont nourris et élevés aux frais du Trésor public.

Ne serait-il pas préférable d'aider les mères dans leur tâche, afin d'empêcher ces abandons ?

Ne serait-il pas plus rationnel et plus humain que l'enfant fût élevé par ceux que la nature lui donne ?

Le but à atteindre est, en réalité, de prévenir les abandons et de diminuer la mortalité infantile. La vie d'un enfant ne doit pas être en péril faute de ressources, et son abandon ne peut être une nécessité.

Toute femme, par le fait même qu'elle est mère, doit être secourue.

Considérant qu'une réforme s'impose, nous formulons un vœu en faveur du droit de la mère, droit reconnu par l'opinion publique, qu'il faut faire consacrer formellement par le Code, afin de sauver nos enfants.

(Applaudissements.)

Mme Oddo Deflou, *secrétaire générale*. — J'étais bien sûre que Mme Voillaume allait conquérir toutes vos sympathies ; mais remarquez que ce sujet est un peu en dehors du domaine du Code civil. Ce qui fait que nous l'avons néanmoins accueilli, c'est qu'il a inspiré trois personnes distinguées : Mmes Voillaume, Camille Bélilon, Véra Starkoff. Il nous a paru que nous devions tenir compte de leurs désirs unanimes.

Mme Véra Starkoff est-elle dans la salle ?

Madame, voulez-vous avoir la bonté de venir ?

Mme Véra Starkoff, *publiciste* :

LES ENFANTS ASSISTÉS

A l'origine de tous les maux qui affligent notre société actuelle, que ce soit la tuberculose, l'alcoolisme ou la prostitution, nous retrouvons invariablement la même cause, la misère. Le triste spectacle du foyer dénué et de la famille sans pain, pousse l'ouvrier au cabaret. L'air vicié du logis prolétarien et la nourriture débilitante donnent libre cours au microbe tuberculeux. Le salaire insuffisant des travailleurs fait que l'homme fuit son devoir paternel et que la femme, pour nourrir ses enfants, se jette dans la prostitution. C'est la misère qui sépare l'enfant de sa mère.

Vous avez sans doute remarqué, Mesdames et Messieurs, à la

sortie des hôpitaux, des femmes, à la démarche chancelante, qui portaient, dans leurs bras tremblants de faiblesse, de petits êtres rabougris et grelottants ? Chacune d'elles est obsédée par une pensée accablante : Comment arriver à nourrir le petit ?... Pour élever son enfant, une mère indigente et trahie, dans notre société actuelle, est acculée à la prostitution, la seule besogne lucrative et facile à trouver. Mais cette perspective épouvante la jeune mère et lui répugne, surtout à ce moment où son âme est touchée par le sens maternel qui élève. Elle la repousse énergiquement.

Une autre issue se dresse devant elle : l'Assistance publique. En effet, l'Assistance publique se charge des enfants ; elle les abrite, les nourrit et, même, leur apprend des métiers.

Et tout cela gratuitement, en apparence ; mais, en réalité, à un prix inestimable, inhumain. L'Assistance publique agit envers la mère nécessiteuse avec la cruauté implacable de la mort ; elle lui enlève l'enfant à tout jamais. Elle l'envoie au loin, et la mère ne sait où il est, ce qu'il devient. Une fois tous les trois mois, on lui permet d'aller prendre de ses nouvelles, c'est-à-dire d'apprendre s'il est vivant ou mort ! Et on s'étonne qu'elle repousse l'hospitalité de l'Assistance publique, qu'elle n'y ait recours qu'à la dernière extrémité, et qu'elle lui préfère la mendicité, le vagabondage et même la prostitution !

Vous vous rappelez, sans doute, Mesdames et Messieurs, l'histoire poignante révélée, tout récemment, dans *le Journal*, par Jacques Dhur ? Un jeune homme et une jeune fille, qui n'avaient pas commis d'autre crime que d'obéir à la voix impérieuse de l'amour, furent séparés par la loi. L'amoureux partit au loin, appelé par le service militaire, et la jeune femme resta seule, sans ressources, dans une position dite intéressante. Lorsque l'enfant naquit, elle eût été heureuse de le garder auprès d'elle, mais élever son enfant est un luxe pour une ouvrière ; son salaire actuel ne le lui permet pas. Avec un déchirement de tout son être, elle porta son cher petit aux Enfants assistés. Au bout de quelques années, l'homme, revenu du service militaire et arrivé à une situation meilleure, retrouva la jeune femme, l'épousa, et tous deux se mirent à la recherche de l'enfant. L'Assistance publique, fidèle à son féroce règlement, ne voulut pas le leur rendre, s'obstina même à le leur cacher, et ils apprirent son adresse par le tribunal, au bout de six ans de procès.

Combien d'autres exemples, non moins éloquents, plaident en faveur de la visite de la mère !

On parlera d'abus, on me dira : Vous voulez assimiler l'institution des Enfants assistés à un simple internat de lycée. Mais oui, et je ne vois pas où serait le mal si l'Assistance publique prenait en pension les enfants des mères nécessiteuses. Combien de désastres eussent été prévenus par cette réforme !

Au nom de toutes les mères abandonnées et indigentes, je demande au Congrès d'adresser, au directeur de l'Assistance publique, une pétition revendiquant, pour la mère malheureuse, le droit d'embrasser son enfant !

M. Charles Beauquier, *député*. — Permettez-moi d'essayer de faire valoir les circonstances atténuantes pour l'Assistance publique.

Tout à l'heure, Madame vous a exposé, d'une façon très intéressante et très touchante, le sort de ces malheureux parents qui sont privés de leurs enfants et qui, à un moment donné, voudraient bien les reprendre et leur faire goûter les joies de la famille. Malheureusement, les circonstances ne sont pas toujours les mêmes et si l'Assistance publique a établi un règlement aussi sévère, vous allez voir qu'elle n'a pas eu tout à fait tort.

Il faut bien le dire, la plupart des enfants qui sont abandonnés le sont par des parents indignes ou misérables, des parents qui ne veulent pas les élever ; par exemple, tous les enfants des prostituées, elles les abandonnent, n'est-il pas vrai ? pour se décharger du soin de les élever. Dans d'autres cas, c'est la misère qui est la cause de cet abandon. Mais voici pourquoi l'Assistance publique a édicté un règlement aussi sévère.

Les enfants abandonnés et élevés par les soins de l'Assistance publique sont armés pour gagner leur vie. On leur a appris un métier qu'ils exercent. Arrivés à un certain âge, ils sont réclamés par leurs parents, non par un sentiment d'affection, comme vous pourriez le croire, mais simplement pour les exploiter, parce qu'ils sont en âge de gagner de l'argent, et que les parents espèrent en profiter.

Voilà le motif du règlement de l'Assistance publique.

Une Voix. — C'est exceptionnel.

M. Charles Beauquier. — C'est très fréquent, au contraire. (*Bruits divers.*)

Mme Oddo Deflou, *secrétaire générale*. — Ecoutez, Mesdames et Messieurs, je vous prie : vous avez écouté les dames tranquillement, écoutez aussi les hommes.

Mme Marguerite Durand, *vice-présidente*. — Surtout quand c'est le président du Groupe féministe de la Chambre qui parle.

Mme Oddo Deflou, *secrétaire générale*. — Sans doute et, de plus, M. Beauquier a été, toute sa vie, le défenseur du droit des femmes.

M. Charles Beauquier. — Notez bien, Mesdames, que je ne défends pas absolument le règlement de l'Assistance publique ; j'estime qu'il y aurait des ménagements et un peu plus d'humanité à y introduire, mais ce sont des questions d'espèces : on ne peut pas généraliser des faits isolés et en tirer des conséquences qui s'appliquent à tous les cas.

Il faut, lorsque l'Assistance publique est en présence de parents qui réclament leurs enfants, qu'elle sache si c'est par un sentiment d'affection ; tout est là.

Si j'ai pris la parole, c'est simplement pour attirer votre attention sur un côté de la question qui est resté dans l'ombre : sur celui de l'abandon des enfants prémédité par des parents qui ne voulaient pas les élever, et qui ne les réclament plus tard que pour en profiter.

Une Congressiste. — Je prends la parole pour appuyer, par des faits, ce que vient de dire M. Beauquier.

J'ai vu fonctionner l'Assistance publique ; j'ai même été, il y a un an, lui réclamer un enfant. Comme j'ai pu prouver à l'Assistance publique que la mère était une honnète femme qui avait été obligée, par la force des choses, d'abandonner son enfant, mais qui désirait le reprendre avec elle maintenant, on n'a fait aucune difficulté pour lui donner satisfaction, et on lui a demandé simplement 50 francs de frais, alors que la petite fille avait coûté 2.100 francs.

Elle avait 11 ans ; elle était admirablement bien placée, chez de braves fermiers qui l'aimaient beaucoup, et il a fallu beaucoup de diplomatie pour la faire revenir avec sa mère.

« Je ne connais que toi, disait-elle à sa mère nourrice, je veux rester avec toi. »

De plus, je dois avouer que, bien que sa mère soit une excellente femme, je suis au regret d'avoir fait revenir cette petite fille, car elle est très délicate, et se portait très bien là-bas ; il n'en est plus de même maintenant.

Je n'ose pas dire qu'on réclame les filles à 15 ans pour leur faire faire un autre métier que celui qu'elles peuvent avoir entre les mains ; mais beaucoup de parents réclament leurs enfants simplement pour profiter de ce qu'ils gagnent.

Dans tous les cas, on n'abandonne pas ses enfants sans avertissements. Les femmes employées qui reçoivent la mère à l'Assistance publique ont l'ordre de lui faire voir toutes les conséquences de l'abandon. Je ne sais si elles le font toujours d'une façon éloquente et persuasive, mais elles doivent le faire. Pour prévenir l'abandon, on accorde à la mère des fonds comme secours immédiat ; quand il s'agit de secours, les enfants des filles-mères sont mieux traités que les enfants des veuves.

Rien que pour l'année dernière, je connais deux veuves à qui l'on a refusé des secours pour leurs enfants nouveau-nés, alors que les filles-mères en ont toujours.

Les placements des enfants sont très bien faits, M. Beauquier a raison ; si vous connaissiez la catégorie des femmes qui abandonnent leurs enfants, vous ne vous apitoieriez pas autant.

Mme Vera Starkoff. — Mesdames, Messieurs, je ne veux répondre qu'un seul mot à M. le député Beauquier et à l'oratrice qui vient de parler.

Ce n'est pas du tout l'Assistance publique que j'attaque, je n'attaque qu'une chose : c'est le règlement qui empêche la mère de voir son enfant. Si coupable qu'elle soit, c'est un droit de la maternité qu'il me semble que toutes les femmes doivent revendiquer : l'on demande simplement à voir son enfant. Je crois que c'est là un droit de mère.

Une Voix. — C'est aller contre le bien et le bien-être de l'enfant. Lorsqu'on place des enfants chez des fermiers, on s'efforce de leur laisser croire que ces braves gens sont leurs parents. On demande : « Mais où donc est le petit ? — Il est avec ses frères » ; « ses frères », ce sont les enfants du fermier.

Mme Moll-Weiss, *directrice de l'École des mères*. — Nous sommes tous en train, ici, d'accuser l'un, d'accuser l'autre, d'accuser l'Assistance publique, et il me semble qu'il ne serait peut-être pas mal — excusez-moi, pour la première fois que je prends la parole — de faire un petit examen de conscience particulier et de voir si, nous tous qui sommes ici, nous avons, vis-à-vis des filles-mères et vis-à-vis des enfants abandonnés, accompli tous nos devoirs.

Y a-t-il, dans cette salle, une seule femme, je dis une seule qui, sachant que son fils avait pour maîtresse une fille honnête dont il a eu un enfant, lui ait jamais dit : « Tant pis pour elle ? »

N'y a-t-il, dans cette salle, aucune femme, aucun homme même qui, lorsqu'une femme ayant un enfant sur les bras est venue lui demander du travail, en avouant honnêtement que cet enfant était un enfant naturel — comme si tous nos enfants n'étaient pas des enfants naturels — lui ait refusé ce travail parce qu'elle avait un enfant ? Je veux croire qu'il n'y en a pas un seul ici.

Regardez en arrière : il y a parmi nous des femmes de 35 ans, 40 ans et plus ; elles ont fait des progrès dans la science de la vie. Mais il y a presque toujours eu un moment où nous avons dit d'une fille-mère : « Puisqu'elle a un enfant, c'est qu'elle s'est mal conduite ».

Tout ce que je demande, et j'arrive à la conclusion, c'est :

1° Que toutes les femmes et tous les hommes qui sont ici prennent en eux-mêmes, ou au nom du Congrès s'ils le préfèrent, l'engagement, partout où ils pourront avoir de l'influence, partout où leur parole pourra être respectée, lorsqu'un jeune homme aura mené à mal une jeune fille qui était une honnête fille, de la soutenir le plus qu'ils le pourront.

2° Nous pouvons bien aussi, je pense, nous engager à ne plus considérer comme une femme déchue une femme qui a un enfant.

Mme Voillaume, avec beaucoup d'éloquence, a traduit les diverses étapes de la vie d'une mère : la grossesse, l'allaitement, etc. Eh bien ! il me semble que c'est là une expiation suffisante et que le nom de « mère » glorifie une femme à tel point qu'il efface tout son passé.

Je demande donc que nous tous, que nous toutes, nous prenions intérieurement, en nous-mêmes, l'engagement, lorsque nous saurons qu'une pauvre fille a eu un enfant, a eu *le courage*, pourrait-on dire quelquefois, d'avoir un enfant — car il y en a qui n'ont pas ce courage et qui se livrent, vous savez à quelles abominables manœuvres — d'user de nos ressources pour l'aider à élever cet enfant.

Une Voix. — Nous devons élever nos fils de manière à ce qu'ils n'aient pas l'idée de déranger les honnêtes filles.

Mme Oddo Deflou, *secrétaire générale*. — Tout cela est en dehors de la question. Vous voyez qu'on a tort de permettre un tout petit écart, car lorsqu'on en permet un, il faut en permettre cent.

Voici vingt minutes que nous nous égarons dans des matières qui ne font pas partie de notre Congrès. J'étais sûre que cela plairait à tout le monde, et c'est pourquoi j'ai accepté les travaux de ces dames ; j'en ai même un troisième, mais bien que ce dernier ait pour auteur notre amie et collègue, Mme Camille Bélilon, nous allons être obligées de le sacrifier (1).

D'ailleurs, il rentre dans le même ordre d'idées. Mais Mme Camille Bélilon est profondément frappée de ce point de vue spécial que, lorsqu'on donne des secours à un enfant, il ne faut pas que ce soit la mère qui paraisse en être la titulaire. Elle veut qu'il soit bien spécifié que les secours sont accordés aux enfants eux-mêmes, afin que la mère n'ait pas l'air d'être une protégée de l'Assistance publique, et de toucher par la main de ses enfants.

Voilà l'idée fondamentale de Mme Camille Bélilon (2).

Maintenant, nous allons passer au vote des vœux de Mme Vera Starkoff et de Mme Voillaume.

Mme Voillaume émet le vœu suivant :

« Que, lorsqu'il s'agit des enfants naturels, la garde de l'enfant reste toujours à la mère jusqu'à l'âge de 18 ans ».

Lorsque la reconnaissance des parents est simultanée, vous savez que c'est le père qui a la puissance paternelle et, par conséquent, la garde de l'enfant. Dans le cas des enfants naturels, ce fait a une importance toute spéciale, parce que, bien souvent, les parents ne vivent pas ensemble. En conséquence, à moins qu il ne résulte d'une enquête bien faite que la garde de l'enfant par la mère n'est pas acceptable, voulez-vous voter *que, même si la puissance paternelle appartient au père, la garde de l'enfant soit laissée à la mère jusqu'à 18 ans ?*

Mme Vincent, *présidente*. — Je mets aux voix cette proposition.

(Adoptée à l'unanimité.)

Mme Oddo Deflou, *secrétaire générale*. — En votant ceci, nous faisons une chose logique et raisonnable, en même temps que sentimentale.

J'avais un travail de Mme Gabrielle Chapuis, où elle démontrait parfaitement comment, bien que l'enfant ne soit pas enlevé à la mère sans enquête et que les magistrats soient animés d'excellentes intentions, il arrive, néanmoins, que l'on peut faire erreur et retirer des enfants à leur mère, alors qu'ils seraient fort bien avec elle, en vertu de la disposition qui attribue au père la garde de l'enfant

(1) Mme Camille Bélilon était absente ; or, en général, les travaux des personnes absentes ne furent pas lus, pour la raison que leurs auteurs ne pouvaient en soutenir la discussion.

(2) Voir, à l'Appendice, le rapport *in extenso* de Mme Camille Bélilon.

naturel. Du moment qu'elle sera attribuée à la mère, celle-ci ne sera plus exposée à ces tracasseries.

Mme Voillaume demande encore que, par le seul fait qu'une femme est mère, un secours lui soit accordé. Peut-être ce vœu est-il un peu vague et aurait-il besoin d'être précisé. Mme Voillaume a fait une enquête sur les conditions dans lesquelles agit l'Assistance publique, et elle est arrivée à trouver que ces conditions sont assez favorables. Il paraît que l'Assistance publique secourt assez bien la mère si elle a reconnu son enfant ; mais, si elle ne le reconnaît pas, les secours sont supprimés à partir, je crois, de la fin du premier mois. Mme Voillaume exprime le vœu que les secours soient prolongés, même si la mère n'a pas reconnu son enfant.

Mme Vincent, *présidente*. — Madame Lacécilia, je vous prie de répondre à Madame, qui prétend qu'on supprime les secours immédiatement.

Mme Lacécilia, *dame déléguée de l'Assistance publique*. — Quand la fille-mère va présenter son enfant à l'Assistance et sollicite des secours, on ne lui demande même pas son nom (si elle l'abandonne, il y a un signe qui fait reconnaître l'enfant), et on accorde des secours qui durent actuellement pendant deux ans.

Si, dans la deuxième année, ou à la fin de la première année, cette fille a encore un enfant, les secours continuent encore pendant deux ans, à partir de la naissance du second enfant. Quand les secours cessent, le premier enfant a donc 3 ans et, de plus, il n'y a pas une fille-mère qui ne reçoive du linge et de l'argent pour la première et pour la seconde année.

Une Voix. — Je demande à Madame qui vient de parler de quelle importance est le secours accordé à la fille-mère.

Mme Lacécilia. — Il peut être de 20 francs.

Une Voix. — Alors, il faut qu'elle nourrisse son enfant avec 20 francs.

Mme Durand, *vice-présidente*. — Ce n'est pas tout à fait ce qui a été demandé à Mme Lacécilia.

Madame Lacécilia, voulez-vous, s'il vous plait, répondre à la question qui a été posée par Mme Voillaume et qui fait le texte de son vœu? Est-il exact que, si une femme ne reconnaît pas son enfant, on supprime le secours ?

Mme Lacécilia. — Je n'ai jamais vu cela ; j'ai toujours vu, au contraire, que la mère donnait son nom et son adresse, et que l'on continuait à l'aider.

Mme Oddo Deflou, *secrétaire générale*. — Il faut passer à une autre question. Mme Voillaume, sur ma prière, abandonne son vœu. Je vais vous soumettre celui de Mme Vera Starkoff :

« Le Congrès féministe de 1908, se sentant solidaire de toutes les mères indigentes, proteste contre le règlement des Enfants assistés, qui empêche la mère indigente de voir son enfant, et émet le vœu que cette injustice criante soit abolie dans le plus bref délai ».

Mme Vincent, *présidente*. — Le vœu est complètement en dehors de la discussion.

Nous avions bien spécifié les questions en disant : « Nous ne nous écarterons pas de ces questions » ; — eh bien ! je vois avec peine qu'on s'en écarte, qu'on grappille partout. Dans ces conditions, comment voulez-vous que nous arrivions à une bonne terminaison ?

Je vous en supplie, reprenons l'ordre du jour purement et simplement :

La recherche de la paternité.

M. Bokanowski, *avocat, docteur en droit*. — Mesdames, je suis un peu embarrassé. Mme Oddo Deflou, quand elle m'a prié de faire un rapport sur la recherche de la paternité, m'avait chargé surtout de la partie juridique de la question, et j'avoue qu'elle est très aride.

Elle avait, cependant, l'avantage de prouver que les féministes ne perdent pas leur temps à discuter des questions de sentiment ; qu'ils suivent pas à pas les modifications de la jurisprudence ; que, lorsqu'ils demandent un changement dans le texte de nos lois, ils le font après réflexion, ne souhaitant, en quelque sorte, que l'incorporation, dans les lois, des idées que les législateurs acceptent déjà. Je me propose donc de vous montrer comment la jurisprudence, qui reflète si bien l'esprit de nos législateurs, fait des efforts considérables pour arriver à supprimer de notre Code civil l'article 340, l'inique article 340, qui interdit la recherche de la paternité.

Votre Présidente voudra bien me dire si elle me trouve trop long, et je vais résumer la question.

LA RECHERCHE DE LA PATERNITÉ

Considérations générales.

La disposition de l'article 340 de notre Code civil, qui interdit la recherche de la paternité, a été considérée par les législateurs de l'Empire, et en particulier par Napoléon, comme l'une des bases fondamentales de l'organisation sociale qu'ils réglementaient. La cellule, l'élément simple de l'organisme complexe qu'est une nation, était la famille légitime fondée par le mariage. Tout ce qui ne s'adapte pas à ce moule unique est tenu pour inexistant. Hors la loi les bâtards, les enfants adultérins et incestueux, puisqu'ils détruisent l'harmonie de l'édifice ! Est-il rien de plus scandaleux pour le bon ordre social que les prétentions de filles « effrontées » et les réclamations de « bâtards » ? Si l'homme est marié, c'est la ruine de son autorité morale. S'il ne l'est pas encore, c'est la possibilité, pour les filles séduites, de porter le trouble au sein de familles respectables !

Il faut donc sacrifier sans pitié les individualités à ce que l'on considérait comme l'intérêt social. Bossuet, dans son traité *De la connaissance de Dieu* (chap. IV, n° 2), fournissait l'excuse à cette iniquité : « Punir les pères dans leurs enfants, c'est les punir dans leur bien le plus réel ; c'est les punir dans une partie d'eux-mêmes que la nature leur a rendue plus chère que leur propre vie. Reconnaissons donc cette justice qui venge les crimes des pères sur leurs enfants ! »

A ces considérations, il faut joindre le préjugé qui regarde comme infâme la fille qui s'est donnée, et l'article 340 s'explique.

Mépris de la fille-mère, crainte du scandale, telles ont été les raisons de la plus choquante des institutions qui consacrent aujourd'hui encore le despotisme du mâle.

Nous n'entreprendrons pas la réfutation d'arguments qui ont fait leur temps. Les juristes, conservateurs nés, ainsi qu'il arrive pour toute disposition désuète, n'ont pas été en peine de raisons nouvelles et spécieuses. Celle qui paraît avoir les suffrages actuels, et qui a entraîné le rejet de la proposition de loi présentée par M. Rivet, à la Chambre, en 1883, est la difficulté de la preuve. On a victorieusement répondu qu'une telle difficulté pourrait seulement arrêter le magistrat lorsqu'il y aurait incertitude, mais qu'elle ne pouvait légitimer l'impossibilité de droit imposée par le législateur, là où il n'y aurait qu'une difficulté de fait.

On a cru pouvoir trouver dans le fait du mariage des raisons suffisantes d'imputer la paternité à l'époux ; il y a dans le fait de la séduction ou de la cohabitation des éléments au moins aussi probants. Aucune des raisons invoquées ne paraît devoir justifier le maintien de cette règle monstrueuse : l'irresponsabilité de l'homme dans l'œuvre commune de la procréation.

Est-il utile de passer en revue les innombrables arguments qui militent en faveur de son abrogation ? Ils procèdent tous de ce principe qu'une loi mauvaise et qui consacre une iniquité est un germe de décomposition sociale. On a prétendu que les lois étaient sans effet sur les mœurs. Cela peut être vrai pour une disposition positive, que l'on voudrait imposer contrairement à la volonté générale. Mais ne faut-il pas, comme corollaire, amender la législation en vigueur, lorsqu'elle ne correspond plus à la tendance morale de la nation ? On a fait valoir, outre le devoir qui s'impose au père de participer à la charge de l'enfant, l'intérêt de celui-ci, à qui les ressources de la mère sont généralement insuffisantes ; l'intérêt de la femme exposée à la séduction et qui doit avoir un recours pour le préjudice qu'elle subit ; enfin l'intérêt social. L'interdiction de la recherche de la paternité explique la fréquence de l'avortement et de l'infanticide, et favorise l'abandon des enfants. Les adeptes du mariage font encore remarquer que les unions légitimes seraient plus fréquentes si l'homme se sentait exposé à des responsabilités dans l'union illégitime.

Certains se sont montrés sceptiques quant aux résultats de la réforme proposée. Mme Maria Pognon faisait notamment remarquer, au Congrès national de la Condition et des Droits des Femmes, tenu en septembre 1900, que, dans bien des cas, la sanction judiciaire serait sans effet, ainsi qu'il arrive actuellement pour les jugements de divorce allouant à la femme une rente que le mari se refuse à payer. Est-ce une raison pour que le recours ne soit pas rendu possible, et si, dans quelques cas seulement, le père exécutait la décision rendue contre lui, n'y aurait-il point là un motif suffisant d'autoriser les poursuites ?

La libre recherche de la paternité s'impose donc comme l'expression d'une nécessité sociale et morale.

Les atténuations de la jurisprudence.

La disposition de l'article 340 n'est pas appliquée, d'ailleurs, avec la rigueur que comporte le texte. On sait qu'une jurisprudence prétorienne s'est vue dans la nécessité de parer à l'injustice consacrée par la loi.

Nous allons examiner dans ses grandes lignes l'œuvre entreprise par les tribunaux, car nous y trouverons des indications précieuses sur les limites actuellement possibles de la réforme proposée.

Les premières demandes engagées devant les tribunaux qui tendaient à faire admettre l'existence de quelques droits à l'encontre du père, se sont heurtées à une fin de non-recevoir. La réponse typique émane de la Cour de Bastia : On ne comprendrait pas, dit-elle, que la femme fût nécessairement admise à réclamer en justice le prix de sa faiblesse et de son libertinage (Bastia, 28 août 1854, D. 56-2-16). Cependant, très vite, une réaction se manifestait, et un double courant s'établit qui tendait à pallier, par l'application de principes plus généraux, ce que la disposition exceptionnelle de l'article 340 présentait de contraire à l'équité. On a négligé la question de paternité proprement dite, pour ne plus considérer que les effets pécuniaires. L'action en réclamation d'état demeurait interdite, mais on admettait l'action en responsabilité. L'article 1382 du Code civil, infiniment extensible, qui fait naître l'obligation de réparer les dommages chez celui qui les a causés, a servi de base légale à cette ingénieuse interprétation. Les tribunaux ont accueilli la réclamation de la mère agissant, comme toute victime d'un quasi-délit, en réparation du dommage qui lui a été causé.

En même temps, d'autres arrêts, tout en reconnaissant qu'aucune obligation ne résultait pour le père du fait de la paternité naturelle, admettaient cependant que lorsque, par un écrit quelconque, l'auteur présumé s'était engagé à participer à l'entretien de l'enfant, il convenait de sanctionner judiciairement cet engagement et de lui donner force obligatoire.

Il est intéressant de constater que ces deux constructions de la jurisprudence procèdent de principes d'équité, bien plutôt que de la loi écrite. A chaque instant elles se heurtent à quelque règle codifiée dont il faut alors déformer ou atténuer le sens. Dans quelle catégorie de contrats, par exemple, convient-il de faire entrer l'engagement pris par le père de pourvoir aux besoins de l'enfant ? Ce n'est pas une donation, puisqu'il n'y a pas forcément acte notarié (Code civil, art. 931) ; ce n'est pas davantage une obligation civile valable, car la cause est un acte illicite, « le concubinage », que bien des décisions ont déclaré sans effet.

C'est un symptôme de l'acuité avec laquelle se pose le problème de la responsabilité du père, que nos tribunaux aient négligé tant de fins de non-recevoir, dont la moindre eût dû être accueillie, si la nécessité de condamner l'homme, au moins dans certains cas, ne s'était imposée à la conscience des magistrats les plus réfractaires aux tendances féministes.

Hardie par rapport à la conception des rédacteurs du Code, cette jurisprudence est cependant bien timide, limitée à quelques cas, soumis eux-mêmes à des conditions sévères, embarrassés de difficultés inextricables.

L'application de l'article 1382, en faisant de la paternité une sorte de délit, ne permet de lui donner d'effet que lorsqu'il y a eu faute. Il ne suffit pas qu'il y ait eu préjudice pour la fille séduite, il faut encore que celle-ci ait été victime, que son consentement ait été refusé ou tout au moins surpris. L'entraînement réciproque, l'abandon volontaire et conscient de la femme excluent toute responsabilité du père. La loi, disent nos juges, ne peut prêter son aide à la femme qui veut se faire payer le prix des faveurs qu'elle a accordées. (En ce sens : Dijon, 16 avril 1861, D. 61-5-423 ; Angers, 2 décembre 1868, D. 69-2-241 ; Amiens, 1er décembre 1881, D. 82-2-117 ; Gand, 25 novembre 1882, D. 84-2-136 ; Dijon, 27 mai 1892, D. 93-2-183 ; Paris, 4 juin 1892, D. 92-2-558 ; Douai, 18 mars 1895, D. 95-2-351 ; Paris, 28 mars 1905, D. 05-5-36 ; Rouen, 12 avril 1906 ; G. P., 30 juillet 1906 ; Tribunal civil de la Seine, 19 février 1907, *Gazette des Tribunaux*, 29 mai 1907.)

Ceci est un point acquis, confirmé par les décisions les plus récentes. Le consentement libre de la femme lui ôte tout recours. Il faut donc apprécier jusqu'à quel point il y a eu liberté, et si l'on veut se rendre compte de l'arbitraire qui préside encore à cette appréciation, il faut se reporter à l'arrêt de la Cour de Rouen du 12 avril 1906 (précité) qui repousse la demande d'une servante installée par le maître dans sa maison, au même étage que son fils, alors que les jeunes gens se trouvaient seuls à cet étage, mais que les chambres n'étaient pas contiguës et que la jeune fille avait dans le voisinage sa mère, laquelle était parfois occupée à des travaux de la maison. Les conseillers, juges souverains du fait, ont inféré le consentement de la jeune fille de la non contiguïté des pièces et de la proximité de la mère !

Par contre, le droit à l'indemnité est reconnu lorsque la fille-mère établit qu'elle a été séduite et que son consentement n'a pas été libre.

Cette interprétation remonte assurément très loin. Dès 1843, la Cour de Toulouse faisait cette application inattendue de l'article 1382 (5 juillet 1843, D. 45-1-177). Mais cette doctrine fut controversée jusqu'à l'arrêt de la Cour de Caen rendu le 10 juin 1862 (D. 62-2-129), contrairement à une consultation signée des noms des juristes les plus éminents : Bertauld, Berryer, Sénard, Dufaure et Demolombe. Le séducteur, âgé et influent (il était maire de sa commune), bien que marié, avait enlevé une jeune fille de moins de 15 ans, l'avait installée à Paris et, malgré le désir qu'elle en avait exprimé à plusieurs reprises, s'était opposé à ce qu'elle revînt à la vie régulière. Le tribunal estima et la Cour avec lui, qu'il y avait eu abus d'influence et abus de l'âge et de l'inexpérience de la victime. La jeune femme, mère de cinq enfants, obtint une indemnité de 4.000 francs et une rente annuelle de 500 francs pour elle-même et pour chacun de ses enfants.

Sans refaire l'histoire de la jurisprudence qui s'établit ainsi, il nous suffira d'indiquer quels sont les principaux faits qui ont paru constituer la faute de l'homme. On peut les répartir en deux groupes : *les promesses de mariage non suivies d'effet, les manœuvres dolosives ayant vicié ou forcé le consentement.*

La promesse de mariage, dans notre droit, est privée d'effets. Les législateurs ont voulu qu'en cette matière les futurs époux jouissent d'une libertée illimitée. Il a donc fallu, pour en faire la source d'une obligation, considérer les circonstances accessoires qui pouvaient la transformer en une faute. Il faut notamment, pour que la promesse soit prise en considération, qu'elle ait précédé la séduction et en ait été la cause déterminante (Orléans, 2 mars 1881, D.82-2-244; Bourges, 6 juin 1881, D.82-2-117; Douai, 18 mars 1895, D. 95-2-351, etc.) (1).

L'inconduite de la femme séduite rendrait la promesse sans effets. Cette solution, admise dans notre ancien droit, est acceptée par les féministes les plus convaincus. (Seine, 25 mars 1907 ; *Pand. franc.*, 1907, 2-175).

A côté de la promesse de mariage, la jurisprudence voit un élément de faute dans les manœuvres de toute nature excluant la possibilité d'un consentement libre. Ce sont tous les moyens de contrainte physique ou morale : abus de force, d'âge, de situation, de fortune (Nîmes, 18 mars 1901, S. 02-2-208), de qualité de maître ou de parent de la victime (Nancy, 25 février 1865, S. 65-2-69), etc.

Lorsque le séducteur est mineur, c'est en vertu de l'article 384 que le père est tenu pour responsable, pour avoir, par son défaut de surveillance, permis au jeune homme d'abuser de la jeune fille (Rouen, 12 avril 1906; G. P., 20 juillet 1906).

L'évaluation du préjudice soulève aussi de nombreuses difficultés. Alors que certains arrêts, logiques jusqu'au bout, ordonnent la réparation du préjudice subi par la femme, sans tenir compte de l'enfant qui est sans droit (Orléans, 5 novembre 1890,

(1) Un arrêt de Lyon (25 janvier 1907, D. 08-2-77) admet cependant que la promesse ayant été postérieure aux relations intimes, mais antérieure à la grossesse, pouvait servir de base à une action.

D. 93-2-487), d'autres considèrent l'enfant comme une source de charges dont il est dû réparation (Nancy, 12 novembre 1896, D. 96-2-520).

C'est un peu pour concilier ces divergences et pour établir un lien entre le père et l'enfant sans passer par l'intermédiaire de la femme, que la jurisprudence a été amenée à reconnaître une force obligatoire à l'engagement écrit, pris par le père, de subvenir aux besoins de l'enfant. On considère qu'il y a là une sorte de confirmation obligatoire d'un devoir purement facultatif (Paris, 30 juin 1893, D. 94-2-526, etc.).

Il faut arrêter là l'énumération des hypothèses dans lesquelles les tribunaux obligent le père à supporter les conséquences de la procréation.

Encore, des distinctions fort subtiles viennent-elles restreindre la possibilité de faire la preuve des faits qui motivent la demande de la fille-mère.

Certains tribunaux exigent, en matière de promesse de mariage, un commencement de preuve par écrit, bien que cette promesse soit considérée non comme un contrat, mais comme un quasi-délit, et que notre système de preuves autorise l'emploi de tous moyens pour établir les simples faits. La jurisprudence se montre plus large si la séduction a été précédée de manœuvres dolosives.

En résumé, la jurisprudence, sans violer ouvertement la prohibition de l'article 340, en a sensiblement atténué les conséquences. Elle s'est toujours refusée à établir un lien de famille entre le père et le fils naturel. C'est assez dire que l'enfant échappe entièrement à l'autorité paternelle et n'acquiert aucun droit de succession. On s'est contenté de valider les promesses de pourvoir aux besoins de l'enfant, et le lien de parenté est si peu en jeu que les magistrats n'ont pas hésité à déclarer une telle promesse obligatoire, sans vouloir rechercher si le promettant était bien le père de l'enfant (Cassation, 15 janvier 1873. D. 73-1-180 ; 3 avril 1882, D.82-1-250). Mais les engagements de cette nature sont rares et les termes en sont généralement trop imprécis pour donner prise aux revendications.

D'autre part, lorsque la fille-mère peut démontrer qu'elle a été victime des procédés déloyaux du séducteur, les tribunaux mettent à la charge de ce dernier une partie des frais occasionnés par ses agissements. Tels sont les palliatifs qui ont servi à éviter les conséquences les plus choquantes de l'article 340.

Législations étrangères.

La plupart des nations étrangères, frappées de l'injustice qu'il y avait à laisser à la charge exclusive de la femme les enfants nés hors du mariage, ont légiféré de manière à faire supporter au père une partie des charges. *La Belgique, la Roumanie, le canton de Genève* (Code civil, art. 340), *le canton de Neuchâtel* (art. 246),

Haïti (Code civil, art. 311), conservent seuls, avec la France, le monopole peu glorieux de la prohibition (1).

Un deuxième groupe, tout en maintenant le principe de l'interdiction, admet un certain nombre d'exceptions : ce sont *le Portugal* (art. 130), *les Pays-Bas* (art. 342, modifié par la loi du 26 avril 1884).

L'Italie a codifié notre jurisprudence. L'article 193, 3° du Code civil sanctionne les engagements pris par le père à la seule condition qu'il y ait un écrit.

L'Espagne et *le Portugal* (Code civil espagnol, art. 135 ; Code civil portugais, art. 130) énumèrent limitativement un certain nombre d'hypothèses dans lesquelles la paternité est expressément reconnue possible, sans, d'ailleurs, que l'interdiction soit prescrite dans les autres cas. La recherche, sauf le cas de viol, doit avoir pour base l'aveu exprès ou tacite du père.

Enfin, la recherche est libre en *Autriche* (art. 163 et suiv.), en *Finlande* (loi du 27 juin 1878), dans *les Provinces Baltiques* (Code civil, art. 165), en *Norvège* (loi du 6 juillet 1892), dans *le Canada* (Code civil, art. 241), *la République Argentine* (art. 325), la plupart des *États-Unis* (Névada, loi du 1er mars 1883 ; Illinois, Acts des 1er juillet 1872 et 29 mai 1879).

L'article 1707 du *Code civil allemand* admet la recherche de la paternité. La mère n'a pas la puissance paternelle sur l'enfant naturel, elle le représente. Un tuteur est toujours nommé à l'enfant. Les articles 1717 et 1718 réglementent les présomptions parmi lesquelles sont retenues : la cohabitation entre le 181e et le 302e jour avant l'accouchement, sauf au père présumé à opposer une sorte de désaveu en établissant l'impossibilité absolue de la paternité. La reconnaissance dans un document entraîne également une présomption suffisante. Le père est, dès lors, tenu (art. 1708 et suiv.) d'une obligation alimentaire envers son enfant, jusqu'à ce que celui-ci ait atteint l'âge de 16 ans. L'article 1710 décide qu'elle prendra la forme d'une rente en argent. La mère aura droit, pour sa part (art. 1715), aux frais de sa grossesse et de ses couches. La prescription est de quatre ans et six semaines après l'accouchement.

En *Suisse*, la recherche est admise, mais elle aboutit, dans certains cantons, à une déclaration de paternité (Zurich, Soleure, Grisons), entraînant des conséquences pécuniaires pour le père.

La plainte portée par la mère est écartée s'il n'y a pas eu cohabitation (Vaud, art. 188) ; si la mère est fille publique ou se livre habituellement à l'inconduite (Berne, art. 185) ; si la femme était mariée à l'époque de la conception, si elle était majeure et le défendeur mineur (Vaud, art. 194 ; Fribourg, art. 225). La caractéristique de la législation de la plupart des cantons est la possibilité

(1) Depuis la lecture de ce rapport, la Belgique et le nouveau Code civil suisse, valable pour tous les cantons, ont aboli l'interdiction de la recherche de la paternité.

du serment, en l'absence de preuves suffisantes. Le juge peut déférer à la demanderesse le serment supplétoire et au défendeur le serment purgatoire (Vaud, art. 190; Berne, art. 194; Fribourg, art. 225). La prescription est de trois mois, du jour de l'accouchement (Berne, art. 182; Vaud, art. 195). Aucun lien de parenté n'est créé, particulièrement au point de vue héréditaire; l'action tend simplement à une redevance pécuniaire (1).

La Législation britannique, qui remonte aux coutumes les plus anciennes, obéit à des règles singulièrement analogues à celles de notre ancien droit. La mère, célibataire ou veuve, qui ne peut pourvoir par ses propres ressources à l'entretien de l'enfant, est en droit de faire « affiliate the child on the father ». Cette action engagée devant le juge de paix peut être basée sur des témoignages verbaux ou sur une promesse par écrit. La preuve peut, d'ailleurs, être combattue par tous moyens. La prescription est de douze mois après l'accouchement, sauf si le père a contribué à l'entretien de l'enfant, dans lequel cas elle n'est plus opposable. A défaut de la mère, la paroisse à qui échoit la charge de l'enfant, en vertu de la « Poor Law », peut agir en ses lieu et place. Le préjudice ne peut pas être évalué et est fixé, quelle que soit la classe sociale à laquelle appartient le père, à une guinée par semaine, soit 325 francs par an, jusqu'à ce que l'enfant ait, suivant les cas, atteint 13 ou 16 ans.

Les projets de loi français.

Notre pays est donc franchement en arrière et, ainsi qu'il arrive aujourd'hui trop fréquemment, ne peut pas, dans cette matière, revendiquer l'honneur d'avoir le premier aboli un abus. Ce n'est pas, cependant, que les propositions aient manqué tendant à la suppression de l'article 340. Dès le 16 février 1878, M. Bérenger déposait, au Sénat, un projet de loi multipliant les cas dans lesquels la recherche pouvait être admise. Le projet fut rejeté sur rapport de M. Cazot, après discussion. M. Gustave Rivet faisait, à son tour, une proposition, prise en considération par la Commission à laquelle elle avait été renvoyée, mais qui demeura ensevelie dans la poussière des cartons parlementaires.

La proposition Rivet fut à nouveau déposée le 10 juin 1890, puis au cours de la séance du 28 janvier 1895. M. Groussier, M. Viviani et onze députés socialistes patronnèrent un projet assez différent. M. Rivet reprenait le sien le 17 juin 1897, et M. Viviani, le 7 décembre 1900.

Les projets de loi concernant la recherche de la paternité soumis actuellement au Parlement sont au nombre de trois; MM. Rivet et Bérenger, et M. Viviani, d'une part, se sont efforcés de présenter des textes qui n'apportent pas d'innovation trop choquante dans l'édifice séculaire de notre droit civil. De la reconnaissance vo-

(1) Ces dispositions diverses ont été unifiées. (Voir la note précédente.)

lontaire, réglementée par les articles 334 et suivants du Code civil, ils ont rapproché la reconnaissance effectuée par autorité de justice, de telle sorte que cette dernière se trouverait soumise aux mêmes conditions de validité et aboutirait aux mêmes effets. Ainsi, conformément à l'article 335, les enfants adultérins ou incestueux resteraient sans droits ; par contre, les enfants reconnus judiciairement seraient héritiers, jouiraient de la réserve prévue par les articles 758 et 759 (loi du 25 mars 1896), auraient droit au nom du père. Les hypothèses sont limitées dans lesquelles la nouvelle loi serait applicable. La recevabilité de l'action, sauf le cas de cohabitation notoire, serait d'ailleurs soumise aux règles de l'article 347, c'est-à-dire appuyée sur un commencement de preuves par écrit.

Cette action n'appartiendrait qu'à l'enfant, au nom duquel pourrait agir la mère ou un tuteur *ad hoc*, et dans un délai fatal. Dans le projet Viviani, l'enfant à sa majorité, au cas de cohabitation entraînant possession d'état, pourrait encore agir en son nom personnel.

C'est, en somme, une extension de l'article 340 *in fine*, réglementée. Les auteurs ont eu l'enfant en vue et se sont efforcés de lui assigner une place dans la famille telle qu'elle est actuellement organisée. Ils tendent à ouvrir la possibilité d'une action en réclamation d'état.

Un troisième projet, du 2 juillet 1903, déposé par M. Marcel Sembat, est inspiré des vœux émis par le Groupe français d'Etudes féministes et par le Conseil national des Femmes. C'est donc celui qui contient les desiderata du féminisme. Il n'est donc pas étonnant de constater que la femme passe au premier plan. Ce n'est pas de la recherche de la paternité qu'il s'agit, mais de l'assistance obligatoire, pour le père présumé, à la mère naturelle.

En ce sens, cette proposition tend plus que la précédente à se rapprocher de la doctrine créée par la jurisprudence, dont elle élargit le cadre et supprime les entraves.

Ce n'est plus une action en réclamation d'état, mais une demande d'aliments analogue à celle que les articles 205 et suivants font dépendre de certains liens de parenté. Tous les moyens de preuves seraient admis pour établir l'existence de ce lien nouveau qui n'entraînerait, pour le père présumé, que l'obligation de payer, sans aucun droit corrélatif. Bien au contraire, le fait de la constatation judiciaire de paternité enlèverait au père, non seulement une autorité actuelle, mais encore le droit de reconnaître ultérieurement l'enfant.

Cette proposition, empreinte d'un vif sentiment d'équité, paraît s'être inspirée principalement des considérations suivantes : la distinction ne saurait être faite, lorsqu'il s'agit d'aliments, entre les enfants naturels simples et les enfants adultérins et incestueux ; la paternité, quelle qu'elle soit, doit imposer une charge à son auteur ; la preuve doit être aussi aisée que possible ; le père ayant manifesté son indifférence ne saurait conserver sur la personne de l'enfant une part quelconque de puissance paternelle, qu'il n'exercerait, dans le plus grand nombre des cas, que dans un but vexatoire.

A notre sens, deux sortes d'arguments militent à l'encontre de ce projet. En premier lieu, un souci d'opportunité. L'assimilation complète des enfants adultérins et incestueux aux enfants naturels, l'interdiction de la reconnaissance et la suppression de tous droits pour le père sont des innovations un peu hardies qui se heurteraient à l'opposition générale.

Une raison plus décisive, à notre sens, est l'inutilité de créer une nouvelle forme juridique de filiation. Nous avons déjà les enfants légitimes, les enfants naturels reconnus, les enfants naturels non reconnus, les enfants adultérins et incestueux. A ces quatre catégories, régies chacune par des dispositions différentes, il faudrait ajouter les enfants naturels reconnus judiciairement. Qu'on ne prétende pas que cette nouvelle division absorberait les naturels simples et les incestueux et adultérins. Il faut songer que bien des actions ne seront point engagées et que d'autres échoueront.

Si, d'ailleurs, nous cessons un instant de considérer l'intérêt exclusif de la mère, mais celui de l'enfant, nous ne voyons pas qu'il y ait, dans tous les cas, intérêt à soustraire l'enfant à l'autorité du père. Les filles-mères s'adonnent parfois à l'inconduite; les fonds alloués judiciairement peuvent être dissipés. Pourquoi, en outre, interdire toute possibilité de rapprochement entre l'enfant et le père ? Ne paraît-il pas que les rapports de parenté, même naturelle, sont, plus que l'existence d'une simple dette, de nature à inciter l'homme à se rapprocher de la famille abandonnée ? Ne rendront-ils pas moins illusoire la condamnation prononcée en compensant ce que son exécution peut avoir de pénible par les satisfactions qui s'attachent au sentiment paternel ?

Enfin, pourquoi exclure l'enfant de la vocation héréditaire?

Les dispositions essentielles du projet féministe nous semblent, par contre, pouvoir très bien s'incorporer au projet Viviani.

Une disposition est tout d'abord inutile pour assurer à la femme la puissance paternelle (1).

La loi récente du 2 juillet 1907 décide, en effet, que la puissance paternelle est exercée par celui des parents qui aura le premier reconnu l'enfant naturel.

La mère, pour assurer l'intégralité de ses droits, n'aura donc qu'à reconnaître l'enfant, ce qui peut se faire aisément, par une simple mention dans l'acte de naissance. Son autorité ne pourra, en conséquence, lui être retirée que par décision judiciaire, sur la demande du père, si l'intérêt de l'enfant l'exigeait (art. 383 nouveau, § 2).

En ce qui concerne les facilités de preuve, il nous paraît que la preuve, par tous moyens, de la paternité doit être permise. Les

(1) Le projet des sociétés féministes est antérieur à cette loi (note de Mme Oddo Deflou).

raisons de fait ont été maintes fois déduites. Il est rare que le séducteur ait eu l'imprudence de signer un écrit engageant sa responsabilité. Bien des manœuvres ne sauraient être consignées dans un document, quel qu'il soit.

Une raison de droit vient, à notre sens, s'y ajouter : c'est celle que nous avons indiquée au cours de notre examen de la jurisprudence actuelle. La paternité illégitime, pouvant être parfois envisagée comme quasi-délictuelle, constitue un fait pur et simple qui, d'apres les principes mêmes de notre droit, peut être établi par tous les moyens (voir la dissertation sous l'arrêt de la Cour de cassation du 2 décembre 1907, dans Dalloz, 1908-1-201).

Nous demanderons donc que, dans tous les cas où l'article 3 du projet Viviani prescrit la nécessité d'un commencement de preuve par écrit, ces mots soient supprimés et remplacés par ceux-ci : la preuve pourra être faite par tous moyens.

Reste la question des enfants adultérins ou incestueux. Le projet Viviani n'est pas, autant qu'on veut bien le dire, muet sur cette question. L'article déclare, en effet, que « la mère pourra, en tout état de cause, exercer contre le séducteur l'action tirée de l'article 1382 du Code civil ».

Ainsi, toute femme séduite, même lorsque l'enfant sera adultérin ou incestueux, aura, dans les limites de la jurisprudence actuelle, droit à une indemnité et à une rente. C'est en réalité à cela que se limite le projet des féministes. Il faut, d'après nous, s'en tenir là dans cette hypothèse spéciale. Il n'y a pas lieu, en effet, d'accorder à ces enfants adultérins ou incestueux, étant donnée l'organisation familiale actuelle, une situation en tous points identique à celle des enfants naturels reconnus. Si l'on doit, par tous moyens, assurer individuellement leur existence, afin qu'ils ne souffrent point de l'égarement de leurs parents, au point de vue légal ils sont en contradiction même avec l'existence de la famille organisée, et ne peuvent y prendre place tant que celle-ci demeure établie sur les mêmes bases.

On n'ignore pas que la loi du 7 novembre dernier autorise la légitimation de l'enfant adultérin désavoué et de celui qui est né dans la période du divorce, par mariage subséquent de la mère avec le complice.

La situation des adultérins est donc, aujourd'hui, la suivante :

Si la mère est adultère, l'enfant demeure à la charge du mari légitime jusqu'au désaveu ; à dater de ce moment, il peut être légitimé par le mariage subséquent de la mère et du père véritable.

Si c'est le père qui est adultère, l'article 765 du Code civil reconnaît le droit de l'enfant à des aliments. Les tribunaux se refusent actuellement, en vertu de l'article 340, à sanctionner des demandes intentées par l'enfant lui-même, car l'application de l'article 765 n'est possible que par la constatation de la paternité.

La suppression de l'article 340 faisant disparaître cette objection, les demandes d'aliments seront valables sans que l'enfant puisse bénéficier entièrement des dispositions de la nouvelle loi. Dans cette hypothèse, et dans le cas analogue des enfants incestueux, nous admettrons donc la paternité à effets limités, réclamée par les féministes, et qui se déduira de la combinaison de la nouvelle loi et de l'article 765 du Code.

Ainsi se trouvera réglé le sort des actions alimentaires engagées par les enfants adultérins ou incestueux eux-mêmes, ou par la mère en leur nom.

Reste l'action en indemnité de la mère elle-même. Il nous paraît inutile d'ajouter une disposition à son endroit.

Nous avons, en effet, admis que la femme qui s'était donnée librement et qui était devenue enceinte par la suite pouvait, comme la femme séduite, actionner le père. C'est le principal progrès réalisé vis-à-vis de la femme par la loi que nous discutons, la jurisprudence actuelle ne retenant que la paternité fautive.

Nous ne saurions envisager de même l'union adultérine ou incestueuse. La femme qui volontairement y consent commet, à notre avis, une faute, et doit en subir les conséquences, au même titre que celles dont la conduite est irrégulière (qui sont exclues des dispositions de la loi nouvelle). Au contraire, pour celle qui aura été victime, qui n'aura succombé qu'à l'aide de violences ou de manœuvres exclusives de consentement, elle pourra, comme en l'état actuel de la jurisprudence, actionner le séducteur en responsabilité. Cela lui sera d'autant plus facile, en cas d'inceste notamment, que, dès aujourd'hui, les tribunaux retiennent l'abus des liens de famille comme un élément de faute à la charge du père présumé.

L'article 1382 du Code civil suffit donc à solutionner cette situation dans le sens le plus favorable.

En résumé, le projet Viviani amendé dans le sens que nous venons d'indiquer nous paraît devoir mettre fin aux abus résultant de l'article 340. Nous sommes d'avis d'en adopter le texte.

M. André Moufflet, *docteur en droit, délégué de la Ligue française pour le Droit des femmes :*

Au cours de trois séances de l'hiver 1907-1908, la Ligue française pour le droit des Femmes s'est occupée de la recherche de la paternité; elle a même nommé une commission d'études qui a reçu la mission de préparer un projet de loi pouvant être présenté en son nom au Parlement, et c'est avec l'intention bien délimitée de vous exposer dans ses grandes lignes ce projet de loi, que je suis monté à cette tribune.

C'est vous dire que je serai très bref et peut-être un peu aride ; ma communication sera d'un caractère purement pratique, puisque nous avons l'intention de préparer un projet réalisable qui pourrait être présenté au Parlement dans l'état actuel de l'opinion et de la situation des partis.

Nous nous sommes attachés à examiner ce que les législations étrangères qui ont tenté de résoudre le problème avaient fait en ce sens. Les législations auxquelles je fais allusion se séparent, à ce point de vue, en deux groupes :

1° Celles qui admettent la libre recherche de la paternité dans tous les cas ;

2° Celles qui restreignent l'exercice de l'action à certains cas bien déterminés, dans lesquels la paternité est particulièrement présumable.

Les premières n'accordent à l'enfant qu'un droit de pension alimentaire ; les secondes lui reconnaissent des droits sur la succession du père. Rares sont, au contraire, les codes qui consacrent à la fois la libre recherche et l'acquisition des droits successoraux.

Pourquoi n'adopterions-nous pas les deux systèmes ? Nous pourrions très bien organiser concurremment une recherche de la paternité au profit des enfants se trouvant dans certains cas que je vous citerai tout à l'heure, et une action en paiement de pension alimentaire au profit des enfants se trouvant dans tous les autres cas. Il y aurait en présence, dans cette seconde hypothèse, non pas un fils et un père, mais un créancier et un débiteur.

L'enfant exercerait une action en recherche de la paternité qui lui assurerait, en cas de succession, les droits aujourd'hui reconnus à la suite d'une reconnaissance volontaire, dans les hypothèses suivantes :

1° Le père s'est reconnu par écrit l'auteur de la grossesse de la mère ;

2° Il existait entre les parents une promesse écrite de mariage ;

3° La mère a été victime d'un enlèvement. C'est le cas aujourd'hui visé par l'article 340 du Code civil, et qui s'est présenté très rarement dans la jurisprudence ;

4° Les parents vivaient maritalement, avec domicile commun, à l'époque légale de la conception.

Ce dernier cas n'est, en somme, que l'extension à l'union libre de la présomption, existant aujourd'hui de plein droit dans le mariage, que le mari est père des enfants de sa femme. A la différence de la maternité, en effet, la paternité ne se prouve pas, elle ne peut que se présumer, et en adoptant ici cette idée de la présomption, nous suivons simplement l'exemple donné par le Code lui-même dans son article 340, § 2, qui admet l'action en recherche de la paternité en cas d'enlèvement, si l'enlèvement coïncide avec l'époque légale de la conception.

Le père présumé sera, d'ailleurs, recevable à renverser la présomption, en prouvant que, d'après les circonstances : accident, maladie ou voyage, il est impossible que l'enfant soit de lui et fasse valoir, par conséquent, le moindre droit à son égard, ou qu'à l'époque de la conception la femme a cohabité avec d'autres hommes.

Dans toutes les autres hypothèses, il ne serait accordé à l'enfant qu'une action en paiement de pension alimentaire (sans création, en cas de succès, d'aucun rapport de filiation), sous condition de prouver l'existence de rapports sexuels entre le père et la mère à l'époque de la conception.

Comment allons-nous traiter les enfants adultérins ou incestueux ? Il ne faut pas les oublier.

Nous ne leur accorderons pas la première action, puisqu'ils n'ont aucun droit successoral ; mais il n'y a aucun inconvénient à leur accorder l'action en paiement de pension alimentaire ; bien mieux ! c'est être absolument conséquent avec le Code lui-même qui, dans ses articles 762 et 763, au titre « Des successions » reconnaît que ces enfants ont droit à des aliments. Il ne néglige qu'un point, c'est de dire comment ils se les procureront.

A l'annonce de la concession d'une action en paiement de pension alimentaire aux enfants adultérins, on ne manquera pas de protester en invoquant le trouble ainsi apporté dans la paix des ménages. Nous nous sommes inclinés devant cette considération, mais nous allons rechercher les cas où cette objection ne nous serait pas opposable.

Ces cas nous semblent être les suivants :

1° Le père est redevenu libre par suite de veuvage, divorce ou même de séparation de corps ;

2° Il y a eu cohabitation notoire, dont l'autre conjoint a été évidemment informé ;

3° L'adultère a déjà été prouvé au cours d'une précédente instance.

Dans toutes ces éventualités, en effet, ou bien le ménage n'existe plus, ou bien la bonne harmonie en est *déjà* troublée par hypothèse ; on ne saurait donc reprocher à l'enfant qui veut établir ses droits de provoquer un scandale.

Nous n'accorderions aux enfants incestueux l'action en paiement de pension alimentaire que lorsque l'empêchement au mariage de leurs père et mère serait de ceux que le Code permet de lever par une dispense. Puisque le Code accorde des dispenses en vue de mariages entre oncle et nièce, tante et neveu, beau-frère et belle-sœur, pourquoi priver l'enfant né hors mariage, de relations entre personnes pouvant se marier, du bénéfice reconnu à tous les enfants naturels ?

Tel est notre projet et si, parmi les parlementaires à qui nous l'enverrons, il s'en trouve qui, connaissant mieux la situation des partis politiques et l'état d'esprit de l'opinion publique, nous disent que nous avons été trop timides, qu'on peut être plus audacieux et réussir quand même, nous incorporerons certainement à notre projet des dispositions plus libérales.

Mme Oddo Deflou, *secrétaire générale*. — Il est déjà bien tard et je vois que les rangs s'éclaircissent. Pourtant voici Mme Compain qui a demandé la parole et dit qu'elle préférerait parler demain ; mais c'est impossible, puisque nous avons déjà remis une question à demain. Il faut donc l'entendre de suite.

Mme Compain. — Toute cette année, je me suis occupée au Parlement de la question de la recherche de la paternité, après une campagne faite dans les Universités populaires et dans différents groupes féministes, et j'ai été extrêmement heureuse d'entendre les rapports très intéressants de M. Bokanowski et de M. Moufflet, mais j'aurais quelques observations à présenter. Voici lesquelles :

Actuellement, il y a un autre projet qui est en voie d'être élaboré par une Commission du Sénat ; c'est M. Guillier qui en est le rapporteur. Ce projet paraît être conçu, d'après ce que M. Guillier m'en a dit, dans un esprit beaucoup plus large que celui même de M. Viviani.

Ainsi M. Guillier a abandonné la preuve par écrit, et je crois également que son projet contient moins de détails et moins de restrictions que celui de M. Viviani. Il se borne à déclarer que la preuve doit pouvoir être faite par « tous les moyens »

M. Guillier se préoccupe aussi de la condition des enfants adultérins que M. Viviani avait laissée complètement de côté.

Je crois, dans ces conditions, qu'il serait intéressant et utile que le Congrès nommât une délégation qui fût entendue par la Commission du Sénat et par le rapporteur, lequel est, je crois, tout disposé à entendre les personnes qui s'intéressent à cette question. Cette délégation soumettrait au Sénat les vœux du Congrès, et essaierait de faire aboutir toutes les campagnes qui ont été faites sur la recherche de la paternité.

Je voudrais faire aussi une autre proposition, et c'est même pour cela que je regrette un peu que nous soyons si peu nombreux en ce moment.

Il avait été question, à la fin de l'hiver, de faire une campagne, des réunions publiques, pour influer un peu, par l'opinion publique, sur le Parlement. Cette campagne n'a pas pu avoir lieu, parce que la personne qui s'en occupait principalement est tombée malade à ce moment-là et qu'ensuite il était trop tard pour faire quelque chose.

En conséquence, j'aurais beaucoup désiré qu'à l'occasion du Congrès, on formât le Comité que nous n'avons pas pu former au commencement de l'hiver, qui prendrait en mains sérieusement la question de la recherche de la paternité, et qui ne l'abandonnerait que lorsqu'on serait arrivé à une solution parlementaire, car enfin, quoique M. Guillier y mette evidemment un intérêt très sérieux, son projet ne sera peut-être pas discuté au Sénat avant la fin de la session législative, et vous savez combien de temps il peut dormir encore dans les cartons de la Chambre.

A la Chambre nous avons un rapporteur, M. Louis Martin, qui doit rapporter le projet de loi depuis un an à peu près et qui ne le rapporte pas encore. Dans ces conditions, je crois qu'il faudrait faire appel à l'opinion publique.

En effet, il faut que ce soient les femmes elles-mêmes, et les femmes du peuple qui ont à souffrir surtout de l'état des choses, qui forcent la main à l'opinion et au Parlement.

Tels sont les deux vœux que je soumets au Congrès, je ne crois pas utile de les rédiger :

1° Formation d'une Commission qui prendrait en mains ce projet de loi ;

2° Cette Commission agirait dès à présent et pourrait être dès à présent entendue par la Commission du Sénat.

Mme ODDO DEFLOU, *secrétaire générale*. — Je me rallierai bien volontiers à l'idée de Mme Compain, consistant à former une Commission pour ce projet, comme pour celui de la tutelle, et puisque M. Bokanowski a travaillé cette question, ainsi que M. Moufflet, Mme Compain et moi, est-ce que nous ne pourrions pas tâcher de nous réunir tous les quatre, de nous adjoindre des personnes de différents groupes, des avocates, Mme Verone par exemple, d'autres encore ?

Nous pourrons mettre aux voix ce vœu de Mme Compain. Quant aux bases que nous pourrions adopter, sur le fond du projet, peut-être viendrons-nous à bout aussi de nous entendre.

Je vais exposer les grandes lignes du vœu, telles que je les conçois.

La recherche de la paternité sera organisée d'après un double système. Il y aura donc deux systèmes pour rechercher la paternité, et l'un n'exclut pas l'autre.

Il y aura un premier système qui ne s'appliquera qu'à un nombre de cas limité et n'admettra pas tous les genres de preuves. Par contre, il admettra des conséquences fort importantes, notamment des droits de succession.

Il y aura un second système qui admettra tous les genres de preuves, mais n'aboutira, pour l'enfant, qu'à l'établissement d'une créance alimentaire.

Je crois que ceci résume assez les opinions des quatre ou cinq personnes qui nous ont donné des rapports très complets et très détaillés sur la recherche de la paternité, sauf que M. Bokanowski demandait que, même dans ce premier système, tous les genres de preuve fussent admis.

M. BOKANOWSKI. — Je me rallie tout à fait à votre idée si, lorsque vous admettez certains moyens de preuves, vous entendez que les preuves par écrit ne seront pas nécessaires.

Mme DE MAGUERIE. — Il me semble que nous avons discuté des questions secondaires au début avec une quantité de personnes très grande et que, pour la recherche de la paternité, nous ne sommes plus en nombre.

Puisque le principe est admis, je demande que le vote soit remis à demain.

Mme VINCENT, *présidente*. — Je mets aux voix la proposition de Mme de Maguerie.

(Adoptée.)

DEUXIÈME SÉANCE

Samedi 27 juin, à 2 heures.

DROITS CIVILS PROPREMENT DITS

(Suite.)

LA RECHERCHE DE LA PATERNITÉ *(Suite.)*

Mme VINCENT, *présidente*. — Nous annonçons aux congressistes qu'à 6 heures nous levons la séance, pour la renvoyer à ce soir.

La parole est à Mme Oddo Deflou.

Mme ODDO DEFLOU, *secrétaire générale*. — Avec la permission de la présidente, je vais vous donner quelques détails pratiques sur nos opérations d'hier.

Une vingtaine de personnes se sont inscrites hier, avant ou pendant la réunion, comme congressistes. Notre amie, Mme Aubey, leur a demandé leurs noms et adresses ; elles ont donné leurs noms, quelques-unes ont désiré ne pas donner leur adresse. On avait demandé ces adresses pour envoyer les publications du Congrès.

Plusieurs journaux (sans parler des grands quotidiens dont je dirai tout à l'heure un mot) nous ont promis de publier un compte rendu aussi complet qu'ils le pourraient. Mme Maria Martin nous a promis de consacrer au Congrès tout son prochain numéro du *Journal des Femmes* : Mmes H. Bélilon et Auberlet sont chargées de la rédaction ; le journal *la Française* donnera aussi un compte rendu ; M. Jacques Bonzon nous a offert de consacrer tout le prochain numéro de la revue *la Liberté d'opinion*, c'est-à-dire au moins 30 pages, à nos travaux. Nous les remercions tous de ces témoignages de sympathie.

La grande presse a été très favorable ; Mme Vincent a reçu quantité de coupures. Beaucoup de représentants des grands journaux se sont inscrits à l'entrée de la salle ; nous devons remercier notamment M. Bourceret, de *l'Action*, qui a publié un article ; *l'Intransigeant*, qui nous a consacré un article ; Mme de Broutelles, directrice de *la Vie heureuse*, qui nous avait déjà donné des notes très favorables dans le numéro du 15 juin ; Mme Hélène Martial, rédactrice à *la Vie heureuse*. Hier sont venus des rédacteurs de *la Petite République*, du *Temps*, du *Gil Blas*, du *Siècle*, du *Soleil*, du *Journal*, de *l'Eclair*, de l'agence Reuter, du *Daily News*, du *Times*, du *Slovo* (de Saint-Pétersbourg) et quelques autres, dont je n'ai plus les noms présents à la mémoire.

Mme Vincent, *présidente*. — Toute la presse est favorable.

Mme Oddo Deflou, *secrétaire générale*. — Notre commission d'organisation remercie tous nos amis de la presse, connus et inconnus.

J'ai reçu, ce matin, entre autres, une lettre de Mme Anne de Réal, directrice du journal *le Féministe* de Nice; cette dame nous annonce que Mme Bérot-Berger, femme aussi remarquable par ses qualités personnelles que par son talent, représentera ce journal parmi nous.

Passons à un autre ordre d'idées. Quelques-uns d'entre vous ont pu peut-être se figurer, quand on leur a présenté des vœux à voter, qu'il y avait une certaine hâte et une certaine imprudence dans l'émission de ces vœux. Qu'ils se rassurent ; toutes ces questions ne viennent pas chez nous à l'improviste : elles ont été longuement, pendant des années entières, étudiées, mûries par différentes sociétés et par les groupes féministes. Lorsque nous vous proposons une solution, ce n'est pas une improvisation, ce n'est rien de prématuré ; c'est une solution qui a été minutieusement discutée et jugée la meilleure par toutes les personnes compétentes.

N'ayez donc pas la crainte que, si quelques-uns d'entre vous votent un peu vite, ils votent, pour cela, légèrement ; rien n'est fait légèrement.

Hier, l'après-midi était très avancée quand nous nous sommes quittés, et nous avons beaucoup regretté que M. Bokanowski, docteur en droit, et M. André Moufflet, docteur en droit, auteurs de deux excellents travaux très érudits et très sensés, aient lu ces travaux remarquables devant un auditoire qui était devenu restreint ; je leur en fais nos excuses, et je les prie de considérer cette action comme un sacrifice à notre cause.

Nous étions prêtes à mettre aux voix les vœux sur la recherche de la paternité, lorsqu'une congressiste, Mme de Maguerie, nous a fait observer, avec beaucoup de raison, que nous n'étions pas assez nombreux pour voter. Nous le ferons tout à l'heure.

Egalement, je regrette qu'une autre congressiste, Mme Compain, qui a aussi très bien parlé sur la recherche de la paternité, n'ait eu qu'une salle dégarnie, vu l'heure tardive.

Cette après-midi, l'ordre des matières sera interverti. Après les vœux sur la recherche de la paternité, nous passerons au travail de Mme Lydie Martial sur le nom de l'épouse, qui n'est pas une question sujette à beaucoup de controverses. Ensuite viendra la question de la femme dans le jury ; nous avons un rapport de Mme Hyacinthe Bélilon et Me Jacques Bonzon, qui est ici, parlera sur le sujet. Puis nous arriverons à la question du divorce, puis au régime des biens dans le mariage.

Vous savez que nous sommes menacés, par Mme Vincent, d'une fin de séance prématurée : il faut donc employer bien notre temps, et ne nous attarder que sur les choses qui requièrent véritablement une attention spéciale.

Mme Grandmottet-Brenet, qui a demandé la parole tout à l'heure, va lire un petit rapport sur la recherche de la paternité.

Mme Grandmottet-Brenet :

Tout d'abord, je tiens à déclarer que je suis avec les précédents orateurs pour le principe de la recherche de la paternité, parce qu'il est juste et infiniment moral.

Il est juste que l'être humain, qui communique la vie à un autre être humain qui ne la lui demande pas, subisse les conséquences de son acte, et ne laisse pas un pauvre petit enfant livré à tous les périls pouvant résulter de l'abandon. Il est moral, parce qu'il fera réfléchir les pères et les mères de famille ; leur intérêt et celui de leurs fils feront ce que n'ont pu produire jusqu'alors, sauf de rares exceptions, un louable sentiment d'humanité et le sens des responsabilités familiales. Ils s'appliqueront donc, à l'avenir, à mieux soigner l'éducation de leurs fils, et il en résultera, au point de vue social, un relèvement considérable.

Mais où je me sépare des précédents orateurs, c'est dans l'exposé des motifs et dans les conclusions. J'ai suivi avec le plus grand intérêt le remarquable discours de M. Bokanowski, docteur en droit ; mais si mes oreilles ne m'ont pas trompée, il m'a paru qu'il concluait en étendant le droit ancien et généralement admis en faveur de la femme, tandis que toutes mes préférences vont à l'enfant.

Je vous avoue, en toute sincérité, que je n'ai pas une grande pitié pour la fille-mère (*Tumulte et protestations*) qui, sauf de rares exceptions, n'a que ce qu'elle a bien voulu. Vis-à-vis d'elle, la responsabilité de l'homme me paraît très limitée ; mais il n'en est pas de même pour l'enfant. Pourtant, la responsabilité du père, non pas son affection, me paraît devoir finir à la majorité de l'enfant, car la loi ne peut le frapper indéfiniment pour erreur ou impétuosité de jeunesse, et son droit de tester doit rester entier en faveur de l'enfant légitime.

En demandant l'affranchissement de la femme, gardons-nous, Mesdames, de vouloir l'enchaînement de l'homme ! Et ceci n'est pas en contradiction avec mon exposé de principes, car nul n'a le besoin d'être riche, et tout être humain a le devoir de travailler. A chacun donc, lorsqu'il est pourvu pour le combat de la vie, de se soumettre à son devoir. Avec cette obligation à l'héritage, les jeunes gens riches, surtout les plus jeunes, seront livrés à toutes les intrigues de femmes perverses (*Tumulte et protestations*)...

Mme Vincent, *présidente*, invite les congressistes au silence.

Mme Oddo Deflou, *secrétaire générale*. — Mme Grandmottet vient de Beaune pour assister à nos séances ; c'est une féministe de très ancienne date, nous devons l'écouter en silence.

Mme Vincent, *présidente*. — Mesdames, je vous en prie, du calme !

Mme Grandmottet-Brenet. — Je demande de l'indulgence, car c'est la première fois que je parle en public.

(Suite du rapport)... les intrigues de femmes perverses, qui se feront une arme de la maternité pour mener une vie de dérèglement et de paresse.

Ennemie de l'union libre, qui me paraît un dissolvant social, je suis pour le mariage aussi indissoluble que possible, parce qu'en lui règne, plus qu'en aucun état, l'ordre, la paix, la sécurité, la dignité de la vie. Si donc le père de famille y trouve, après une union passagère, plus de bonheur, il faut lui laisser le droit de récompense.

Je conclus pour le vœu suivant :

« La recherche de la paternité est admise avec ses conséquences pécuniaires à temps limité pour la mère, avec ses conséquences pécuniaires et morales pour l'enfant jusqu'à la majorité de ce dernier. » *(Applaudissements et protestations.)*

Mme Vincent, *présidente*. — Mme de Maguerie a la parole.

Mme de Maguerie. — Nous sommes ici en congrès, nous avons le droit d'avoir toutes les opinions ; nous devons respecter la personne qui est à la tribune et qui parle, nous devons discuter ensuite. *(Applaudissements.)*

M. Bourceret, *rédacteur de « l'Action »*. — Je vous prie de m'excuser de prendre la parole, je n'ai qu'un mot à dire.

Je tenais tout d'abord à faire remarquer que toutes les opinions peuvent être exprimées librement ici ; néanmoins, il y a des opinions qui justifient certaines protestations, et j'estime qu'il n'est pas mauvais — vous serez de mon avis — que ce soit un homme qui proteste lui-même, de la façon la plus déférente d'ailleurs, la plus polie, la plus courtoise, contre les opinions qui ont été émises tout à l'heure, à savoir que la fille-mère n'est pas une créature intéressante. *(Applaudissements.)*

Comment ! On viendrait nous dire ici, dans un Congrès où tous, hommes et femmes, nous voulons travailler à l'émancipation du sort de nos compagnes, on viendrait nous dire que ces braves filles qui se sont laissées aller à des entraînements ne sont pas intéressantes ! Au contraire, j'estime que ce sont des victimes au soulagement desquelles doivent tendre tous nos efforts.

(Applaudissements.)

Nous devons élever la fille-mère et lui donner, dans l'état social, la place que nous nous faisons un devoir de donner à nos mères et à nos sœurs qui ont eu, elles, la chance de pouvoir ne pas céder à ces entraînements, ou peut-être de ne pas avoir eu l'occasion d'y céder.

Aussi, de ce Congrès, ce qui doit rester surtout, ce sont les vœux relatifs au relèvement de la fille-mère.

Certainement, nous nous intéresserons à cette pauvre petite victime, qui est une victime par voie de conséquence et qui s'appelle l' « enfant » ; mais l'autre, la fille-mère, est également digne de notre intérêt et je m'étonne que dans cette démocratie on n'ait pas encore institué, et depuis de longues années, le fonds national, le crédit national, destiné à l'amélioration du sort des filles-mères.

Tous les jours on vient nous parler de la dépopulation — on nous dit que nous ne faisons plus d'enfants — et on jette la pierre à ceux qui font des enfants. Allons ! ce n'est ni logique, ni honnête.

C'est pourquoi j'ai pensé que, tout en me montrant absolument déférent vis-à-vis de la citoyenne qui vient de nous lire un rapport dans lequel il y a de bonnes choses, il fallait que l'on sût au dehors que nous ne sommes pas de cet avis, à savoir que la fille-mère n'est pas une créature intéressante.

Nous sommes de cet avis, au contraire, qu'elle vaut la femme mariée, et que souvent elle vaut mieux qu'elle. (*Applaudissements.*)

Mme Vincent, *présidente*. — Nous croyons la discussion suffisante et nous allons passer au vote.

Mme Oddo Deflou, *secrétaire générale*. — Voici le texte du vœu :

Le Congrès,

Considérant que la prohibition de la recherche de la paternité consacre un principe inique préjudiciable à l'intérêt social et contraire à la moralité publique ;

Que le législateur français devrait avoir à cœur de rayer de notre Code une disposition déjà disparue de la presque totalité des législations étrangères ;

Emet le vœu que la recherche de la paternité soit organisée d'après un double système et dans un double but, savoir :

1° *Etablir, pour un nombre de cas limité, un lien de filiation naturelle entre le père et l'enfant avec, pour celui-ci, les droits attachés à la condition d'enfant naturel, notamment les droits de succession ;*

2° *Faire condamner le père présumé au seul paiement d'une pension alimentaire pour l'enfant, sans qu'il en résulte pour celui-là aucun droit, pour celui-ci aucun devoir. Tous les enfants, même adultérins et incestueux, seront admis à exercer cette seconde action.*

Mme Vautier. — Dans aucune législation on n'admet les enfants incestueux à réclamer les mêmes droits.

Mme Durand, *vice-présidente*. — Dans la nôtre, on l'admet en ce moment-ci.

Mme Vautier. — Vous avez dit que vous ne vouliez pas détruire la famille légitime ; voilà la destruction complète de la famille légitime.

Mme Vincent, *présidente*. — Je demanderais plutôt qu'on ne se servît pas de ces appellations : « enfants adultérins » et « enfants incestueux » ; « incestueux » surtout, pourquoi ?

Pour nous résumer, nous vous invitons à voter le vœu tel qu'il est présenté par Mme Oddo Deflou. Nous pensons que le Congrès est suffisamment éclairé sur cette question sans qu'il soit besoin d'entrer dans tous les détails juridiques.

Mme Grandmottet-Brenet. — Pourquoi ne scindez-vous pas votre vœu ?

Mme Oddo Deflou relit la première partie du vœu.

Mme Vincent, *présidente*. — Je mets aux voix cette partie du vœu.

(Adoptée à l'unanimité.)

Mme Oddo Deflou relit la seconde partie de ce même vœu.

Mme Vincent, *présidente*. — Je mets aux voix la seconde partie de ce vœu.

(Adoptée à l'unanimité.)

Mme Oddo Deflou, *secrétaire générale*. — Nous invitons une Commission composée de toutes les délégations des sociétés qui nous ont donné leur adhésion, à se réunir au journal *la Française*, pour rédiger un projet plus détaillé et en donner connaissance au Parlement.

Mme Vincent, *présidente*. — Mesdames, nous allons discuter la question du nom de l'épouse, que nous n'avons pas discutée hier.

Mme Lydie Martial, *fondatrice de l'Ecole de la Pensée et de l'Education humaine :*

LE NOM DE L'ÉPOUSE

Mesdames,

Messieurs,

Le nom de l'épouse sur lequel je vais avoir l'honneur d'appeler votre attention (puissé-je l'y retenir!) occupe, dans la revendication des droits civils proprement dits que nous poursuivons pour la femme, *une place toute particulière*.

Nous allons en juger ensemble et immédiatement.

Que voulons-nous, que demandons-nous à cet égard ?

C'est bien simple. *Nous voulons, nous demandons que la femme, en se mariant et après le mariage, garde son nom de jeune fille.*

Si simple que soit ce vœu, lorsque nous l'exprimons il fait jeter les hauts cris à la généralité des personnes qu'il surprend.

Ce qui prouve que la généralité des Français ignore ce qui est contenu dans notre Code. Car si elle le connaissait, elle saurait qu'*il ne renferme aucune loi interdisant à la femme mariée de garder son nom de jeune fille* ; elle saurait que *le port du nom du mari n'est qu'un usage mondain, usage qu'il dépend de la femme de suivre ou de ne pas suivre.*

Et cela est si vrai que, dans tous les actes qui ont un caractère authentique, l'officier recommande à la femme sous puissance de mari de signer, cependant, son nom paternel.

Il n'y a donc aucun doute possible. Porter le nom du mari n'est bien qu'un usage...

Mais c'est un usage si répandu, si impérieux, il est si complètement passé dans nos mœurs, qu'il est devenu un fait social dont les conséquences morales, légales et matérielles, contraires à l'intérêt de la femme et au progrès en marche, réclament une vigilante et intelligente action féminine.

Les conflits qu'il suscite en matière de divorce ont déjà forcé le législateur à légiférer sur ce sujet.

Nous verrons tout à l'heure qu'*il crée un courant d'idées menaçant pour la libération de la femme*, EN CE QU'IL TEND VERS LA CONSÉCRATION DE L'USAGE PAR LA LOI.

Certains esprits, même des plus libéraux, même des mieux disposés en faveur des revendications féministes, ont été amenés à essayer de forger de toutes pièces, avec lui, des chaînes juridiques nouvelles pour la femme mariée, dans un domaine où par extraordinaire le législateur n'en avait pas imposé.

Le nom de l'épouse occupe ainsi une place toute spéciale dans la revendication des droits de la femme.

Ici, nous n'avons pas à combattre une loi qui nous opprime, nous devons lutter contre l'usage qui a tissé autour du nom de l'épouse une toile d'araignée dans laquelle le législateur est tenté d'emprisonner la mouche imprévoyante et inconsciente qui, non seulement s'y est laissée prendre, mais qui a fourni et qui donne sans compter les matériaux constitutifs de sa solidité, de sa durée, de sa prépondérance.

D'où vient cet usage, Mesdames ? Pourquoi a-t-il tant de succès ? Où puise-t-il sa ténacité envahissante et pernicieuse ?

Trois mots répondent à ces trois questions.

Il est le fils de notre ignorance, de notre impuissante infériorisation, de notre vanité, Mesdames. Ce dont nous allons rapidement prendre conscience afin d'y remédier. Il en est temps encore.

Le nom, dit Marcel Planiol dans son *Traité élémentaire de droit civil*, LE NOM, QUI EST LA FORME OBLIGATOIRE DE LA DÉSIGNATION DES PERSONNES, EST UNE INSTITUTION DE POLICE CIVILE.

En observant la vie des sociétés, on remarque, à la lumière d'une si juste définition, que la réglementation prescrite par cette institution indique autant l'état de civilisation, la particularité de l'organisation sociale, du régime gouvernemental d'une société humaine, que le degré évolutionnel auquel elle est arrivée dans le respect de la dignité et de la liberté des individus en manifestation.

Le temps nous manque pour faire ici une étude comparée, si rapide soit-elle, mais qui serait d'un réel intérêt, *sur l'étiage évolutionnel que nous révèlerait chacune des grandes civilisations connues*, par le droit qu'elle donnait à l'individu de recevoir en naissant un nom sous une forme déterminée, puis *d'acquérir, même de prendre, des noms nouveaux* au cours de l'existence, comme en Chine, par exemple. Nous aurions une idée plus juste des conceptions différentes que leur particulier état d'évolution et leurs spéciales forces et qualités humaines leur permettaient d'avoir sur les conditions de la vie individuelle, au sein de la vie collective, et de la place sociale et morale occupée par la femme.

Bornons-nous (ce qui est plus pressant et semblera du moins plus pratique) à essayer de voir midi à notre porte.

Le nom, à l'heure actuelle, désigne, en France, la descendance.

L'histoire nous montre combien ce système (qui vient de la législation romaine et qui donnait à la femme le nom de sa famille qu'elle conservait même étant mariée) combien ce système, disons-nous, fut long à triompher des usages gaulois et surtout de ceux *des Francs individualistes, qui le rejetèrent lors de leur invasion en Gaule.*

Ce ne fut qu'au XIIe siècle que l'hérédité des noms de famille recommença.

Mais rien n'est plus curieux que de suivre, à travers l'organisation féodale, dans les trois ordres, noblesse, clergé, tiers-état, et dans la constitution du royaume de France, les agissements de l'individualisme qui, pour être soi-disant vaincu et réglementé, n'en était pas moins vivant et actif.

Quelles intrigues, quelles convoitises pour acheter une terre qui conférait un titre de noblesse ! Dès qu'on avait un peu d'argent, on voulait être noble.

Le nom, comme bien on pense, prit une importance dans la société en raison directe des avantages qu'il créait même aux yeux de la roture.

Les XVIe, XVIIe et XVIIIe siècles nous racontent des apogées et des détresses, des impuissances, des vanités froissées, qui devaient, avec les difficultés économiques, faire éclater par tension la Révolution.

La crise du nom vit sa détente dans l'égalité, au nom de laquelle on décréta que tout citoyen français devait avoir un nom inscrit sur le registre de l'état civil. Il n'y a pas longtemps que la police civile fonctionne chez nous.

C'est à ce moment, Mesdames, que prit naissance l'état social auquel nous devons l'usage (il n'a pas plus d'un siècle) contre lequel nous nous efforçons de lutter aujourd'hui.

Ne croyons pas que le fait d'avoir tous un nom inscrit sur les registres de l'état civil instituât le régime d'égalité entre les citoyens français. Il est bien certain, au contraire, que toutes les inégalités apparurent immédiatement dans toute leur étendue aux yeux de tous, dès que la loi fut en vigueur. Avoir un nom n'eut de valeur que s'il remontait aux croisades. La roture était écrite sur les noms de fraîche date, fussent-ils de petite noblesse. *Il se passa alors ce fait que nous retrouvons en France avec chaque nouvelle république et qui, constant en Amérique, donne à l'histoire du nom au* XIXe *siècle une réelle originalité : c'est que jamais les titres de noblesse n'eurent tant de prix, tant de valeur marchande, que sous les jeunes républiques.*

Il y eut des acheteurs et, hélas ! des vendeurs d'une marchandise qui ne valait plus que par la qualité qu'y avait attachée un passé disparu. On acheta comme on put, avec ce qu'on avait. Le marquis de Presles, en devenant le gendre de M. Poirier, se vend à un beau-père qu'il se réjouit de conserver en espalier, tout en mangeant ses poires et en délaissant la fille, qui ne compte guère dans ce marché. Mais toutes les femmes n'étaient pas de la qualité de cette fille d'un bonnetier de la rue Saint-Denis. Beaucoup se mariaient pour avoir un titre ou, sans viser si haut, pour être la femme d'un homme bien placé. Etre Mme de X. ou bien Mme Une Telle a tant d'importance durant tout le XIXe siècle, que lorsque le divorce fut introduit dans nos lois, en 1884, et qu'il permit à des situations douloureuses de prendre fin, on vit se produire ce fait curieux : des femmes réclamant leur liberté et leur argent, ou une pension, mais ne voulant pas, étant divorcées, perdre le nom de leur mari, nom pour lequel elles avaient tout donné, tout supporté, nom qui les désignait à tous par la qualité du mari.

Ne voyant d'autre position possible pour la femme que le mariage, qui lui-même donnait de l'importance en raison de la considération accordée au nom du mari, pour ce qu'il représentait socialement (noblesse, argent, talent) ; ne pouvant être quelque chose par elle-même, de par la loi, la femme qui, avec sa dot ou par le don de sa personne, avait essayé de se tailler une place dans la société, de briller par le reflet du nom d'un autre, ne pouvait se résigner à le perdre.

C'est ainsi, bien que le mariage ne fasse pas acquérir à la femme, légalement, le nom du mari (ce qui aurait pu faire croire que la question du nom de la femme divorcée était résolue d'avance), que les tribunaux eurent à se prononcer et à déclarer si la femme divorcée porterait ce nom. Le droit du mari de contraindre sa femme à y renoncer était pourtant, en principe, tout à fait certain. Mais quelques tribunaux, entraînés par des circonstances de fait exceptionnelles, avaient autorisé la femme divorcée à le garder.

Pour mettre fin aux incertitudes de la jurisprudence, une loi du 6 février 1893 a ajouté à l'article 299 un alinéa ainsi conçu : « Par l'effet du divorce, chacun des époux reprend l'usage de son nom ».

Désormais, la loi est formelle. On aurait pu croire le législateur satisfait.

Il n'en est rien, car l'état que révélait le divorce de quelques femmes était général. Il s'était étendu à toute la féminité française.

C'est chez le législateur, si nous n'y prenons garde, que se condense la force de l'usage ; c'est lui qui, au moment précis où il se produit, de par la marche du progrès et l'évolution de la femme, un mouvement conscient, c'est lui qui, le sentant passé dans les mœurs, voudrait le convertir en une loi.

En effet, lors de la discussion qui eut lieu sur ce sujet à la Commission pour la réforme du Code civil, en 1904, n'entendit-on pas M. Viviani, féministe avéré cependant, demander que la femme fût obligée légalement de prendre le nom de son mari ?

Il en donna pour raison que la Commission faisait de telles concessions aux femmes qu'il fallait bien des compensations.

Réjouissons-nous, Mesdames, de la faiblesse de cette argumentation.

Car ce n'est pas au moment où la tendance vers le régime légal de la séparation de biens entre époux s'affirme davantage, ce n'est pas lorsque la femme peut par elle-même devenir quelqu'un et, avec dignité, faire face aux responsabilités sociales qui lui incombent, qu'il faut laisser entraver son activité par des lois de circonstance.

Le récent procès de Simone Le Bargy est un exemple qui doit nous éclairer. Si, au lieu de se faire par son talent un nom avec celui de son mari, elle fût devenue célèbre sous le sien, cette difficulté n'eût jamais existé.

Alors, dira-t-on, vous croyez qu'il est de l'intérêt de la femme de porter son nom de jeune fille ? Il y a cependant l'association des deux noms qui se pratiqua dans certaines provinces et qui semble satisfaire à votre vœu tout en marquant une étroite union entre les conjoints.

Peut-être. Mais étant donnée l'orientation économique et sociale qui fait, qui donne enfin sa place à la femme, et la tendance du législateur qui veut restreindre celle de la femme mariée, il faut être très net.

Vous allez, d'ailleurs, vous en convaincre.

L'ordre ancien est si puissant que la manière d'être de la femme mariée s'impose à toutes les autres.

La femme qui vit avec un ami ne garde pas son nom, elle prend celui de l'homme auquel elle se lie passagèrement.

Cela vient de créer des difficultés que l'organisation actuelle dénonce.

On lisait, en effet, dans *la Petite République* du 5 avril dernier :

« L'application de la loi votée l'année dernière par les Chambres au sujet des conseils de prud'hommes donne lieu, en ce moment, à des difficultés curieuses, qui n'avaient certainement pas été prévues.

« On sait que cette loi accorde l'électorat aux femmes qui réunissent les conditions nécessaires, notamment aux syndiquées. Celles-ci se font inscrire en grand nombre, en ce moment, dans les mairies, les listes devant être closes le 20 avril pour les élections de juillet prochain.

« Or, malgré leurs droits indéniables, beaucoup de femmes ne voteront pas et ne pourront pas voter, parce qu'un obstacle s'oppose à leur inscription.

« A toutes les ouvrières, employées, artistes syndiquées, dont la carte syndicale porte : Mme X., les employés de mairie demandent, en effet, le livret de mariage avant de procéder à l'inscription. C'est le règlement, paraît-il.

« Or, beaucoup d'entre elles ne sont pas mariées, mais vivent maritalement avec un brave homme, employé, ouvrier ou artiste, lui aussi... Impossible de produire le livret de mariage puisqu'on n'est pas mariés.

« — Si vous n'êtes pas mariés, ajoute l'employé de la mairie, apportez-moi votre acte de naissance.

« Sans doute, mais cela déplace la difficulté sans la résoudre. L'acte de naissance est au nom de Marie Dupont, la carte de syndicat au nom de Mme Durand. Comment établir que ces deux personnes n'en font qu'une ?...

« — Faites refaire votre carte de syndicat !

« C'est bientôt dit. Il va donc falloir mettre le syndicat dans ses confidences, lui avouer qu'on s'est fait inscrire, somme toute, sous un faux nom. Plutôt que de tenter cette démarche humiliante, beaucoup de femmes préfèrent s'abstenir et ne pas se faire inscrire sur les listes.

« On assure que les trois quarts environ des artistes lyriques et dramatiques sont dans cette situation, leur syndicat ne leur demandant pas de pièces d'identité pour se faire inscrire. »

Que faire, Mesdames ? Soyons dignes, soyons franches aussi. Restons nous-mêmes dans toutes les situations que nous nous créons ; acceptons-en bravement les responsabilités et les conséquences.

Créons l'usage nouveau mais légal, celui qui est notre droit, qui fera échec au préjugé qui nous porte préjudice.

C'est animée du désir de donner à la femme toute sa dignité et toute sa force sociale légale que j'ai l'honneur de vous soumettre les vœux suivants :

1° *Le Congrès conseille aux femmes mariées de continuer à porter leur nom de famille ;*

2° *Il proteste contre toute mesure législative qui tendrait à leur imposer le nom du mari.*

Mme Vincent, *présidente*. — Quelques personnes ont-elles des observations à présenter ?

Personne ne demandant la parole, nous allons passer au vote.

Mme Lydie Martial relit la première partie du vœu.

(Adoptée à l'unanimité moins trois voix.)

Deuxième partie du vœu.

(Adoptée à l'unanimité moins une voix.)

Mme Vincent, *présidente*. — Mesdames, Mme Hyacinthe Bélilon a la parole sur le jury féminin.

Une Congressiste. — Je demande que les congressistes qui causeront pendant qu'un orateur aura la parole soient mis à l'amende.

(Cette proposition n'est pas prise en considération.)

Mme Hyacinthe Bélilon, *secrétaire du Jury féminin* :

DE LA COMPOSITION DES JURYS CRIMINELS

De multiples raisons ont fait revendiquer, pour la femme, le droit de faire partie du jury criminel.

Avant tout, il y a la question de principe. Il est évident que c'est un outrage fait au sexe féminin que de le déclarer incapable ou indigne d'examiner une cause et de rendre un jugement. Cet ostracisme, absolument injustifié, ne saurait être accepté par aucune femme ayant le sentiment de sa dignité; la justice serait-elle toujours rendue de la façon la plus impartiale par les juges masculins, que cette raison de revendiquer pour la femme le droit de faire partie de ces assemblées délibérantes n'en subsisterait pas moins dans son entier.

Mais, indépendamment de cette raison qui, à elle seule, est suffisante pour justifier les protestations des revendicatrices, il y en a d'autres ; il y a cet illogisme : on admet pour la femme le rôle d'accusée, de responsable, et on lui conteste le droit de juger, de condamner et d'absoudre.

Pourtant, si l'on estime qu'une femme doit répondre de ses actes, c'est qu'on la considère comme capable de discerner le bien du mal ; dans ce cas, de quel droit lui interdire le rôle de juge? Si, au contraire, on a raison en déclarant qu'elle est inapte à remplir cette mission, de quel droit la mettre sur la sellette et prononcer contre elle une condamnation ?

D'autre part, n'est-il pas bien difficile aux hommes, malgré leur bonne volonté, d'apprécier le degré de criminalité de femmes accusées de certains forfaits, tels l'infanticide et l'avortement ? Imbus d'une morale confectionnée à leur usage, complètement différente de celle que l'on impose à la femme et non moins difforme dans un sens opposé, les hommes peuvent-ils se rendre compte de l'état d'esprit d'une malheureuse hantée par la peur que lui causent les rigueurs de la société ? Et lorsque l'on pense que, *seuls*, les hommes sont appelés à juger ces femmes, non seulement la chose paraît complètement irrationnelle, mais encore odieuse et choquante au suprême degré.

Nous ne voulons pas empiéter sur des sujets autres que celui que nous avons entrepris de traiter, sujets que des personnalités faisant partie de ce Congrès sauront exposer avec avantage ; mais, comme presque toutes les questions s'enchaînent, nous sommes forcée de rappeler certaines lacunes de notre législation pour faire comprendre toute la portée de ce sentiment de révolte qui pousse à revendiquer ce droit, pour la femme, de faire partie du jury criminel.

Notre Code ne dit-il pas : La recherche de la paternité est interdite ? Qui a décrété cela ? L'homme. L'homme s'est arrogé le droit d'abandonner, ou plutôt d'ignorer ceux à qui il donne la vie. Pourquoi donc a-t-il celui de s'occuper de leur sort le jour où la femme qu'il a déshonorée les fait disparaître ? Car ce peut être précisément celle qu'il a rendue mère qu'il est appelé à juger, à condamner. Oui, de quel droit vient-il lui demander compte de l'existence de ces êtres qu'il n'a pas voulu connaître et que, par ce fait même, il a souvent aidé à précipiter dans la tombe ?

Et il a pu le faire en restant dans la légalité ! C'est un homme normal, parfaitement honnête. Ah ! on parle souvent du « glaive de la loi ». Est-ce bien toujours sur les coupables que s'abat ce glaive ? N'est-on pas autorisé à dire qu'il frappe les innocents lorsque l'on voit que des lois encouragent les hécatombes de pauvres petits enfants? On nous objecte que souvent le jury masculin se montre indulgent envers les filles-mères criminelles. Sans doute! l'homme sent son côté faible; mais, alors, l'innocent n'est pas vengé! N'est-ce pas se faire complice des faiseuses d'anges?

En face de tant d'injustices, de scandales, de crimes résultant de l'inégalité de droit établie entre les deux sexes, nous nous sommes réunies, plusieurs féministes, pour mettre en pratique la réforme que nous réclamons. En 1905, nous avons fondé le Jury féminin. Une fois par mois, après avoir assisté aux débats d'une cause intéressante, nous nous réunissons dans les bureaux du *Journal des Femmes*, dont la directrice, Mme Maria Martin, un de nos plus énergiques champions, nous seconde de sa plume autorisée. Nous nous faisons part de nos remarques, de nos réflexions, et nous rendons la sentence que nous jugeons équitable. Le compte rendu de ces délibérations est publié dans *le Journal des Femmes*.

Il est à remarquer que les divergences d'opinion ont été rares, et cependant je puis dire que les nombreux procès auxquels nous avons assisté furent de nature bien différente. Les délibérations, forcément dissemblables, semblaient devoir être incompatibles avec une constante conformité de sentiment. Cependant, je le répète, ce n'est que bien rarement qu'une voix discordante s'est fait entendre.

L'expérience que nous avons acquise nous permet de croire que les femmes ne se laisseraient pas aussi facilement influencer que les hommes par des propos et des discours à l'encontre de l'évidence des faits.

A ce sujet, je rappellerai le cas de Jeanne Weber, dite l'ogresse, qui passa en jugement devant la Cour d'assises de la Seine, il y a deux ans et demi, et fut acquittée après un stupéfiant abandon de l'accusation. Le Jury féminin se réunit à l'issue du procès, et voici le résumé du compte rendu de la séance, paru dans le numéro de février 1906 du *Journal des Femmes* :

« Une cause, composée d'énigmes dont la plus troublante n'est peut-être pas du côté de l'accusée, vient de se terminer par un acquittement provoqué avec fracas par l'organe du ministère public lui-même.

« Le Jury féminin, considérant que, dans l'affaire Jeanne Weber, bien des points n'ont pas été éclaircis, ne se range pas à la décision du jury masculin, ne se laisse pas entraîner au rôle de mouton de Panurge et décide que, pour lui, la cause reste pendante ».

Nous n'ajouterons rien au sujet de ce procès. Les événements ont parlé et sont venus prouver que si des femmes avaient fait partie du jury chargé de juger Jeanne Weber, cette femme n'aurait pu faire de nouvelles victimes.

En revendiquant pour la femme le droit de faire partie du jury criminel, nous n'avons pas cru devoir invoquer aucun usage, aucune législation d'une autre époque ou d'un autre pays. Que la justice règne ou ait régné dans d'autres contrées, dans d'autres temps, cela ne peut ni donner plus de valeur à nos arguments, ni en diminuer la force. La cause que nous défendons est telle que nous croirions manquer à notre devoir envers elle en invoquant autre chose qu'elle-même. En faire comprendre toute la beauté est le meilleur des plaidoyers.

Nous savons qu'il faut toujours craindre le mauvais vouloir, les manœuvres hostiles à l'égard de la femme, lorsqu'elle prétend exercer un droit que les législateurs lui ont enfin reconnu ; on exploite alors les mœurs, les usages, on contourne, on fait en sorte que la loi ne soit pas mise en vigueur dans le domaine des faits. C'est pourquoi nous repoussons tout ce qui pourrait n'être que facultatif. En conséquence, nous demandons au Congrès d'adopter le vœu suivant sans restriction :

Que le jury criminel soit obligatoirement composé de femmes et d'hommes par nombre égal, et que les jugements n'aient pas force de loi lorsque cette mesure n'aura point été rigoureusement observée.

Me Jacques Bonzon appuie les conclusions de Mme H. Bélilon.

Une Congressiste. — Au sujet du tribunal de commerce, M. Bonzon a dit que les femmes ne s'étaient pas présentées. On ne leur a pas donné de réponse. Je me suis moi-même fait inscrire, et je n'ai plus jamais entendu parler de rien.

Mme Vincent, *présidente*. — Permettez... Ce sont les femmes veuves qui sont admises comme électrices ; vous avez un mari, ce n'est pas vous qui devez voter. Il en est de même pour les femmes au Conseil des Prud'hommes : on a dit qu'elles n'étaient pas allées se faire inscrire ; il convient de faire remarquer que le délai d'inscription était très court — 20 jours seulement — de sorte que beaucoup de femmes n'ont rien su.

Mme Oddo Deflou, *secrétaire générale*. — Nous avons un vœu de M. Jacques Lourbet sur le jury féminin ; ce monsieur est un écrivain féministe très connu. Mme Bélilon va le lire.

Mme Vincent, *présidente*. — Je crois que nous ne pouvons pas nous prononcer sur un vœu qui n'admettrait que les femmes comme membres du jury : nous voulons les femmes et les hommes.

Mme Oddo Deflou, *secrétaire générale*. — Nous devons tenir compte des communications qui nous sont faites par des écrivains aussi distingués que celui qui nous a envoyé la proposition en question.

Mme H. Bélilon (lisant). — *Le Congrès émet le vœu qu'il soit institué des jurys féminins pour juger les femmes traduites en Cour d'assises.*

(Adopté à l'unanimité.)

Mme de Maguerie. — Mesdames, Messieurs, je pense que vous vous rappelez tous — d'autant que nous avons des avocats ici présents — que, lors de la promulgation de la loi accordant aux femmes l'accès du barreau, la prééminence a été donnée aux hommes, même aux stagiaires, sur les avocats femmes, pour le remplacement d'un juge manquant. Je demande donc que nous émettions le vœu *que cette disposition de la loi sur les femmes au barreau soit supprimée, et que les mêmes droits soient donnés aux avocats femmes qu'aux avocats hommes.*

(Adopté à l'unanimité.)

Mme Oddo Deflou, *secrétaire générale.* — On a annoncé hier que l'ordre des sujets pour la séance de cette après-midi serait interverti. Nous avons traité d'abord de la femme dans le jury ; maintenant, nous allons traiter ce qui est relatif au divorce.

Mme Vincent, *présidente.* — Au divorce et au divorce par consentement mutuel ; nous avons deux articles.

Mme Oddo Deflou, *secrétaire générale.* — J'ai le regret de vous dire que M. Henri Coulon ne viendra pas. J'ai reçu de lui la lettre suivante :

« Paris, le 25 juin 1908.

« Chère Madame,

« Je reçois aujourd'hui seulement votre lettre et votre convocation. J'eusse été très heureux de participer au Congrès et d'y prendre la parole ; mais, hélas ! cela m'est impossible. Je pars ce soir pour Niort, où je plaide vendredi et samedi pour une pauvre femme qui aurait bien besoin de voir aboutir les réformes que nous préconisons. Je vous prie donc de m'excuser auprès du Congrès et de croire à mon attachement sincère à la cause que vous défendez si bien avec Mme Marguerite Durand et Mme Vincent.

« Bien à vous,

« Henri Coulon. »

Mme Vincent, *présidente.* — La parole est à Mlle Marie Popelin, docteur en droit, sur le divorce par consentement mutuel.

Mme Oddo Deflou, *secrétaire générale.* — Comme la question du divorce par consentement mutuel se pose en ce moment en France, il nous a semblé que nous aimerions à savoir, d'une personne aussi compétente que Mlle Marie Popelin, docteur en droit, quels effets produit le divorce par consentement mutuel dans les pays où il est établi, comme en Belgique, depuis 1804, et où il n'a pas été aboli, comme en France, depuis 1816.

Mlle Marie Popelin, *docteur en droit :*

LE DIVORCE PAR CONSENTEMENT MUTUEL

Madame la Présidente,
Mesdames,
Messieurs,

Je félicite le Congrès d'avoir proposé à l'étude et à la discussion la question du divorce.

Le divorce est, en effet, la matière la plus vivante du Code civil, car elle repose sur l'interprétation des sentiments humains. Elle offre le spectacle de la vie elle-même dans sa familiarité et sa banalité.

Où placer l'origine du divorce ? Voltaire, cet esprit railleur, disait : « Il est probable que le divorce remonte à peu près à la même époque que le mariage ; je crois, toutefois, que le mariage est de quelques semaines plus ancien ».

Il est certain que les insurgés du mariage sont nombreux et les causes du divorce fréquentes. — Le mariage, proclamait un ancien, est une forteresse assiégée : ceux qui sont dedans veulent en sortir, ceux qui sont dehors veulent être dedans.

Le divorce tel que le comprend le Code civil est la caractéristique du mariage ; c'est lui qui donne au mariage son caractère humain et contractuel, et lui enlève tout caractère de tyrannie et de fatalité. On ne peut admettre le mariage sans le divorce : c'est la condition résolutoire du contrat synallagmatique.

Le mariage est de sa nature perpétuel, mais il faut se garder de confondre la perpétuité avec l'indissolubilité. C'est précisément à cause de la perpétuité que la condition résolutoire est plus nécessaire. Le mariage serait une institution odieuse s'il était une prison d'où l'on ne pourrait s'évader.

L'indissolubilité s'attache au mariage non comme contrat mais comme sacrement. La Révolution sécularisa le mariage, dès lors le divorce s'imposait. Pendant la période révolutionnaire, le divorce sévissait avec frénésie. La seule affirmation par l'un des époux d'incompatibilité d'humeur suffisait pour rompre le mariage. C'était sortir du contrat. Certes, l'incompatibilité d'humeur est une cause très sérieuse de divorce. Mais on ne peut l'admettre sur une déclaration unilatérale ; la femme, d'ailleurs, n'aurait rien à y gagner.

Le divorce par consentement mutuel, dont j'ai charge de vous entretenir, n'est pas le divorce pour incompatibilité ; il n'est qu'un travestissement du divorce pour cause déterminée, comme nous le verrons.

Le titre VI du Code civil (*Du Divorce*, articles 229 à 311) n'a pas subi, en Belgique, le même sort qu'en France ; il n'a jamais été abrogé et, aujourd'hui encore, c'est la loi française de 1804 qui continue à régir la matière, chez nous, avec quelques modifications qui ont plutôt élargi le droit napoléonien.

Il semble que le divorce par consentement mutuel soit peu en faveur en Belgique. Notre grand jurisconsulte Laurent, dans son avant-projet de revision du Code civil, qui remonte à plus de vingt ans, ne maintient pas le divorce par consentement mutuel. Quel est le principe à examiner ? L'article 233 nous l'expose : *Le consentement mutuel et persévérant des époux, exprimé de la manière prescrite par la loi, sous les conditions et après les épreuves qu'elle détermine, prouvera suffisamment que la vie commune leur est insupportable et qu'il existe par rapport à eux une cause péremptoire de divorce.*

Il suit de là, dit Laurent, que l'expression *divorce par consentement mutuel* ne répond pas à l'intention du législateur. En effet, il n'entend pas autoriser les époux à divorcer par leur seule volonté. Portalis a dit et répété que le mariage n'est pas un contrat ordinaire qui se dissout par le concours de volontés, comme il se forme par le consentement ; il dit que le consentement mutuel, tel que la loi l'organise, est la preuve d'une autre cause légitime de divorce. Or, il n'y a d'autres causes légitimes que l'adultère, les sévices, excès et injures graves. S'il existe une de ces causes, elle peut être prouvée directement ; pourquoi la loi se contente-t-elle de la présomption qui résulte du consentement mutuel ?

On trouve, dans l'exposé des motifs, la réponse que nous attendions : « Il y a deux causes que l'époux lésé ne peut guère produire au grand jour de l'audience, ce sont les excès et l'adultère. Le mot vague d'*excès* a été employé pour cacher un attentat à la vie. Comment veut-on, dit Treilhard, que l'époux allègue une cause de divorce qui, si elle est prouvée, entraînera, contre son conjoint, une condamnation à mort ? Quant à l'adultère, c'est d'ordinaire le mari qui s'en complaint ; lui a bon soin de ne pas tenir sa concubine dans la maison commune. Or, dans nos mœurs, le mari qui accuse sa femme d'adultère se couvre de ridicule, sinon de honte. Ne serait-ce pas un bien si, dans des cas semblables, le divorce pouvait avoir lieu sans éclat et sans scandale ? »

Sans aucun doute. La société n'a pas intérêt à cet éclat et à ce scandale. C'est donc dans un but de convenance que les auteurs du Code civil ont admis le divorce par consentement mutuel. Cependant, le divorce par consentement mutuel trouvera beaucoup de contradicteurs au Conseil d'Etat ; mais Napoléon le défendit avec insistance, et l'on peut prétendre que c'est son influence qui le fit adopter. Le premier Consul reconnaissait, comme Treilhard, que le consentement n'est pas la cause du divorce, mais un signe que le divorce est devenu nécessaire, et nombre de bons esprits du Conseil étaient d'avis qu'aucun homme d'honneur n'oserait introduire une demande en divorce pour adultère de sa femme, qu'il fallait donc permettre aux époux de divorcer par consentement mutuel en cachant la véritable cause.

Ces bons esprits se trompaient. L'expérience a prouvé que leur théorie était fausse. Il suffit, pour s'en convaincre, de lire la *Gazette des Tribunaux*. Les accusations les plus scandaleuses retentissent au grand jour de la publicité ; on ne redoute pas le scandale, on le cherche, la passion de la vengeance l'emporte sur la honte.

Il faut dire plus. Les dispositions du Code civil ne sont pas en harmonie avec la théorie du divorce par consentement mutuel, aussi n'est-il guère pratiqué en Belgique.

Ces dispositions, quelles sont-elles ? Le mari doit avoir vingt-cinq ans et la femme vingt et un. Avant cet âge, ne peut-il cependant se produire une cause légitime de divorce ? Pourquoi cette condition d'âge ? Est-ce un temps d'épreuve nécessaire ? Faut-il laisser aux époux le temps de se connaître et de s'apprécier et ne pas recevoir leur consentement aussi longtemps que l'on peut supposer qu'il n'est qu'une suite de la légèreté de l'âge ? Nullement, et ce raisonnement n'est pas juste. Qu'est-ce que cette condition d'âge et sa justification ont de commun avec la théorie du divorce par consentement mutuel exposée par Treilhard et Napoléon ? L'épreuve dont parle l'orateur du Conseil d'Etat, la légèreté de l'âge qu'il suppose à des époux mineurs quant au mariage, impliquent que le divorce est demandé, non parce qu'il existe une cause déterminée de divorce, mais parce qu'il y a incompatibilité d'humeur entre les conjoints. La preuve de la justessse de notre réfutation, c'est Treilhard lui-même qui nous la fournit : « Le divorce par consentement mutuel n'est plus permis après vingt ans de mariage », dit-il, « parce que la longue et paisible cohabitation des époux atteste la compatibilité de leurs caractères ».

En outre, le consentement mutuel n'est admis qu'après deux ans de mariage (art. 276) ; il doit être autorisé par les père et mère ou par ceux qui auraient à donner leur consentement au mariage (art. 278). Ces époux sont encore tenus à quelques mesures préliminaires à l'instance, réglées par les articles 279 et 280, et notamment à dresser inventaire et faire estimation de leurs biens meubles et immeubles, et à régler leurs droits respectifs.

Nombre de législations n'admettent pas le divorce par consentement mutuel. Le Code des Pays-Bas ne l'admet pas (art. 263). Cette disposition se trouvait dans le projet présenté aux Etats-Généraux pendant la réunion de la Belgique et des Provinces septentrionales ; c'est donc une idée à moitié belge que Laurent reproduit dans son avant-projet.

Le droit anglais n'admet pas non plus le consentement mutuel comme cause de divorce.

En Belgique, quand les époux ont réciproquement l'intention de divorcer et qu'ils désirent ne pas voir traîner les choses en longueur ou éviter des débats souvent peu édifiants, et surtout se soustraire aux conditions désavantageuses imposées par la loi, ils se mettent d'accord pour obtenir un jugement de divorce pour tel ou tel motif déterminé. Ils évitent ainsi la longue procédure du divorce par consentement mutuel, ils échappent au délai de trois ans imposé par l'article 297 pour un nouveau mariage, ils conservent la pleine propriété de leurs biens personnels dont la moitié, en cas de divorce par consentement mutuel (art. 305), est acquise, du jour de leur première déclaration, aux enfants nés de leur mariage.

Voici une statistique à l'appui de notre exposé. Elle ne remonte pas plus haut que 1901-1902. Ce n'est que depuis cette époque que la statistique judiciaire de la Belgique nous donne un classement précis des divorces, par espèces.

Années judiciaires	Divorces	Séparations de corps	Total	Consentement mutuel
1901-1902	713	93	806	19
1902-1903	796	86	882	22
1903-1904	970	73	1043	18
1904-1905	912	77	989	20

Ce qui revient à une moyenne de deux pour cent.

Nous avons donc raison d'affirmer que le divorce par consentement mutuel est peu en faveur en Belgique.

Cependant, sans vouloir ouvrir trop grande la porte au divorce et imiter certains pays où les mariages se font et se défont avec la même facilité, la même précipitation, je pense qu'il importe de ne pas diminuer les cas dans lesquels le Code civil admet le divorce, et j'émets le vœu que, malgré son peu de faveur, le divorce par consentement mutuel soit maintenu ou introduit, même avec ses exigences, dans toutes les législations.

M. Bourceret, de *l'Action*. — Mesdames et Messieurs, je n'en ai même pas pour dix minutes ; j'en ai pour dix secondes. J'ai écouté avec beaucoup d'attention et beaucoup d'intérêt le rapport que vient de nous lire Mlle Popelin. Ce que je viens vous demander, c'est d'aller plus loin dans les conclusions qu'elle a formulées. Le divorce par consentement mutuel, nous sommes sûrs de l'avoir : je crois que la majorité du Parlement y est favorable. Mais nous devrions émettre le vœu que le divorce fût possible par le consentement d'un seul, et je vais vous citer quelques exemples qui, j'en ai la conviction, apporteront à la solution que je propose la lumière qui paraît lui manquer. A l'heure actuelle, il y a de nombreux couples qui voudraient bien être séparés ; mais l'un des deux s'oppose à la demande en divorce, par exemple pour pouvoir conserver l'administration de la fortune de la femme ; un autre s'y oppose parce qu'il est catholique, et cela suffit, dans l'état de la loi actuelle, pour que jamais le divorce ne puisse être obtenu. Il est donc certain que le divorce par consentement mutuel constituerait, de votre part, un vœu tout au moins insuffisant. Je vous ai donné tout à l'heure les deux raisons qui me paraissent péremptoires : la volonté de l'époux de conserver l'administration des biens de sa femme, ou bien son opposition en raison de ses opinions confessionnelles. Il y a une campagne au courant de laquelle vous êtes, qui a été faite dans certains journaux, et dont M. Victor Margueritte est un des champions les plus éloquents. Ma proposition n'a rien de subversif ; nous sommes des gens qui veulent émanciper la femme, lui donner la liberté, parce que la liberté de la femme, c'est la liberté de l'humanité, de même que le bonheur de la femme, c'est le bonheur de l'humanité. Et j'estime que vous, Mesdames, vous avez intérêt à ce que le divorce soit rendu aussi facile que possible, dans des conditions conformes aux lois de la morale sociale et de l'intérêt économique du pays. *(Applaudissements.)*

Mlle Marie Popelin. — M. Bourceret a cité deux cas particuliers qui, sans doute, peuvent se présenter : le désir de continuer à administrer les biens de la femme et la question de religion ; mais en dehors de ces deux cas, la femme, qui n'est jamais la première à se détacher dans le mariage, sera abandonnée. Prenez garde avant de vous décider. Discutez.

Mme Oddo Deflou, *secrétaire générale*. — Nous allons d'abord mettre aux voix le premier vœu.

Mlle Marie Popelin exprime le vœu *que le divorce par consentement mutuel soit établi dans tous les pays.*

Docteur Papillon. — Je suis très partisan du divorce, il est une nécessité sociale dans maintes et maintes circonstances ; mais je trouve qu'il est déjà beaucoup trop facile et je ne mets pas en doute — puisque tout à l'heure on a parlé de l'introduction des femmes dans le jury — que si pour les questions de divorce des femmes étaient juges, beaucoup de cas de divorce seraient repoussés, parce que l'homme, après avoir eu un capital, cherche à en avoir d'autres.

Mme Vincent, *présidente.* — Mesdames, nous devons d'abord nous prononcer sur le vœu du docteur Marie Popelin. Je mets aux voix le vœu de Mlle Popelin.

(Adopté à l'unanimité moins cinq voix.)

Mme Oddo Deflou, *secrétaire générale.* — Quelqu'un demande-t-il l'élargissement du divorce dans des conditions autres que celles qui ont été proposées?

Monsieur Bourceret, avez-vous émis un vœu ?

M. Bourceret. — J'ai émis mon opinion, je ne demande pas mieux que de la traduire par un vœu.

Mme Leroy-Allais. — Le divorce par la volonté d'un seul n'est pas le divorce ; cela a un nom dans le dictionnaire, cela s'appelle la répudiation. *(Applaudissements.)*

M. Etienne Leduc. — La question me parait claire : il faudrait savoir si on veut ou non que le mariage subsiste dans la législation française.

Si vous admettez que, par simple caprice, l'un des deux époux ait le droit de déclarer à l'autre qu'il ne veut plus vivre avec lui, ce n'est plus la peine de parler de mariage ; il n'y a que le concubinage.

Mme de Maguerie. — Mesdames, Messieurs, l'orateur qui m'a précédée ici a posé très nettement la question : Voulons-nous, oui ou non, nous marier ?

Dans le cas où nous nous marions, voulons-nous conserver le mariage et voulons-nous ne pas être les dupes des hommes ?

Il serait très facile à un homme qui aurait envie d'une femme, laquelle femme ne deviendrait pas sa maîtresse, de la prendre par le mariage et, au bout d'un an ou deux, quand il en aurait assez, de la mettre de côté. *(Applaudissements.)*

Je demande que le Congrès réuni vote contre le divorce par consentement d'un seul.

Mme Rosenthal. — Qu'est-ce qui empêche que le divorce par le consentement d'un seul soit entouré de garanties ? Par exemple, exiger qu'on renouvelle la demande pendant un an, deux ans ou même trois ans ?

Mme Oddo Deflou, *secrétaire générale.* — J'exprimerai brièvement une opinion que l'expérience de la vie a déjà fortifiée chez moi. Nous ne devons pas émettre un vœu pareil à la légère, car rappelez-vous que nous sommes ici pour représenter, non seulement la morale, mais les intérêts féminins. Or, est-ce l'intérêt des femmes d'être mises de côté lorsque le caprice ou la passion voudra se satisfaire ? Rappelez-vous que l'égalité économique des sexes est et restera longtemps une chimère. L'homme a la bourse de son côté ; du côté de la bourse est la toute-puissance.

Je suis secrétaire du Congrès, mais je suis congressiste aussi, et c'est pourquoi j'ai peut-être le droit de dire quelquefois ma pensée. Cette question est bien importante et je serais désolée que des dames jeunes, qui ne connaissent pas encore tous les inconvénients d'une décision aussi grave, puissent se laisser fourvoyer.

Mme Schmid. — On parle toujours d'un caprice ; mais il peut se produire des cas où il est utile que la femme puisse demander le divorce pour elle seule, où le mari s'y refuse ; il ne s'agit pas d'un caprice, il s'agit d'un engagement.

Mme Marguerite Durand, *vice-présidente*. — Chacun des époux peut demander le divorce.

Mme Schmid. — Si on ne peut pas prouver l'adultère ?

Mme Marguerite Durand, *vice-présidente*. — Il est impossible de juger si on ne prouve pas quelque chose ; sur quoi voulez-vous appuyer un jugement dans ce cas-là ?

Mme Schmid. — Dans la loi suisse il existe un article ainsi conçu : « S'il n'y a pas adultère prouvé, s'il n'y a pas sévices, injures graves, s'il n'y a pas condamnation, et si, cependant, on peut prouver au tribunal que le lien conjugal est profondément atteint, le tribunal peut prononcer le divorce ou la séparation de corps ».

Mme Oddo Deflou, *secrétaire générale*. — Je vais me servir de la connaissance que j'ai de certains détails pour combattre l'opinion de Mme Schmid. Notre amie a en vue un cas particulier où il serait très difficile que la femme obtînt le divorce pour motif déterminé. Les preuves qu'il faudrait, on ne les a pas ; le mari est sujet à caution, il a mérité bien des fois que le divorce soit prononcé contre lui, mais on ne peut pas le prouver d'une façon péremptoire, et Mme Schmid se laisse trop influencer par le cas qu'elle a sous les yeux.

En effet, le canton de Neuchâtel a une disposition...

Mme Schmid. — C'est une loi fédérale.

Mme Oddo Deflou, *secrétaire générale*. — C'est vrai ; tout ce qui tient au mariage et au divorce est devenu fédéral depuis un certain nombre d'années. Ce n'est pas une raison pour que nous trouvions cela bon en France. Nous voyons, par la statistique, que la Suisse est le pays du monde où il y a le plus de divorces ; c'est un fait bien extraordinaire, car la Suisse passe pour être un pays très moral. Cependant, même en Suisse, le divorce, quand il n'est pas une absolue nécessité pour la femme, est un grand malheur.

Mme Compain. — On a exprimé le vœu que le nombre des causes de divorce soit augmenté, passe encore ! mais qu'on vienne dire que le divorce doit être motivé et en même temps obtenu par le consentement d'un seul, ce sont deux choses différentes.

Le divorce motivé, vous l'avez actuellement. Demandez que ces motifs soient élargis; mais admettre le divorce par la volonté d'un seul, c'est — comme on l'a énoncé déjà tout à l'heure — livrer passage au caprice et à l'arbitraire, et je crois que cette question est infiniment trop grave pour être ainsi résolue à la légère par une assemblée de personnes qui ne l'ont pas assez étudiée.

Je proposerai donc que l'on ne vote pas sur cette question, qui ne figure pas expressément à l'ordre du jour.

Mme Vincent, *présidente.* — Un peu de silence! Je vous engage à bien réfléchir avant de vous prononcer. A mon avis, si vous élargissez le divorce et le demandez par la volonté d'un seul, c'est la porte ouverte à la désorganisation du mariage. Que les personnes qui sont d'avis d'accepter ce vœu veuillent bien lever la main. Qu'elles réfléchissent, et qu'elles lèvent la main.

(Le vœu est repoussé.)

Mme Vincent, *présidente.* — Nous allons passer à la question suivante : Ne la tue pas, divorce! abrogation de l'article 324 du Code pénal. Veuillez écouter la lecture du rapport de Mlle J. van Marcke de Lummen.

Mlle J. van Marcke de Lummen, *présidente de l'Union internationale des femmes :*

NE LA TUE PAS, DIVORCE!

L'article 324 du Code pénal excuse le mari tuant sa femme surprise en flagrant délit d'adultère. Cette prétendue loi de l'honneur ne sert en vérité qu'à excuser les plus basses vengeances, sous le couvert de la rubrique : crimes passionnels. Et la jurisprudence en a étendu considérablement le sens, à tel point qu'on est enclin à excuser tous les assassinats commis par un sexe contre l'autre et tout particulièrement ceux imputables à l'époux contre la femme.

Ce fut Alexandre Dumas qui eut la cruelle injustice de déclarer que la femme adultère mérite la mort. Heureusement que d'autres auteurs — Eugène Brieux est du nombre — ont protesté énergiquement contre cette odieuse et barbare coutume. Dans sa pièce intitulée *Simone*, il affirme que l'homme n'a pas le droit de tuer et que rien absolument n'excuse semblable crime.

Il est évident qu'en toute conscience l'homme n'a pas le droit de vie ou de mort sur sa femme. Or la loi ne doit-elle pas s'appuyer sur la justice et la conscience? Si les législateurs en tenaient plus de compte que des coutumes et des souvenirs des législations précédentes, ils réformeraient ce code marital et le remplaceraient par un code égalitaire, ne reconnaissant en juridiction aucune différence, ni entre les deux sexes, ni entre les époux.

Il est peu explicable qu'en la femme on continue à voir le sexe plutôt que l'individu. De son caractère, de son être pensant, de son moi intime, il est rarement question. C'est cependant ce qui distingue les personnalités. Mais le préjugé a résisté aux siècles, et les législateurs des civilisations modernes semblent ne pas se douter qu'ils s'inspirent de préjugés anciens et des dogmes des religions païennes en maintenant au xxe siècle ces articles, dignes des temps barbares.

Peut-on concilier la dignité de l'être humain avec les droits jadis accordés aux maîtres sur leurs esclaves ?

Aux époques druidiques, les vestales qui n'avaient point observé les lois prescrites par la religion étaient condamnées à être enterrées vivantes. Cette loi religieuse fut étendue, appliquée à des cas de la vie civile, et, finalement, a passé dans les lois civiles, englobant non seulement la vierge, mais l'épouse, dans ses mailles étroites.

Il est donc logique et juste d'affirmer que le libéralisme des idées modernes ne s'accommode plus des sentiments qui inspirèrent les lois religieuses de l'antiquité.

Le législateur n'est pas logique : il tolère, d'une part, dans ses lois, ce que les religions y avaient mis de plus infâme ; d'autre part, il repousse l'influence religieuse. Qu'ils gardent donc tous les abus passés ou qu'ils les détruisent tous, mais qu'ils ne légifèrent pas uniquement contre les abus dont souffrent les hommes, alors que ceux qui atteignent les femmes sont plus humiliants, plus grossiers, plus barbares.

Cela peut-il durer ? Non, sans doute, et nous espérons qu'en signalant ces injustices nous en hâterons le remède.

La loi, en considérant le meurtre de l'épouse comme légal, ne voit que la question de fait. Elle n'envisage pas la question morale. Ne serait-il pas bien naturel de chercher pourquoi la femme a failli à son devoir ?

Le plus souvent, ce n'est pas elle qui choisit son mari ; elle a accepté celui que lui a donné son père, alors que ni l'âge ni le caractère de ce mari n'étaient en rapport avec ses désirs. Elle a dû peut-être, par obéissance, renoncer au choix que son cœur avait fait.

Que ferait l'homme en pareille circonstance, lui qui est plus souvent infidèle alors qu'il n'a pas l'excuse d'avoir subi une contrainte ?

Pourquoi le mari a-t-il, par égoïsme, voulu qu'une femme qui ne l'aime pas enchaînât sa vie à la sienne ?

Comment aimer celui qui n'aime pas ou qui n'a pas su se faire aimer ?

Il est bien exceptionnel qu'un homme, étant aimé comme fiancé et ayant, après le mariage, fait tout ce qu'il pouvait pour mériter cet amour, soit trompé. La femme aime trop profondément pour ne pas se donner entièrement et pour toujours à qui mérite et partage son amour.

Les maris trompés ont été souvent les *artisans de leur malheur*.

Que celui qui est sans reproche à l'égard de l'épouse jette la première pierre ! Et l'on constate que ce sont les maris *les plus infidèles* qui sont les plus intransigeants et qui considèrent la femme comme leur chose, sur laquelle ils ont tous les droits.

Sans doute, les femmes tuent aussi, mais les cas sont bien plus rares. Les épouses n'en arrivent là qu'à la suite de toute une série de souffrances, d'humiliations, de brutalités, d'injustices. Il est rare que la femme se laisse aller à la violence pour le *seul* acte ayant entraîné l'infidélité.

Le respect de la vie humaine doit passer avant tout ; il doit nous faire rentrer en nous-mêmes et nous donner la notion de notre responsabilité envers notre conscience et envers la société.

Ce qui rend cette disposition du Code pénal plus dangereuse, c'est que l'application de l'article 324 a été étendue par la jurisprudence à tous les assassinats conjugaux que les jurys absolvent, dont ils font même, parfois, l'objet d'une apothéose.

Naturellement, ce sont les hommes surtout qui bénéficient de ces cruautés inhumaines, car les jurés sont hommes.

Il y a quelques années, M. de Cornulier fut acquitté pour le meurtre de sa femme, dont il était séparé de corps depuis longtemps, et sur laquelle il tira dans un escalier, alors qu'elle sortait de chez son homme d'affaires. Les débats établirent pourtant, outre qu'il n'y avait pas flagrant délit, une foule de circonstances atténuantes de l'infidélité *présumée*, non prouvée, de Mme de Cornulier.

Et huit jours plus tard, à Versailles, le jury condamnait à mort une femme meurtrière de son mari, dans des circonstances certainement moins odieuses.

L'excuse du mari est absolument contraire à ce principe de toute législation pénale que nul ne doit se faire justice soi-même. Son application inconsidérée par les jurés multiplie les crimes dits passionnels, qui ne sont souvent que la basse vengeance de la vanité blessée. C'est, d'ailleurs, cette opinion qui est adoptée par Tolstoï, dans sa *Sonate à Kreutzer*.

Nous ne demandons évidemment pas le droit de réciprocité, malgré que nous ayons la conviction que la femme meurtrière l'est à force de souffrance, et sûre de sa bonne conscience, alors que c'est, au contraire, l'homme le plus coupable qui est ordinairement le plus sévère pour autrui. Non, nous ne demandons pas que la femme meurtrière de son mari infidèle soit excusable. Nous demandons l'égalité dans la répression quand il y a équivalence de torts.

Mme Oddo Deflou, *secrétaire générale*. — Mlle J. Van Marcke de Lummen a exprimé avec beaucoup de délicatesse un sentiment qui est dans l'esprit de tout le monde, et on ne comprend pas comment une disposition aussi barbare reste dans notre loi ; puisque nous avons le divorce, que les hommes qui ne sont pas contents de leurs femmes demandent le divorce, mais ne la tuent pas. Voici le vœu que je vous propose :

Le Congrès émet le vœu que soit abrogé le deuxième paragraphe de l'article 324 du Code pénal, ainsi conçu : « Néanmoins, dans le cas d'adultère prévu par l'article 336, le meurtre commis par l'époux sur son épouse, ainsi que sur le complice, à l'instant où il les surprend en flagrant délit dans la maison conjugale, est excusable. »

(Adopté à l'unanimité.)

Mme VINCENT, *présidente*. — La question suivante est : suppression de la séparation de corps ; rapport par M. André Moufflet, docteur en droit.

M. André MOUFFLET, *docteur en droit, délégué de la Ligue française pour le Droit des femmes* :

SUPPRESSION DE LA SÉPARATION DE CORPS

Il y a quelques mois, le Parlement s'occupait de la question de savoir s'il convenait d'enlever leur pouvoir d'appréciation aux tribunaux saisis d'une demande de conversion de séparation de corps en divorce et de rendre, par conséquent, cette conversion *de droit* en cas de demande formée après le délai réglementaire de trois ans. Au cours de ces débats, les adversaires de la réforme n'ont pas manqué de prétendre que l'adoption de cette mesure préparait en quelque sorte la suppression de la séparation de corps.

Non seulement cette suppression ne nous effraie pas, mais nous la désirons.

Examinons, en effet, la question aux points de vue suivants :

1° Intérêt social ;
2° Intérêt des époux ;
3° Intérêt des enfants ;
4° Liberté de conscience des époux catholiques.

D'une façon générale, il faut avoir en vue le mariage-contrat et non le mariage-sacrement. Or, tout contrat peut se dissoudre quand l'exécution en est devenue impossible ; dans le cas du mariage-contrat particulièrement, la seule indissolubilité désirable n'est-elle pas l'indissolubilité voulue ? En réalité, après la séparation, quand le jugement a rendu aux époux leur liberté vis-à-vis l'un de l'autre, a séparé leurs patrimoines et réglé le sort des enfants, que reste-t-il du contrat ? Quels sont les éléments de celui-ci qui subsistent encore ?

La séparation de corps ne peut pas être une solution définitive, elle ne peut durer sans être brutale et absurde ; la société n'a pas à gagner à ce que de pareilles situations se prolongent.

On nous dit que la séparation réserve la possibilité d'une réconciliation. Mais un procès en séparation avec toutes les injures et toutes les rancunes qu'il provoque ne prépare pas une réconciliation. En pratique, connaît-on beaucoup de réconciliations ? Peu assurément, car, avouait M. Bérenger au Sénat en février 1908 (il faut noter que M. Bérenger était un adversaire de la réforme proposée au Parlement, et qui a été mentionnée ci-dessus), sur 100 séparations, 95 sont converties en divorce, et les 5 % qui restent ne sont pas forcément des réconciliations ; il existe dans le nombre des séparations qui durent, avec tous les inconvénients attachés à une solution bâtarde.

On nous oppose encore que la suppression de la séparation de corps nous conduirait à l'union libre (thèse soutenue au Sénat par l'amiral de Cuverville). On se demande comment. Les époux séparés ne sont-ils pas les premiers à vivre en concubinage, dans l'impossibilité où ils sont de se remarier ? Et si ces unions sont fécondes, les enfants qui en naissent sont adultérins. Où est en ceci l'intérêt social au nom duquel on réclame le maintien de la séparation de corps ?

A l'appui de ce qui précède, nous ne saurions mieux faire que de citer l'opinion de Laurent : « Si le divorce répond mieux que la séparation de corps au droit et à l'intérêt des époux, il faut dire que la société est intéressée à ce que le mariage soit dissous. Le mariage est le fondement de la société ! Y a-t-il encore mariage quand les époux portent le nom d'époux, mais vivent séparés ? Le législateur favorise le mariage comme condition de propagation de l'espèce humaine. Est-ce que la séparation de corps atteint ce but ? Si elle donne naissance à des enfants, c'est à des enfants adultérins. Ne vaut-il pas mieux que le divorce permette aux époux de créer une famille légitime ? »

Les époux sont-ils intéressés à vivre séparés plutôt que divorcés ? Ils préfèrent, évidemment, une situation nette qui leur permette de se refaire une vie. Parce que l'on s'est trompé une fois, parce que l'on a cru trouver le bonheur là où il n'était pas, on se condamnerait (ou l'on serait condamné) à ne plus le chercher, sinon dans les conditions défavorables du concubinage !

Notre thèse a été soutenue par les modérés, M. de Marcère, par exemple, qui s'exprime comme suit : « La séparation de corps, c'est le dérèglement de la vie, ou le célibat forcé, c'est-à-dire un état contraire soit aux lois sociales, soit à la nature humaine. Que si, cédant à des impulsions presque irrésistibles, les époux créent, chacun de leur côté, des liaisons non reconnues par les lois et condamnées par les mœurs, quelles sources de douleurs secrètes ! Que s'ils demeurent dans l'isolement, quel désert pour eux que la vie, quelle sécheresse pour des cœurs obligés de refouler les sentiments et les besoins les plus impérieux ! Quelle situation pénible pour la femme surtout, qui souffre également de la malignité publique et de la compassion qu'on ne lui épargne guère ! »

Voilà la situation que l'on nous présente comme préférable au divorce, jugée par un sénateur de la droite.

Nous lisons autre part ces lignes encore plus significatives : « Pour les époux, le divorce est sans contredit préférable à la séparation. Toute personne sans passion sera forcée de convenir que le divorce qui, brisant le lien, laisse la possibilité d'en contracter un nouveau, est préférable à la séparation qui livre deux époux à des combats perpétuels, dont il est si difficile de sortir toujours avec avantage. En effet, à nos yeux, quand nous avons mis à côté du divorce la séparation de corps, nous n'avons pas voulu voir dans celle-ci quelque chose qui pourrait se prolonger indéfiniment ; à nos yeux, l'état de divorce vaut mieux que l'état de séparation de corps ».

Qui parle ainsi? Un révolutionnaire, dira-t-on, un individu généreux, peut-être, mais qui ne tient pas compte des réalités présentes? Non, ces paroles ont été prononcées en 1803, par Treilhard, présentant au tribunal l'exposé des motifs du titre « Du divorce », de notre Code civil.

Quant aux enfants, ils sont plutôt intéressés, nous semble-t-il, à ce que leurs parents divorcent et se remarient. En quoi, en effet, la situation d'enfants de séparés vaut-elle mieux que celle d'enfants de divorcés?

Il faut prévoir le cas où les parents séparés vivent en concubinage ou ont au moins une liaison, ce qui est pour ainsi dire forcé. Un homme qui a été marié pendant plusieurs années ne reprend pas ses habitudes irrégulières de jeune homme ; il entretiendra une maîtresse sous son toit, ou ira passer ses soirées chez elle. Est-ce bien l'intérêt des enfants confiés à sa garde? S'il s'agit de la femme, le même fait se reproduira; mariée pendant quelque temps, elle ne reprendra pas son existence de jeune fille — à cette différence, pourtant, que les apparences seront probablement mieux gardées. Quoi qu'il en soit, l'intérêt des enfants ne consiste-t-il pas plutôt à ce que les parents divorcent et se remarient?

La voix autorisée de Laurent s'élève encore ici en notre faveur. « On s'apitoie, et avec raison, dit-il, sur le malheur des enfants dont les parents sont divorcés. Sont-ils moins malheureux si leurs parents sont séparés de corps? Il n'y a plus de famille pour eux, le mal est donc pour eux toujours le même ; leur condition n'est pas empirée par le divorce; ce qui fait leur malheur, ce n'est pas la rupture légale du mariage, c'est la discorde, la haine, le crime dont ils sont les témoins et les victimes. Pour eux aussi, le remède le plus radical est le meilleur ».

Enfin, ce n'est pas seulement l'intérêt des enfants communs aux deux époux qu'il convient de considérer, mais aussi celui des enfants qui naîtront, après la séparation, d'un seul des deux époux et qui seront adultérins. « L'indissolubilité du mariage et le régime de la séparation de corps sacrifient absolument ces malheureux enfants ; c'est donc la société qui, si le divorce n'existait pas, créerait, au nom de ses prétendus principes moraux, toute une catégorie de bâtards maltraités par la loi, puisque ces enfants, nés après la séparation de corps, ne pourraient être qu'adultérins ». (Henri Coulon, *Grande revue* du 10 mars 1908.)

*
* *

La suppression de la séparation de corps violerait-elle la liberté de conscience des catholiques ?

Remarquons, avant de répondre, que la séparation de corps a été admise dans nos lois *uniquement* pour les catholiques, par suite d'un véritable contrat avec la religion. Ceci résulte d'un aveu exprès de MM. Bérenger et de Lamarzelle au cours de la séance du 21 février 1908, au Sénat. A la rigueur donc, notre proposition aurait pu ne point s'appuyer sur des considérations sociales, laisser de côté l'intérêt des époux et des enfants, puisque nos adversaires se cantonnent sur un tout autre terrain.

Supprimer la séparation, disent les catholiques, ne nous laisser que le divorce, c'est blesser nos convictions qui ne s'accommodent pas de ce dernier. Mais en quoi le divorce peut-il blesser les convictions religieuses ?

La question du divorce est, en effet, purement civile. Le divorce, acte civil, annule le seul mariage civil que le catholique est le premier à déclarer insignifiant, puisque le mariage religieux vaut seul à ses yeux comme sanction d'engagement. Notre loi sur le divorce a-t-elle la prétention (qui serait, en effet, inadmissible) de rompre le mariage religieux ? (Du reste, l'Eglise affecte d'ignorer le mariage civil; que n'affecte-t-elle la même indifférence, ce qui serait logique, vis-à-vis du divorce, acte également et purement civil ?)

Si néanmoins, à tort ou à raison, le catholique considère sa conscience comme troublée par le divorce, il n'a qu'à ne pas le demander, à pardonner à l'épouse contre qui il a des sujets de plaintes. S'il est défendeur, si le divorce est prononcé contre lui, c'est en raison d'actes (adultère, sévices, injures graves) qui lui étaient encore plus interdits par sa religion. Et dans l'un et l'autre cas, demandeur ou défendeur, il n'a qu'à ne pas se remarier, car ce que l'Eglise défend comme un péché, c'est moins le divorce que le remariage du vivant de l'autre époux.

Sous l'ancien régime, la séparation de corps existait seule, à l'exclusion du divorce ; c'est qu'alors la puissance publique reconnaissait la loi religieuse. Mais actuellement, pourquoi contraindre une personne mal mariée à se priver du plaisir naturel et légitime de fonder un nouveau foyer ? Cette disposition de nos Codes est un vestige de la subordination de la loi civile à la loi religieuse qu'il faut faire disparaître d'un pays où l'on ne légifère plus au nom de Dieu ou au nom du Pape (Coulon, *loc. cit.*).

Il n'est pas possible, en effet, qu'après la séparation des Eglises et de l'Etat, il subsiste dans nos lois un texte qui s'inspire d'un dogme religieux, d'une religion particulière, et qui soit là *pour en assurer l'exécution*.

Puisqu'il est question de liberté, n'oublions pas que la liberté des catholiques n'est pas seule en cause, celle de l'époux non croyant n'est pas à dédaigner ; est-il admissible qu'au nom de croyances qui ne sont pas les siennes, son conjoint l'empêche de se servir de la loi civile et du divorce qu'elle organise ? La liberté de l'époux catholique ne peut donc exister qu'à la condition de supprimer celle de l'autre. La loi peut-elle permettre une telle conséquence?

« Il ne serait pas juste, dit Treilhard, que l'époux qui a choisi comme plus conforme à sa croyance la voie de la séparation, dût maintenir pour toujours l'autre époux, dont la croyance peut n'être pas la même, dans une interdiction absolue de ne pas contracter mariage. Cette liberté que la Constitution garantit à tous serait alors violée dans la personne de l'un des deux époux. »

Enfin, nous avons vu que, sur 100 séparations, 95 sont converties en divorce. Demander une séparation convertible à raison de 95 °/₀, c'est en réalité consentir au divorce. Les catholiques ne sont-ils pas les premiers à faire bon marché de leurs scrupules de conscience ?

*
* *

Il ne faut pas se méprendre sur la portée de la réforme que nous préconisons. Nous demandons la suppression de la séparation de corps ; mais, partisans du divorce, s'ensuit-il que nous le désirons ? Est-ce que l'idéal n'est pas pour tous, quoi que l'on pense de la liberté de la personne humaine, la durée des unions matrimoniales ? Le législateur, s'il pouvait marquer de l'indissolubilité l'union de deux êtres et faire que la famille évolue jusqu'à la fin dans le bonheur et la concorde, serait criminel de ne pas voter une loi qui aurait une telle puissance.

Mais un tel résultat est au-dessus de la portée des lois. Celles-ci doivent s'inspirer de la connaissance de la réalité et de la nature humaine, où le légitime désir de liberté — que d'aucuns appellent faiblesse — a plus de part que le respect des conventions religieuses et sociales.

La question de la rupture des mariages se ramène, en définitive, à celle de leur conclusion. C'est pour de mesquines questions d'intérêt que l'on se sépare ! C'est parce que c'est sur ces questions que l'on s'est uni. Et qui oserait prétendre que, parmi les adversaires les plus résolus du divorce, les partisans les plus décidés du maintien de la séparation de corps, les unions matrimoniales ne se concluent jamais qu'autour d'intérêts moraux ? Les intérêts de cet ordre, dans la plupart des cas, ne sont invoqués que lorsqu'il s'agit de s'opposer à la rupture d'une union mal assortie, reprenant une force qu'on n'avait jamais songé à leur reconnaître pour empêcher la conclusion de cette union.

Encore une fois, le remède à ces faits ne peut venir de la loi. Il est possible de supprimer la séparation de corps sans qu'il résulte de cette mesure des situations pires que celles que se font à eux-mêmes les individus.

En résumé, les considérations juridiques, religieuses et sociales, l'intérêt des époux et celui des enfants ne s'opposent pas à la suppression de la séparation de corps et le Congrès féministe de 1908 ne s'y oppose pas davantage.

M. Etienne Leduc. — Je suis d'un avis radicalement opposé à celui de l'auteur du rapport qui vient de vous être lu. Je viens vous demander de rejeter son vœu et de ne pas vous prononcer pour la suppression de la séparation de corps.

Voici pourquoi. L'existence de la séparation de corps n'est pas une entrave aux droits de la femme qui désire la cessation de la vie conjugale. Les causes pour lesquelles on peut demander la séparation de corps ou le divorce sont les mêmes. Par conséquent, si la femme le désire, elle peut toujours demander le divorce de préférence. Si elle ne le fait pas, c'est, en général, parce qu'elle a des convictions catholiques. Les fidèles du catholicisme sont plutôt du côté de la femme que du côté de l'homme, vous ne contesterez pas cela, je pense ; ce sont donc les femmes qui souffriront de la suppression de la séparation de corps et qui, pour ne pas demander le divorce, continueront une vie conjugale douloureuse.

La statistique confirme de façon éclatante ce que je viens de vous dire. Les cinq sixièmes des demandes en séparation de corps émanent de femmes. Et voilà ce que vous appelez une réforme féministe, la suppression d'un droit qui, cinq fois sur six, est exercé par des femmes !

Le désir de cette suppression est inspiré, en réalité, par des mobiles anticatholiques, par l'idée que les convictions catholiques ne sont plus possibles que dans les cerveaux bornés et que, par suite, il n'y a plus à en tenir compte.

Eh bien, vous, féministes, vous n'avez pas à proclamer cela ! Vous n'avez pas plus à prendre position sur le terrain religieux que sur le terrain politique. Dans le groupe de la défense des droits de la femme, à la Chambre des députés, vous avez, à côté de socialistes révolutionnaires et athées comme M. Dejeante, des conservateurs catholiques comme le comte de Pomereu. Le féminisme n'est pas l'apanage d'un parti politique ; il plane au-dessus des partis. En matière politique et religieuse, il est et doit rester neutre.

Il y a dans nos lois assez d'inégalités de traitement choquantes entre l'homme et la femme pour que nous n'ayons pas à nous égarer dans des manifestations philosophiques. Tâchons que notre Code ne puisse plus être appelé la *loi de l'homme*. C'est pour cela que nous sommes ici.

Pour y arriver, il faut l'union de toutes les bonnes volontés, d'où qu'elles viennent ; il faut rejeter sans hésiter toute mesure qui pourrait être regardée par certains d'entre nous comme une atteinte à leur liberté de conscience, toute mesure qui n'est pas dictée exclusivement par des préoccupations féministes.

C'est pourquoi vous n'adopterez pas un vœu tendant à la suppression d'un droit commun à l'homme et à la femme mais qui, je le répète, est cinq fois sur six utilisé par des femmes, et qui blesserait dans leurs convictions une partie de vos adhérentes.

Mme Oddo Deflou, *secrétaire générale*. — Vous avez entendu l'étude très approfondie de M. Moufflet ; comme congressiste, je désire combattre ses idées, au nom du principe de liberté. Nous respectons tellement ce principe que nous n'avons pas voulu empêcher M. Moufflet de développer ici sa thèse, bien qu'elle ne rentrât pas nécessairement dans le programme du Congrès féministe. On ne voit pas quel intérêt a la femme de supprimer une solution dont elle se sert plus souvent que l'homme. Pourquoi voudriez-vous restreindre le nombre de situations acceptables et acceptées par tout le monde ? Nous nous plaçons ici sur le terrain de la plus absolue liberté, et c'est parce que M. Moufflet appartient à une ligue où les idées religieuses — antireligieuses plutôt — sont très avancées que nous avons voulu lui laisser exprimer son opinion, qui est celle du milieu où il est militant.

Mais c'est en m'appuyant sur cette même idée de liberté que, pour mon compte, je m'oppose vivement à ce que le Congrès sanctionne par un vote une mesure restrictive de la liberté. La liberté ! je voudrais, au contraire, l'accroître.

Je propose donc qu'au lieu de supprimer la séparation de corps nous établissions la séparation de corps par consentement mutuel, c'est-à-dire que la loi sanctionne, avec certaines formalités, un genre de séparation de corps qu'elle ne connaît pas aujourd'hui en France. Il y a des femmes qui s'imaginent que, parce qu'elles ne vivent pas avec leurs maris, elles sont dans la même situation que si elles avaient été séparées par les tribunaux. Cette sorte de séparation est nulle et non avenue au point de vue de la loi. Aussi suis-je d'avis que — conformément à ce qui existe dans d'autres pays, et conformément au bon sens, pour suivre les règles duquel nous n'avons pas besoin d'exemples — nous établissions une nouvelle situation analogue à celle du divorce par consentement mutuel, mais applicable à la séparation de corps.

Mme Leroy-Allais. — On vient de dire que le divorce et la séparation de corps sont une seule et même chose. Il y a une différence. Dans le divorce, le mari peut se remarier et, s'il y a des enfants, ils en pâtissent souvent. La femme qui a des enfants se méfie de la seconde femme de son mari, et elle a raison. Voilà une des causes pour lesquelles les femmes demandent surtout la séparation de corps, et non le divorce.

Mlle van Marcke de Lummen. — Est-ce que, dans la séparation de corps, la femme a le droit de se remarier ?

Mme Leroy-Allais. — Non.

Mlle van Marcke de Lummen. — Eh bien, ce n'est pas acceptable !

Mme Marguerite Durand, *vice-présidente*. — La situation de la femme séparée de corps n'a aucun rapport avec celle de l'homme. Vous connaissez les usages de notre société ; vous savez qu'elle ferme les yeux sur la conduite du mari, pour donner bien souvent tort à la femme si elle se permet la moindre imprudence. Est-ce que, réellement, cela est logique ? Je prie les congressistes d'envisager cette question avant de voter.

M. Etienne Leduc. — Le mari est toujours libre de demander le divorce au lieu de la séparation de corps, car il ne faut pas oublier que les tribunaux accordent le divorce ou la séparation de corps pour les mêmes motifs.

Une Congressiste. — Si la séparation de corps a été obtenue par le mari contre sa femme ?

M. Etienne Leduc. — Il n'avait qu'à demander le divorce.

Mme Marguerite Durand, *vice-présidente*. — Vous savez que la situation de la femme séparée de l'homme est tout à fait différente de celle d'un mari séparé de sa femme. Cette situation est fausse, et qui en souffre ? C'est la femme.

Mme Compain. — Je fais observer que, depuis la loi votée il y a environ deux mois par le Sénat, qui comporte de droit la transformation de la séparation de corps en divorce au bout de trois ans, la séparation de corps est réellement acceptable. M. Moufflet a dit que les enfants qui naîtraient d'une union contractée librement, par un des deux époux, pendant la séparation de corps, seraient adultérins, mais il ne faut pas oublier que, depuis la loi de novembre 1907, l'enfant adultérin est légitimé par le mariage subséquent.

M. Moufflet. — Et si le mariage n'a pas lieu ?

Mme Compain. — J'ai été un peu étonnée d'entendre un de nos avocats féministes dire dans une assemblée féministe que, pendant ces trois ans, la femme contracterait nécessairement une union illégitime. C'est nier les faits ; nombre de femmes, très femmes, prouvent tous les jours qu'elles peuvent vivre sans amant !

M. Moufflet. — J'ai dit « peut » contracter une union.

Mme Maria Vérone. — Mesdames, Messieurs, ce que disait tout à l'heure Mme Marguerite Durand a évidemment un sens très logique que vous connaissez tous. Il est bien certain que la situation d'un homme et d'une femme séparés de corps est tout à fait différente. Pour l'homme, c'est tout de même la liberté ; pour la femme, au contraire, c'est l'esclavage maintenu. Mme Compain vous disait au point de vue des enfants adultérins : « Cela n'a pas d'importance, puisqu'une loi récente permet la légitimation des enfants adultérins par mariage subséquent ». Mais je vous ferai remarquer que cette loi, qui permet la légitimation, ne permet pas la reconnaissance, c'est-à-dire que la femme ayant eu des rapports adultérins...

Mme Compain. — Elle n'a qu'à ne pas en avoir pendant trois ans !

Mme Maria Vérone. — Madame Compain, c'est vous qui avez posé la question, permettez-moi d'y répondre. Je vous répète qu'une femme qui a un enfant peut très bien vouloir reconnaître son enfant et ne pas se marier — ou il se peut que l'homme ne veuille pas épouser la femme — et l'enfant se trouve dans cette situation que si ses parents naturels ne se marient pas, non seulement il ne sera pas légitimé, mais il ne pourra pas être reconnu. Il y a dans la loi une telle lacune que l'enfant peut être légitimé, mais ne peut pas être reconnu. Il peut arriver un fait indépendant de la volonté des parents, que l'un soit mort par exemple, et alors que la légitimation soit impossible. Voilà donc un enfant qui se trouve dans une situation déplorable, dans la situation des enfants adultérins actuels.

Mais, tout à l'heure, l'orateur qui était partisan du maintien de la séparation de corps, parlant au point de vue de la liberté des femmes, disait : Il y a 95 °/₀ de femmes qui demandent la séparation de corps. Eh bien, permettez-moi de venir réclamer au nom de la liberté, pas seulement de la liberté des femmes, mais de la liberté en général. Je ne vois pas pourquoi il y aurait 95 °/₀ de femmes qui maintiendraient pendant un certain temps l'homme dans le célibat. Si elles ne veulent plus de leur mari, elles doivent accepter que l'homme ait le droit de chercher une autre femme. *(Applaudissements.)*

Je n'admets pas que nous réclamions de la liberté dans certains cas pour les femmes, en disant : « C'est la liberté des femmes ». Nous devons être féministes parce que nous réclamons la liberté pour tout le monde. Nous n'admettons, en aucune façon, que 95 °/₀ de femmes aient le droit de maintenir les hommes dans le célibat ; c'est absolument inadmissible ! Et cependant, les hommes sont dans de meilleures conditions ; mais n'empêche que s'ils ont des enfants, les enfants seront adultérins. Et qui est-ce qui en souffrira ? Ce seront les autres femmes et les autres mères. C'est pourquoi je vous demande de voter la suppression de la séparation de corps.

Au point de vue de la liberté religieuse, il y a un moyen de mettre sa conduite d'accord avec la religion : quand il n'y aura plus de séparation de corps, on demandera le divorce ; et quand on sera croyant, on ne se remariera pas, car, avec la suppression de la séparation de corps, nous ne demandons pas le mariage obligatoire. *(Applaudissements.)*

Mme Vincent, *présidente*. — Au bout de trois ans, la séparation de corps peut être convertie en divorce par le fait d'un seul.

Mme Compain. — Au bout de trois ans, elle est actuellement convertie en divorce.

M. Moufflet. — On n'a pas intérêt à ce que cette situation bâtarde se prolonge pendant trois ans.

Voici le vœu que je prie la Présidente de mettre aux voix :

Le Congrès émet le vœu que soient abrogés les articles du Code civil relatifs à la séparation de corps.

Le vœu de M. Moufflet est adopté par quarante-quatre voix contre vingt-cinq.

Mme Vincent, *présidente*. — Je crois devoir rappeler aux personnes qui pourraient quitter la séance avant la fin que nous avons, ce soir, une seconde séance à 8 h. 1/2, séance qui sera très intéressante, où l'on discutera les droits civils en rapport avec les droits économiques, section de Mme Marguerite Durand.

Mme Oddo Deflou, *secrétaire générale*. — Le programme de ma section ne va pas pouvoir être épuisé. Mme Marguerite Durand m'a donc autorisée à prendre, sur le temps qui lui est dévolu, trois quarts d'heure. Nous aurions beaucoup désiré terminer cette après-midi ; mais, dans la nécessité d'écourter, je pense qu'il vaut mieux remettre à ce soir les questions suivantes qui ont un peu moins d'importance, du moins la seconde : puissance du mari sur les enfants, immutabilité du contrat de mariage. Nous allons maintenant traiter les autres questions (1).

Mme Vincent, *présidente*. — La parole est donnée à Mme Maria Vérone, sur l'incapacité légale de la femme mariée.

Mme Maria Vérone, *avocate à la Cour* :

DE L'INCAPACITÉ LÉGALE DE LA FEMME MARIÉE

Puissance du mari sur la personne de sa femme

Depuis que le Code civil, copiant en partie le droit romain, maintint dans le mariage le principe de l'obéissance de la femme, les jurisconsultes ont discuté sur la question de savoir quel est le fondement logique de l'incapacité civile de la femme mariée. Il y eut, d'ailleurs, de nombreuses controverses à ce sujet ; mais la plupart des auteurs finirent par se mettre d'accord et déclarèrent que la mise en tutelle de la femme mariée n'est pas due à sa propre faiblesse, mais à sa subordination au mari chef de famille.

Ainsi, l'on peut lire dans le Répertoire *Dalloz* : « La plus importante modification que le mariage apporte aux droits civils des femmes mariées résulte de la nécessité d'une autorisation de leurs maris pour contracter et plaider. La raison de cette restriction apportée à la capacité civile de la femme n'est assurément pas la faiblesse du sexe puisque, fille majeure ou veuve, la femme n'y est pas soumise ; elle tient uniquement à la position subordonnée que la femme occupe comme épouse dans la famille et qui l'assimile, sous certains rapports, aux mineurs ».

Il est à remarquer que cette situation de la femme mariée est inférieure à celle des mineurs, lesquels acquerront leurs droits civils soit par la majorité légale, soit même par l'émancipation. L'incapacité de la femme mariée, au contraire, ne peut être sup-

(1) Le temps ne permit pas de traiter de l'immutabilité du contrat de mariage. Voir à l'Appendice, sur cette question, le rapport de M. Dépinay, rédacteur en chef de la *Revue du Notariat*.

primée par aucune autorisation générale donnée par le mari, ni par une clause spéciale du contrat de mariage ; cette incapacité, qui est d'ordre public, doit forcément durer aussi longtemps que le mariage. Et tandis que le père peut affranchir ses enfants de sa tutelle en les émancipant, le mari ne peut user de la même bienveillance à l'égard de sa femme. La mère voit donc ainsi ses fils et ses filles s'évader de la puissance paternelle, tandis qu'elle-même reste, et doit rester — de par la seule volonté du législateur — éternellement soumise à l'autorité maritale.

Cette situation intolérable ne répond plus en aucune façon aux besoins de la vie moderne et à notre conception de la liberté individuelle. La femme, comme l'homme, travaille, étudie, prend une place dans la vie économique ou intellectuelle. Le moment paraît donc venu de proclamer son indépendance. Presque tous les hommes le comprennent, mais ils s'y résignent mal. Habitués à avoir tout au moins l'illusion du commandement, ils ne peuvent se résoudre à admettre que, légalement, les époux seront égaux en droits. Oh ! certes, ils ne donnent pas publiquement cet argument; ils préfèrent parler de la sage administration de la fortune de la famille, ou de la bonne harmonie du ménage.

Nous répondrons que l'entente affectueuse qui devrait toujours exister entre les époux ne saurait nullement être troublée par la réforme que nous proposons. Si le mari et la femme sont d'accord, il n'y aura rien de changé ; s'ils ne s'entendent pas, ils s'adresseront aux tribunaux et, cette fois encore, rien ne sera modifié, puisque, dans le Code, au chapitre des droits et devoirs respectifs des époux, on voit la justice intervenir à chaque instant.

Du reste, la jurisprudence, qui n'est pas immuable comme la loi et peut évoluer selon les progrès accomplis à chaque époque, a su parfois se montrer moins sévère à l'égard de la femme ; dans bien des cas, la femme mariée obtint des magistrats le droit d'exercer une profession, de passer un acte, de plaider même contre la défense formelle du mari.

On est donc en droit de dire que l'autorité maritale est quelque peu désuète, et que l'on pourrait sans danger la faire disparaître du Code. Actuellement, personne n'oserait prétendre que les époux ne se doivent pas le respect réciproquement ; il faut bien avouer alors que l'obéissance inscrite dans la loi n'est plus qu'une humiliation imposée à la femme sans aucun motif. C'est pourquoi nous demandons la suppression de l'article 213 du Code civil.

En ce qui concerne l'administration et la disposition des biens de la famille, les législateurs furent bien obligés de reconnaître que l'homme n'y apportait pas toujours la sagesse, la prudence, les capacités, et surtout l'honnêteté, qui conviendraient. Combien de pères de famille ont dépensé au cabaret, au café, dans les cercles ou les tripots, l'argent si nécessaire aux besoins du ménage ! Que de femmes, que d'enfants ont pleuré ! Leurs cris de détresse sont enfin parvenus jusqu'au Parlement qui, l'année dernière, vota une loi accordant à la femme mariée la libre disposition de son salaire.

Depuis le 13 juillet 1907, la femme, même mariée sous le régime de la communauté, a le droit de vendre, *sans l'autorisation du mari*, tous les biens mobiliers ou immobiliers qu'elle a acquis avec le produit de son travail. C'est là une grande victoire féministe.

Le Parlement ne peut pas refuser de compléter l'œuvre qu'il a entreprise et de rendre à la femme sa liberté, sa dignité même dans le mariage.

On parle souvent de la décroissance du nombre des mariages, et l'on n'y voit qu'une cause économique. A celle-là s'ajoute, et s'ajoutera de plus en plus, une raison morale. La jeune fille, habituée à la vie indépendante et libre, se sentant capable de diriger sa personne et ses biens, abdiquera difficilement ses droits pour se soumettre à la volonté d'un époux : elle restera célibataire ou acceptera l'union libre. Les plus ardents défenseurs du mariage doivent donc être avec nous pour réclamer la suppression de l'incapacité civile de la femme mariée qui fera du mariage ce qu'il doit être, l'association de deux êtres conscients et libres.

« L'idée féministe, écrit M. de la Grasserie dans son *Commentaire de la loi du 13 juillet 1907* — et ce sera la conclusion de ce rapport — qui comporte beaucoup de degrés différents, est incontestable, lorsqu'il s'agit d'accorder à la femme les droits primordiaux qu'on ne refuse pas au moindre des hommes, et elle ne peut rester soumise à l'esclavage familial lorsque les droits de l'homme ont été partout proclamés. »

Voici, Mesdames et Messieurs, les vœux que je vous propose. Ce sont, naturellement, des vœux de principe ; nous ne pouvons pas, en quelques minutes, remanier tous les articles du Code civil qui ont trait à l'incapacité civile de la femme mariée, ce serait impossible.

Premier vœu : Le Congrès émet le vœu que l'article 213 du Code civil, imposant à la femme l'obéissance à l'égard de son mari, soit abrogé.

Deuxième vœu : Le Congrès émet le vœu que l'incapacité civile de la femme mariée soit supprimée, et que les articles 214 à 226 du Code civil (droits et devoirs respectifs des époux) soient modifiés en ce sens.

Je n'ai pas mis « soient supprimés », parce qu'il est évident que, dire que les époux ont des droits égaux, c'est très bien ; mais de même que, dans le Code civil actuel, on fait intervenir les magistrats, il faut prévoir que, dans certains cas, on sera obligé de s'adresser aux tribunaux. Je le répète, nous ne pouvons pas, en quelques minutes, modifier tous ces articles du Code civil ; mais nous pouvons demander que l'incapacité de la femme mariée soit supprimée et que dans ce sens soient modifiés les articles 214 à 226 du Code civil. *(Applaudissements.)*

Mme Oddo Deflou, *secrétaire générale.* — Je demande que le vœu de Mme Vérone soit rédigé d'une autre façon.

Nous avons toute confiance en sa science juridique, mais il est impossible, comme elle le reconnaît, que nous nous mettions à examiner et à contrôler les uns après les autres les articles du Code.

En conséquence, je propose de dire simplement :

« Que les articles du Code civil établissant l'incapacité de la femme mariée soient modifiés », et nous laisserons aux législateurs le soin de modifier ces articles.

Mme Maria Vérone. — Il y a d'abord un article qui déclare que la femme est incapable.

Mme Oddo Deflou, *secrétaire générale.* — Il y en a une douzaine.

Mme Maria Vérone. — Il n'y en a pas beaucoup : il y en a un qui dit : « Elle est incapable », et d'autres qui disent : « Dans certains cas elle s'adressera aux tribunaux », mais il y en a d'autres qui disent que, pour plaider, la femme a besoin du consentement de son mari et il y en a d'autres qui découlent de ceux-ci.

Il me semble que l'on doit demander la suppression de ce premier article, sans indiquer le numéro, et que tous les autres articles du Code civil s'y rapportant soient modifiés en ce sens.

Mme Oddo Deflou, *secrétaire générale.* — Nous sommes parfaitement d'accord, et Mme Vérone voudra bien modifier très légèrement son vœu.

Nous sommes tous d'accord pour reconnaître que l'incapacité de la femme est une anomalie. Il s'agit donc de revenir au droit commun en disant que la femme est capable, comme tout individu qui n'est pas dans des circonstances particulièrement défavorables, doit l'être.

Mme Maria Vérone. — *Le Congrès émet le vœu que l'incapacité civile de la femme mariée soit supprimée et que les articles du Code civil s'y rapportant soient modifiés en conséquence.*

Mme Vincent, *présidente.* — Je mets aux voix le vœu de Mme Vérone.

(Adopté à l'unanimité.)

Mme Oddo Deflou, *secrétaire générale.* — Mesdames, je vais, à propos de l'incapacité légale de la femme, vous proposer un vœu que vous voterez avec non moins de plaisir que celui-ci.

Est-ce que M. Beauquier est dans la salle ? Non. Eh bien, Mesdames, je vais faire son propre éloge ; j'espérais qu'il serait ici et qu'il vous aurait dit lui-même ce qu'il a fait, mais puisqu'il est absent, mon devoir est de le remplacer.

M. Beauquier a déposé, dans la précédente législature, et a renouvelé dans cette législature-ci, une proposition de loi qui nous donne précisément satisfaction relativement à l'incapacité légale de la femme mariée.

Cette proposition a été rapportée tout récemment par M. Maurice Viollette, qui en a modifié les termes, dans une bonne intention.

Je propose donc que nous votions des remerciements à M. Beauquier, d'abord, puis à M. Viollette, et que nous exprimions le désir que notre projet soit, le plus tôt possible, adopté par le Parlement.

Il rencontre peu d'oppositions sérieuses, et la société d'Etudes législatives, qui m'a fait l'honneur de me convoquer à quelques-unes de ses séances, y est tout à fait favorable. Il n'y a guère qu'au Sénat qu'on pourrait peut-être trouver quelque difficulté, mais si M. Maurice Faure, ici présent, me permettait de le lui demander, il pourrait peut-être nous renseigner.

M. Maurice Faure, *sénateur*. — Au contraire, je suis convaincu que le Sénat est beaucoup plus féministe que la Chambre, et la preuve, c'est que les lois féministes que la Chambre a élaborées, c'est le Sénat qui les a modifiées très heureusement à l'avantage de la femme.

Il avait été inscrit dans le projet de loi de la Chambre, sur les salaires de la femme mariée, une clause très malencontreuse, donnant le droit à la femme elle-même de renoncer à user des droits que cette loi lui conférait. J'ai montré que c'était un moyen de tourner la loi. Le Sénat s'est rangé à mon opinion et a été, par conséquent, plus féministe que la Chambre. *(Applaudissements.)*

Je suis convaincu que lorsqu'il s'agira de réformes comme celle-ci et de toutes les autres réformes que vous désirez, vous trouverez, dans les rangs du Sénat, des défenseurs très convaincus, sinon très éloquents.

Mme Oddo Deflou, *secrétaire générale*. — Au lieu de deux vœux, je vais vous en demander trois.

Puisque nous avons le plaisir d'avoir parmi nous M. Maurice Faure, je vous prie de reconnaître, par une manifestation très chaleureuse, tous les services qu'il nous a rendus depuis bien des années. *(Applaudissements prolongés.)*

Je suis très heureuse que M. Maurice Faure ait recueilli parmi nous le tribut d'admiration et de reconnaissance auquel il a droit de la part de toute féministe qui comprend son devoir. *(Applaudissements.)*

M. Maurice Faure. — J'en suis d'autant plus charmé et ému, Mesdames, que je ne m'y attendais guère et que je ne méritais aucune récompense, ayant répondu aux inspirations de ma conscience.

Mme Oddo Deflou, *secrétaire générale*. — Je dois rappeler ici que Mme Maurice Faure est, depuis déjà bien des années, présidente d'honneur de notre Groupe d'Etudes féministes et que, dans toutes les circonstances, avec un très grand tact en même temps qu'avec beaucoup de discrétion, elle marque l'intérêt qu'elle témoigne à notre cause. Il n'est pas douteux que l'influence qu'elle peut exercer sur son mari ne soit pour beaucoup dans les bonnes dispositions qu'il a, qu'il conserve et qu'il conservera toujours à notre égard. *(Applaudissements.)*

M. Riémain, secrétaire général de la Ligue Française antialcoolique, nous transmet un message. Il pense que la question qu'il doit traiter sera mieux placée ce soir, à propos de la puissance du mari sur la femme.

Nous remettons donc à ce soir la communication de M. Riémain et nous allons reprendre l'ordre du jour.

Nous passons à la question du régime des biens. Mme Bénézech n'étant pas dans la salle, Mme Bolleter lira son travail. Nous avons un autre travail, sur le même sujet, de Mme José Martin Vialla, licenciée en droit ; mais ce dernier étant moins en rapport avec les idées généralement reçues dans les milieux féministes, je crois, dans l'impossibilité où nous sommes de lire l'un et l'autre, que nous ferons mieux, pour la conviction et l'édification des personnes présentes, de lire celui de Mme Bénézech (1).

Mme Bolleter, lisant :

LE MEILLEUR RÉGIME MATRIMONIAL LÉGAL

La séparation de biens avec clause de communauté d'acquêts

PAR Mme Fanny BÉNÉZECH

avocate à la Cour d'appel de Paris.

Nous pouvons constater avec joie, aujourd'hui, le grand développement du nouveau mouvement libérateur, du mouvement féministe. Notre joie doit être d'autant plus grande que ce mouvement a vite obtenu de sensibles changements dans la situation de la femme. Les femmes, encore hier reconnues inaptes à témoigner, sont admises aujourd'hui au barreau. Les femmes commerçantes sont enfin admises à élire les juges des tribunaux de commerce. Les femmes, depuis l'année dernière, sont arrivées à pouvoir disposer de leur salaire si péniblement gagné. Cette dernière conquête est d'une importance d'autant plus considérable qu'elle porte atteinte au principe de la puissance maritale illimitée qui, jusqu'ici, était inattaquable.

Mais ce qui a été fait jusqu'aujourd'hui n'est rien à côté de ce qui reste à faire.

Une question des plus importantes, qui intéresse et doit intéresser les féministes, est la question du régime matrimonial, puisque c'est de ce régime que dépend toute l'existence, au point de vue pécunier, de la femme. Au premier abord, cette question peut paraître infiniment secondaire, puisque la loi donne aux futurs époux une liberté assez grande quant au choix de leurs conventions relatives aux biens.

Et pourtant, cette question est des plus importantes, puisque la loi a organisé un régime pour ceux qui ne se soucient pas d'en faire un exprès pour eux. Je dis *ne se soucient pas*... Combien

(1) Voir, à l'Appendice, le rapport de Mme José Martin Vialla.

s'en soucient mais, néanmoins, ne font point de contrat à cause des frais.

Le régime légal est le régime de la communauté ; le titre en est très beau. En effet, y a-t-il un mot qui convienne mieux aux relations des époux que communauté ?

Communauté suppose égalité.

Nous tomberons dans une bien grave erreur si nous cherchons l'égalité des époux dans cette communauté matrimoniale. Le bien-être, la liberté et même la sécurité de la femme, tout y est sacrifié aux intérêts du mari.

Il faut que le législateur reconnaisse son injustice injustifiée ; il faut qu'il organise un autre régime matrimonial. Non seulement la majorité des femmes en profitera, la majorité des mariages n'étant pas précédés de contrat, mais surtout parce que la loi s'impose à la masse, que la loi dicte sa conduite à la société, que la loi éduque, forme l'opinion, la fait passer dans le sang par l'usage..

Le jour où le régime légal sera favorable à la femme, où il lui désignera une place égale à celle du mari, sera le jour d'un grand changement.

C'est pourquoi il est si utile de s'occuper de la question du régime matrimonial ; il faut en rechercher un qui présente le plus de perfection possible à tous les points de vue.

Avant de nous mettre à la recherche de ce nouveau régime, analysons celui que nous avons pour juger si, véritablement, il ne présente pas toutes les qualités requises. Cela nous permettra d'en voir les principaux défauts.

Tous les biens meubles des époux tombent dans la masse commune, aussi bien ceux qui existent au moment du mariage que ceux qui viennent, par la suite, de n'importe quelle façon. Autrefois, à l'époque de la création du Code, cette disposition avait peu d'inconvénients, puisque la richesse principale consistait dans les immeubles. Limiter la communauté aux meubles, c'était lui enlever tout caractère dangereux. Mais, actuellement, elle est d'une importance immense, puisque la richesse consiste surtout en argent et en titres. Les règles de la communauté sont, il est vrai, écrites aussi bien pour le mari que pour la femme. En effet, tous les deux sont privés de la moitié des biens qu'ils ont eus au moment du mariage, que le mariage soit dissous par la mort, par le divorce ou par toute autre cause.

Ceci est injuste aussi bien envers le mari qu'envers la femme. Seulement, comme l'usage de notre pays exige *surtout* de la femme l'apport des biens dans le mariage, la communauté nuit plus souvent aux femmes qu'aux hommes.

On pourrait croire que les règles de la communauté, tant qu'elle existe, font une situation identique aux deux propriétaires, puisqu'ils ont le même titre. Il n'en est rien.

La femme, propriétaire de la moitié des biens, n'a aucun des attributs que ce titre aurait dû lui conférer. — Elle n'a même pas la jouissance de ces biens, sans parler du droit d'aliénation, qui est pourtant essentiel et caractéristique du titre de propriétaire.

Admettons que la loi ait voulu éviter le choc de deux propriétaires au sujet du même bien, choc qui serait d'autant plus grave qu'il se produirait entre personnes obligées de vivre ensemble.

Mais la loi va beaucoup plus loin, puisqu'elle enlève à la femme, non seulement l'administration des biens dont elle est réputée propriétaire, mais même toute espèce de contrôle sur l'administrateur, le mari. Par conséquent, la loi force la femme d'abandonner à son mari son bien, qu'elle sera obligée de reprendre tel qu'il sera, bon ou mauvais, comme son mari le rendra, à moins qu'il ne devienne tellement mauvais qu'elle ait plus d'avantage à l'abandonner complètement ; c'est là le droit que la loi lui accorde, comme une faveur. La femme peut être riche au moment du mariage et en sortir absolument dépouillée, premièrement en perdant la moitié de ses biens, secondement en refusant d'accepter la communauté à la dissolution du mariage, quand elle est composée de plus de passif que d'actif, de sorte qu'elle perd ainsi le tout. Cet inconvénient n'existe pas pour le mari, même dans le cas où c'est lui qui apporte les biens, puisque c'est lui qui administre la communauté, c'est lui qui la fait fructifier, c'est lui qui en dispose par son caprice. Et même s'il fait périr la communauté, s'il se ruine, il le fait parce qu'il le veut bien, par sa volonté ou par sa faute. Mais il ne se laisse pas ruiner par une autre personne, comme c'est le cas de la femme.

Tandis qu'elle restreint les droits de la femme propriétaire, la loi augmente, exagère même les droits du mari propriétaire. Elle lui donne le nom d'administrateur et elle lui confère des droits qui dépassent ceux d'un administrateur ordinaire.

Voici les termes de l'article 1421 : « Le mari *administre* seul les biens de la communauté » et ensuite, « *il peut les vendre, aliéner et hypothéquer sans le concours de la femme* ». — Ces deux parties du même article sont en contradiction absolue, puisque vendre, aliéner et hypothéquer ne sont pas les actes d'un administrateur. La loi, sans consulter la femme, confère au mari des droits qu'elle a enlevés à la femme ! Tous les actes du mari, même involontaires (comme les quasi-délits) ou criminels engagent la communauté et, par conséquent, la partie des biens qui appartient à l'épouse, tandis que celle qui voudrait accomplir n'importe quel acte de nature à engager la communauté est obligée de demander l'autorisation de l'administrateur. Même la justice ne peut rien faire si le mari, administrateur de ces biens et de ceux de la femme, ne veut pas donner son consentement.

Mais la loi elle-même s'est aperçue du danger qui menace la femme grâce aux dispositions qu'elle a édictées. Pour y remédier, elle accorde à la femme trois soi-disant faveurs : 1° Le droit de renonciation à la communauté lors de la dissolution du mariage, dans le cas où la femme trouve plus avantageux de renoncer à tous les biens, tant ils sont grevés de dettes. Cette soi-disant faveur n'est que justice, puisqu'il serait injuste de forcer la femme à payer les dettes que le mari seul a contractées sur ses biens propres. — 2° Le droit d'accepter la communauté sous le bénéfice d'émolument ; ce bénéfice d'émolument lui permet de ne payer les dettes que son mari a faites seul que dans la mesure de l'actif qu'elle recueille. — 3° Enfin la loi accorde à la femme le droit de demander la séparation de biens, c'est-à-dire qu'elle lui permet de réclamer contre la communauté trop désavantageuse, et de demander un nouveau régime dans lequel chaque époux possède ses biens séparément. Nous parlerons en détail de la séparation de biens plus tard.

Toutes ces faveurs ne sont que la contre-partie bien faible de l'immense pouvoir du mari.

Que deviennent les biens immeubles que la loi exclut formellement de la communauté ? Ils restent propres à chaque époux, ils ne seront point partagés en deux à la dissolution du mariage. Mais tant que le mariage dure, c'est encore le mari qui est l'administrateur des biens de la femme, avec des pouvoirs moins étendus cependant que pour les biens communs. Et c'est lui seul qui a le droit de toucher tous les revenus en argent et en nature. Ses pouvoirs d'administrateur sont ceux d'un tuteur, plus le droit de jouissance. Il n'a pas le droit d'aliéner les biens propres de la femme ni de les vendre. Mais une question se pose : que peut faire la femme si le mari, malgré l'interdiction de la loi, vend son bien propre en le faisant passer pour le sien ?

On pourrait croire que la réponse est simple : la femme attaquera la vente, la fera résilier et reprendra le bien qui lui appartient. Mais, en réalité, cette question soulève beaucoup de difficultés, parce que toutes les actions du mari engagent la communauté et la femme dans le cas où, après la dissolution du mariage, elle accepte la communauté avec toutes les charges qui la grèvent. Dans le cas d'acceptation de la communauté, la femme devient garante solidairement avec le mari de son bien propre vendu par le mari. Elle ne peut pas alors faire de réclamation au sujet de la vente, puisque l'acheteur peut lui opposer l'exception de garantie. Comme on ne sait pas, tant que dure le mariage, si la femme acceptera ou refusera la communauté, la femme est obligée d'attendre, pour attaquer l'acte de vente, le moment de la dissolution du mariage. — Tout ceci est prétexte à de nombreux procès, à de nombreuses fraudes.

En général, nous pouvons dire que toutes les mesures que la loi prend pour obvier au danger résultant du grand pouvoir du mari supposent l'existence d'un patrimoine du mari. La loi accorde à la femme le droit de se soustraire à la communauté dans le cas où elle est trop onéreuse. Mais ce n'est point là une manière de rendre à la femme, même la moitié du bien qu'elle a eu le malheur d'apporter en mariage.

La loi exige du mari qu'il rembourse à la femme tout ce dont il a pu s'enrichir ou ce qu'il a dépensé pour son plaisir au détriment du patrimoine de la femme. En vue de ce résultat, elle accorde à la femme des actions contre le mari, elle lui confère une hypothèque qui vient avant toutes les autres. Mais à quoi lui servent tous ces privilèges, toutes ces actions, quand le mari n'a pas de biens ou quand il a su les dissimuler adroitement ? A rien. — Le régime légal actuel est une source intarissable de procès : c'est un de ses principaux défauts. La loi prétend avoir accordé au mari l'administration de tous les biens communs et propres pour protéger la femme contre son incapacité et contre son ignorance dans les questions d'affaires. Et, d'autre part, elle crée un régime compliqué, difficile à comprendre dans ses conséquences, plein d'inattendu et d'incertitude, et elle laisse à la femme qui, d'après cette même loi, est incapable dans les questions d'intérêts, le soin de choisir entre l'acceptation ou la répudiation de la communauté.

Pour un acte de cette importance, la loi lui reconnaît plus d'aptitude que pour toucher ses revenus ; la loi, qui représente la femme comme incapable de comprendre ses propres intérêts, lui dit qu'elle peut demander la séparation de biens dans le cas où sa dot serait trop menacée. Comment une femme peut-elle juger si sa dot se trouve en danger, puisqu'elle ne sait rien des affaires ? Et surtout, quand la loi lui enlève absolument toute espèce de contrôle sur les actions du mari ? D'ailleurs ce droit, que la loi accorde à la femme, de demander le régime de séparation de biens à la place du régime de la communauté, n'est-il pas le signe qu'elle-même reconnaît le vice de ce régime et la supériorité du régime de la séparation ?

Résumons les défauts qui résultent de cet examen rapide du régime légal : 1° il est dangereux pour la femme ; 2° il ne présente pas assez de garanties ; 3° il est trop compliqué ; 4° il est la source d'interminables procès ; 5° il permet le dépouillement impuni de la femme ; 6° il est la cause de nombreux mariages d'intérêt qui produisent de mauvais ménages ; 7° il est inconséquent, puisque tantôt il reconnaît, tantôt il refuse à la femme la capacité de diriger ses intérêts ; 8° enfin, et ceci est d'une importance capitale, il est injuste envers la femme, puisqu'il la sacrifie aux intérêts du mari, puisqu'il lui laisse un rôle nul dans la vie conjugale.

D'ailleurs, nous ne sommes pas seules à remarquer les innombrables défauts du régime légal. La loi elle-même s'en rend compte puisque, dans les cas où il produit des résultats par trop fâcheux, elle accorde à la femme le droit de demander un autre régime, celui de la séparation de biens.

Après avoir vu les défauts du régime légal actuel, nous pouvons aisément formuler quelles sont les qualités que doit présenter le régime légal désirable.

Avant tout, il faut qu'il soit simple, qu'il exclue autant que possible la formation des mariages d'intérêt, qu'il protège la femme autant que le mari, tout en lui donnant le droit de confier la direction à son mari si elle le juge opportun.

Il n'y a que le régime de séparation de biens accompagné de la clause de communauté d'acquêts qui présente les qualités requises.

En effet, ce régime est d'une simplicité remarquable ; il n'y a pas de confusion possible, car chaque époux est propriétaire et administrateur de ses biens propres. Que le mariage prenne fin d'une façon ou d'une autre, la représentation des titres de propriété suffit pour liquider la situation. Combien plus complexe n'est-elle pas, cette même opération, dans la liquidation de la communauté !

Quant aux biens qui ont été acquis pendant le mariage, il est juste que leur administration soit confiée au mari, puisque c'est lui, en général, qui apporte le plus de gain.

Ce régime est juste, puisqu'il laisse à chacun des époux ce qu'il a acquis personnellement avant de connaître l'autre, ou ce que ses parents, par un long effort, ont économisé pour leurs enfants. Il est d'autant plus juste qu'il exige que la femme, ainsi que le mari, apporte une part de ses revenus pour subvenir aux besoins du ménage.

Cette part peut être même le tout si le mari n'a rien. On objecte souvent, contre ce régime, qu'il ne permet pas au mari qui est dans les affaires de profiter des biens de la femme pour améliorer la situation commune. Cette remarque n'a rien de sérieux, puisque la femme ne refusera jamais de venir en aide au mari, d'autant plus que son intervention servira à l'amélioration du sort commun ; la femme en profitera, puisqu'elle aura la moitié du bénéfice acquis. Mais ce droit de donner ou de refuser son bien permet un contrôle sérieux des actions du mari, l'examen préalable, en commun, de toute entreprise. N'est-ce pas désirable ? Les femmes souvent savent donner de bons conseils. Sur la quantité de femmes qui sont dans les affaires, il n'y en a pas plus qui en font de mauvaises qu'il n'y a d'hommes.

Ce régime est meilleur que le régime de la communauté dans le cas des mariages d'intérêt, car le mari est obligé, pendant toute la durée du mariage, de se montrer convenable envers sa femme pour capter sa confiance et devenir son mandataire ; tandis que le régime légal lui permet d'abandonner toute espèce de politesse aussitôt le mariage célébré. Cela peut paraître amusant ; en réalité, c'est très grave.

N'est-il pas juste que le mari qui prend une femme pour son argent soit obligé, pendant toute la durée du mariage, à une certaine tenue ? Cette tenue est la compensation des avantages que la femme accorde à son mari sur ses biens. La loi ne permet pas l'escroquerie, quelque déguisée qu'elle soit. Et pourtant, elle la rend souvent légale et permise avec son régime. C'est de l'escroquerie que d'obtenir un consentement au mariage en simulant de la sympathie pour une femme quand on n'en a que pour son argent. Au moins faut-il que le mari puisse trouver son châtiment dans le besoin continuel de simulation. Souvent on dit qu'il est trop humiliant pour le mari de prier sa femme de consentir à lui venir en aide dans ses affaires. S'il n'est pas humiliant pour un homme de prendre l'argent d'une femme, il ne doit pas lui être plus humiliant de la prier de le lui donner chaque fois qu'il en a besoin.

Ce n'est pas par rancune que les femmes veulent enlever aux hommes le droit de disposer de leurs biens comme s'ils leur appartenaient, c'est une question plus haute. Il faut relever la morale du mariage, il faut lui enlever la possibilité de devenir une bonne affaire au détriment d'une autre personne. Du moins faut-il que la loi ne généralise pas un tel abus en maintenant un régime qui consacre une manière d'agir honteuse comme une action honnête.

Le régime légal n'est qu'un reste des temps où la femme était toujours mineure, où elle passait de chez ses parents chez son mari *filiæ loco*, au titre de fille. Le Code lui reconnaît un âge de majorité, il ne doit pas lui enlever les effets de la majorité par le seul fait du mariage.

L'adoption du régime de la séparation de biens comme régime légal ne produira aucun bouleversement regrettable, puisqu'il est déjà très employé. La statistique démontre l'augmentation croissante des demandes en séparation de biens. Si les femmes doivent employer leurs efforts pour faire admettre la séparation comme régime légal, c'est surtout en vue du changement moral qui doit s'ensuivre.

La loi elle-même accorde aux femmes le droit de demander la séparation de biens quand elles s'aperçoivent que l'administration du mari risque de les ruiner. Pourquoi les obliger d'attendre que leur situation soit suffisamment, et souvent à tout jamais, compromise pour leur accorder ce qui leur est dû, la conservation de leur bien ? Pourquoi mettre en branle le lourd et lent appareil judiciaire, pourquoi perdre le temps, pourquoi faire profiter les hommes d'affaires, pourquoi faire dépenser de l'argent, pourquoi produire un bouleversement dans l'existence d'un ménage, pourquoi affoler les créanciers et ainsi empirer la situation déjà fâcheuse du mari, en accordant à la femme le droit de le demander juste au moment où il vaudrait peut-être encore mieux ne rien changer ? Ce système ne profite, en général, en rien à la femme et nuit sérieusement au mari.

Ne vaut-il pas mieux adopter ce régime simple, honnête et équitable, et épargner ainsi des dangers à la femme et des ennuis au mari ? Ceux qui veulent faire autrement n'auront qu'à choisir un autre système. Mais au moins la loi aura atteint son but, savoir : la sauvegarde et la protection de la majorité, et la propagation de l'idée de justice.

M. TISSIER, *professeur à la Faculté de droit*. — Je ne sais pas s'il me reste quelque chose à dire, car je crois bien que je suis à peu près d'accord avec le rapport qui vient d'être lu. J'étais venu ici avec la pensée de le combattre et de soutenir le régime de la communauté d'acquêts contre la séparation de biens ; or, si j'ai bien compris le rapport qui vient d'être lu, on admet que la communauté d'acquêts doit subsister comme régime légal, à côté de la séparation de biens il est vrai, mais enfin on l'admet. Je n'ai donc pas besoin de développer longuement la thèse que je voulais défendre et qui avait été jusqu'à présent peu en faveur dans les congrès féministes : la communauté d'acquêts opposée à la séparation de biens absolue.

Je considère que, dans les ménages où la femme n'a pas de profession séparée, ni de fortune personnelle, mais où elle contribue par son travail, ses efforts, à assurer la prospérité de la famille, à accroître la fortune du ménage, je dis que, dans ces ménages qui sont la majorité, il serait injuste d'établir la séparation de biens et de dire à la femme qui a travaillé, contribué à acquérir les biens péniblement amassés : « Tu n'auras rien ». La communauté d'acquêts est préférable, puisqu'elle veut qu'en cas de séparation, l'on partage : travail commun, profits communs.

J'ajoute qu'il est impossible de songer à introduire en France la séparation de biens totale ; le législateur voudrait le faire qu'il ne le pourrait pas ; il ne peut instituer un régime matrimonial nouveau et presque inconnu chez nous ; on ne peut imposer à un pays un régime matrimonial contraire à ses mœurs, à ses traditions ; la loi ne doit pas aller contre les habitudes et les préférences de la grande majorité des familles. Le droit positif ne se fait pas en l'air et d'une façon spéculative. En France, les ménages sont, pour les neuf dixièmes, mariés sous le régime de la communauté ; elle ne leur est pas imposée ; ils l'acceptent dans un contrat ou sans contrat. Je dis que l'idée de la communauté, du moins pour les acquisitions de biens faites en commun, est, en France, indéracinable ou, du moins, est enracinée pour longtemps encore ; elle est dans notre chair, dans notre sang. Le législateur aura beau dire qu'il veut la séparation : la communauté subsistera. Qu'on dise en France que la séparation de biens sera le régime légal, les femmes n'en continueront pas moins à laisser leur fortune entre les mains des maris et les femmes seront ruinées, tout aussi bien qu'aujourd'hui, quand le mari dirigera mal le ménage ; elles le seront davantage car il n'y aura même plus alors les quelques garanties actuelles du régime de la communauté. La communauté a été une conquête féministe. Il y a, actuellement, des pays où la séparation de biens est le régime légal, le régime de droit commun : l'Italie, par exemple ; la situation des femmes y est infiniment inférieure à ce qu'elle est en France. Quand le mariage est dissous, les héritiers du mari prennent tout, et la femme est chassée de la maison ; elle n'a rien du mobilier acquis avec ses économies ; je trouve que la communauté d'acquêts est plus juste, plus morale et infiniment plus féministe. La séparation de biens est un régime fait pour les classes riches, non pour les classes laborieuses.

J'ajoute, enfin, que le régime de la communauté d'acquêts se concilie très bien avec le féminisme le plus avancé, avec les idées les plus avancées en ce qui concerne l'indépendance de la femme. On peut aller jusqu'à dire que la communauté sera gérée en commun par le mari et par la femme, qui auront les mêmes droits ; on peut enlever au mari les droits qu'il a sur les biens communs, et dire que tout acte important sera fait par les époux en commun, la femme étant devenue, d'ailleurs, capable d'administrer sa fortune propre. La communauté d'acquêts n'est donc pas inconciliable avec la pleine capacité et la pleine indépendance de la femme. On est donc plus féministe et l'on défend mieux les intérêts de la femme avec la communauté d'acquêts qu'avec la séparation de biens. La communauté d'acquêts avec de larges pouvoirs donnés à la femme sur ses biens propres et une part de l'administration de la communauté, je crois que tel est le régime le meilleur en France au point de vue féministe. C'est un peu le régime qui, jadis, a été présenté par Cambacérès à la Convention. Et les pays où les idées féministes sont très avancées, la Suède, la Norvège, le Danemark, par exemple, où la femme a des pouvoirs très étendus, sont des pays de communauté. En parlant comme je l'ai fait, je ne suis pas sûr d'être en désaccord avec le rapport, car, s'il défend la séparation de biens, il défend aussi la communauté d'acquêts ; avec des formules différentes, nous sommes peut-être plus près que nous ne le croyons.

Mme Oddo Deflou, *secrétaire générale*. — Je crains qu'il n'y ait un petit malentendu entre nous. Je crois que l'intention de Mme Bénézech a été d'indiquer que le régime légal serait à l'avenir une véritable séparation de biens, et que chaque époux aurait désormais la jouissance, l'administration et la disposition de son patrimoine qui a contribué, dans une certaine mesure, à subvenir aux charges du ménage. Telle a été l'idée du rapport.

Quant à la communauté d'acquêts dont il a été parlé ici, elle se réduit à une mise en commun des économies réalisées pendant la durée du mariage au moment où ce mariage est rompu. C'est là toute la portée de ce travail, et je crois en être certaine, ayant eu l'occasion de causer avec Mme Bénézech.

M. Tissier. — Ce ne serait pas une communauté d'acquêts, ce serait un partage des acquêts. La communauté d'acquêts, avec participation de la femme à la gestion des biens communs, qui ne pourraient être aliénés sans son consentement, lui donne évidemment une situation préférable, plus avantageuse et plus sûre.

Mme Oddo Deflou, *secrétaire générale*. — Ce serait un partage des acquêts après la dissolution du mariage survenue, soit par la mort, soit par le divorce. Voilà quel serait le système de Mme Bénézech ; c'est celui qui est, en général, préconisé par les féministes. Nous choisirons.

Nous avons un autre rapport de Mme José Martin-Vialla, qui conclut absolument comme M. Tissier.

Mme José Martin-Vialla nous expose le désir de lier les intérêts pécuniaires des époux parce que leur vie intellectuelle et physique est également liée, et elle conclut d'une façon analogue. Je ne me rappelle pas si elle cite, dans son rapport, l'opinion de M. Laurent, qui consiste à maintenir le régime de la communauté, mais en donnant aux époux des droits et des intérêts vraiment communs. Il y a même des juriconsultes qui voudraient qu'aucun acte de gestion des biens soit communs, soit propres, ne pût avoir lieu sans la participation des deux conjoints.

Voici les conclusions de Mme José Martin-Vialla, qui sont tout à fait dans l'esprit du discours de M. Tissier :

« Que le principe de la communauté soit respecté, mais que cette communauté soit réduite aux acquêts ; que, pour tous les actes engageant la communauté, l'intervention de la femme soit exigée ; que, sur leurs biens propres, les époux aient les mêmes pouvoirs d'administration et de jouissance ; suppression de l'hypothèque légale de la femme et de la faculté, que la loi actuelle lui reconnaît, de renoncer à la communauté ».

Je ferai observer que le régime de séparation des biens paraît plus logique dans une législation qui, comme la nôtre, admet le divorce et semble disposée à l'étendre de plus en plus — car vous avez voté tout à l'heure que vous ne vouliez plus de la séparation de corps. Or, qui dit suppression de la séparation de corps dit accroissement considérable du nombre des divorces.

Je laisse à votre réflexion le soin de voir si, dans l'hypothèse possible d'un divorce, il ne vaut pas mieux que les intérêts des deux époux soient séparés, d'autant plus que s'ils étaient communs et que si le mari conservait, comme à présent, l'administration et la jouissance des biens communs et même des biens de sa femme, il serait à craindre qu'il n'en dissimulât une partie pour le moment où cet orage, qui est toujours prévu, semble devoir éclater.

Un autre argument en faveur de la séparation de biens, c'est qu'elle n'est que la prolongation de l'état antérieur des époux. Les époux étaient libres de leurs biens avant le mariage, et il semble qu'ils ne changeraient pas de situation par le régime de séparation — ou, si l'on aime mieux supprimer un mot qui sonne mal aux oreilles, par un régime d'indépendance des biens. La communauté, au contraire, a le tort grave de bouleverser leurs habitudes acquises et ce qu'ils se sont accoutumés à considérer comme des droits naturels.

Mme Marya Cheliga, *présidente des Foyers pacifistes*. — A propos de la communauté, je ferai remarquer que, parfois, il y a des mariages où la femme n'apporte absolument rien. S'il n'y a pas de communauté, le mari, devenant riche, peut tirer cette conclusion que la femme, n'apportant rien du tout, n'a droit à rien, et les sentiments étant plus tièdes, la femme aurait une situation très malheureuse dans le ménage, tandis que la communauté garantit les droits de l'épouse. La communauté est un système de protection pour la mère de famille qui n'a pas de dot. En voulant améliorer le sort de la femme, nous pourrions lui faire du tort.

Mme Oddo Deflou, *secrétaire générale*. — M. Tissier pense qu'il est trop tard pour continuer la discussion, et surtout en commencer une autre. Nous remettons donc à ce soir une communication très intéressante de M. Ambroise Colin, professeur à la Faculté de Droit. C'est une appréciation de la dernière loi sur les salaires, qui est complétée par un vœu féministe (1).

Tâchons de nous résumer le plus clairement possible. Il y a, d'une part, un système de communauté d'acquêts qui accroît les pouvoirs actuels de la femme et lui donne droit de contrôle et même d'immixtion dans les opérations du mari ; les détails en seraient à déterminer. Voilà le système de M. Tissier et de Mme Vialla. Il y a un autre système qui est celui de Mme Bénézech et, je crois, de la majorité des féministes : il consiste à laisser à chaque époux la jouissance, l'administration et la disposition de ses biens personnels, quitte à établir une sorte de communauté d'acquêts (M. Tissier nous dit avec raison que c'est une expression impropre et sujette à équivoque, qu'il vaut mieux employer les mots « partage des acquêts » ou plutôt « partage d'acquêts »), après la dissolution du mariage.

Il n'est pas nécessaire d'entrer dans des explications beaucoup plus longues, parce qu'il y a très longtemps que ces questions sont agitées dans les divers groupes féministes, et l'on sait bien à quoi s'en tenir.

Mme de Maguerie. — Il y a un troisième procédé. On a parlé de la séparation de biens, on a parlé de la communauté réduite aux acquêts. Il y a un autre système, c'est la mutabilité du contrat de mariage. Qu'on assimile le contrat de mariage à un contrat d'association commerciale qui fait que, quand les situations des époux changeront, ils pourront, tout comme dans une maison de commerce, changer leur contrat. Le mariage en sera plus noble, puisqu'on séparera la situation pécuniaire de la question morale.

Mme Oddo Deflou, *secrétaire générale*. — Madame, ceci est une autre question, elle est sur notre programme : elle a été traitée par M. Dépinay, rédacteur en chef de la *Revue du Notariat* (2).

Nous agitons maintenant la question de savoir comment on se mariera. Vous voulez discuter pour établir si le contrat restera immuable comme en France, ou s'il pourra être changé comme maintenant en Allemagne. Il est très à la mode, à l'heure actuelle, de copier ce qui se fait en Allemagne.

Mme de Maguerie. — Je vous demande pardon, madame, ce n'est pas une question de mode.

Mme Marguerite Durand, *vice-présidente*. — Vous direz cela ce soir. Je vous assure, madame de Maguerie, que vous mélangez deux questions.

Mme Oddo Deflou, *secrétaire générale*. — D'ailleurs, madame, il y a beaucoup de gens qui ne font pas du tout de contrat, et c'est justement pour ceux-là que nous discutons.

(1) Le temps ne permit pas, malheureusement, la discussion de la communication de M. Ambroise Colin ; on la trouvera à l'Appendice.

(2) Voir, à l'Appendice, le rapport de M. Dépinay.

Mme de Maguerie. — S'il n'y a pas de contrat, il n'y a pas à discuter.

Mme Oddo Deflou, *secrétaire générale*. — Qui dit régime légal dit régime des gens mariés sans contrat ; donc la position de la question se trouve très bien délimitée.

Mme de Maguerie. — Le régime légal est, je suppose, la séparation de biens. S'il n'y a pas de contrat, je serais contente de savoir quels sont les biens de l'époux et quels sont les biens de la femme.

Mme Oddo Deflou, *secrétaire générale*. — Madame, vous posez une question qui se résoudra par la pratique, par un petit inventaire au moment du mariage des époux.

Dès aujourd'hui il y a des gens qui se marient sous le régime de la séparation de biens...

Mme de Maguerie — Mais, alors, ils ont un contrat.

Mme Oddo Deflou, *secrétaire générale*. — On pourra, à un contrat, substituer un inventaire qui comportera moins de frais.

A ce soir la suite de la discussion.

Mme BOGELOT

TROISIÈME SÉANCE

Samedi 27 juin, à 8 h. 1/2 du soir.

DROITS CIVILS PROPREMENT DITS

(Suite.)

LE MEILLEUR RÉGIME MATRIMONIAL DES BIENS

(Suite.)

Mme Oddo Deflou, *secrétaire générale*. — Mesdames, nous avons à terminer la discussion relative aux droits civils proprement dits.

Cette après-midi, lors de la discussion relative au régime légal des biens, il y a eu une telle confusion que nous avons pensé qu'il valait mieux recommencer. Je vais donc donner de nouveau des explications très rapides.

Vous avez entendu la lecture du travail de Mme Bénézech et le sens et les conclusions du travail de Mme José Martin-Vialla, ainsi que la communication de M. Tissier, professeur à la Faculté de droit, concluant dans le même sens que Mme José Martin-Vialla.

Suivant Mme José Martin-Vialla et M. Tissier, le meilleur régime des biens, au point de vue féminin, c'est une communauté dans laquelle la puissance de l'homme serait beaucoup atténuée, dans laquelle on ne lui laisserait pas tous les pouvoirs qu'il a aujourd'hui, dans laquelle on donnerait, au contraire, à la femme un contrôle sur son administration, mais où on laisserait, en somme, subsister la communauté, avec un certain concours de l'homme et de la femme dans l'administration des biens communs et, peut-être même, dans celle des biens propres à chaque époux.

Il y a là, d'une part, un régime de communauté où les pouvoirs de la femme seraient augmentés et ceux de l'homme diminués ; et, d'autre part, un régime où chacun aurait la jouissance et la disposition de ce qu'il possède, avec, à la dissolution du mariage — car autrement ce second système matrimonial a paru trop peu avantageux, même aux féministes — un partage des acquêts. Cette dernière expression vaut mieux que « communauté d'acquêts », ou même « société d'acquêts », laissant moins de place à l'équivoque.

Eh bien, mesdames, je vous demande de bien vouloir voter sur ces deux dispositions, afin que nous sachions laquelle vous préférez. Généralement, les sociétés féministes penchent du côté de la séparation de biens avec, à la dissolution du mariage, je le répète, un partage des acquêts.

Mme Vincent, *présidente*. — J'appelle votre attention, parce que je crois voir que la question n'est pas très bien comprise.

Je dois dire qu'afin de ne pas s'embrouiller dans tous ces termes juridiques qui sont très difficiles à comprendre pour nous, voici ce que nous avons voté déjà dans deux congrès :

« La séparation absolue des biens, mais, à l'instant que le mariage serait contracté, c'est-à-dire en sortant de la mairie, la communauté des gains qui pourraient advenir entre les époux ».

Comprenez-vous ? C'est absolument comme si vous fondiez une maison de commerce, puisque vous aurez chacun l'administration propre de vos biens, et que les gains que vous ferez pendant la période du mariage seront acquis à l'un et à l'autre, régis par les deux.

Trouvez-vous que ce régime soit plus favorable ?

Ainsi que je vous l'ai dit, nous l'avons voté dans deux congrès précédents.

Mme Maria Vérone. — Messieurs, mesdames, au nom de la Ligue du Droit des Femmes, je viens vous proposer, vous demander de voter le vœu sur la séparation des biens, mitigé par la communauté d'acquêts au moment de la dissolution du mariage. Ce régime, qui a l'air d'être un régime nouveau et qui effraie beaucoup de personnes, parce que ce serait, croient-elles, un régime absolument nouveau, n'est pas tel. Au point de vue des régimes purement matrimoniaux admis préalablement par le Code, ceci est une nouveauté ; mais, cependant, il est bon de remarquer que ce régime est actuellement institué en partie, même dans la communauté légale, par la loi du 13 juillet 1907, dont j'ai déjà eu l'occasion de vous parler tantôt. Cette loi, qui accorde à la femme la libre disposition de son gain, avec ce correctif, toutefois, que les deux époux doivent contribuer aux charges du ménage, a encore un autre correctif, celui-ci : à la dissolution du mariage, les biens acquis par la femme, même sans l'autorisation du mari, conformément à la loi, retombent dans la communauté et sont partagés également entre le mari et la femme. Donc, ce que nous vous demandons, qui a l'air, je vous le répète, d'être un régime nouveau, n'est que l'extension d'une mesure exceptionnelle prise par la loi de 1907, l'extension devenant, par conséquent, un régime de droit commun. Donc, pendant le mariage, l'homme et la femme auraient chacun la libre disposition de leur fortune, de leur dot, de leur gain, mais au moment de la dissolution du mariage, soit par la mort, soit par le divorce, les biens acquis pendant le mariage, c'est-à-dire provenant des économies des deux époux, deviendraient des biens de communauté ; — ceci pour répondre à l'objection qui a été faite par beaucoup de féministes, que le régime de séparation, tel qu'il est institué actuellement par notre Code, serait un régime de défaveur à l'égard des femmes n'ayant pas un gain propre, mais étant ce qu'on appelle des ménagères, ou travaillant avec le mari comme secrétaires du mari, ou dans une maison de commerce où la femme ne serait pas appointée par son mari. Dans ce cas, il serait inadmissible, en effet, que la femme fût, à la dissolution du mariage, considérée comme ne possédant rien.

Nous vous demandons donc de voter que le régime légal dans le mariage soit le régime de la séparation de biens, et que tous les biens acquis pendant le mariage soient, au moment de sa dissolution, considérés comme des biens de communauté. Nous faisons remarquer que nous ne faisons pas une révolution tellement terrible dans le Code ; que nous ne faisons qu'étendre et transformer en un régime de droit commun ce qui a été institué exceptionnellement pour les gains de la femme par la loi du 13 juillet 1907. *(Applaudissements.)*

Mme Compain. — Je demande la parole.

Mme Oddo Deflou, *secrétaire générale.* — Je trouve que Mme Vérone vient d'expliquer aussi clairement que possible la question ; si on vous l'explique encore davantage, vous serez bien plus embrouillés.

Mme Compain. — Mme Vérone a expliqué avec la plus grande clarté, en effet, le régime de la séparation de biens ; mais il y a un autre régime qui, d'ailleurs, n'existe pas encore, mais qui pourrait exister, au nom duquel je me permets de faire une simple observation. Il y a en ce moment, déposée sur le bureau de la Chambre et prête à être votée, une loi sur l'incapacité légale...

Mme Oddo Deflou, *secrétaire générale.* — Ne revenons pas là-dessus.

Mme Compain. — Nous sommes absolument dans la question. Il y a un projet de loi sur l'incapacité légale de la femme. D'après ce projet de loi, la femme qui travaille et la femme qui possède seraient affranchies légalement ; et alors, vous laissez complètement sous la tutelle du mari, avec le régime de la séparation de biens, la femme qui ne travaille pas au dehors, qui n'a pas un gain personnel par son travail, et la femme qui n'a pas de dot, et alors...

Mme Vincent, *présidente.* — L'assemblée est-elle suffisamment éclairée pour procéder au vote ?

Des Voix. — Oui ! oui !

(Mme Compain quitte la tribune.)

Mme Oddo Deflou, *secrétaire générale.* — Je vous demande de voter sur la proposition de Mmes Bénézech et Vérone, que je résumerai comme suit : *Régime de la séparation de biens avec partage des acquêts au moment de la dissolution du mariage.*

Mme Vincent, *présidente.* — Que les personnes qui sont d'avis d'adopter ce vœu lèvent la main.

(Adopté à l'unanimité.)

Mme Oddo Deflou, *secrétaire générale.* — Comme vous avez bien voulu remercier tantôt M. Beauquier, député, d'avoir présenté une proposition sur l'incapacité légale qui a maintenant un rapporteur, je vous prie de bien vouloir le remercier d'avoir déposé un projet qui répond exactement à ce second desideratum. M. Beauquier est ici ce soir; je vous prie de lui exprimer votre reconnaissance. *(Applaudissements prolongés.)*

Mme Oddo Deflou, *secrétaire générale.* — Nous avons encore un seul sujet à traiter; c'est la fin de l'ordre du jour de cette après-midi. Ensuite, nous passerons à une autre série de questions.

Mme Vincent, *présidente.* — Puissance du mari sur les enfants. Je préviens les orateurs que nous ne disposons que de très peu de temps, car ce soir c'est la question du travail : droits civils en connexion avec les droits économiques.

La parole est à Mme Schmid Jæger.

Mme Schmid Jæger :

PUISSANCE DU MARI SUR LES ENFANTS

Mesdames,

Messieurs,

Notre Congrès est une démonstration collective des revendications des femmes françaises — d'une minorité courageuse et clairvoyante, du moins, parmi les femmes françaises — contre les injustices nombreuses qui subsistent encore dans nos mœurs et nos lois envers notre sexe.

Parmi ces revendications, il y en a qui sont de date relativement récente, dont l'utilité et la justesse se font sentir depuis peu, à la suite de la modification profonde des conditions économiques qui obligent la femme du peuple et de la bourgeoisie peu fortunée à sortir, de gré ou de force, du foyer familial, et à prendre part au *struggle for life* moderne. Tels sont les droits économiques proprement dits, le droit d'entrer dans toutes les carrières, d'y obtenir un salaire et des grades égaux à ceux de l'homme, si le travail fourni est le même, comme dans l'enseignement, par exemple. La revendication des droits politiques est la suite logique des revendications économiques.

Les droits civils sont d'une tout autre nature, ont une portée bien plus générale encore et une source profonde et lointaine dans l'histoire de notre civilisation. Malheureusement, ils sont fort mal connus. Dieu sait pourtant si la plus humble paysanne n'aurait pas autant d'intérêt que la plus aisée bourgeoise à connaître les paragraphes les plus importants de ce Code civil, qui se mêle à notre vie dans ses plus intimes détails ! Mais la grande majorité des femmes ne s'en doute même pas, sans quoi son indifférence manifeste serait encore plus incompréhensible qu'elle ne l'est. Malgré que « nul Français — et nulle Française (là l'égalité ne laisse rien à désirer) — n'est censé ignorer la loi », toutes celles qui, à un mauvais tournant de leur vie ou de celle de leurs proches, ne se sont pas heurtées contre une loi cruelle et injuste, jouissent inconsciemment de la douceur de nos mœurs qui corrige bien des duretés du Code. Mais ces femmes heureuses et gâtées sont généralement mauvais juges dans cette matière, et l'un des buts de nos Congrès et de tous nos efforts est précisément de les réveiller de leur indifférence.

Si je comprends encore, à la rigueur, qu'il y ait des femmes, même intelligentes, qui rejettent le bulletin de vote pour leur sexe, comme une anomalie, je ne comprends plus du tout qu'il puisse exister une seule mère légitime qui ne se sente pas lésée dans ses droits les plus naturels et les plus sacrés par l'article 373 du Code civil : « Le père, durant le mariage, exerce *seul* l'autorité paternelle » : ce qui veut dire clairement que la mère n'a aucun droit sur le fruit de ses entrailles, né dans le mariage, que la volonté du père décide seule du sort de l'enfant légitime. Ainsi un père a parfaitement le droit d'enlever l'enfant à la mère dès sa naissance, de le mettre en nourrice, en pension, au couvent, de le marier, sans avoir à tenir compte des sentiments et avis de la mère à cet égard ! Je le répète : la plupart des mères ne se doutent nullement du pouvoir légal exorbitant du père sur les enfants.

Je sais bien que la grande majorité des pères de famille trouve naturel et commode d'abandonner à l'épouse tous les soins qui concernent les enfants, dès le berceau jusqu'au mariage. Les instituteurs, médecins et prêtres nous diront tous qu'ils ont presque toujours affaire à la mère, rarement au père des enfants qui leur sont confiés. Le père de famille est généralement trop absorbé par la nécessité parfois dure de gagner le pain de la nichée. Il est juste et indispensable qu'aucune décision importante ne soit prise sans son consentement ; mais il est souverainement injuste que sa volonté seule soit valable et décisive, même dans les cas heureux où il s'agit d'un homme digne et consciencieux. Le meilleur père connaît souvent fort mal la santé, les aptitudes et le caractère de ses rejetons dont la vie est, généralement, plus étroitement mêlée à celle de leur mère. Quand ce père est, par surcroît, un malade, un ivrogne ou un débauché, sans que la déchéance de l'autorité paternelle ait pu être obtenue à son égard, son pouvoir exclusif sur les enfants est encore plus révoltant et plus néfaste.

La puissance paternelle, dont la loi française investit le père seul pendant toute la durée du mariage, qui ne passe à la mère qu'en cas de mort ou de déchéance juridiquement constatée de l'époux, ou en cas de séparation de corps ou de divorce au profit de la femme, se compose :

1° d'un droit de garde, inaltérable même par contrat ;

2° d'un droit d'éducation, limité seulement par la loi sur l'instruction primaire obligatoire ;

3° d'un droit de correction, limité pour la mère veuve ;

4° d'un droit de jouissance sur les biens de l'enfant mineur et sur le produit de son travail jusqu'à 18 ans.

Vous voyez bien que je n'ai nullement exagéré, que la mère de famille normale qui n'est ni veuve, ni séparée de corps, ni divorcée, ni affligée d'un mari fou ou criminel, ne possède aucun droit légal sur ses enfants. Le fait d'être mentionnée à côté du père dans quelques articles (148, 173, 182, 371, 372, etc.) du Code civil ne lui accorde aucune autorité valable en opposition avec celle du père, tant qu'il vit.

Ce fait est d'autant plus remarquable qu'en France et ailleurs il y a des mères — et elles ne sont pas rares — dont l'autorité morale, même sur les fils, dépasse de beaucoup celle du père. C'est une affaire de caractère non pas de lois, dit-on, et cela prouve justement que le texte du Code n'a qu'une importance très restreinte dans la vie réelle. Hélas ! non, puisque la bonne éducation que de telles mères entendraient donner à leurs enfants peut être contrecarrée ou anéantie, sans recours pour elles, par la volonté tyrannique d'un père incapable ou indigne. La loi doit précisément intervenir là où les choses ne se passent plus normalement, et protéger les justes et les innocents contre les injustes. Or, quel homme de bonne foi, si imbu qu'il puisse être de la prépondérance de son sexe, osera prétendre que les pères sont toujours, sans exception, ou seulement dans la grande majorité des familles, plus capables et plus dignes que les mères de diriger l'éducation des enfants ? Certes, nous ne nierons pas qu'il n'y ait beaucoup de mères oublieuses et insoucieuses de leurs premiers devoirs, qu'une loi équitable doit donc protéger les enfants contre les abus de la puissance paternelle des pères et des mères, mais nous ne voulons plus partager avec le père de nos enfants les seuls devoirs et être assimilées aux mineurs quant aux droits. Cette situation est aussi contraire à la nature qu'à la logique et à la morale !

Et pourtant, cette grave atteinte à la dignité et à l'autorité de la mère de famille est inscrite, non seulement dans le Code Napoléon, si dur pour la femme en général, mais à un degré plus ou moins prononcé dans toutes les législations européennes. Dans aucun de leurs codes civils il n'est question de droits égaux du père et de la mère sur les enfants ; partout l'autorité du père est prépondérante, sinon exclusive.

D'où vient cet état de choses ?

Evidemment du droit romain dont la dureté excessive s'est quelque peu adoucie au courant des siècles, mais qui sert néanmoins encore de base à toutes nos législations modernes. Seules la Russie, la Norvège, le Danemark et la Belgique accordent à la mère le recours à l'autorité judiciaire, même durant le mariage, quand elle est d'avis que le père abuse de ses droits sur les enfants. D'autres législations tout nouvellement élaborées, comme le nouveau Code civil de l'empire allemand, en vigueur depuis 1900, et le projet d'un Code civil suisse ont, après force discussions et contrairement aux vœux et pétitions des féministes des deux pays, écarté ce recours de la mère contre la volonté exclusive du père, comme dangereux pour la paix conjugale et préjudiciable à l'autorité maritale qui, cependant, est censée abolie d'autre part, puisque la femme mariée peut être tutrice d'autres enfants que les siens.

Cette idée d'une autorité unique maintenue dans le mariage est en contradiction manifeste avec toutes nos idées modernes. La puissance autocrate une et non divisée est, en toute occurrence, battue en brêche au profit de la puissance partagée entre plusieurs et soumise au contrôle parlementaire. J'ai à peine besoin de vous citer l'institution de la Douma en Russie comme l'exemple le plus récent de cette évolution. D'autre part, dans des associations commerciales et autres, de plus en plus fréquentes de nos jours, l'autorité et la responsabilité sont partagées entre des associés par libre contrat et, s'il survient des divergences, on a recours à l'arbitrage et aux tribunaux.

Pourquoi ne s'inspirerait-on pas de cet exemple dans la réorganisation si urgente du Code civil, en ce qui concerne le mariage et la famille légale ? Je sais bien que beaucoup de jurisconsultes jettent les hauts cris dès qu'une main hardie et sacrilège — selon eux — ose toucher à l'édifice vermoulu de l'autorité maritale et paternelle. On dirait à les entendre que tout ordre et toute sécurité dans le mariage seraient perdus si nous autres, réformateurs et réformatrices, nous arrivions réellement à ébranler ces bases fondamentales et éternelles de la famille et de la société.

Sont-elles vraiment si éternelles que cela ? Il est permis aujourd'hui d'en douter. D'après les savantes recherches de Bachofen et d'autres érudits, l'ère historique universellement connue de notre civilisation aryenne, qui date seulement d'une vingtaine de siècles, aurait été précédée d'une longue période de civilisation matriarcale et gynécocratique, c'est-à-dire d'une ère où la femme, la mère principalement, occupait la situation prépondérante et privilégiée que l'homme, le père, aurait conquise depuis par une réaction violente contre ces anciennes mœurs et lois. De cette réaction témoignerait précisément, entre autres, la rigueur du patriarcat romain qui accordait au père de famille le droit de vie et de mort sur ses enfants.

Cet antique matriarcat, ce règne de la femme, de la mère sur les rudes guerriers qui lui obéissaient par vénération instinctive pour son rôle de créatrice, nous paraît, à nous — femmes d'un autre temps, pliées depuis plus de vingt siècles sous le dur joug du patriarcat vainqueur — une légende merveilleuse. Il s'en dégage pour nous un encouragement à réagir à notre tour contre cette ère patriarcale qui a assez duré, qui est manifestement à son déclin, pour faire bientôt place, non plus à une nouvelle et aussi injuste suprématie de la femme, mais simplement à l'égalité aussi parfaite que possible pour les deux sexes, nécessaires tous deux à la continuation de l'espèce et à une civilisation de plus en plus humaine et intégrale.

Mais, pardon, je me suis laissé un peu trop entraîner par une séduisante vision d'avenir, dont la réalisation est encore lointaine, hélas ! Hâtons-la de notre mieux et revenons pour cela à notre sujet précis. Notre Congrès tient avant tout à proposer des réformes pratiques et immédiatement applicables. Malheureusement, nos Congrès n'ont qu'une influence vague et lointaine sur les législateurs tant que nous ne serons pas électrices et éligibles pour les deux Chambres.

En attendant, ne soyons pas des ingrates, constatons que l'on nous écoute de plus en plus. Puisque tous les vœux justes et excellents des précédents Congrès de femmes n'ont pas encore force de loi, ne nous lassons pas de les reprendre et de les remettre sous les yeux de qui de droit.

Ainsi, je n'ai pas trouvé mieux pour remplacer avantageusement les articles 372 et suivants sur l'exercice de l'autorité paternelle pendant et après le mariage, que de proposer à votre appréciation les vœux élaborés après force discussions entre avocats et avocates dans la section de législation et de morale du Congrès international des Œuvres et Institutions féminines, en juin 1900.

Ces vœux ont été rédigés d'un commun accord par M. Marc Réville, avocat, aujourd'hui député, et Mlle Jeanne Chauvin, docteur en droit ; ils sont ainsi conçus :

1° *Durant le mariage, le père et la mère ont conjointement l'exercice et la jouissance de droits égaux sur la personne et sur les biens de leurs enfants communs.*

2° *En cas de dissentiment, chacun d'eux peut en appeler à l'arbitrage du juge de paix.*

3° *Le juge tâche de concilier les père et mère ; à défaut de conciliation, il formule dans la huitaine son avis qui, pendant un délai de huit jours, peut être déféré au président du tribunal du lieu ; le magistrat statue en dernier ressort, à peine d'amende, dans la quinzaine de l'appel.*

4° *Aucune de ces décisions n'est motivée.*

5° *En cas d'interdiction, de prodigalité, d'inconduite notoire judiciairement constatée, ou de condamnation à une peine afflictive ou infamante, les droits de l'article 1 cessent d'appartenir au père ou à la mère indigne et passent à l'autre époux.*

6° *En cas de divorce ou de séparation de corps, celui du père ou de la mère qui aura obtenu la garde des enfants communs aura seul les droits de l'article 1, sous la réserve pour l'exclu de s'adresser aux tribunaux dans le cas où son conjoint ou son ex-conjoint abuserait de ses droits au préjudice des enfants.*

Messieurs, mesdames, n'étant pas avocate, mais simplement mère de famille et féministe, je me suis bornée à vous exposer surtout le côté moral de la question de la puissance paternelle presque exclusive du père durant le mariage, ne me jugeant pas assez compétente pour entrer dans ses détails juridiques. J'espère que la discussion remédiera à cette grande lacune et que les juristes distingués ici présents vous éclaireront sur tous les points que j'ai forcément laissés dans l'ombre.

Mme VINCENT, *présidente.* — La parole est à Mme Bérot-Berger.

Mme BÉROT-BERGER, *présidente de la Fédération nationale des œuvres de protection de la maternité et de l'enfance :*

LA PUISSANCE DU MARI SUR LES ENFANTS

MADAME LA PRÉSIDENTE,

MESDAMES,

MESSIEURS,

Pour comprendre et interpréter à sa valeur une page de Beethoven, il est bon d'être initié à sa vie. Alors vous vibrez avec lui et ne donnez pas en brillant allégro un fragment composé dans une crise d'amère souffrance. L'initiation musicale est indispensable à l'interprète consciencieux.

Le législateur subit les mêmes influences et n'est pas plus impartial. En soi pèsent (malgré lui, parce qu'il est homme, donc imparfait) les joies et les rancunes intimes.

Le premier Consul, comme tous les jeunes gâtés trop tôt par la fortune et poussés par l'ambition, avait senti depuis six années l'ennemie en la femme qu'était Mme de Staël, lorsqu'il commença la revision du Code civil.

Je n'entrerai pas ici dans l'histoire, mais il importait de savoir que cette femme d'esprit et de talent le préoccupa chaque jour; que, sur les champs de bataille, il s'inquiétait régulièrement de ce qu'elle faisait, et qui était convié et reçu à Coppet.

J'ai donné récemment, dans *le Féministe* de Nice, l'aperçu du premier chapitre de ce duel secret et acharné qui contribua à mener l'empereur à Sainte-Hélène.

Nous y reviendrons ailleurs, en temps opportun.

Mais il est essentiel de signaler que ce n'est point la mère ni la Française que le Code a visées en 1803 : c'est la femme, dont Bonaparte commençait à mesurer l'importance du développement intellectuel, la finesse, la compréhension et, surtout, le libéralisme naissant.

Sournoisement il résolut d'étouffer, en l'étranglant, cet essor qui pouvait le gêner, l'éclipser, ou diminuer sa surface en partageant sa renommée.

D'où les chaînons qui paralysent les femmes les mieux intentionnées, dans la gérance de leurs affaires de famille, et qui laissèrent, durant un siècle, tant de charges à la puissance paternelle que celle-ci, émoussée puis usée, se trouve aujourd'hui réduite à l'impuissance de fait, et abandonne à la mère, privée de droits civils, presque toutes les charges et tous les devoirs.

Mais le vieux siècle est clos et le jeune n'est point encore frappé de cécité.

La puissance paternelle, dont je vais essayer de vous esquisser les articles spéciaux, ne dure plus guère qu'en droit, et ne s'applique que lorsqu'on est aux prises avec son avoué, son notaire ou la justice : justice que le Code, en ses articles conçus contre la féminité, empêche d'être juste. Autrefois, le père s'occupait de ses fils, et la puissance du mari sur les enfants pouvait figurer avec honneur au chapitre neuvième. Aujourd'hui, le père laisse toutes les directions à la femme et, sauf de rares exceptions, la mère doit penser à tout. Une femme d'un pauvre faubourg me disait textuellement, le mois dernier, pendant une enquête que je poursuivais chez elle, en vue de lui voir décerner un des prix de Jeanne-Marie de Chambrun : « Ma force, madame, *c'est le gouvernement des enfants*. Au lieu d'obéir nous-mêmes au père, nous sommes devenues « commandantes », parce qu'il nous y a obligées. Ce sont les hommes qui ont appelé et fait le règne des femmes, parce qu'ils sont fatigués du leur qui les a éreintés ».

Je cite absolument la phrase de Mme Dramez, qui continua : « Demain, ce sera mieux encore ; le père, épuisé de lutter douze à quinze heures par jour contre la concurrence ou le chômage, rentrera chez lui plus déprimé et plus mort encore. Et si l'on ne consacre point, par une loi, les droits que notre compétence appliquée nous donne en principe, les enfants, qui ne sont pas forcés de se plier à la puissance maternelle, la seule effective, s'en iront épars, et la famille déjà atteinte suivra en dérive. »

Je ne m'excuse pas, mesdames, de vous répéter les mots d'une laborieuse grand'mère, au lieu de vous citer Condorcet ou Stuart Mill. Il faut laisser parler la femme du peuple, aujourd'hui ; son bon sens dépasse celui de bien des gens qui ne relatent que les savants, les pédagogues en chambre ou les auteurs de sociologie à l'usage des femmes du monde.

Il est essentiel que la loi nouvelle donne satisfaction aux femmes de tous les milieux. Je me sens en quelque sorte, en ce Congrès, la déléguée de la travailleuse parce qu'elle sait que ma vie lui appartient et que, matériellement, ne tenant à rien, je suis toujours disposée à l'aider si elle s'aide elle-même.

J'aurais pu mentionner ici les principales clauses du Code civil qui nous tiennent en état d'infériorité et nous placent au niveau *des inconscientes et des interdites* : l'une des rares égalités, du reste, que nous puissions relever dans ces textes du sénatus-consulte. Mais l'honorable professeur au Collège libre des sciences sociales, Mme Souley-Darqué, nous a si remarquablement résumé « la femme et le Code », dans son intéressant ouvrage *Le servage de l'épouse*, que l'on voudra bien s'y reporter, et que je ne parlerai ici que des articles du chapitre de la Puissance paternelle qui ne s'occupent des mères que pour les amoindrir, les blesser ou les léser.

Dans quel but la puissance paternelle a-t-elle été organisée ?

1° Dans *l'intérêt de l'enfant*.

A côté de sa faiblesse, la nature a placé un protecteur qui doit faire avec succès son éducation physique et morale.

2° Dans *l'intérêt des père et mère.*

Car l'homme n'est jamais plus heureux que lorsqu'il est témoin des succès de ses enfants et de l'estime publique dont ils jouissent.

3° Dans *l'intérêt de l'Etat.*

La puissance paternelle est, en effet, ou plutôt devrait être, l'élément moralisateur de la famille.

Or, la famille, c'est l'élément primitif et nécessaire de toute la société.

Dans un sens très large, la puissance paternelle est l'ensemble des droits que la loi confère aux ascendants, dans leurs rapports avec leurs descendants.

Les attributs de la puissance paternelle, envisagés *lato sensu*, sont fort nombreux. Je citerai à titre d'exemples :

1° le droit d'élever nos enfants et de les priver momentanément de leur liberté lorsqu'ils manquent à leurs devoirs (art. 372 et suivants) ;

2° le droit d'administrer leurs biens (art. 389) et d'en percevoir les revenus, avec dispense d'en rendre compte (art. 384) ;

3° le droit de consentir à leur mariage, ou au moins d'être consultés par eux, lorsqu'ils ont atteint l'âge où il leur est permis de se marier eux-mêmes (art. 148 et suiv.) ;

4° le droit de former opposition à leur mariage (art. 173) ;

5° le droit de consentir à leur adoption, ou de l'empêcher (art. 346) ;

6° le droit, accordé au dernier mourant des père et mère, de choisir un tuteur testamentaire à ses enfants mineurs (art. 397) ;

7° le droit de tutelle (art. 390 et 402) ;

8° le droit d'émancipation (art. 477).

Dans un sens plus restreint et spécial, la puissance paternelle est le droit qu'ont les père et mère de faire ou de diriger l'éducation de leurs enfants. A côté de ce droit d'éducation se placent d'autres droits qui en sont comme les corollaires ou les compléments nécessaires, savoir : les droits de garde, de correction, d'administration et de jouissance légale.

Ainsi : 1° droit d'éducation et, comme corollaires, 2° droit de garde, 3° droit de correction, 4° droit d'administration, 5° droit de jouissance légale.

Tels sont les attributs de la puissance paternelle proprement dite.

Ces droits font l'objet du titre neuvième du Code civil.

Toutefois, le droit d'administration a été réglé à part au titre de la tutelle (art. 389).

Quant aux autres attributs de la puissance paternelle, on les trouve épars çà et là, dans les autres parties du Code.

Et voici qui annule toutes les forces de la mère et constitue la plus grave des injustices :

Art. 373 : *Le père seul exerce cette autorité durant le mariage.*

C'est pourquoi je réponds, indignée, avec Mme Souley-Darqué : « Qu'est-ce qu'une autorité maternelle peut être là où l'autorité paternelle s'exerce seule ? » Elle doit s'éclipser devant elle comme une pâle étoile devant le soleil.

Pendant la durée du mariage, ne parlons pas de l'autorité maternelle..... car si nous cherchons ses droits, nous n'en trouvons aucun.

Légalement, le père seul peut choisir le mode d'élevage, allaitement maternel ou mercenaire, dans sa maison ou au dehors, biberon ou système mixte, sans l'avis de la mère, sans que la société, sous la forme d'un médecin-inspecteur, ait à intervenir. Il peut décider de l'abandon de l'enfant à l'assistance publique, sans le consentement de la mère. Il peut faire détenir son enfant âgé de moins de 16 ans 1 mois, et le président du tribunal devra, sur sa demande, délivrer un ordre d'arrestation sans aucune écriture ni formalité judiciaire d'aucune sorte, et sans que les motifs de l'arrestation soient énoncés. Il peut choisir, lui seul, le mode d'instruction et d'éducation de l'enfant, fausser son esprit, etc., etc Enfin, si, pour le mariage des enfants, la mère est consultée, en cas de désaccord entre les parents, le consentement du père suffit.

Mesurons ensuite, mesdames, la profondeur de l'erreur psychologique dans laquelle tombe le législateur, en supposant que les hommes ne sauraient contracter, en secondes noces, que des mariages de raison, alors que les veuves ne se remarieraient que pour être adorées et dupes.

Exemple : Qu'advient-il des droits de la mère remariée ? En est-il de même du père remarié ?

La mère qui se remarie perd complètement son droit de correction. Le père remarié le conserve, mais modifié : au lieu de l'exercer par voie d'autorité (dans le cas où l'enfant a moins de 16 ans commencés), il ne l'exerce plus que par voie de réquisition.

La raison de cette différence se tire de la condition différente qu'un second mariage fait au père et à la mère.

Quelle est la cause de cette différence ?

L'homme qui se remarie ne s'absorbe point en sa nouvelle épouse (avis aux veuves). Il en subit l'influence, sans doute, mais enfin il conserve réellement son autorité. Il suffit donc de modifier son droit de correction par le pouvoir modérateur confié au magistrat chargé de délivrer l'ordre d'arrestation.

La veuve, au contraire, qui prend un second époux est, plus souvent, entièrement soumise à son autorité. Si donc la loi lui eût laissé son droit de correction, ce n'est pas elle qui l'eût exercé, c'eût été son nouveau mari.

Il n'y a pas d'autre cause majeure à rechercher ou à invoquer contre la dépopulation. M. Alfred Naquet nous signale une moyenne annuelle de 55.000 veuves qui ne se remarient point ; ajoutons-y 11.000 femmes divorcées redevenues célibataires, et nous voyons le chiffre coquet de 66.000 femmes, âgées de 20 à 45 ans, rendues improductives de par les effets du Code.

Pour que celui-ci ne leur reprenne pas, sur leurs enfants, les quelques débris de droits concédés par ce dispensateur parcimonieux, elles se résignent au vide de leur cœur et à la stérilité de leur corps.

Qui les y force ? La loi.

Mais je conclus aussi, avec M. Alfred Naquet (bien que n'épousant pas en tous points ses sentiments) : « Un livre, comme un congrès, n'exerce d'influence réelle que si l'objet dont il traite préoccupe déjà l'opinion, et il est dès lors utile de profiter, pour répandre ce qu'on croit être la vérité, des moments où le sujet qu'on veut traiter est, ainsi qu'on dirait à la Chambre, à l'ordre du jour ».

C'est actuellement le cas pour tout ce qui a trait au mariage, au divorce et aux articles précités.

Il faut donc, mesdames, avec un peu de courtoisie et beaucoup de vigueur, prouver à nos ex-seigneurs que l'heure de réaliser le second terme de la devise républicaine « Egalité » vient de sonner ici, et que cette égalité doit être proclamée pour l'humanité *tout entière*, et non pour une *fraction* de cette humanité. Les victimes féminines ne crient pas vengeance mais justice, et la justice ne sera que par l'égalité des droits conférée à celles qui acceptent et pratiquent l'égalité des devoirs.

Considérant le bénéfice social que la nation retirerait du vote et de l'application des deux vœux proposés ici, nous en confions la ratification aux très compétents et dévoués membres du Congrès :

1° Suppression ou modification dans le Code civil de l'article 373 : le père seul exerce l'autorité durant le mariage.

2° Egalité des droits de correction conservés à la mère comme au père qui se remarie.

Mme ODDO DEFLOU, *secrétaire générale*. — Les vœux de Mme Bérot-Berger rentrent à peu près dans ceux de Mme Schmid Jaeger.

L'article 386 du Code civil a été réformé ; maintenant, la femme qui se remarie conserve l'usufruit des biens de ses premiers enfants.

M. RIÉMAIN, *secrétaire général de la Ligue nationale anti-alcoolique*. — Les très remarquables rapports que vous venez d'entendre et d'applaudir se terminent tous les deux par des vœux et, comme le disait Mme Oddo Deflou d'une manière qui était, je crois, très pratique, il sera facile de réunir ces vœux et d'en faire une liste unique, les vœux du second orateur n'étant pas très différents de ceux du premier.

Je prends simplement la parole pour demander à ajouter un seul mot au cinquième vœu de Mme Schmid :

« En cas d'interdiction, de prodigalité, d'inconduite notoire judiciairement constatée, ou de condamnation à une peine afflictive ou infamante, les droits de l'article premier cessent d'appartenir au père ou à la mère indigne et passent à l'autre époux » que je vous demanderai de rédiger comme suit :

« En cas d'interdiction, de prodigalité, d'inconduite notoire judiciairement constatée, *d'alcoolisme physiologiquement constaté*, etc. » *(Applaudissements)*; le reste comme ci-dessus.

Mesdames, je crois que ce mot se justifie assez de lui-même ; vos applaudissements me prouvent que votre opinion sur ce point est faite, je n'insisterai donc pas ; je dois simplement faire remarquer que le vœu se défend assez de lui-même parce que lorsqu'un homme a poussé l'oubli de ses devoirs jusqu'à devenir une de ces brutes dont vous avez entendu parler — car j'espère que vous n'en connaissez pas — il est absolument indigne d'exercer une puissance sur ses enfants. *(Applaudissements.)*

J'ajoute que ce vœu se justifiera aussi d'une seconde façon. Je trouve que, dans ce Congrès où nous étudions tous la manière de rendre la condition de la femme meilleure, ce serait une lacune véritable que de ne pas dire un mot de ce grand ennemi de la femme qu'est l'alcool. Il ne faut pas que la banalité de certains tableaux nous en masque l'horreur.

Quand on pense à ce qu'est l'alcool pour une quantité de femmes, pour les femmes les moins heureuses, les moins fortunées ; quand on pense au rôle que cet alcool joue dans leur vie, lorsqu'elles attendent leur mari le jour de paye, qu'elles savent qu'il ne va pas rentrer ou qu'il ne rentrera que tard, lorsqu'il aura bu le pain de ses enfants ; qu'à la première observation, il se mettra à les battre et même à les tuer, alors on est forcé de voir et d'affirmer que ces femmes-là sont des martyres de l'alcool et que nous devons lancer une protestation contre cet alcool sous cette forme parfaitement régulière.

Mme Oddo Deflou, *secrétaire générale*. — Nous allons mettre aux voix les vœux de Mme Schmid Jaeger, en ajoutant la phrase indiquée par M. Riémain, secrétaire général de la Ligue anti-alcoolique, que la plupart d'entre vous connaissent.

Mme Schmid Jaeger relit les vœux contenus dans son rapport.

Mme Oddo Deflou, *secrétaire générale*. — Je demanderai que, dans les premières années de l'enfance, jusqu'à 6 ans par exemple, la puissance appartienne exclusivement à la mère.

Seriez-vous disposés à voter une semblable disposition ? *(Protestations.)*

Nous avons très peu de temps et je regrette que nous ne puissions pas entamer une discussion sur ce sujet, mais pour ce motif je n'insisterai pas. Je crois donc qu'il vaut mieux voter les vœux de Mme Schmid Jaeger tels qu'ils sont. Lorsque nous entrerons en relations avec le Parlement, nous pourrons peut-être alors tenir compte de ce que beaucoup de personnes demandent la puissance exclusive de la mère pendant les premières années de l'enfance.

Mme VINCENT, *présidente*. — Je mets aux voix les vœux de Mme Schmid Jaeger (1) :

1er vœu : adopté à l'unanimité.

2e — — —

3e — — —

4e — — —

5e (2) — — —

6e — — —

Je vais mettre aux voix les vœux de Mme Bérot-Berger :

1° Suppression ou modification dans le Code civil de l'article 373 : le père seul exerce l'autorité pendant le mariage ;

2° Egalité des droits de correction conservés à la mère comme au père qui se remarie.

Mme Maria VÉRONE. — Sur la question de la correction, nous sommes plusieurs à demander que la correction soit supprimée du Code civil ; les parents ont des devoirs et non pas des droits. Le droit de correction paternelle est une chose absolument monstrueuse.

UNE VOIX. — Qu'est-ce que le droit de correction ?

Mme Maria VÉRONE. Le droit de correction, c'est le droit de s'adresser au président du tribunal pour faire mettre un enfant en prison quand il vous a manqué de respect ou fait quelque chose qui vous a déplu.

Il ne faut pas dire que ce droit n'existe pas, car, en ce moment, il y a, à la Petite-Roquette, un enfant dont je me suis occupée, qui est là avec un mois de correction paternelle.

J'ai vu également un autre enfant, âgé de 15 ans, comparaître devant le juge d'instruction ; j'ai assisté, chez le juge d'instruction, aux débats entre le père et le fils et j'en suis sortie écœurée.

Voilà un garçon qui est à la Petite-Roquette, en prison préventive, et qui doit faire quatre mois de correction, en cellule, comme un prisonnier.

UNE VOIX. — Qu'a-t-il fait ?

Mme Maria VÉRONE. — Cet enfant de 15 ans se permet de discuter avec son père.

UNE VOIX. — Le motif ?

Mme Maria VÉRONE. — Je vous le dis, sans aucun autre motif.

Mme ODDO DEFLOU, *secrétaire générale*. — Messieurs et Mesdames, je demande que nous continuions le programme sans discuter plus longtemps.

Mme Maria VÉRONE. — On a présenté un vœu sur cette question ; par conséquent, nous avons le droit de la discuter.

Mme ODDO DEFLOU, *secrétaire générale*. — Nous avons le droit de continuer le programme. D'ailleurs, il n'est pas du tout question de maintenir ou de supprimer le droit de correction.

Mme Maria VÉRONE. — Vous l'avez mis au programme, ce n'est pas nous.

(1) Voir ci-dessus, page 128.

(2) Avec l'addition proposée par M. Riémain à la page précédente.

Mme Oddo Deflou, *secrétaire générale*. — Nous avons mentionné la puissance du mari sur les enfants, sans même prononcer le mot de « correction ».

Mme Maria Vérone. — Ah ! pardon, il y a le mot de correction, et j'ai pris la parole au sujet du vœu de Mme Bérot-Berger qui parle de correction. Eh bien ! pas plus pour le père que pour la mère, nous ne pouvons admettre que l'on puisse s'adresser au président du tribunal et que, de par la volonté du président, un enfant aille en prison.

C'est pourquoi je vous demande que le vœu soit mis aux voix, et j'espère qu'il y aura une énorme majorité de pères et de mères de famille conscients, non pas seulement de leurs droits, mais surtout de leurs devoirs, qui repousseront la correction paternelle.

Si l'enfant a commis un délit, qu'il aille devant le tribunal, qu'il ait un avocat pour le défendre et que les magistrats jugent.

Mme Vincent, *présidente*. — L'assemblée est-elle disposée à voter sur la motion de Mme Vérone ?

Mme Maria Vérone. — Je vous demande de repousser le vœu de Mme Bérot-Berger.

Mme Bérot-Berger. — Voici mon vœu : Egalité des droits de correction entre le père et la mère.

Aux termes de la loi, il y a deux façons de faire arrêter l'enfant, par voie d'autorité ou de réquisition. Par voie d'autorité, c'est que le père a vu que le fils commet un acte immoral et qu'il ne veut pas que, dans la maison paternelle, sa mère soit tout à fait fâchée, ou meurtrie, par cette révélation. Il est obligé de s'adresser au juge de paix ou au procureur pour faire arrêter l'enfant, il ne peut pas donner lui-même des ordres aux gendarmes. Ceci n'a lieu que dans des cas exceptionnels et excessivement rares. J'ai vu un juge d'instruction, il m'a dit : « Nous avons peut-être un cas en dix ans dans sept ou huit départements, cas où le procureur de la République reçoit l'ordre tout à fait discret du père. L'enfant est arrêté et l'on ne doit pas ébruiter la cause, si c'est une affaire de mœurs, etc. Quand il agit par voie de réquisition, le père est obligé de faire connaître au procureur les raisons pour lesquelles il fait arrêter son enfant ; et, alors, le procureur de la République discute avec le père, fait quelquefois demander la mère, et très souvent ne donne pas suite à l'arrestation.

Voilà les deux cas. Il faut bien que le père fasse arrêter un enfant qui donne le mauvais exemple dans la famille.

Mme Vincent, *présidente*. — Je crois que nous nous conformerions au désir de toute l'assemblée si nous disions : Suppression du droit de correction, pour le père comme pour la mère.

Des Voix. — Oui ! Oui !

Mme Vincent, *présidente*. — Mme Bérot-Berger se rallie à cette proposition : *Suppression du droit de correction pour le père et pour la mère*.

Je mets cette proposition aux voix.

(La proposition est adoptée à l'unanimité, moins 8 voix.)

DROITS CIVILS

en connexion avec la question économique

(Travail des femmes)

Mme Marguerite DURAND, *vice-présidente :*

En dépit des dictionnaires qui le définissent ainsi : *s'appliquant à tout, comprenant tout,* le mot « universel » appliqué, dans notre pays, au suffrage politique, ne désigne ni la totalité, ni même la majorité des Français.

Dépassant, en France, de près d'un million d'individus la population masculine, les femmes : *majorité*, se voient imposer des lois par les hommes : *minorité*.

Faussé dans son principe, le suffrage dit « universel » l'est forcément dans ses manifestations.

Des lois faites par une seule catégorie d'individus ne sauraient convenir à tous.

Le fait que les lois françaises avantagent les hommes, infériorisent les femmes, n'est plus à démontrer.

Mais il serait injuste d'attribuer cette situation à la seule mauvaise foi masculine. Elle a, en réalité, d'autres causes. Les énumérer nous entraînerait trop loin, car il nous faudrait remonter aux temps préhistoriques où, selon les anthropologistes, la femelle et le mâle du couple humain étaient égaux de force et de taille, pour suivre, à travers les civilisations successives, les raisons de la perte, entre les sexes, de toute égalité.

Ce serait raconter l'histoire de l'humanité tout entière. Vous n'êtes point ici pour l'entendre. Je ne suis pas ici pour vous la raconter, mais seulement pour tâcher de mettre en lumière les arguments qui nous paraissent probants, pour qu'en l'état actuel de notre société la femme puisse, non pas prendre votre place, Messieurs, comme vous faites semblant de le croire pour ridiculiser nos aspirations, mais pour occuper, à côté de vous, la place à laquelle devrait avoir droit, aujourd'hui, l'être responsable et devant le fisc et devant la loi, qu'est la femme.

Mesdames et Messieurs, si l'infériorité légale des femmes n'est pas de leur fait, il est d'autres infériorités dont elles se plaignent et dont, en toute justice, elles ne devraient accuser qu'elles-mêmes.

« Si les hommes font les lois, a dit le prince de Ligne, les femmes font les mœurs. » Cela est très exact.

Gardiennes des traditions, surtout des traditions surannées, soucieuses du *qu'en dira-t-on ?* elles s'embarrassent dans des préjugés dont aucune loi, aucun décret, ne les oblige à s'embarrasser.

Nous avons vu des féministes se réunir en congrès, faire des campagnes de presse en faveur de la suppression de la jupe longue et de celle du corset, réclamer pour la femme un costume rationnel.

Est-il sensé, vraiment, d'occuper l'attention publique de ces questions ? Celles qui ont besoin d'un congrès pour s'apercevoir que le corset les gêne ou qui, s'en rendant compte, continuent à le porter ; celles qui, allant à pied, s'embarrassent de jupes à traîne, sont d'une mentalité bien peu intéressante... Elles ont vraiment tort de s'en prendre aux lois, aux hommes, à la société qui, réellement, ne sauraient être responsables de ces petites incommodités, filles, seulement, de l'usage, de la mode, ou de la simple coquetterie.

Si les mères, en dépit des enseignements parfois si cruels de la vie, s'obstinent à créer chez leurs filles une mentalité différente de celle de leurs fils, si elles inculquent aux filles et aux garçons des principes d'une morale essentiellement différente, ont-elles le droit de s'étonner et de se plaindre ensuite de la mésintelligence qui règnera entre des êtres faits pour vivre en perpétuel contact ?

Si, à force de cultiver en elles les vertus qui, paraît-il, constituent le plus bel ornement de leur sexe et qui sont la modestie, l'humilité, l'esprit de sacrifice, l'on atrophie chez les jeunes filles toute initiative, tout amour du travail, toute légitime ambition... et si on les livre à la vie désarmées, sans leur avoir appris ce qu'est la vie, ce n'est pas la faute des lois.

A la vérité, de grands progrès, des progrès *dus* au féminisme, sont à constater à ce sujet. Nous commençons à voir, en France, dans les milieux moyens, ce qu'il y a peu de temps l'on n'y voyait pas : des jeunes filles instruites, éprises de travail, à l'esprit libre, au cerveau éclairé, ayant un juste aperçu et de leurs droits et de leurs devoirs.

Ce sont les « citoyennes » de l'avenir, que le féminisme s'efforce de créer. A celles-là, nul ne marchandera plus tard, soyez-en sûrs, l'égalité devant toutes les lois.

Les parents français commencent à se faire à l'idée que la chasse au mari ne doit plus être l'unique préoccupation de qui possède une fille, et qu'une profession vaut une dot.

Sur ce point, les lois et les mœurs commencent à se mettre d'accord. Le mariage, par exemple, d'un officier avec une femme ne possédant pas la dot réglementaire, mais exerçant une profession honorable dont le rapport équivaut à cette dot, vient d'être récemment autorisé ; de même qu'a été supprimé l'odieux règlement interdisant le mariage d'un officier avec toute femme n'étant point enfant légitime ou légitimé.

*
* *

En entendant, tout à l'heure, avec un talent et une finesse d'observation que vous apprécierez, Mmes Héra Mirtel et Marguerite Dreyfus faire la nomenclature des métiers, des professions que les femmes n'exercent pas et auxquels tout semble les prédisposer, vous jugerez certainement, comme nous, que la classification, dans une société civilisée, des êtres par *sexe*, est la plus stupide des classifications.

Pourquoi les hommes s'obstinent-ils à en faire usage ? Sur quoi se basent-ils pour affirmer leur sexe superieur au nôtre ?

Est-ce sur la force physique ?

Le raisonnement ne vaudrait pas. N'y a-t-il pas quantité d'hommes débiles qui seraient parfaitement incapables d'accomplir la besogne qu'accomplit, journellement, une fille de ferme ? L'armée si nombreuse des dispensés est-elle privée des droits du citoyen ?

Dans le domaine intellectuel, la femme n'a-t-elle pas, comme l'homme, marqué sa bonne place ?

Hélas ! voici le point faible !

Les femmes n'ont compté parmi elles ni un Napoléon, ni un Shakspeare, ni un Raphaël, ni un Michel-Ange.

Cela est bien fâcheux pour elles, car on le leur reproche souvent ! Des hommes qui n'ont d'ailleurs, personnellement, aucune ressemblance avec ces types uniques dans leur genre, se servent journellement de ces exemples pour proclamer l'infériorité des femmes.

Etant donné les conditions déprimantes de l'éducation des femmes, ce reproche équivaut à celui que l'on pourrait faire en reprochant à un cheval entravé, claustré dès sa naissance, de ne point avoir les performances d'un cheval de course, à l'entraînement dès sa première année.

Nous n'avons eu ni un Napoléon, ni un Shakspeare, ni un Raphaël, c'est entendu ; mais, dans toutes les branches des arts, des sciences, de la politique même, des femmes ont occupé, de tout temps, des places prépondérantes. Si cela est si généralement ignoré, il faut en accuser, d'abord, l'esprit clérical qui a pesé sur l'instruction donnée depuis des siècles à la jeunesse française, et qui règne trop encore sur les programmes de l'enseignement moderne.

Est-ce aux jeunes garçons que l'on tenait, presque dès le berceau, à convaincre de la supériorité de leur sexe, que l'on aurait cité en exemple des femmes supérieures ?

Est-ce aux jeunes filles qu'il fallait inciter, d'abord, à la pratique des vertus chrétiennes d'humilité, de modestie, d'abnégation, que l'on devait citer tant d'héroïnes échappées, pour le grand bien de l'humanité, à la gloire obscure du foyer ?

Dans toutes les branches de la science, de l'art, des femmes se sont distinguées. Elles ont été grandes politiques, législatrices avisées, et souvent des lauriers militaires ont ceint leurs fronts.

On leur doit des inventions dont l'humanité a tiré profit :

Sans la comtesse Cinchon, connaîtrions-nous la quinine ?

Sans lady Montague qui, longtemps avant Jenner, pratiqua l'inoculation, celui-ci eût-il inventé la vaccination ?

Si Sophie Germain n'avait, la première, résolu le problème de l'élasticité des corps et de la vibration des surfaces élastiques, la tour Eiffel n'eût pu être élevée...

Dans le vieil arsenal des lois de notre ennemie d'hier, alliée d'aujourd'hui, l'Angleterre, vous trouverez encore trace de lois édictées par une reine de Bretagne, lois recueillies et codifiées par le roi Alfred-le-Grand.

Un sexe qui a produit une Elisabeth, une Catherine de Médicis, une Catherine II est-il vraiment inapte à gouverner ?

Nous avons bien véritablement, Messieurs, le droit de demander pour les femmes l'accès à toutes les carrières, à toutes les fonctions, à toutes les charges publiques, même les plus hautes, auxquelles leurs aptitudes leur permettront de prétendre. Il ne serait pas, en effet, plus extravagant de voir une femme élevée, grâce à ses mérites, par le vote de ses concitoyens, à la présidence d'une République, qu'il n'est extravagant de voir des femmes occuper par droit de naissance, c'est-à-dire sans que leur mérite personnel y soit pour quelque chose, le trône d'Angleterre, d'Espagne ou de Hollande.

Messieurs, je le répète, toute classification par sexe d'êtres civilisés, en vue de l'obtention ou de l'exclusion d'un droit ou d'une place, est un non-sens.

Rappelez-vous certaine phrase de La Bruyère, et quand vous trouverez, unies en un même sujet, la science et la sagesse, ne vous informez pas du sexe... admirez.

* * *

Le féminisme demande donc l'admission des citoyens français à toutes écoles, à tous métiers, professions, carrières, postes, fonctions, sans distinction de sexe.

Il a déjà beaucoup obtenu sur ce point, il lui reste beaucoup à obtenir encore... mais les conquêtes iront vite.

Les arguments opposés jadis ont fait long feu. Ils apparaissent aujourd'hui si ridicules, si puérils qu'aucune personne de bon sens n'ose plus les formuler.

Se rappelle-t-on, par exemple, le texte de la pétition signée en 1885, par les internes des hôpitaux, pour protester contre l'admission des femmes au concours de l'internat ?

Cette pétition appelait l'attention des pouvoirs publics sur les inconvénients que présenterait, pour les femmes, la vie de salle de garde, la promiscuité incessante avec des collègues habitués à une certaine liberté de propos et d'allures.

L'administration ne jugea pas de pareils motifs suffisants et une femme, Mlle Klumpke, plus tard épouse du docteur Déjerine, put conquérir la première le titre, si difficile à obtenir, d'interne en médecine des hôpitaux de Paris.

Mlle Klumpke ne nous a pas dit si elle eut à se plaindre de cette mauvaise éducation dont les internes, ses collègues, prétendaient faire un argument contre sa nomination ; mais il est probable que non. Des manifestations de ce genre sont plaisanteries de jeunes gens troublés dans leurs habitudes ou peu soucieux de se trouver en présence d'un élément nouveau : elles ne durent pas.

Nous en avons eu un plus récent exemple au moment de l'admission des femmes à l'Ecole des Beaux-Arts. Un véritable chahut fut organisé ; vous vous en souvenez sans doute ? et nous pûmes croire, un moment, que le débraillé, la mauvaise tenue, le laisser-aller des propos étaient, chez les hommes, la base de l'art comme celle de la science.

Aux Beaux-Arts comme dans les hôpitaux, tout se calma bientôt, et les élèves furent vite entre eux ce qu'ils devaient être : de bons camarades.

Vous savez de quelles invectives furent saluées, par les cochers, les femmes cochères qui, aujourd'hui, passent dans nos rues inaperçues.

Plus récemment encore, le nombre des élèves femmes des classes d'instruments à cordes au Conservatoire fut limité par un règlement confirmé par un décret.

Ce décret, heureusement, a été rapporté : ce fut même le premier acte de l'actuel directeur du Conservatoire, et j'en fus témoin. Mais ses considérants valent d'être rappelés. Il y était dit simplement qu'il convenait de limiter le nombre d'admission des élèves femmes dans les classes d'instruments à cordes, parce que, travaillant avec plus de zèle, elles remportaient tous les prix, ce qui décourageait leurs camarades hommes.

Cela, Mesdames et Messieurs, est à ne pas croire. Il vous sera facile d'en vérifier l'exactitude, car le texte que je viens de citer est officiel.

S'il est un métier qui convienne en tous points aux femmes, c'est assurément celui de sténographe et de dactylographe.

Ce métier commence à leur être disputé. Les femmes sténographes, dactylographes, peuplent les administrations, les ministères... Les hommes sténographes, dactylographes se sentent débordés. Ils émettent déjà la prétention d'obtenir que les situations, dans les ministères, leur soient réservées.

Ils sont électeurs, Mesdames, méfiez-vous !

Femmes musiciennes, exclues des orchestres des théâtres subventionnés, n'espérez pas vous faire une situation dans les orchestres Colonne ou Chevillard ou autres. Les hommes ont déjà menacé de faire grève si des femmes étaient admises parmi eux. Les rares femmes faisant actuellement partie de ces orchestres y seront maintenues mais, à leur départ, des hommes les remplaceront : cela est déjà décidé.

Mais il va sans dire que les intellectuels n'ont pas le monopole de ces manifestations antiféminines.

Dans la grande famille ouvrière, elles se produisent, hélas ! encore plus fréquemment. Les lois de protection restrictives du travail féminin, et certain article de la loi de 1892 visant les travaux présentant des causes de danger, ou excédant les forces, ou dangereux pour la moralité, qui seront interdits aux femmes, aux filles et aux enfants, donnent aux ouvriers des armes puissantes pour écarter à leur profit la concurrence féminine.

Il y a un an, des ouvriers électriciens d'une usine d'Ivry tentèrent d'obtenir le renvoi des mille ouvrières employées à cette usine, pour prendre leur place. Ils alléguaient le danger que pouvait faire courir aux ouvrières le maniement du phosphore que, d'ailleurs, elles ne maniaient nullement. Le coup fut déjoué.

A l'automne dernier, les typographes qui, depuis plus d'un siècle, ont déclaré vouloir chasser la femme du métier et qui s'y emploient consciencieusement, ont menacé un important journal de province, *Le Petit Troyen*, de se mettre en grève si les ouvrières travaillant de jour au journal n'étaient pas renvoyées. Ils eurent gain de cause (ils étaient les plus forts), le travail de nuit ne pouvant, grâce à la loi de 1892, être exercé par des femmes.

En ce moment, il n'est pas une imprimerie, pas une maison de linotypie, qui ne soit en butte aux menaces des typographes qui veulent obtenir des patrons le renvoi des ouvrières. Les patrons résistent ; ils prennent des consultations pour prouver, grâce aux feuilles de présence, que les ouvrières ne sont nullement incommodées par leur métier, et que les absences pour cause de maladie sont des plus rares dans la profession.

Ce manquement à la solidarité ouvrière est indigne et, véritablement, mérite d'être flétri.

Les femmes ont deux adversaires contre lesquels on ne saurait trop les mettre en garde et qui entravent considérablement les efforts de qui cherche à les placer dans une condition sociale plus favorable, plus équitable.

Le premier, qui n'est que la manifestation d'une bonne éducation mondaine, est ce que l'on désigne sous le nom de galanterie française.

Le second, c'est la philanthropie.

Lorsqu'un Français a parlé de sa galanterie et du charme de la femme, il semble qu'il n'ait plus rien à accorder... qu'elle n'ait plus rien à obtenir.

Parce qu'un Français aura su, avec bonnes manières, céder le pas à une femme ; parce que, dans un salon, son baise-main sera correct ; parce qu'il saura, dans une foule, s'effacer devant elle ou la protéger dans une bousculade, il a la prétention de placer la femme dans une situation tellement privilégiée que c'est folie de lui en souhaiter une meilleure !

Ces hommes « galants » ont pourtant prouvé, en certaines occasions, — notamment lors de la catastrophe inoubliable du Bazar de la Charité — qu'en cas de danger, leur « galanterie » faisait vite place à un sentiment d'ordre très différent.

Cette galanterie, d'ailleurs, a des limites, des limites précises. Elle s'arrête, généralement, devant les femmes ayant passé l'âge de plaire, ou disgraciées.

A celles-là il est assez difficile de raconter qu'avec un sourire, armée de sa seule faiblesse, la femme obtient tout, et qu'elle a bien tort de chercher autre part que dans sa force de séduction le bonheur et le bien-être.

Ces hommes « galants » ont surtout peur qu'en s'intéressant à autre chose qu'à des futilités, qu'en s'occupant de cette affreuse politique, les femmes perdent le charme, ce fameux charme, qui fait leur force.

Rassurons-les. Le fait d'aller, tous les trois ou quatre ans, porter dans une urne un morceau de papier n'enlaidirait pas les femmes.

Ce qui est plus que cela préjudiciable à la beauté, c'est le souci des responsabilités, c'est le travail excessif et mal rétribué, c'est le chagrin des abandons, c'est cette lutte incessante pour le morceau de pain que les conditions économiques actuelles rendent, pour la femme, si difficile et si pénible.

J'ai dit qu'un autre adversaire du progrès féminin est la philanthropie. Je m'explique.

La charité a fait son temps. Il faut souhaiter que la philanthropie aille la rejoindre au plus tôt parmi les vieilles modes et fasse enfin place à la solidarité.

C'est par philanthropie que les hommes, voulant enrayer ce qu'ils appellent un danger social — je parle de la diminution de la natalité et de la mortalité infantiles — c'est par philanthropie que le législateur cherche à jeter, comme une aumône insultante, l'obole des indigents à la femme qu'ils prétendent honorer, glorifier dans sa maternité.

C'est la philanthropie qui crée et multiplie ces œuvres néfastes, dites de bienfaisance : ateliers de chômage, assistance par le travail, ouvroirs, orphelinats, où des enfants de 4 ans, au lieu de s'instruire, produisent.

C'est la philanthropie qui, dans les seuls couvents du Bon-Pasteur, met en ligne 58.000 ouvrières qui, lorsque leur entretien n'est pas à la charge de l'Etat, du département ou de bienfaiteurs, revient à la communauté à 30 et 50 centimes par jour, faisant ainsi à l'ouvrière une concurrence contre laquelle elle ne peut matériellement pas lutter.

C'est la philanthropie qui prêche à la femme le travail au foyer, qui l'isole, de façon à bien avilir son travail.

C'est la philanthropie qui trouve, pour les femmes qui veulent apporter un supplément de bien-être au ménage, ces petits travaux dont la rétribution constitue ce fameux salaire d'appoint dont on nous rebat les oreilles.

Les femmes des pêcheurs bretons, à leurs moments perdus, font des broderies payées quelques sous par de grands magasins qui les revendent des centaines de francs... C'est en gardant les vaches que, pour quelques sous, les filles de fermes de l'Isère cousent des gants de prix dont la confection constituait, il y a peu de temps encore, une industrie employant un très grand nombre d'ouvrières, aujourd'hui dispersées.

C'est la philanthropie, enfin, qui fait voter ces lois dites de protection — que nous appelons lois d'oppression — qui font renvoyer par milliers les ouvrières des usines et des ateliers ; qui, dans l'intérêt de la travailleuse, la privent d'abord de son gagne-pain, et ont eu, pour premier effet, d'aggraver cette plaie sociale qu'est le travail à domicile.

Sur cette question des lois de protection, nous nous étendrons un peu, car si toutes les femmes peuvent se considérer justement comme gênées dans leurs personnes et dans leurs biens par des lois qu'elles doivent subir, bien que ne les votant pas, il est une catégorie de femmes qui ressentent plus vivement encore et plus tristement les effets néfastes de ces lois.

Ce sont les femmes qui, intellectuellement ou manuellement, travaillent.

Elles sont en France, d'après le dernier recensement professionnel, qui ne comprend ni les femmes exerçant des professions libérales, ni les femmes employées de l'Etat, ni les femmes domestiques, près de 7 millions.

Contribuant annuellement pour plus de 3 milliards à la richesse nationale, il semblerait qu'en toute justice elles pourraient avoir au moins voix consultative dans les questions d'ordre législatif n'intéressant qu'elles seules.

Or, toutes les fois que, notamment, les pouvoirs publics ont eu à s'occuper des questions concernant, au point de vue civil et légal, la situation, le travail des femmes, ils ont, avec un illogisme excessif, négligé — évité même — de consulter les premières qui eussent dû l'être, les principales intéressées : les femmes.

A la vérité, il est à cet illogisme une raison.

Où, comment, par quel moyen nos législateurs pourraient-ils consulter les femmes, puisque les femmes ne votent pas ?

C'est à remédier à cet inconvénient que s'emploie le féminisme.

Il se fait l'intermédiaire entre les pouvoirs publics et les intérêts féminins.

Mais, malgré le zèle intelligent et désintéressé de ses adeptes, il n'obtient que des succès médiocres quand il ne s'épuise pas en stériles efforts.

La raison, hélas ! en est bien simple.

Au Congrès féministe de 1900, notre actuel ministre du Travail, rapporteur de la section de droit privé et de législation, a prononcé une phrase que je me plais à répéter en toutes occasions, car elle synthétise à merveille et l'infériorité des femmes vis-à-vis des lois, et les raisons de cette infériorité.

M. Viviani a dit : « Les législateurs font les lois... pour ceux qui font les législateurs... » Ce qui, en bon français, signifie que, les femmes ne votant pas, elles ne sauraient prétendre à occuper, dans l'esprit du législateur, une place égale à celle de l'électeur qui vote.

L'électeur d'abord ! Donnant, donnant... La femme ensuite, et, encore, lorsque son intérêt n'est point en opposition avec celui de l'électeur. Ce sentiment est tellement humain qu'il serait puéril de s'en étonner.

Et c'est parce que la démonstration du fait devient de jour en jour plus éclatante, que le féminisme compte de moins en moins d'adeptes opposés aux droits politiques des femmes.

Celles qui, parmi nous, envisageaient comme questions distinctes l'obtention, pour la femme, des droits politiques et l'amélioration de son sort ; celles qui, hier encore, conseillaient aux femmes de ne pas faire de politique, ont, aujourd'hui, changé d'avis et poussent les femmes à hâter, au contraire, leur éducation politique.

La politique, domaine que les hommes tiennent tant à se réserver, n'est pas autre chose qu'un métier, et qu'un métier dangereux seulement pour qui ne l'exerce pas.

C'est la politique, dont perfidement les hommes vous conseillent de vous désintéresser, qui fixe, Mesdames, les impôts que vous payez, le prix du pain que vous mangez, les conditions de votre travail aidé ou entravé, selon le bon ou le mauvais vouloir du législateur.

L'utilité de la protection du travail est d'autant moins contestée qu'elle est profitable non seulement au travailleur, mais au capital, et ce n'est pas sans raison que les partisans de la réglementation du travail affirment que, dans la plupart des industries, lorsque le travail dépasse une certaine limite, la production horaire de l'ouvrier décroît, la capacité productive de la population ouvrière se tarit.

Les questions de réglementation ont donc occupé, non sans raison, en ces dernières années, une place importante au Parlement. Elles ont fait l'objet de conférences diplomatiques internationales, et l'on ne compte plus les décrets, lois et règlements concernant et le travail et les travailleurs.

Pourquoi faut-il que tant de femmes aient à souffrir de ces lois, que celles qui semblaient conçues pour protéger leur travail ne soient, en réalité, que des lois de défense du travail masculin concurrent ?

Les lois de protection du travail, quand elles avantagent un sexe ou une catégorie d'individus, sont une insulte à l'équité.

Nous vous demanderons, après vous avoir, au cours de nos discussions, cité des exemples que nous jugeons probants, d'émettre le vœu que les lois d'exception qui régissent le travail des femmes soient abrogées et remplacées par l'application, à toute la population ouvrière et sans distinction de sexe, d'un régime égal de protection.

Et ce vœu sera d'actualité, car, actuellement, se discute, à la Chambre, un projet de loi instituant une nouvelle réglementation.

Ce projet a pour but principal d'étendre aux employés de commerce, d'industrie et de bureau, les bienfaits de la protection accordée, jusqu'ici, aux seuls ouvriers ; de diminuer la durée de la journée de travail ; de réglementer le travail à domicile.

L'examen de ce projet nous entraînerait trop loin. Je ne saurais trop engager ceux que ces questions intéressent à lire, s'ils peuvent se le procurer, car je le crois épuisé, le rapport si complet et si documenté de M. Justin Godart, député.

Mais il ne m'est pas possible de ne pas signaler certaines dispositions du projet de loi qui visent ou intéressent tout spécialement les femmes.

Le projet interdit aux femmes employées, comme la loi de 1892 aux femmes ouvrières, le travail de nuit. Mesdames les caissières, comptables, employées aux écritures, sténographes, servantes d'hôtel et de restaurant, etc., etc., gardez-vous !

Des caissiers, des comptables, des sténographes, des garçons de restaurant s'accommoderont fort bien de vos emplois. Vos patrons vous renverront à votre foyer ou vous conserveront, mais en vous diminuant, car votre présence dans leurs établissements leur créera des complications... valant pour eux des compensations.

Avenantes jeunes personnes qui, les jours de fêtes, vendez aux fillettes et aux collégiens éclairs, babas, choux à la crème, apprêtez-vous à céder la place au sexe fort, car la loi va vous interdire de travailler les jours fériés. Manier des petits-fours : voilà, n'est-il pas vrai, un métier bien masculin ?

Si une réglementation s'imposait, c'est bien celle du travail à domicile. Nous la réclamons depuis longtemps.

Le projet du Gouvernement donne à cette question l'ampleur qui lui convient. Il stipule qu'un registre, contenant nom et domicile de toutes personnes occupées par eux, devra être tenu par les patrons et visé par l'inspecteur, et que les sous-entrepreneurs seront astreints aux mêmes obligations.

Le travail sera suivi jusque chez l'ouvrier.

Les conséquences de cette réglementation ne se feront pas attendre : une hausse certaine des salaires féminins en sera le résultat et l'hygiène publique en tirera profit.

Si l'application des lois de protection n'avait eu pour effet que le renvoi des femmes de certains ateliers ou usines, l'on ne chercherait pas, probablement, à y remédier.

Mais elle a eu pour effet la crise de l'apprentissage et les législateurs se sont émus.

Les patrons, ne pouvant admettre que la présence d'une seule femme ou d'un seul enfant dans leurs ateliers limite à dix heures la journée de travail de leurs ouvriers, ont supprimé toute femme, tout enfant. On ne fait plus d'apprentis, l'industrie commence à en être gênée ; vite, l'alarme est donnée.

De la suppression des femmes, s'occupe-t-on ? Bien superficiellement, et seulement pour constater leur renvoi, en se bornant à dire qu'il est difficile d'évaluer le nombre des femmes renvoyées, ou bien en découvrant « que l'intérêt patronal a conservé la main-d'œuvre féminine patiente, habile » — je cite textuellement le rapporteur — « patiente, habile et, à travail égal, rémunérée à un taux inférieur à celui de la main-d'œuvre masculine, et trouvé son compte dans son maintien... »

Et le rapporteur traite cela de « conséquence inattendue de la loi de 1900 ».

Inattendue pour lui, peut-être ; mais non pour ceux qui, ainsi que nous, n'ont cessé de voir et de dénoncer le péril que font courir au travail féminin les lois dites de protection.

La condition des enfants naturels, qui figure sur le programme de la première séance d'hier, devait être, Mme Oddo Deflou vous l'a fait justement observer, discutée seulement au point de vue juridique, tant en ce qui concerne la mère qu'en ce qui concerne l'enfant.

Il s'est trouvé que plusieurs oratrices, emballées — passez-moi le mot — pour ce sujet, ont fait dévier la discussion, et que les congressistes, ainsi d'ailleurs que notre chère secrétaire générale, ont suivi le mouvement. On a dû écourter la discussion... Elle eût dû figurer dans cette question, et quelques-uns des arguments que l'on a fait valoir eussent plus exactement trouvé leur place ici.

En effet, parmi les lois dites de protection qui gênent le travail des femmes, je citerai, au risque de me trouver, d'abord et en apparence, en contradiction avec la majeure partie de cette assemblée, la loi que l'on a tenté d'instituer pour interdire ou réglementer le travail de la femme avant et après ses couches.

Les propositions de loi jusqu'ici déposées au Parlement étaient et mal étudiées et surtout inapplicables.

Les unes faisaient au patron une obligation, sous peine de pénalités, de faire cesser le travail de la femme enceinte quatre mois, trois mois ou deux mois avant l'époque de l'accouchement.

Outre que l'on ne peut toujours, dans tous les cas, prévoir exactement l'époque de l'accouchement, l'ouvrière, obligée, de par la loi, de cesser son travail au moment où sa santé allait nécessiter des soins plus coûteux, où sa maternité allait occasionner des dépenses, devait, de par la loi, vivre avec quoi ?...

Ici, Mesdames et Messieurs, une phrase pompeuse, qui peut se résumer ainsi : la société, comprenant que la maternité est la plus haute fonction sociale, doit aider la mère à accomplir cette fonction, etc., etc. — et, royalement, le projet accordait aux femmes obligées de cesser leur travail pour cause de grossesse, 50 centimes par jour !

Ce projet a été heureusement retiré et renvoyé à la commission du Sénat pour étude complémentaire. Il faut s'en féliciter, car le nouveau projet que vient de déposer le rapporteur, M. Paul Strauss, est plus acceptable et, disons le mot, plus honorable.

M. Engerand a déjà fait voter par la Chambre un projet de loi tendant à garantir leur emploi ou leur travail aux femmes enceintes et aux nouvelles accouchées, et augmentant de 400.000 francs le crédit affecté par le ministère de l'Intérieur à la subvention d'œuvres ayant pour but d'allouer des secours aux femmes en couches.

Les projets Engerand et Strauss se confondent en ce sens qu'ils permettent à la femme enceinte de quitter son travail sans délai-congé, et édictent que le contrat de louage de services ne peut être rompu à raison de la suspension du travail par la femme, soit pendant le mois qui précède le terme présumé de sa grossesse, soit pendant le mois qui suit l'accouchement — ce qui veut dire que l'employeur devra conserver sa place à l'employée quittant son service pour cause de grossesse.

Cela est inspiré de la loi du 18 juillet 1904, garantissant leur travail et leur emploi aux réservistes et aux territoriaux appelés à faire leur période d'instruction militaire.

Le projet Strauss, dans son article 2, aborde la question du secours à accorder aux femmes ayant cessé le travail pour cause de grossesse. Le quantum, cette fois, est plus élevé, mais il n'arrive pas aux taux du salaire ordinaire et, par conséquent, ne nous satisfait pas.

Les administrations des postes et de la marine, pour ne citer que celles-là, certains patrons d'industrie, qu'il convient d'en féliciter, accordent à leurs ouvrières et employées des congés de grossesse payés au taux habituel.

Tant que l'on ne sera point arrivé à faire, de ces mesures exceptionnelles, la règle générale ; tant que l'ouvrière, forcée d'abandonner son travail pour cause de grossesse, ne touchera pas, à ce moment, l'intégralité de son salaire, nous dirons que la loi est une loi mauvaise ; nous dirons qu'en plaçant le travail féminin vis-à-vis du patronat dans un nouvel état d'exception, elle aura, pour ce travail, de mauvais résultats.

Une fois de plus soumis aux enquêtes, aux inspections, obligé aux certificats, aux amendes, le patron hésitera à engager des femmes mariées, en âge d'être mères et, trop souvent, sous prétexte de moralité, il renverra, au premier symptôme de grossesse, la fille enceinte non mariée.

J'ai toujours, pour ma part, et je crois avoir été la première à en exposer l'idée, soutenu qu'un système d'assurance — je vous prie de ne pas vous méprendre sur le sens des mots que je vais employer — je pense qu'un système d'assurance contre la maternité solutionnerait la question. Et j'ai eu la satisfaction d'apprendre que ce projet dont, depuis plus de dix années, j'ai sollicité l'examen par les grandes compagnies d'assurance françaises et étrangères, est, en ce moment, à l'étude de la direction de la statistique au ministère du Travail, à la demande de M. Arthur Fontaine, directeur du

Travail, auquel le monde des travailleurs et, je tiens à le dire ici, des travailleuses, doit et devra encore tant de généreuses et intelligentes initiatives.

L'assurance-maternité obligatoire dispenserait la mère nécessiteuse de solliciter l'aumône que les projets de lois que je viens de citer ne lui accordent encore qu'en marchandant.

J'aurai terminé, Mesdames et Messieurs, après vous avoir soumis, en quelques phrases très brèves, la question : *A travail égal salaire égal,* sur laquelle je vous demanderai, tout à l'heure, d'émettre un vœu.

Cette question est de simple équité, de simple logique. Elle est pourtant souvent discutée.

Les côtés sous lesquels on l'envisage sont : le salaire d'appoint et les besoins et charges plus importants chez l'homme que chez la femme.

En ce qui concerne le salaire d'appoint, rien n'est moins exact, d'abord, que cette qualification. Le salaire féminin n'est, à l'encontre de ce qui est ordinairement admis, que très exceptionnellement un salaire d'appoint.

Quant aux besoins des hommes, n'insistons pas. Chez les femmes, on les inscrirait au chapitre plaisirs, et ce serait moins hypocrite. S'il convient à l'homme de dépenser en fumée — c'est le cas de le dire — ou au café tant d'argent de poche, cela ne saurait, en toute justice, lui conférer sur la femme une suprématie.

On donne encore cette raison que la femme fait son ménage, sa cuisine, qu'elle sait coudre ses robes, et que l'homme ne fait pas tout cela. Cela équivaut à dire que l'homme se prévaut d'une infériorité manifeste pour se faire rétribuer davantage.

On devrait bien comprendre, pourtant, qu'il n'est pas plus humiliant pour un homme de faire cuire son déjeuner et de balayer sa chambre que cela n'est humiliant pour une femme. Au régiment, les soldats recousent leurs boutons et font leur soupe. Il y a des hommes valets de chambre, cuisiniers, tailleurs, et ces métiers-là ne sont pas, que je sache, déshonorants. Quand il fait la cuisine pour les autres, un chef est un travailleur comme les autres. S'il faisait son propre déjeuner, un homme jugerait cela indigne de lui.

Quoi qu'il en soit, il faudrait en finir avec ces conceptions d'un autre âge. Le travail n'est jamais rétribué pour lui-même comme il devrait l'être, mais eu égard aux conditions dans lesquelles il est accompli... et c'est le travail féminin qui souffre particulièrement de cette situation.

Le droit au travail pour la femme, comme pour l'homme, est absolu. Il ne doit comporter aucune restriction.

La prétention des hommes de limiter pour les femmes le champ d'activité et de prétendre que le leur doit s'étendre sur toute la terre n'est pas soutenable.

Nous demandons pour les femmes l'admission à toutes écoles, à tous métiers, professions, carrières, postes, fonctions, sans aucune restriction.

Nous demandons surtout que l'obligation d'avoir satisfait à la loi militaire ne soit plus opposée aux femmes qui sollicitent certains emplois.

Mesdames, Messieurs, si dans ce Congrès des droits civils et du suffrage des femmes, nous avons fait une place aussi importante aux questions concernant le travail des femmes, que je viens d'énumérer, c'est parce que nous estimons que le bulletin de vote est, à l'heure présente, la seule arme d'émancipation économique et sociale... et que cette arme, que beaucoup jugent encore dangereuse à manier par de certaines mains, ne le sera par les femmes travailleuses, qu'elles soient intellectuelles ou manœuvres, qu'avec intelligence et réflexion.

La femme instruite ne fera courir, par son vote, aucun risque de recul aux institutions de progrès, et l'ouvrière française a trop de bon sens, de jugement, de droiture, d'esprit, pour trahir jamais ceux qui l'ont rendue libre au profit de régimes déchus, qui toujours l'ont asservie.

Un Prêtre. — Ma situation est bien délicate. On croirait que je veux défendre le cléricalisme. Certainement, je ne veux pas l'attaquer ; je veux seulement signaler un malentendu.

Mme Marguerite Durand vient de nous exposer des idées qui sont celles de l'Evangile et des catholiques ; et si ce ne sont pas les idées des cléricaux, peu m'importe. Si vous venez dire que le prêtre libéral n'est pas catholique, vous confondez catholique et clérical. *(Applaudissements.)*

Quel est ce malentendu persistant ? Quel est ce malentendu éternel ? Il y a un esprit clérical qui n'a de religieux que la forme, l'apparence extérieure, en négligeant le véritable esprit du catholicisme. L'esprit clérical, c'est la falsification du catholicisme. *(Tumulte.)*

Le cléricalisme est la falsification du catholicisme.

Mme Marguerite Durand, *vice-présidente*. — Je vous en prie, toutes les opinions sont libres, laissez Monsieur parler.

Le Prêtre. — J'arrive à la question : Mme Marguerite Durand a dit : « Nous avons pour adversaires les partisans de l'esprit clérical ». Ceux qui détruisent l'idée chrétienne (je suis dans la question), ce sont ceux qui s'affublent du manteau de la religion, qui viennent nous parler des formes du culte périssables, au lieu de nous parler de la religion de l'âme ; ceux-là portent tort à la religion et sont causes du malentendu. Quand vous avez applaudi Mme Marguerite Durand, et avec raison, car c'est un discours admirable où il n'y a pas un mot à reprendre... *(Applaudissements.)*

Mme Marguerite Durand, *vice-présidente*. — Je pense que tout le monde vous a compris ; si vous avez quelque chose à présenter, rédigez des vœux que nous mettrons aux voix tout à l'heure.

La parole est à Mme Vincent sur la question des domestiques et des bonnes. *(Tumulte.)*

Mme Marguerite Durand, *vice-présidente*. — Monsieur, voulez-vous reprendre votre place et entendre Mme Vincent.

Mme Vincent, *présidente*, lit les résolutions suivantes :

TRAVAIL DES BONNES

1° Qu'il soit créé, dans toutes les communes de France, des bureaux de placement gratuits dont le siège sera à la mairie.

2° Qu'il soit délivré gratuitement, par les municipalités, à chaque ouvrière ou bonne, un carnet d'identité contenant le texte de la loi sur le travail, et l'indication des bureaux de placement et maisons de refuge et de protection des jeunes filles et femmes.

3° Qu'il soit indiqué sur le même carnet que les jeunes filles et femmes peuvent s'adresser dans toutes les gares des grandes villes, que des femmes agentes soient en permanence dans les gares pour donner tous les renseignements, que ces agentes portent sur l'épaule un ruban jaune et noir ; demander aux employés.

4° Que tout employeur soit tenu d'affecter une chambre ou un cabinet suffisamment aéré, pour le coucher de chaque employée, domestique ou bonne.

5° Que les commissions de travail et d'hygiène soient appelées à s'occuper de la question du travail des bonnes et domestiques.

6° Qu'une loi et des règlements fixent le travail des bonnes, les jours de repos et les heures de sortie, que les inspecteurs et inspectrices du travail soient chargés de surveiller l'application de ces règlements, ainsi qu'ils le font pour les ouvriers et ouvrières.

7° Que les conseils de prud'hommes soient compétents pour juger tous les différends entre les maîtres, maîtresses et serviteurs, la jurisprudence des justices de paix étant trop longue, trop compliquée, trop coûteuse.

8° Qu'il soit créé des cours d'enseignement ménager, qu'on étudie les moyens de les rendre accessibles à toutes les employées et domestiques de maisons, que des récompenses pécuniaires soient accordées aux élèves.

9° Afin de relever la condition sociale des femmes employées aux travaux de la maison, nous proposons que les domestiques soient à l'avenir désignées sous le nom d'ouvrières ménagères.

Mlle Bouvard, *déléguée du Syndicat des fleuristes et plumassières*. — Je demanderai que les bureaux de placement soient exclusivement réservés aux chambres syndicales, aux syndicats ouvriers.

Mme Marguerite Durand, *vice-présidente*. — Voulez-vous me permettre une observation : nous pouvons toujours mettre aux voix les vœux de Mme Vincent et, si vous en avez d'autres, vous les proposerez ensuite.

Mlle Bouvard. — Pardon, madame Durand, je voudrais voir ceux de Mme Vincent éclaircis.

On vient de nous dire que les bureaux de placement seraient

créés dans les mairies ; je demande qu'ils soient créés dans les mairies, là où il n'y a pas de syndicat, mais qu'on suscite la fondation d'un syndicat.

Mme Marguerite DURAND, *vice-présidente*. — En attendant, il y a des mairies partout et il n'y a pas de syndicats partout. Susciter, c'est entendu ; tout le monde peut susciter la création de syndicats.

Docteur PAPILLON. — Il y a deux questions différentes : la première question, ce que vient d'exposer Mme Vincent, est une œuvre sociale de premier ordre ; elle a montré pourquoi nous sommes tant éprouvés par la tuberculose.

La deuxième question, nous n'avons rien à y voir, c'est une question de syndicats, de placement. Il doit y avoir une indépendance complète et, dans les mairies, on doit placer les personnes syndiquées comme celles qui ne le sont pas.

Mme de MAGUERIE. — Il est impossible qu'on force toutes les femmes à se syndiquer. Il faudrait d'abord que les maîtresses prissent les bonnes au syndicat.

Mme Marguerite DURAND, *vice-présidente*. — C'est pourquoi je crois qu'on doit mettre aux voix les vœux de Mme Vincent.

Je mets aux voix les vœux de Mme Vincent.

(Adoptés.)

Mme Marguerite DURAND, *vice-présidente*. — Nous vous prions d'écouter Mme Héra Mirtel.

Mme Héra MIRTEL, *directrice du journal « l'Entente »* :

CARRIÈRES ACCESSIBLES ET IGNORÉES DES FEMMES

Les carrières que les femmes s'interdisent à elles-mêmes sont plus nombreuses encore que les carrières que leur interdisent les lois. Au cours des différentes enquêtes, des campagnes que nous avons entreprises pour la conquête et la défense des droits économiques des femmes, nombre de carrières ignorées nous ont été révélées. Et nous avons été amenées à conclure que l'inertie et la routine nous ont fait plus de tort que les textes du Code, rigoureux dans la forme, mais flexibles dans la pratique quand ils sont aux prises avec une volonté résistante et une initiative éclairée. Et voici qu'en dressant une liste méthodique des carrières inconnues, dédaignées ou redoutées, on en arrive à cette sommaire constatation qu'aucune carrière, sauf la politique et les professions militaires, n'est textuellement, légalement, fermée aux Françaises.

Quand les déprédations, les vols commis dans les musées et les bibliothèques publiques imposèrent la nécessité d'un accroissement du personnel surveillant, nous prîmes l'initiative d'inviter les femmes à s'inscrire pour ces postes qui rentrent si essentiellement dans les aptitudes féminines. Vingt-cinq quotidiens insérèrent notre exhortation aux femmes. Et les ministres de l'Intérieur, de l'Instruction publique, du Travail, interrogés sur cette apparente innovation, par des reporters de ces mêmes quotidiens, durent convenir que pas un article de loi ne s'opposait à l'entrée des femmes dans les postes de sous-titulaires... les plus nombreux, préposés à la surveillance des trésors du passé.

Et l'Ecole des Chartes, qui décerne les brevets de *titulaires*, n'est pas plus fermée aux femmes que nombre d'autres écoles spéciales où notre absence n'a pour cause que notre persistante abstention à nous y faire inscrire.

Tout en convenant que le nombre très réduit des bourses accordées officiellement aux écoles de filles rend notre entrée assez difficile dans les écoles spéciales du gouvernement, dont la mensualité est de 40 francs et s'augmente encore de la cherté de la vie à Paris, hâtons-nous d'avouer que cette rareté des bourses octroyées aux filles est encore une des conséquences déplorables de l'inertie féminine. Aucune rigoureuse et légale prohibition ne s'oppose à ce qu'on fasse bénéficier une fille d'une bourse créée comme prime à l'intelligence et à l'effort. La plupart des formules de donation de bourses individuelles ou collectives, venant de libres bienfaiteurs, de la commune ou de l'Etat, ne comportent aucune exclusion de sexe et sont traditionnellement interprétées en faveur des garçons. Les institutrices, les mères de famille sont trop exceptionnelles qui osent signaler, proposer pour l'obtention de ces primes la fillette capable d'affronter brillamment, utilement, une carrière supérieure.

Je sais dans le département du Rhône — pour ne citer qu'un exemple entre mille — une commune dotée du nom charmant et lamartinien de Millery. Un peintre très apprécié de ses contemporains, ami de Flandrin, a légué une petite rente aux écoles de ce village pour faciliter une vocation d'artiste, s'il y a lieu, parmi les enfants du pays, sans restriction. La petite rente est très rarement appliquée selon l'intention du testateur ; les vocations d'artistes manquent assez successivement parmi les générations de vignerons qui peuplent les écoles. Mais, en présence de cette disette de bénéficiaires, personne n'a songé à rechercher, parmi les filles, la vocation absente chez les garçons. On comble la regrettable lacune en donnant à la petite rente une destination toute philanthropique, en faveur d'un orphelin bien entendu, sans jamais étendre jusqu'aux orphelines la fréquente substitution.

Ce minuscule incident est symptomatique d'une exclusion plus universelle, plus traditionnelle qu'on ne croit dans notre chevaleresque patrie. Pour faire fléchir l'ostracisme qui nous paralyse, il suffirait d'une consciente protestation des femmes en face d'une injustice que l'habitude a consacrée, sans le concours des lois, le plus souvent. Nous vivons, hommes et femmes compris, sous la vieille illusion qu'une génération a fait tout son devoir envers celle qui lui succédera quand elle s'est occupée des garçons. La province française abonde encore en femmes riches qui payent des études de médecins, d'avocats, de prêtres aux fils de leurs fermiers, de leurs femmes de chambre. Mais ces mêmes femmes riches bornent leurs libéralités envers les filles à leur assurer un modeste apprentissage ou le minimum de dot qui leur achètera un mari. Et pourtant, si convaincues que nous soyons de la haute valeur de la travailleuse manuelle, de la ménagère, du précieux concours qu'elles apporteront à l'affranchissement économique et légal des femmes, nous resterons persuadées que notre grande force, notre suprême salut, est dans celles qui pensent.

« *Les apparentes transformations sociales*, a dit Lebon dans « La Psychologie des foules », *ne sont que le résultat des invisibles transformations de la pensée.* » Et nous osons prétendre que la libération nous viendra des cerveaux d'abord, des bras ensuite. C'est pourquoi nous déplorons la profonde, la trop persistante abdication des Françaises à l'assaut des carrières scientifiques. A côté de Paris qui ne compte que 80 doctoresses, étrangères en si grande majorité qu'il est inutile de signaler la très décourageante proportion de Françaises qui figurent dans ce chiffre, à côté de Paris, Londres compte 312 doctoresses, Anglaises en presque totalité ; de plus, 190 médecins-dentistes, 10 vétérinaires, 380 journalistes, 98 agents de change, 453 huissiers, 3.699 peintres-dessinateurs ou photographes attachés à la presse. L'Anglaise et l'Américaine bénéficient encore d'une institution officielle d'infirmières doctoresses qui, diplômées aux frais du gouvernement, comme les institutrices elles-mêmes, doivent accepter les postes que leur offre l'Etat dans les communes privées de docteurs. Une telle institution manque, certes, en France, et nous militons depuis trois ans auprès des pouvoirs pour la fondation d'une aussi utile et bienfaisante corporation.

⁂

Pour nous en tenir aux carrières féminines ignorées et accessibles, nous dénoncerons l'indifférence des femmes en face des situations médicales offertes par de nombreuses communes en province et dans les montagnes, principalement, situations qui vaudraient pécuniairement et scientifiquement mieux que les métiers de masseuses, de pédicures, de manucures auxquels se résignent tant de doctoresses à Paris.

Un phénomène qui n'a, hélas ! que trop de justification dans nos hérédités, nous ramène toujours, bien qu'en possession de titres et de droits aux professions supérieures, à nos vieilles fonctions de servantes. C'est ainsi que, dans l'enseignement, nous avons laissé une foule d'inégalités et d'exclusions se glisser contre nous. Par exemple, pourquoi un homme est-il inspecteur d'écoles de filles, alors qu'une femme ne peut l'être des écoles de garçons? Ici encore aucun texte, aucune formule ne justifie cette exclusion. La passivité des femmes est seule en cause. C'est à cette même passivité, d'ailleurs, que nous devons d'être, à titre d'institutrices, gratifiées des postes les plus dépréciés comme isolement, difficulté d'accès, de ravitaillement, insalubrité de climat, etc., sans être dédommagées par quelque congé réglementaire et indemnités alloués aux instituteurs qui acceptent, dans les colonies, des postes souvent moins néfastes à leur santé et moins intolérables comme solitude intellectuelle et morale que certains villages français réservés aux institutrices.

*
* *

Si, des carrières scientifiques, de l'enseignement supérieur où les Françaises ont laissé les étrangères occuper, les premières en France, les chaires, les hautes situations (1), nous descendons aux fonctions intellectuelles encore à certains égards, telles les directions de bureaux de poste qui demandent une certaine culture, mêmes stupéfiantes constatations !...

*
* *

Certains postes de frontières, dits postes *stratégiques*, ne sont confiés qu'après un examen tout spécial que, seuls, les hommes ont affronté jusqu'ici, sans qu'un autre obstacle que leur propre renoncement en écartât les femmes.

Seulement, ces avantages, que les femmes se refusent à elles-mêmes, comportent des responsabilités, des surcroîts de travail qu'elles assument très joyeusement. Certains bureaux stratégiques isolés, insalubres, sont éternellement occupés par des femmes, mais à titre de remplaçantes. Et ceci est typique de notre inconcevable désintéressement, de notre indigence si explicable, hélas ! de forces défensives. Nous acceptons, sous une forme asservissante, inférieure, les charges que nous n'abordons pas dans leurs bénéfices réels. Le rôle de remplaçante impose les mêmes risques, les mêmes veilles, les mêmes travaux, la même compétence que le titre de directeur. Il ne diffère qu'en réductions d'appointements, de retraite et d'avancement. Et voilà à quoi nous nous résignons sous les ordres d'un directeur absent, fictif, mais bénéficiaire du labeur que nous réalisons.

De ces situations encore intellectuelles à quelques titres, si nous arrivons aux carrières offertes aux femmes par les grandes compagnies de chemins de fer, nous sommes encore frappées par l'abstention féminine en face des directions accessibles. Si nous jetons un regard à l'étranger, nous voyons l'Américaine, par exemple, chef de traction, directrice de compagnie et membre actif des conseils d'administration des plus grands réseaux de l'Union.

On pourrait objecter que c'est au nom d'un capital, à titre d'actionnaire, que l'Américaine riche s'impose. Mais la Française n'est-elle pas en mesure, aussi bien que l'Américaine, à la faveur

(1) Mme Curie, à la Sorbonne ; Miss Klumpke, à l'Observatoire, etc.

d'un portefeuille chargé d'actions, d'acheter sa place dans un conseil de direction ? Seulement la Française s'empresse de se faire représenter là où l'Américaine agit par elle-même et représente les autres.

*
* *

Un déplorable abus, d'autre part, en France, a accrédité le préjugé de l'infériorité du travail féminin. Dans l'enseignement, dans les postes, dans les chemins de fer, dans les banques, dans les administrations de l'Etat ou autres, les femmes arrivent encore, en trop grande majorité, en humbles solliciteuses, à la faveur d'un malheur, d'un accident qui les obligent à travailler. Reçues, grâce à la recommandation d'un personnage influent, elles se blottissent dans les menus appointements, les travaux ingrats et peu propres à les faire apprécier et à servir à leur personnel développement. Trop heureuses d'être arrachées à la misère, à la déchéance, elles acceptent n'importe quoi et à n'importe quel prix. C'est ainsi que les grandes compagnies de chemins de fer, les administrations de l'Etat abritent des veuves, des orphelines, dans leurs bureaux ou dans les petites stations, à appointements ridicules. Et ces femmes ont l'attitude, non d'employées, mais d'obligées de la compagnie, de l'administration qui les paient. Dans ces conditions, elles seraient mal venues à récriminer quand on leur octroie exactement la moitié du traitement que perçoit un homme pour les mêmes fonctions. Celles qui apportent de la conscience, de l'intelligence sont promptement découragées par l'impossibilité de l'avancement ; celles qui s'en tirent sans capacité, sans effort, en vertu du favoritisme, profitent d'une indulgence chèrement compensée par la mésestime qu'elles contribuent à accréditer sur le travail des femmes.

Très heureusement pour nous, et nous ne saurions trop le signaler aux femmes, à côté de la porte étroite et si souvent compromettante du favoritisme, les concours tendent à remplacer partout l'admission au hasard des recommandations, qui sévissait jusqu'ici. Et nous ne saurions trop insister encore auprès des femmes pour orienter leurs efforts vers ces concours, vers ces examens plutôt qu'à la course aux protecteurs. Les débuts avantageux sont réservés, partout, aux employés capables de s'exprimer, de correspondre en plusieurs langues. Jusqu'ici, les femmes ne se sont pas armées pour briguer ces situations privilégiées. Cependant, tout ce qui est conquis à la faveur d'un savoir constaté bénéficie d'un droit à une égalité justifiée. Et aucune raison ne subsiste alors pour dédoubler un appointement parce qu'il revient à une femme. Nous sommes forcées de convenir qu'en dehors de cette preuve, nous ne pouvons nous élever contre l'inégalité trop souvent justifiée, elle aussi, par des insuffisances de travail ou de capacité, sur lesquelles on a fermé les yeux parce qu'elles étaient le fait des femmes. Investies, au concours, d'une fonction, si modeste soit-elle, nous pouvons toujours aspirer à l'avancement dans la mesure où les candidats hommes, nos égaux, y aspirent eux-mêmes. Rien ne s'oppose à ce que nous concourions pour les bureaux stratégiques et bien rétribués, dans les postes comme dans les gares, dans les banques comme dans n'importe quelle libre ou officielle administration.

J'arrive aux carrières où l'étrangère nous a encore précédées : ingénieur, notaire, architecte, adjudicatrice pour n'importe quelle entreprise, quel fermage, quelle fourniture, rien ne nous est interdit. Il est à remarquer que nous, Françaises, nous nous sommes d'abord ouvert les carrières qui comportaient de minimes, de chétives, d'ennuyeuses occupations. Ce sont les travaux dédaignés par les hommes que nous nous sommes empressées de recueillir. Dès qu'une chose apparaît productive, brillante, agréable, nous n'osons plus, c'est du domaine de l'homme.

Cependant, nous pourrions souscrire pour nombre d'entreprises ; par exemple, sans être même architectes ou ingénieurs, nous pourrions prendre la charge d'entretenir les jardins publics d'une ville, les routes d'un canton, les canaux, les rivières d'une région.

Il y a quelques années, la ville de Lyon comptait une femme parmi les entrepreneurs qui avaient assumé la charge de déblayer le Rhône des sables qui entravent la navigation. On se rassemblait sur les ponts, pour la contempler dans l'exercice de son commandement. Elle dirigeait une équipe d'ouvriers et prenait parfois la pioche elle-même : ce qui n'était pas plus pénible, pas plus extraordinaire en soi mais plus avantageux, que les gestes de ses voisines, les blanchisseuses, qui secouaient au vent du fleuve et tendaient vigoureusement les immenses bâches qui servent à la teinture et à la soierie.

Les Américaines ont prouvé que la direction d'une locomotive et d'un tramway n'était pas plus inabordable aux femmes que le maniement d'un métier dans une usine, ou d'une machine à tisser ou à coudre dans un atelier.

Les exploitations agricoles qui, sous forme de concessions dans les colonies, de fermes de l'Etat, de fournitures de denrées pour l'armée, la marine, les écoles, les hospices, offriraient de beaux profits, sont absolument négligées et ignorées des femmes. Parfois le veuvage, l'abandon nous révèlent la capacité, l'ingéniosité des femmes. Mais leur initiative personnelle pour l'obtention d'une entreprise qui ne serait plus une succession nous est inconnue. « *Il faut un homme*, répètent-elles de génération en génération, *pour entreprendre cela.* » Cependant nous connaissons, tous et toutes, des veuves qui ont continué à diriger un vignoble en Afrique, une plantation de coton en Amérique ou ailleurs, une ferme de biens communaux ou départementaux en France. Nous pourrions citer des femmes qui continuent à fournir, après la mort de leur père, de leur frère ou de leur mari, des pommes de terre à un hospice, du vin à une caserne, du fourrage à un régiment de cavalerie, etc.

Même remarque pour l'industrie. Ce n'est qu'en continuatrice, qu'en conservatrice du geste de l'homme que la femme souscrit pour des adjudications de toiles, de draps, de produits manufacturés quelconques au service de puissantes consommations. Et nous sommes constamment appelées à conclure que ce que les femmes continuent si bien, elles pourraient le commencer, l'entreprendre, et devenir créatrices où elles ne sont que conservatrices.

Je me garderai bien, Mesdames, de signaler la carrière de journaliste comme une carrière ignorée des femmes. Outre que la presse est représentée ici sous les traits de nos plus charmantes consœurs, ces messieurs des revues, des grands quotidiens, qui ont si souvent dénoncé le péril féminin envahissant les rédactions et les antichambres de directions, ces messieurs protesteraient. Je me contenterai donc d'ouvrir une toute petite parenthèse en comparant encore notre effort en journalisme à celui des étrangères. Là encore nous nous cantonnons dans les petits emplois. Nous reculons devant les directions, les hautes initiatives. Alors que l'Américaine dirige 28 journaux et revues, nous nous enrégimentons au service des directions masculines. Et elles sont trop exceptionnelles encore celles qui osent lancer un organe dans la mêlée quotidienne, hebdomadaire ou mensuelle.

Il serait d'autant plus injuste, en tançant notre timidité, de ne pas rappeler l'audacieux et généreux exemple que Mme Durand nous a donné dans *La Fronde*. Et nous lui devons, certes, plus qu'un exemple, nous lui devons toute une génération de femmes écrivains, publicistes, qu'elle a révélées à elles-mêmes et pour lesquelles *La Fronde* a été le milieu, l'occasion, le moment d'un effort, d'un élan intellectuel qu'elles n'auraient pas tenté sans elle. Même interrompue, *La Fronde* survit dans les gestes de celles qui ont embrassé une vocation, une carrière d'écrivain sous l'impulsion que Mme Marguerite Durand leur avait donnée. Et pour les énergies intellectuelles qu'elle a suscitées parmi les femmes, Mme M. Durand a droit à la profonde reconnaissance des Françaises et des féministes en particulier. Les temps viendront, espérons-le, où les Françaises accorderont leur appui, leur souscription, non plus aux seules revues de mode et de papotage mondain, mais aux organes qui défendent leurs vrais intérêts et leur vraie dignité.

Puisque j'ai prononcé le mot d'écrivain, je me permettrai encore, en face de cette vaste carrière, de convier les femmes à la conquête d'une forte et profonde culture, d'une haute et impeccable conscience littéraire, avant de faire œuvre d'écrivains. Défions-nous des manifestations précoces et des succès faciles. Là, comme en tout, aspirons au sommet ; dédaignons, si nos moyens et nos loisirs nous le permettent, le roman commercial, le feuilleton, la nouvelle hâtive, pour les œuvres de puissante portée et de signification supérieure. Ne nous rebutons pas devant l'accumulation des mots et des systèmes barbares que l'homme a amoncelés sur les plus simples vérités philosophiques et scientifiques. Allons aux sources de la sagesse humaine, ouvrons-nous à nous-mêmes ces portes sur la lumière que sont le sanscrit, l'hébreu, le grec, le latin. Défions-nous des traducteurs. Le désarroi doctrinal est partout en philosophie, en littérature, en poésie, en musique, en peinture ; la jeune génération se cherche un idéal renouvelé, dépouillé, allégé enfin des conventions pesantes des classiques, du clinquant vide et sonore des romantiques, de la vaine poursuite de l'art pour l'art des naturalistes.

Elevons-nous à la glorieuse possibilité de prendre une part dominante, dirigeante aux nouvelles formules, aux nouvelles écoles qui vont surgir. Au fond, sous les morales, les dogmes dont les foules n'ont jamais saisi que l'apparente expression, deux métaphysiques rivales ont divisé et gouverné le monde. Le renoncement à vivre et le vouloir vivre ont dominé tour à tour l'esprit humain. Rappelons-nous que les religions qui ont prêché le renoncement à vivre et le consentement à souffrir n'ont pas eu de prêtresses, et reprenons au service de la vie méconnue et violée dans son sens humain, depuis le règne de l'homme, reprenons notre droit primordial de parler et d'écrire, et d'enseigner au nom de l'universel, au nom de ces deux manifestations de la divinité : la Beauté et l'Amour.

Mme Marguerite Durand, *vice-présidente*. — Mlle Marguerite Dreyfus avait un rapport à nous donner sur une question un peu analogue à celle-ci.

Mlle Marguerite Dreyfus (Hellé), *déléguée de l'Union fraternelle des femmes :*

LE TRAVAIL DES FEMMES

Lorsque Siéyès fut appelé, par le ministère, à donner son avis sur la convocation des Etats-Généraux, il publia la petite brochure qui devait faire tant de bruit dans le monde : *Qu'est-ce que le Tiers-Etat? Tout. — Qu'a-t-il été? Rien. — Que veut-il être? Quelque chose.*

Aucun ministère n'a demandé aux femmes, à la veille de ce Congrès, de formuler une opinion sur leur condition actuelle dans la société. C'est bien dommage. Je crois savoir ce que les femmes auraient répondu, parce qu'elles redisent depuis longtemps les mêmes mots, très simples — plus simples que ceux de Siéyès — et parce qu'elles les rediront sans se lasser jusqu'à ce que les choses changent : « Nous voulons l'égalité devant les lois, devant toutes les lois ».

Généralement, quand une femme prononce cette phrase devant quelques personnes, il se trouve toujours un monsieur étonné qui s'écrie : « Mais la loi n'est donc pas égale ?... Je croyais... » Et alors, nous sommes obligées d'expliquer au monsieur que la loi n'est égale... à peu près... que pour les hommes. Je dois dire qu'en général le monsieur n'avait pas réfléchi. C'est très humain. Un homme ne s'aperçoit jamais en voyage qu'on a omis de réserver un compartiment pour les dames, mais il se plaint toujours qu'il n'y a pas assez de compartiments de fumeurs. — Dans la vie, c'est un peu pareil.

Et il faut souhaiter vraiment que les hommes ne pensent pas beaucoup, car lorsque les femmes ajoutent : « Et l'égalité devant le travail ? » tous les messieurs présents sentent nager soudain, dans leur cœur, un immense attendrissement pour les femmes qui ne devraient pas travailler — au dehors surtout — qui devraient rester au foyer !...

Au foyer... Mais, pour demeurer au foyer, il faudrait peut-être en avoir un ; et, à la cellule, à la mansarde, sans feu l'hiver, sans air l'été, je ne crois pas qu'il soit permis, loyalement, de donner ce nom.

Songent-ils encore, ceux qui parlent ainsi, que le nombre des femmes veuves ou célibataires est presque de cinq millions et que le chiffre de celles qui peuvent vivre de leurs rentes ne compte pas ?

Alors, songez — c'est aux hommes que je m'adresse — songez au troupeau lamentable qui veut vivre et auquel seul le travail donnera du pain, un pain qui n'est pas quotidien tous les jours. Les portes se ferment devant lui à cause de l'inégalité des lois, de l'inégalité des coutumes, quand un champ nouveau s'offre à ses efforts. Songez que la bête de somme est nourrie pendant le chômage et que la femme ne l'est pas... L'homme non plus, sans doute. Mais il a du moins pour lui les lois, le bulletin de vote, la force syndicale et un choix moins restreint. Et c'est cela, pas autre chose, que nous réclamons pour nous-mêmes.

Ah ! comme il est naturel que la femme se méfie des faveurs qu'on lui propose, de toutes les faveurs... Lois de protection, lois d'oppression, — quand elles ne concernent pas tous les travailleurs, quand elles ne concernent qu'un sexe et le mettent ainsi matériellement en infériorité devant l'autre.

Tout ceci n'est pas très neuf. Sur cent métiers énumérés par Etienne Boileau, trois seulement sont réservés aux femmes ; ce sont ceux des *fileresses de soie à grands fuseaux*, des *fileresses de soie à petits fuseaux* et des *fabricantes de chapeaux d'orfrois*. Au moins, en ces temps reculés, la femme jouissait-elle directement du produit de son travail : la laine que ses mains filaient servait ensuite à la vêtir ; le blé qui poussait dans son champ devenait pour elle du pain. Mais toutes n'étaient pas privilégiées... L'odieux ostracisme qui pesait sur l'ouvrière d'autrefois plus complètement qu'aujourd'hui fut maintenu jusqu'à la Révolution. Un homme dont il convient ici de rappeler et d'honorer le souvenir, Turgot, dans l'édit, le retentissant édit de février 1776, destiné à supprimer les jurandes et les maîtrises, accusait hautement les lois qui, depuis le XIIIe siècle, régissaient l'industrie « de condamner la femme à une misère inévitable, de seconder la séduction et la débauche ». C'est ce qu'elles font encore aujourd'hui pourtant. Les jurandes et les maîtrises ne sont plus, mais les usages et les lois qui infériorisent la femme, la mentalité surtout, l'état d'esprit qui les a fait naître, tout cela a survécu malgré les révolutions. Il y a des esclaves qu'on oublie — ceux qui sont le plus désarmés.

Car, malgré ce qu'on veut bien dire, ce n'est pas un accès subit de respect pour des considérations physiologiques qui explique l'ostracisme dont la femme est victime encore et dont s'indignerait Turgot qui n'était pas un anarchiste, mais un honnête homme cependant. S'il en était ainsi vraiment, si le seul désir de ménager les faibles forces de la femme déterminait les usages, les ouvriers typographes qui s'unissent aujourd'hui avec tant d'énergie pour chasser leurs camarades ouvrières des ateliers où elles accomplissent un travail minutieux et bien « féminin », auraient depuis longtemps embrassé le dur état des malheureuses qui lavent et frottent sans relâche, les pieds dans l'eau, et se seraient faits blanchisseurs. Et, de même, on verrait des dames essayer à d'autres dames des gants dans les grands magasins (cet exercice n'exigeant pas un vaste déploiement musculaire) au lieu de voir des hommes désignés pour ces fonctions délicates, pour vendre des jarretelles et pour mesurer des rubans.

Vraiment, le contraste est trop éloquent et pénible, quand on se représente tout à coup l'existence des femmes dans les mines pour un salaire dérisoire, et dont M. Henri Dagan a pu dire : « Les travaux qu'elles exécutent sont ceux de l'homme solide ou de la bête... »

« Ou de la bête... » Oui, des milliers de femmes font une besogne de bêtes de somme pour vingt-cinq sous par jour, quelquefois moins et dix heures de travail. Alors pourquoi ne feraient-elles pas de moins durs travaux quand ils sont mieux rétribués ? On ne proteste pas contre les femmes portefaix du Midi, les femmes manœuvres du Gard, du Puy-de-Dôme, de la Creuse, du Pas-de-Calais, etc... Mais on a l'air de penser qu'aucune femme n'est assez forte pour remplacer les huissiers de nos ministères et de nos monuments nationaux. Il ne s'agit pourtant que de balayer. Ah ! messieurs, n'exagérez pas le poids des plumeaux !... C'est moins lourd qu'un chariot de houille, je vous assure.

De même, nous voudrions savoir pourquoi les femmes ne seraient pas gardiennes... de tout ? On semble croire qu'elles ne peuvent garder que des enfants... Qu'on leur laisse encore les fleurs, au moins !... Pourquoi n'y aurait-il pas des jardinières municipales, et des gardiennes de squares, et des gardiennes de musées ? — Les lois ne s'y opposent pas. C'est une habitude à prendre, voilà tout, et il ne faut jamais dire qu'une chose ne peut pas être parce qu'elle n'a pas encore été.

Il ne faut pas non plus conclure de ceci que certains métiers me paraissent devoir appartenir de droit aux femmes. Je répète seulement qu'il y a des femmes solides et des hommes qui sont des gringalets et que le gringalet ne doit pas être nécessairement un maçon parce qu'il est un homme; il vaut mieux, dans ce cas-là, que la femme solide soit maçonne. Que chaque individu puisse être libre de travailler selon ses forces et ses aptitudes. C'est tout ce que nous vous demandons. Il y a bien assez de chaînes dans l'existence pour ceux qui doivent gagner leur pain, ne leur limitez pas encore les moyens de le gagner.

Si la femme ne veut pas de lois restrictives du travail, ce n'est pas pour lutter contre l'homme, c'est pour lutter près de lui, à armes égales, dans le dur combat de la vie. Et c'est cela qu'il faut comprendre.

Nous ferons encore appel à une opinion masculine, celle du même M. Henri Dagan, pour traduire notre pensée ; elle vous paraîtra plus objective et plus désintéressée que la nôtre :

« Travaux pénibles et repoussants, longueur démesurée de la journée de travail (accompagnée de chômages intenses), intoxication professionnelle, déformation corporelle, tuberculose chronique, insuffisance d'alimentation, sweating-system, exploitation sous toutes ses formes. Le sort de la femme est donc pire que celui de l'homme. C'est donc sa situation matérielle qui doit attirer surtout l'attention du sociologue, du penseur, du législateur et du philosophe.

« Tout ce que l'on peut dire à côté est superflu : « corruption », « immoralité », « perfidie », « déchristianisation », etc., autant de mots vides de sens, autant de sombres asiles de l'ignorance ou de la mauvaise foi. La *moralité* d'un être ne peut scientifiquement s'expliquer que par l'examen attentif et approfondi des conditions matérielles de sa vie.

« Et le reste est littérature. »

Cela ne signifie pas, sans doute, que l'égalité pour laquelle nous luttons, l'égalité devant la loi, devant le travail, devant le salaire, donnera le bonheur aux femmes. Le bonheur ne dépend pas des lois, ni des coutumes. Mais si nous pouvons mettre dans ces coutumes et dans ces lois un peu plus de justice et le souci de notre indépendance, de l'indépendance de toutes les créatures sans distinction de caste ou de sexe, le respect enfin de l'individu libre, de toute la liberté qui n'atteint pas la liberté voisine, — ce sera déjà beaucoup.

Et puisque cela n'est pas encore, puisque les choses n'ont pas tout à fait changé depuis Turgot, il nous semble impossible de ne pas donner comme lui une pensée à la plus misérable de toutes les misères, aux plus tristes victimes de la lutte pour vivre, à celles qui, toutes les portes s'étant fermées devant elles, ont été rejetées sur le trottoir et — lasses de tout — y sont restées.

Mme Marguerite Durand, *vice-présidente*. — Nous continuons toujours la série des professions accessibles aux femmes. Mmes Héra Mirtel et Marguerite Dreyfus ont fait connaître diverses fonctions ; Mme de Maguerie va en indiquer d'autres.

Mme DE MAGUERIE. — Quand nous nous trouvons en face de concours, souvent nous ne nous présentons pas parce que nous sommes épouvantées par la condition du service militaire. Nous croyons souvent, à tort, que nous serions obligées d'obtenir une loi qui nous permette de passer un concours de commis, de rédacteur. C'est une erreur : les concours sont réglementés, non par des lois, mais par des décrets ministériels. Lorsque nous savons qu'un concours va avoir lieu, il me semble qu'il serait utile que celles de nous qui s'occupent de ces questions fissent des démarches auprès du ministre pour arriver à faire mettre, dans le règlement qui régit le concours à ouvrir :

1° Les candidats devront satisfaire aux conditions du service militaire ;

2° Les candidates devront remplir telle et telle condition.

Voici ce qui est relatif à l'emploi de traducteur-juré :

LE TRADUCTEUR-JURÉ. — SES FONCTIONS

Le rôle du traducteur-juré est d'assister auprès des tribunaux les prévenus, témoins ou parties en litige de nationalité étrangère. Par conséquent, il ne lui suffit pas d'être traducteur émérite, mais il doit encore être interprète, scrupuleusement fidèle. On conçoit donc, d'après l'importance des fonctions confiées, qu'il puisse y avoir quelques difficultés à obtenir ce titre. Cependant, jusqu'à ces temps derniers, on n'exigeait pas d'examen des candidats. Ils devaient simplement joindre à leur demande les diplômes ou pièces quelconques établissant la connaissance de la ou des langues étrangères.

On a reconnu l'insuffisance de cette mesure et les traducteurs-jurés inscrits à la cour d'appel de Paris ont été, par ordre de M. Forichon, soumis à un examen qui a réduit leur nombre de 66 à 32.

Ce titre est une garantie auprès du public et c'est toujours à un traducteur-juré que l'on s'adresse pour toutes les traductions légales : actes d'état civil, testaments, contrats de sociétés, actes de cessions, achats, ventes, etc., ainsi que pour les interprétations chez les notaires. Ces vacations sont en général très bien payées, car elles exigent une connaissance approfondie des langues à interpréter.

Pour briguer le titre de traducteur-juré, il faut être de nationalité française et savoir *parfaitement* au moins deux langues étrangères. A cette connaissance doit s'ajouter la culture générale indispensable pour être à la hauteur des travaux confiés. Le traducteur-juré doit non seulement posséder de suffisantes notions de droit international, mais encore se familiariser avec les choses et les expressions techniques (mathématiques, médecine, mécanique, etc.). La responsabilité du traducteur est considérable et ses travaux délicats et complexes.

Les demandes doivent être adressées au président de la cour de cassation, ou au président de la cour d'appel, ou au tribunal civil, qui accorde ou refuse cette admission. A l'importance des titres que les candidats peuvent faire valoir doivent s'ajouter de sérieuses recommandations. Il est indispensable, en effet, que la parfaite honorabilité des solliciteurs soit établie par des tiers dont les assertions puissent faire autorité. Le traducteur-juré, non seulement ne peut pas avoir fait faillite, mais doit encore jouir d'une réputation intacte ; il lui est défendu de signer des effets de commerce, de se livrer à des spéculations. Le métier souvent expose à des tentations, le traducteur-juré doit être incorruptible : il est tenu, en entrant en fonction, de prêter serment.

Dans les décrets relatifs à la création et à la nomination des traducteurs-jurés, rien n'indique que les hommes seuls puissent remplir ces fonctions. Comme pour beaucoup d'autres professions jusqu'ici dites masculines, le cas « n'a pas été prévu ». Légalement donc rien ne s'oppose à ce que la femme puisse être nommée traducteur-juré. Seuls l'usage, la routine ont opposé jusqu'ici leurs barrières à l'entrée de la femme dans la carrière ; sa persévérance, son énergie sauront les briser ; elle a accompli d'autres miracles.

Le présent rapport nous est fourni par Mme veuve Cighera, une candidate aux fonctions de traducteur-juré, que ses capacités et une expérience de vingt-neuf ans en matière de traduction désignent pour être la première bénéficiaire d'une victoire longuement disputée (1). Collaboratrice intelligente et zélée, pendant vingt ans, d'un polyglotte remarquable, Mme Cighera lutte depuis huit ans pour obtenir cette nomination dont la légalité et la justice sont admises en principe ; dans bien des cas la justice y gagnerait, car une femme pourrait mettre là merveilleusement à profit ses qualités d'observation, d'intuition et de tact.

De nouvelles nominations ont eu lieu ce mois-ci et Mme Cighera a vu sa demande, datant de huit ans, et renouvelée en moyenne deux fois par an, et il y a peu de jours encore, écartée de nouveau en faveur de celles de plusieurs « candidats » de date toute récente.

Si la réussite n'a point encore couronné de si courageux efforts, il en faut accuser l'acharnement de cette corporation, jusqu'ici exclusivement masculine, des traducteurs-jurés, dont la résistance a su employer toutes les armes pour défendre contre la femme ses droits et ses privilèges.

Le rapport d'un bureau de traducteur-juré est, bien entendu, trop variable pour qu'on puisse indiquer un chiffre. Sa réussite dépendrait des capacités de celle qui le dirigerait ainsi que des débouchés qu'elle saurait se créer. On peut, au profit réalisé par les traductions et les interprétations de tous genres, adjoindre des travaux de sténographie, de dactylographie et de comptabilité, et atteindre ainsi un chiffre d'affaires de 8.000 à 10.000 francs.

(1) Elle le fut en effet, et est devenue titulaire de l'emploi depuis le Congrès.

Mme Marguerite Durand, *vice-présidente*. — Nous avons le plaisir de compter, parmi les féministes très convaincus et très sincères ici présents, une personne qui se trouve dans ce cas ; si elle voulait nous dire deux mots sur la question, elle nous rendrait service et nous ferait conclure ce rapport : c'est Mme Cighera.

Mme Cighera. — Je suis veuve d'un traducteur-juré à la cour d'appel. Depuis vingt ans, je suis restée seule et, grâce à ma connaissance des langues étrangères, j'ai pu continuer le bureau que tenait mon mari. Or, au lendemain de la loi sur les femmes avocates et depuis que les femmes sont admises à être témoins, j'ai adressé une demande à M. le Président de la cour d'appel. Celle-ci a été accueillie favorablement, et l'on m'a promis qu'aussitôt que les circonstances le permettraient et que le nombre des traducteurs aurait diminué, on ferait droit à ma demande.

J'ai renouvelé ma demande tous les ans, et j'en suis toujours au même point.

Le nombre des traducteurs, qui était de soixante, n'est plus que de vingt et je suis toujours là.

Je tiens toujours mon bureau, mais je voudrais bien me créer une situation indépendante.

Mme Marguerite Durand, *vice-présidente*. — Mlle Pillot, trésorière de la Chambre syndicale des femmes sténographes et sténodactylographes, aurait un mot à dire sur la question, et je crois qu'il serait intéressant de l'entendre.

Mlle Pillot. — C'est à propos des emplois dans les administrations.

On nous a dit que l'obligation de produire des pièces militaires était une entrave au recrutement des employés d'administration parmi les femmes ; je voudrais donner une indication qui pourrait peut-être être utile.

Notre rôle ne consiste pas à aller trouver un ministre pour lui dire : « Veuillez autoriser les femmes à passer tel ou tel concours », de rédacteur, par exemple. Quand les femmes ont conquis le droit d'être médecins ou avocats, elles n'ont pas procédé en sollicitant ; elles ont, je crois, commencé par enfoncer une porte, par avoir les connaissances nécessaires et se présenter en disant : « Nous sommes bachelières, nous voulons faire nos études de médecine ou de droit ».

Je propose que les femmes qui sont bachelières aillent se présenter — quand même elles n'auraient pas l'intention d'exercer la fonction pour laquelle elles concourent — qu'elles aillent se présenter seulement pour rendre service à la cause féministe, au concours de rédacteur, par exemple.

Il y avait un concours de rédacteur au ministère du Travail le 11 juin ; si une femme bachelière s'était présentée, je ne sais pas quelle raison M. Viviani aurait pu trouver pour refuser de la laisser concourir, et je regrette qu'une femme licenciée, avocate, ne soit pas allée se faire inscrire, car cela aurait au moins obligé le ministre à dire pourquoi il ne l'acceptait pas.

Mme Marguerite Durand, *vice-présidente.* — Voulez-vous me permettre de vous dire que ce que vous demandez a justement été fait par une rédactrice de *La Fronde,* qui était licenciée. Elle s'était présentée au ministère des Finances, si je me souviens bien, et on lui a dit : « Madame, vous n'avez pas satisfait au service militaire ».

Il faut absolument un autre décret ministériel pour changer cela.

Mlle Pillot. — On peut être expéditionnaire à la Caisse des Dépôts à partir de 18 ans. Le métier n'est pas bien fatigant ; eh bien, jamais des femmes ne se sont présentées pour ces emplois où l'on débute, il est vrai, à 1.200 francs, mais où l'on arrive à des traitements supérieurs.

Je ne sais pas si M. Viviani aurait accordé à une femme le droit de concourir, mais je crois qu'il lui aurait été malaisé de répondre par une fin de non recevoir, étant donné les preuves de sympathie qu'il a prodiguées à la cause féministe.

Mme Marguerite Durand, *vice-présidente.* — La parole est à Mlle Bouvard pour la lecture de son rapport sur les Retraites ouvrières.

Mlle Bouvard, *déléguée du Syndicat des fleuristes et plumassières :*

LES RETRAITES OUVRIÈRES

Faire un rapport sur l'omission des femmes dans le projet de retraites ouvrières demanderait un certain développement qu'il ne m'est pas possible de faire actuellement, le temps me manquant. Un travail de ce genre nécessite toujours certaines recherches, pour discuter les arguments pour ou contre, qui peuvent se présenter.

En nous plaçant sur le terrain des retraites ouvrières et en examinant froidement les diverses opinions émises, nous sommes bien forcés de nous rendre à l'évidence, savoir que nos législateurs, pour la plupart, ont peu étudié la question et que, dans certains milieux, on est complètement défavorable à l'adoption d'un tel projet, si minime soit-il.

Certes, nous ne nous faisions pas d'illusions sur la réussite et l'adoption dudit projet ; car la bourgeoisie actuelle est trop égoïste et trop aveugle pour saisir toutes les parties d'un tel projet et en tirer les conséquences qui en résulteraient. Les divers projets mis à l'étude actuellement sont dérisoires, et le système de capitalisation surtout est un leurre pour la classe ouvrière.

Les retraites présentées actuellement au Parlement constitueront une piètre réforme au point de vue de l'assistance sociale ; on nous dira, il est vrai, qu'il faut bien commencer par quelque chose, que c'est une étape à franchir, qu'on fera mieux une prochaine fois.

Mais nous savons combien les réformes sont longues à venir et combien plus longues à aboutir. Les promesses de nos législateurs ressemblent beaucoup à celles des mauvais payeurs qui, à l'échéance, ne peuvent faire face à leurs engagements et demandent du temps pour s'exécuter, et le plus souvent ne s'exécutent que contraints et forcés.

Le principal argument qui nous est servi à toutes les sauces est toujours : Nous n'avons pas de ressources ; où voulez-vous que nous prenions l'argent nécessaire pour alimenter le budget de prévoyance sociale que vous voulez établir ?

L'argent, des ressources, on en trouve toujours lorsqu'il s'agit de faire des expéditions comme celles de Chine, de Madagascar et du Maroc ; mais lorsqu'il s'agit de permettre aux vieux travailleurs d'être à l'abri des soucis matériels qui ont abreuvé leur existence... disons-le bien haut : la bourgeoisie n'en a cure ; et si elle promet, c'est qu'elle ne peut pas faire autrement. Quant à s'exécuter, soyez assurés qu'elle le fera le plus tard possible.

Nous avons eu sous les yeux plusieurs projets de retraites ouvrières, mais aucun n'a parlé des femmes dans leur intérieur.

Nos classes dirigeantes demandent sans cesse des enfants pour la patrie ; on crie au danger national lorsque les statistiques nous annoncent une baisse dans le chiffre des naissances.

Elles blâment très fort le féminisme, le machinisme, qui chassent la femme de son foyer ; elles s'en plaignent, mais ne font rien pour l'y retenir.

Que faites-vous donc, dans vos projets de retraites ouvrières, de ces femmes de travailleurs, de ces mères de famille qui nous donnent des enfants, qui les élèvent pour aller se faire tuer (il est vrai que c'est pour la patrie) ? Elles ne comptent pas. Les preuves en sont dans tous vos projets. Vous voulez qu'elles sortent de leur intérieur pour que vous daigniez leur accorder un simple morceau de pain, car la somme gagnée ne peut guère leur procurer autre chose. Vous ne pensez pas qu'une ménagère qui a élevé un ou plusieurs enfants, qui a toujours tout fait dans son ménage, puisse prétendre à jouir de la retraite comme les autres travailleurs. Nous pensons, nous, que s'il y a quelqu'un qui y a droit, c'est elle.

La bourgeoisie qui, dans son égoïsme, tend à limiter le plus possible le nombre des naissances, que ferait-elle si les travailleurs venaient à l'imiter ? Que penserait M. Piot ?

Ménagères, qui vous êtes épuisées votre vie durant à élever une nombreuse famille, qui avez donné des défenseurs à la Patrie, on pense que votre travail d'intérieur est chose négligeable et que vous ne créez pas de la richesse puisque vous n'êtes pas directement sous la coupe d'un patronat quelconque. Donner des enfants sains et assurer le confort et le bien-être aux vôtres, si c'est possible, par votre ordre et votre activité, ce n'est rien. Mais il ne faut pas nous étonner, c'est dans l'ordre des choses.

On est profondément attristé en voyant le peu d'empressement que mettent les législateurs à améliorer le sort des travailleurs. En attendant les transformations que nous rêvons et qui mettront fin à l'exploitation capitaliste et à son succédané — la misère ouvrière — nous devons organiser la production et la répartition des richesses de façon que le droit à une vie suffisante soit assuré à tout être humain : aux valides par le travail, aux invalides par la solidarité sociale.

Mais, pour cela, il nous faudrait changer de système d'assistance publique et substituer la justice solidariste à l'humiliante charité.

C'est pourquoi nous estimons que les projets de retraites ouvrières sont insuffisants et que nos législateurs ne sont pas à la hauteur de la tâche qui leur est dévolue, en ne cherchant pas les ressources nécessaires à l'alimentation de ces retraites où ils peuvent et doivent sûrement les trouver.

Il serait trop long d'énumérer les divers projets qui ont été présentés ; mais nous voulons retenir celui qui fut présenté, si je me rappelle bien, par Gambetta, en 1869, à la Chambre des députés ; le projet de Godin, fondateur du familistère de Guise qui, par la simple attribution à l'Etat de l'héritage en ligne collatérale, combinée avec un impôt progressif sur l'héritage, arrivait à former un revenu de deux milliards et demi, permettant d'assurer la somme de 830 francs à chaque vieillard de 60 ans.

Ceci est un peu général et, si tout était organisé d'ensemble, il n'y aurait plus d'exceptions et, par conséquent, plus de féminisme.

Puisque l'Etat veut favoriser les mutualistes en leur accordant des versements supplémentaires, il ne peut pas refuser ce qui est dû à la ménagère, comme aux autres travailleurs.

Vous n'avez aucun prétexte pour nous éliminer puisque nous vous donnons les moyens pour trouver les fonds nécessaires.

Ces moyens sont :

1° Attribution à l'Etat de tout héritage en ligne indirecte ;

2° Diminution des traitements au-dessus de 20.000 francs ;

3° Suppression de toutes les pensions que nous payons encore aux privilégiés, familles détrônées ou anciens nobles.

Il faut, messieurs les législateurs, que vous trouviez une solution permettant à tous les travailleurs, sans distinction de sexe, d'avoir leur part de ressources assurée pour leurs vieux jours. Alors seulement vous aurez le droit de faire mettre sur les frontons des monuments ce grand mot : *Egalité* qui, jusqu'à ce jour, est un affreux mensonge.

Mme Marguerite Durand, *vice-présidente*. — Etant donné l'heure tardive, je crois que vous trouverez bon que nous arrêtions la discussion.

Nous avons encore trois rapports à lire, nous avons encore à voter des vœux qui seront présentés ; nous remettons, par conséquent, la suite de la discussion à demain 2 heures. Cela nous prendra très peu de temps, et nous pourrons passer alors à la grande question du suffrage politique des femmes, qui est la plus importante de toutes.

Mme ODDO DEFLOU

QUATRIÈME SÉANCE

Dimanche 28 juin, à 2 h. 1/4.

DROITS CIVILS

en connexion avec la question économique

(Suite.)

Mme Marguerite DURAND, *vice-présidente.* — Nous allons continuer la discussion des questions de la deuxième partie du programme. Mme Bogelot, présidente d'honneur, désire dire quelques mots au commencement de cette séance.

Mme BOGELOT, *présidente d'honneur :*

MESDAMES,
MESSIEURS,

J'ai vivement regretté de partir, hier, sans entendre le rapport de Mme Marguerite Durand. J'étais restée exprès pour écouter ce travail. Mais je suis âgée, je demeure hors Paris. Il eût été trop tard pour moi qui ne sors jamais le soir.

Craignant aujourd'hui de partir encore avant la clôture, j'ai demandé à mes collègues de dire quelques mots, auxquels je vous prie de ne pas faire un trop mauvais accueil.

D'abord, je suis très satisfaite d'avoir pu suivre les travaux du Congrès. On y a bien travaillé et notre succès sera complet si vous voulez bien mettre en pratique le petit conseil suivant que je crois utile : il faut que nous soyons de plus en plus confiantes et indulgentes pour autrui, en étant, au contraire, plus sévères pour nous-mêmes.

Je n'ai sans doute pas toujours mis en pratique ces conseils. Je l'ai regretté. *Faites mieux que je n'ai fait.* En laissant de côté notre *triste moi*, notre esprit s'éclaire et nous sommes meilleurs juges pour les autres et même pour notre intérêt véritable. Aussi je dépose sur le bureau le vœu suivant :

Indulgence pour autrui, sévérité pour soi-même.

Mme Marguerite Durand, *vice-présidente.* — La parole est à Mme Bérot-Berger.

Mme Bérot-Berger (1) :

L'ORIENTATION PROFESSIONNELLE

Pourquoi laisser à l'appréciation incompétente de l'enfant le choix de sa carrière ? D'autre part, est-il suffisant que les parents décident de lancer leur fils ou leur fille dans telle voie, parce qu'il y aura, pour eux, plus d'honneur et, pour leur héritier, plus de profit?...

On néglige souvent le principal facteur : le tempérament de l'enfant. J'entends par tempérament (et je sors ici bien volontiers du Code civil pour appeler tempérament la résistance physique et morale) le degré de sensibilité du candidat en jeu.

Qu'est-ce que l'orientation professionnelle ?

Deux mots bien lourds pour la fillette de 13 ans qui joue encore à la poupée et qui, demain, devra rapporter son gain à la mère.

Qui donc lui expliquera le sens de cette phrase ? L'institutrice, peut-être ; mais ce sera le plus souvent la camarade, en route déjà sur le grand chemin des ateliers, où les lycéens et les employés viennent guetter la sortie du soir, après avoir surveillé et fait leur choix à la rentrée d'une heure et demie. Pauvres mignonnes !

Il m'arrive de rejoindre à la Maternité ces pauvrettes anéanties.

Inconsciemment, par l'appât du gain immédiat, le père à demi coupable lance l'enfant où on paiera le mieux. Peu importe qu'elle vive huit heures par jour près du brodeur pour lequel elle enfile les aiguilles ; l'enfant est livrée au plus offrant, toute sa vie elle restera enfileuse en fabrique, et ne gagnera jamais plus de 2 francs par jour dans nos cités manufacturières.

Au contraire, si une âme charitable paie dix-huit mois d'apprentissage de repasseuse ou de lingère à cette fillette, à 15 ans, elle possédera un métier qui lui permettra de gagner 3 à 4 francs en journée, d'être sa maîtresse indépendante, de pouvoir continuer chez elle ce travail rémunérateur, qui la tiendra plus tard à son foyer si elle s'en crée un, et près de ses enfants, condition essentielle de quiétude maternelle et de bonheur familial.

La société se plaint du fléchissement des mœurs ; mais que fait-elle d'effectif pour y remédier ? Les mœurs ne tombent-elles point, dans les faubourgs, en raison directe de la médiocrité des salaires féminins ?

Or, une femme dont le travail est bien payé ne recourra pas aux gains d'appoint pour alimenter ses enfants. Bon salaire : bonnes mœurs. Pourquoi l'homme, à travail égal, touche-t-il en plus de quoi satisfaire ses vices ? A-t-il besoin de manger pour deux... lui ?

Replacez aussi les femmes dans les grands magasins, afin qu'elles

(1) Toujours pour la même cause, l'insuffisance du temps, ce rapport ne fut pas lu entièrement : Mme Marguerite Durand se borna à en donner un résumé verbal.

procèdent seules à l'essayage des gants, au choix des points de dentelles, à l'aunage des rubans, à la transparence des libertis, au lieu de les laisser porter sur le dos des sacs de linge ou autres, de 30 à 50 kilos, jusqu'au dernier mois de leur grossesse, ou de les voir conduire des métiers à tisser trop lourds. Peut-être, alors, se morfondra-t-on moins sur la dépopulation, en trouvant 40 °/₀ des petits qui meurent avant terme.

Si les producteurs ont fini leur grève, la productrice en commence une beaucoup plus grave, messieurs les sages. Vous trouviez tout naturel de céder à votre fantaisie et à vos plaisirs avec la dot de Madame, et de la laisser à ses enfants pendant que vous alliez, le diable seul sait où. Elle a vu clair et, si le Code ne se modifie pas à son profit, elle opposera, à la force d'inertie des législateurs, sa puissance stérile, et voilà : donnant... donnant.

Parmi les fautes irrémédiables qui désagrègent le foyer, se dresse, comme premier témoin à charge, le Code civil qui, souvent mal interprété par l'homme et tout à fait incompris par la femme, reste comme une épée de Damoclès suspendue sur la tête de l'épouse.

Le deuxième agent fâcheux est le manque d'orientation professionnelle.

On a pris un emploi au petit bonheur, sans se douter que chaque poste, même le plus simple, demande des aptitudes et une inclination spéciale. Pour remédier à ce faux aiguillage, source de catastrophes familiales et de calamités sociales, il serait excellent et prudent de poser un questionnaire à l'enfant, un an avant la sortie de l'école, en lui faisant mettre en regard des avantages, les inconvénients inhérents (selon lui) à chaque carrière. Le maître corrigerait ce devoir avec une intelligence toute particulière et prierait les parents de l'annoter. La discussion écrite et verbale dessinerait, en un croquis plus ferme, la perspective à envisager par le futur ouvrier, employé ou fonctionnaire.

Quant aux enfants privilégiés, les proviseurs et directrices de lycée agiraient de même, car je crois que tous les parents sensés désirent assurer doublement leur enfant sur la vie, en leur mettant en mains l'instruction secondaire, les diplômes et les arts d'agrément qui, à un mauvais tournant de l'existence, les aideraient à émerger de nouveau.

Il n'y a aucune raison valable susceptible d'être invoquée ici pour que l'État refuse l'admission des candidates et accepte les candidats. « Guerre au favoritisme dans sa source impie ! »

Toutes les écoles nationales sont alimentées par les impôts communs. La femme commerçante, veuve ou célibataire, paie les impôts et patentes comme son voisin, et elle est en droit de faire postuler sa fille pour telle école, tel poste ou telle carrière. Donc possibilité et opportunité, car si nous disposions (entre parenthèses) d'écoles d'infirmières, depuis longtemps nous pourrions envoyer soigner à domicile, dans nos villes de province et à la campagne, de pauvres femmes que le transport à l'hospice déprime de toutes les façons, et dont la fièvre redouble par le chagrin d'avoir dû tout abandonner chez elles : mari, grands et petits enfants.

Par l'examen de l'orientation professionnelle on évitera à des parents de pousser, par ambition, à Polytechnique un pauvre fils anémié par l'étude et les privations, au lieu d'en faire un bon chef d'atelier.

J'insiste pour que l'examen comporte, outre la réponse écrite du candidat, la discussion orale, le tout complété par l'auscultation du sujet. Nous devons faire appliquer pratiquement la méthode préventive du professeur Grancher.

Les enfants, ainsi mieux armés, se sentiraient plus solidement en place, à leur place. Il s'en dégagerait un maximum de compétences qui, au point de vue économique, devient urgence sociale.

Nous manquons de concentration dans nos idées, on s'est trop éparpillé en cherchant seul sa voie et, en en changeant maintes fois, on a perdu les meilleures années de semence. Il importe pour la récolte que les sillons qui ont reçu les grains aient été soigneusement amendés et préparés. L'individu récolte après sa vingt-cinquième année selon ses ensemencements antérieurs.

Si je prends cette comparaison, c'est que l'agriculteur est sur la sellette depuis deux ans. Pourquoi? Parce que lui aussi s'est trompé en envoyant sa fille aux premiers pensionnats de la capitale. En rentrant des Oiseaux, Mademoiselle n'a plus aimé les oiseaux du verger. Le piano droit de sa mère a été remplacé par un Steinway à queue et les blanches mains ne sauront jamais comment se bat le beurre ni se fouette la crème.

Le fils du voisin, possesseur de 500 hectares, a demandé cette petite main ; mais c'est l'officier de la ville, rencontré en soirée, qui fut préféré pour son teint moins doré et ses ongles mieux polis. Et les fils d'agriculteurs ne trouvent plus de femmes pour surveiller basse-cour et laiterie! Si bien que le vice-président des Agriculteurs de France, le très distingué M. Blanchetain, vient de nous annoncer la création d'une école d'agriculture et d'horticulture pour les jeunes filles.

Mme Marguerite Durand, *vice-présidente*. — La parole est à Mme Cleyre Yvelin.

Mme Cleyre Yvelin :

LE TRAVAIL DE LA FEMME dans les métiers de luxe

C'est du travail des femmes dans les métiers de luxe que je vais dire quelques mots. On a parlé de toutes les carrières et industries féminines, on s'est tout particulièrement attaché à mettre en lumière le labeur pénible et peu rétribué du plus grand nombre de nos sœurs, employées dans le commerce, ouvrières de fabrique, d'usine, et certes on a eu raison car leur triste position se réclame, avant toute autre chose, des principes de justice et d'humanité qui sont à l'ordre du jour.

Celles dont je m'occupe ici, les connaissant particulièrement, méritent de figurer dans ce Congrès ; elles ont droit, comme les autres, d'avoir leur place marquée au sein de cette immense ruche que forme l'armée des travailleuses.

Sous prétexte que leurs gains sont de beaucoup supérieurs à ceux des humbles ouvrières, on n'en parle guère, on n'en parle pas !

D'abord, ces salaires tant vantés ne sont pas du tout réguliers. Il y a quelques privilégiées, mais le plus grand nombre végète une partie de l'année, victime du chômage ou morte-saison ; cependant qu'une toilette presque élégante leur est une chose obligatoire. Combien, sous ces dehors brillants, cachent une existence problématique ! C'est la misère dorée souvent.

Ce qu'il importe de faire remarquer dans cette catégorie de femmes, productrices de merveilles, c'est un certain point de vue qui m'a frappée et séduite : c'est que ces artistes, autour desquelles on fait le silence, contribuent, dans une très large part, à la fortune publique.

Cependant, personne ne s'est jamais avisé de calculer les revenus que rapportent à l'Etat les chefs-d'œuvre de goût et d'élégance qu'exécutent journellement ces mains féminines, dépourvues de force, mais créatrices de beauté.

Où sont les statistiques établissant le nombre de millions versé chaque année au trésor public, par le fait de ces intelligences d'élite, au talent exquis, à l'imagination toujours en travail ? Personne ne s'en préoccupe.

Quand, par hasard, quelqu'un agite la question, on s'empresse d'esquiver la louange ; les femmes, dit-on, ne sont bonnes qu'à s'occuper de chiffons !...

Il y a là une profonde injustice et une immense mauvaise foi !

L'effort cérébral qu'exige la création incessante des nouveautés dont la France, Paris, inonde toutes les nations, doit être signalé. Ce n'est pas par hasard que tant et tant de modèles ingénieux surgissent dans le cerveau féminin ; ces combinaisons savantes, où la grâce le dispute à l'originalité, exigent un travail de tête inouï ; enfanter sans cesse des merveilles demande une somme de travail considérable, des recherches continuelles, pénibles, intelligentes, et un tempérament d'artiste.

Toutes ces considérations donnent le plus formel démenti à ces théories imbéciles de l'infériorité cérébrale des femmes, elles réduisent à néant cette soi-disant faiblesse de cerveau qu'on leur attribue.

Il ressort clairement aussi qu'il y a là une source inépuisable de richesse nationale qui n'est pas à dédaigner ; c'est une chose qu'on ne peut nier, qu'on ne peut ignorer.

De toutes les parties du monde on vient chez nous pour s'approvisionner de ce produit unique, artistique, inimitable et inestimable qui s'appelle... *le chic !...*

Le chic parisien a une réputation mondiale !... Pour en avoir une parcelle, que de gens se sont ruinés ! C'est bien véritablement une source inépuisable, une fontaine de Jouvence enchantée. Or, si le goût français règne même chez nos ennemis, si notre fabrication d'ornements, d'ajustements rencontre partout des disciples, et nulle part des rivaux, à qui le doit-on ? Aux femmes, modernes magiciennes qui transforment tout en beauté ; ce sont elles qui ont vraiment ce don merveilleux de « réparer des ans l'irréparable outrage ».

Cette réputation, les femmes françaises l'ont véritablement conquise, elle est leur bien, elles l'ont créée de toutes pièces. C'est leur génie inventif qui a doté le commerce national de la plus élégante de ses gloires : aucune nation ne peut rivaliser avec nous sur ce terrain ; il est une chose qu'elles ne peuvent nous ravir, une chose qui ne vit qu'en France, c'est le goût.

Tous les peuples sont obligés de venir à Paris rendre hommage à cette souveraineté.

Ce tribut, qui l'a imposé au monde ? Les femmes. Paris en renferme des milliers qui, douées de cette inexplicable et ravissante qualité, métamorphosent, sous leurs doigts de fées, l'or, la soie, les fleurs, et attirent chaque année plusieurs centaines de millions dans nos coffres.

Ces femmes, arbitres de la mode, et vraiment artistes par la fantaisie et l'invention, trouvent-elles grâce devant la loi, devant ce préjugé de notre infériorité, devant l'époux ?

Nullement.

Le talent et l'intelligence ne rehaussent en rien leur personnalité, car il est admis que les capacités, le mérite et toutes les vertus résident dans le sexe mâle.

Elles ont donc droit à la protection des pouvoirs publics, tout comme leurs sœurs, les plus humbles travailleuses, car, malgré leurs brillantes qualités, elles sont bien souvent exploitées et en butte aux tracasseries patronales.

J'ai tenu à signaler cette catégorie de femmes, un peu oubliée, qui rapporte honneurs et profits au commerce parisien et soutient avec gloire le prestige de la nation française, notre ingrate patrie, qui s'obstine à leur refuser ce titre de citoyennes, que les suffragettes anglaises vont obtenir bientôt.

Ce sera un spectacle curieux que les droits de la femme soient reconnus par l'Angleterre monarchiste, devant la France républicaine.

J'engage les citoyens à réfléchir à cette éventualité. Et nous, féministes, formons une *Entente amicale* avec nos sœurs les Anglaises.

Mme Marguerite Durand, *vice-présidente*. — La parole est à M. Bourceret qui voudra bien nous lire le rapport envoyé par Mme Camille Boisvillers.

M. Bourgeret, de *l'Action* (pour Mme Camille Boisvillers, *publiciste) :*

LES CERCLES PROFESSIONNELS FÉMININS (1)

Si le féminisme est, comme on l'a dit, « la plus haute expression de la bonté et de la fraternité humaine », il n'est pas douteux qu'il faillirait à sa tâche s'il se contentait de se livrer à des manifestations purement théoriques.

Aussi, est-ce dans le domaine de la vie pratique qu'il doit traduire ses admirables théories d'émancipation et de solidarité.

Certes, il faut bien le reconnaître, nous avons, depuis une quinzaine d'années, réalisé des conquêtes qui ne sont pas négligeables. Je n'entreprendrai pas de les énumérer ici. Ce serait d'autant plus oiseux et inutile que, tous et toutes, dans le monde des militants, nous nous sommes tenus, pour ainsi dire, jour par jour, au courant du mouvement social.

Mais la besogne accomplie nous paraîtra bien médiocre, si nous la comparons à l'œuvre qu'il nous reste à effectuer, pour assurer à la femme, dans notre démocratie, la place à laquelle elle a droit, et faire disparaître l'état de vassalité dans lequel, au nom des lois draconiennes qu'il a édictées, le législateur la maintient au regard de l'homme.

Toutefois, s'il convient de mettre en relief, chaque fois que l'occasion s'en présente, les abus et les iniquités dont les femmes sont les victimes, et de protester contre l'obstination et l'âpreté avec lesquelles l'homme défend son œuvre légale et ses privilèges, il est non moins nécessaire de nous mettre en face des réalités et d'avouer que, abstraction faite d'un petit nombre de femmes courageuses et de consciences d'élite, qui bataillent avec vaillance pour le triomphe de nos idées, la grande majorité des femmes est, jusqu'à ce jour, restée indifférente devant la propagande qui se poursuit en vue de son affranchissement moral et social.

Et je vous le demande, à vous, mes chères collègues, à vous qui faites partie intégrante de cette phalange de femmes dont l'énergie inlassable se plaît aux ardeurs du combat, combien, dans vos relations mondaines, sociales, professionnelles ou familiales, pourriez-vous compter de femmes qui, véritablement, s'intéressent aux problèmes que le féminisme veut résoudre ?

Combien, par exemple, se sont donné la peine d'étudier, même sommairement, cette grave question du droit électoral et du droit d'éligibilité de la femme ?

Eh bien, c'est contre cette indifférence fâcheuse, contre cette apathie coupable que nous avons le devoir de réagir. Mais comment procéder pour atteindre ce but ? Quels moyens de persuasion et de séduction serait-il opportun de mettre en œuvre ?

(1) Ce rapport, à cause de sa longueur, n'a pu être lu entièrement en séance.

Est-ce le syndicat ?

Assurément, le syndicat est l'outil émancipateur par excellence. Il est, à la fois, une école mutuelle et une école d'énergie ; il est le lien permettant à des êtres qui, éparpillés et isolés, ne seraient que des roseaux flexibles, à la merci du moindre coup de vent, de devenir, par leur union, une force agissante et une puissance qui sait se faire écouter. Il est le muscle et la moelle du prolétariat ; il en est, par conséquent, le bras et le cerveau.

Mais toutes ces brillantes qualités n'ont pas, ce semble, suffi pour attirer aux syndicats les concours, sinon les sympathies, de la majorité des femmes, surtout de celles qui n'appartiennent pas aux catégories ouvrières.

Et la raison de cette abstention regrettable, il m'apparaît qu'on la peut trouver dans ce fait que les syndicats manquent de gaieté, sont pauvres de distractions et épouvantent les femmes qui redoutent les conflits.

Pour coopérer utilement aux travaux d'un syndicat, pour s'y intéresser, pour en être soi-même un élément profitable, il est, non pas indispensable mais très utile, d'avoir déjà une éducation politique et sociale au moins rudimentaire.

On m'objectera, peut-être, que cette éducation, les plus ignorants pourront en trouver les principes dans le syndicat lui-même.

Cette opinion paraît au premier abord d'une logique irréfutable ; mais, à la réflexion, on s'aperçoit bien vite qu'elle pèche par la base, en ce sens que le syndicat n'est pas une organisation de culture générale au point de vue politique, économique et social, mais une organisation qui a un but très particulier et déterminé à l'avance.

Au syndicat, l'on défend des intérêts matériels et des intérêts professionnels, qui ne se traduisent guère que par des discussions relatives aux salaires, à la durée du travail et à la résistance, le cas échéant, à des exigences patronales.

Tous ces travaux sont d'un intérêt capital. Nul ne songerait à le nier. D'ailleurs, l'amélioration des conditions de la vie matérielle n'est que le prélude, que le prologue, si l'on veut, du progrès moral, développement de la conscience individuelle et des sentiments de dignité.

Mais, si intéressants que soient ces travaux, ils ne suffiront jamais à projeter, dans des cerveaux un peu frustes et dans l'esprit des indifférents, les lumières vivifiantes qui leur seraient nécessaires pour instituer en leur propre personne la compréhension exacte de leurs devoirs et surtout de leurs droits.

Conseillerons-nous, comme le font avec un zèle infini quelques-unes de nos amies, l'entrée dans les loges maçonniques mixtes ?

L'admission dans ces groupements ne saurait être trop encouragée ; pour ma part, j'estime que les femmes qui sont dégagées des préjugés confessionnels pourraient trouver, au sein des loges maçonniques mixtes, des enseignements précieux qui accroîtraient agréablement les ressources intellectuelles dont elles sont déjà pourvues.

Toutefois, ce milieu est beaucoup trop spécial pour être considéré comme pouvant devenir le foyer général d'émancipation où iraient se consumer les tristesses du présent et autour duquel nous nous plairions à voir rayonner nos espérances d'avenir.

Quel est donc l'organisme social qui pourrait réunir le plus complètement les conditions que doit remplir le groupement de nos rêves, au sein duquel seraient confondus les agréments récréatifs et les éléments éducatifs ? Ce groupement, c'est le cercle professionnel.

Avant d'exposer les avantages que présenterait pour le triomphe de notre cause l'institution des cercles professionnels, je demande la permission d'ouvrir une courte parenthèse et d'indiquer ici que c'est, d'une façon plus particulière, aux femmes et aux jeunes filles appartenant aux classes qui forment le prolétariat travailleur, c'est-à-dire aux ouvrières et aux employées, que nous adressons ces conseils.

Certes, la cause de l'émancipation féminine nous devrait intéresser toutes, quel que soit l'échelon de la hiérarchie sociale sur lequel notre existence est établie.

Mais si la femme, dite du monde, — comme si les autres n'étaient pas pétries du même limon qu'elle-même — est privée, elle aussi, de toutes sortes de droits essentiels, si sa liberté est enfermée dans des limites qui en entravent l'exercice normal et si l'égalité est pour elle un mot d'une ironie cruelle et négative, elle trouve, dans les agréments de la vie qu'elle peut mener, dans les distractions dont il lui est loisible de ne pas se priver et dans les satisfactions un peu puériles que lui procurent les élégances compliquées de ses costumes et de son intérieur, des compensations qui lui rendent son sort très acceptable et qui suffisent au contentement de son moi intime.

Donc, je le répète, c'est aux femmes qui vivent de leur travail, aux ouvrières et surtout aux employées, que le cercle professionnel serait appelé à rendre les plus grands services.

Au cercle professionnel, les femmes trouveraient, dans des distractions saines et charmantes, le délassement de l'esprit et du corps qui leur est indispensable après le dur labeur de la semaine.

Celles qui vivent seules, qui sont privées des joies de la famille, verraient leur isolement s'égayer au contact des amitiés qu'elles trouveraient au sein du groupe.

Et l'on peut pronostiquer à l'avance que, conçu dans cet esprit, le cercle professionnel serait une seconde famille pour les femmes et les jeunes filles qui ont encore la joie de posséder leur famille naturelle, et qu'il serait pour celles qui n'en ont pas, qui n'en ont plus ou qui en sont éloignées, un succédané ou, plus exactement, un remplaçant consolateur de la famille disparue.

Dans ces organisations, il serait indispensable de multiplier les distractions, de donner des fêtes, des concerts, etc., aussi souvent que possible.

La conférence sur un sujet d'ordre économique, social ou de

science appliquée, c'est très bien, c'est un excellent moyen de propagande et d'éducation, mais l'expérience nous a appris que, sauf dans quelques milieux, il est nécessaire que la conférence soit accompagnée, précédée ou suivie de quelque attraction amusante, d'un concert où d'une représentation plus ou moins théâtrale.

La femme veut bien que l'on s'adresse à sa raison, que l'on parle à son esprit, mais elle est surtout friande de tout ce qui peut charmer ses sens, procurer d'agréables et variées sensations à ses yeux et à ses oreilles et mettre en mouvement les puissances physiologiques de sa « vibralité ».

Mais, va-t-on nous objecter, pour créer des cercles professionnels qui puissent être, à la fois, des institutions éducatives et des milieux récréatifs, il faudra trouver des capitaux ; et ces capitaux, il n'est guère probable qu'ils puissent être fournis par les futurs membres de ces organisations.

L'objection est sérieuse, assurément, mais elle est de celles qui comportent une autre réponse qu'une explication purement théorique.

Dans tous les cas, elle ne constitue pas un argument qui pourrait être, *a priori*, considéré comme un obstacle dirimant.

La force de cette objection sera réduite en raison directe des efforts, du zèle, du dévouement et de l'activité chercheuse de celles d'entre nous qui *seront les ouvrières de la première heure ;* je veux dire, de celles qui prendront en main le projet de création des « cercles professionnels » féminins.

Il sera évidemment sage et prudent de ne tenter tout d'abord que la fondation d'un seul cercle. A mon avis, le premier cercle à fonder devrait être celui des employées de commerce.

On s'occuperait ultérieurement — si la première tentative était couronnée de succès — des créations ouvrières et, plus tard, lorsque plusieurs cercles professionnels féminins seraient en plein fonctionnement, on les relierait entre eux. En un mot, on établirait la fédération des cercles professionnels féminins.

Et le jour où cette fédération s'étendrait dans toute la France républicaine, le jour où dans tous les départements, sinon dans tous les arrondissements, il y aurait des cercles professionnels féminins, unis moralement entre eux sur le terrain de la propagande, travaillant à la même œuvre d'émancipation, de justice et de solidarité, et reliés organiquement à un conseil central siégeant à Paris, il n'est pas exagéré de déclarer et de croire que, ce jour-là, la cause du féminisme aurait fait un grand pas et qu'elle serait bien près de triompher et dans l'opinion publique qui, à l'heure actuelle, est rebelle parce qu'elle est ignorante, et auprès du législateur qui n'est, somme toute, que le mandataire de l'opinion et l'interprète qui doit traduire en des textes de lois la volonté populaire.

Et maintenant que je crois avoir démontré l'utilité des organismes dont je préconise la création, permettez-moi d'insister sur ce point que si, dans notre pays, en dépit de ses institutions démocratiques et d'apparence égalitaire, la femme attend encore les réformes qui amélioreraient sa condition et au regard de la société, et au regard de la famille, et au regard d'elle-même — réformes qui ont été conquises en d'autres nations — la raison en est qu'elle a été, jusqu'à présent, privée des moyens de faire son éducation politique et sociale.

Dans les cercles professionnels féminins elle pourra, mieux que dans tout autre groupement, faire son apprentissage électoral, se convaincre de ses droits et trouver les concours dont elle aura besoin pour les faire triompher.

J'ajoute que nos cercles — du moins c'est mon avis — ne devront pas être fermés aux hommes, car je ne suis pas de celles qui professent à l'endroit de la femme assez peu d'estime pour croire que la séparation des sexes est une condition plus ou moins nécessaire au maintien de la moralité. Enfin, pour conclure, je demande au Congrès de vouloir bien adopter la proposition suivante :

Le Congrès national des droits civils et du suffrage des femmes émet le vœu qu'une commission de onze membres, composée de sept citoyennes et de quatre citoyens, soit formée dans le but d'étudier et de résoudre la question relative à la création des « cercles professionnels féminins ».

Ces cercles seront établis sous le régime de la loi de Juillet 1901.

M. Etienne Leduc. — Je demande qu'on rejette à la fin de la présente séance ce qui est relatif à la fin de la séance précédente.

Mme Marguerite Durand, *vice-présidente*. — Nous suivons l'ordre indiqué sur le programme. La séance d'hier devait être consacrée tout entière à ces questions de travail. Elle n'a pu l'être. Il est donc naturel que la lecture d'un rapport que vous allez entendre et le vote des vœux précèdent la dernière partie du programme. La parole est à M. Valabrègue.

M. Valabrègue, *avocat à la Cour d'appel:*

LES FEMMES ARTISTES LYRIQUES ET DRAMATIQUES

Mesdames,

Messieurs,

Je n'abuserai pas longtemps de vos instants, et je m'en tiendrai à la règle de ce Congrès, c'est-à-dire exactement à mes dix minutes. Cependant, quand on parle des revendications féministes, il faudrait plus que cela pour dire toute sa pensée sur cette importante question ; mais je me réduirai strictement à mes dix minutes.

Mesdames, après le remarquable rapport de Mme Durand que vous avez entendu hier, il ne me resterait plus grand'chose à ajouter si un point qui, certes, n'était pas ignoré de Mme Durand, et qu'elle n'a pas voulu développer, n'était utile à exposer ici : la condition physiologique de la femme la met-elle, oui ou non, dans un état d'infériorité intellectuelle ?

VOIX NOMBREUSES. — Non !

M. VALABRÈGUE. — Je suis de cet avis ; je vais vous dire pourquoi. Les détracteurs du féminisme, et en particulier beaucoup de médicastres — j'allais dire médecins — déclarent que la condition physiologique de la femme — je veux dire son état périodique — la met dans un état d'infériorité intellectuelle. Eh bien, je déclare que non ! *(Nombreuses approbations.)* En tous les cas, s'il y a des protestations, cela n'a rien d'étonnant, car je crois que tous les hommes, médecins ou autres qui viennent ici, sont en tous points partisans des revendications féministes ; il n'y a donc rien d'étonnant à ce que des protestations s'élèvent contre les affirmations des médicastres. En opposition à leurs assertions, laissez-moi vous demander si l'homme n'est pas lui-même, de par sa condition physiologique, dans un état d'infériorité par rapport à la femme. Eh bien, je déclare que oui. *(Applaudissements.)*

Prenons l'homme, ou le jeune homme à peine pubère. N'a-t-il point l'obsession de l'amour au point de vue physiologique, et les parents ne disent-ils pas : il faut qu'il jette sa gourme ? Ce n'est pas au point de vue social ni au point de vue moral que je parle ; je parle au point de vue scientifique et au point de vue de l'opposition des faits ; le jeune homme n'a-t-il pas, dès qu'il est pubère, l'obsession de l'amour ? L'homme adulte ne continue-t-il pas ? Et le vieillard lui-même *(Rires et applaudissements)* ne cherche-t-il pas, par toutes sortes de moyens aphrodisiaques, à revivre *(Applaudissements)* à revivre ses années d'adulte, son passé ? Eh bien, oui ou non, est-ce que lorsque l'homme est possédé de ce désir et de cette obsession, il n'est pas dans un état d'infériorité patent ? *(Applaudissements.)* A-t-il d'autre objectif que la possession, par tous les moyens possibles, de la femme désirée ? Et comme cela lui arrive plus d'une fois par mois, peut-être une fois par jour, n'est-il pas, lui, d'une façon pour ainsi dire permanente, dans un état physiologique inférieur à celui où se trouve la femme accidentellement ? *(Applaudissements.)* Vous applaudissez, Mesdames, parce que j'ai touché juste au cœur la question de la prétendue infériorité physiologique de la femme. Nous sommes donc tous d'accord. La femme n'est pas, au point de vue physiologique, inférieure à l'homme et s'il y avait une infériorité, de par la condition physiologique, je regrette de le dire, Messieurs, elle serait plutôt du côté de l'être masculin.

Dans ce Congrès, Mesdames et Messieurs, on a parlé de presque toutes les professions de la femme ; il en est une dont on a omis de parler, peut-être à dessein ; on n'ose pas soulever le voile qui masque la profession des femmes artistes, mais il est intéressant de l'écarter légèrement. On croit généralement que la femme artiste est une femme privilégiée parce qu'elle se présente devant le public dans de belles toilettes qui, souvent, ne sont que du clinquant ou du papier doré (j'entends des protestations au banc de la presse, et j'en suis heureux). Je dis que, dans certains théâtres subventionnés, particulièrement à l'Opéra-Comique, les costumes ne sont que du clinquant, à peine digne du décrochez-moi-ça. Je n'ai rien inventé, j'apporte des faits et j'estime que, dans un congrès féministe, on ne doit pas retirer la parole à un homme qui n'apporte que le résultat d'observations. Ce ne sont pas des hypothèses, ce sont des faits ; et je vais plus loin, Mesdames, — quoique mes paroles soulèvent des protestations — je dis que les femmes artistes qui paraissent jouir de privilèges extraordinaires, particulièrement dans les théâtres subventionnés, sont vouées à la misère lorsqu'elles s'obstinent à rester sages. Et je citerai des faits si l'on m'interpelle tout à l'heure. Celles qui veulent faire de l'art et ne rechercher que la manifestation artistique de leur talent sont infailliblement vouées à la misère. Hier, on nous parlait des femmes de chambre, on nous racontait tout ce qu'elles avaient à faire. J'estime que la femme de théâtre est intéressante tout au moins autant que la femme de chambre.

Il faut que vous sachiez, Mesdames, que certaines artistes qui paraissent sur la scène portent des bas raccommodés partout et des chemises rapiécées en bien des points parce qu'elles veulent rester sages. Il faut que vous sachiez que tout ce qui est écrit au budget des Beaux-Arts n'est que mensonges ! Il faut que vous sachiez que les femmes qui passent pour gagner 3 ou 4.000 francs par mois ne les touchent pas : on leur offre 150 francs par mois, et le directeur de l'Opéra-Comique, il faut que vous le sachiez..... aussi..... *(Applaudissements et protestations.)* Je demande le silence... Il me reste quatre minutes... Je veux les bien employer.

Mme Marguerite DURAND, *vice-présidente.* — Voulez-vous me permettre ? Il est impossible que je vous laisse continuer... Je vous arrête simplement sur un mot : je vous prie de vouloir bien ne pas faire de personnalités.

UNE VOIX. — La vérité !

M. VALABRÈGUE. — On a parlé librement des députés, des sénateurs, qui occupent des fonctions publiques. Les directeurs des théâtres subventionnés occupent des fonctions publiques ; on doit en parler librement aussi. *(Applaudissements.)* Les directeurs de théâtres subventionnés ne sont pas à l'abri de la critique...

Mme Marguerite DURAND, *vice-présidente.* — Vous pouvez dire ce que vous désirez, mais je vous en prie...

M. VALABRÈGUE. — J'aurais fini si l'on ne m'avait pas interrompu. Eh bien, Mesdames, avant de lire mon vœu, encore un mot. Ce sont des faits que j'apporte. Le directeur de l'Opéra-Comique, théâtre subventionné à Paris, qui n'est pas exempt de la critique, offre aux artistes femmes, même aux premiers sujets, 150 francs par mois pour leurs voitures et leurs gants, et il leur dit : « Vos appointements, vous les trouverez dans la salle ! » Je l'ai imprimé ailleurs... Qu'on m'attaque, si l'on veut, j'ai mille témoignages.

Mme Marguerite DURAND, *vice-présidente.* — Je suis, dans l'ensemble, en conformité d'idées avec M. Valabrègue, mais je crains que le Congrès ne soit induit en erreur. Les théâtres subventionnés — et nous avons fait longtemps campagne pour cette réforme — paient leurs artistes dans des conditions déplorables, mais (il y a un mais) tous les artistes des théâtres subventionnés qui ont, en effet, des appointements du genre de ceux que l'on citait tout à l'heure, n'ont aucun frais de costumes ni de linge ; tout ce qu'ils portent en scène leur est fourni.

M. Valabrègue. — 150 francs par mois à des femmes qui ont besoin de voitures !

Mme de Maguerie. — Elles n'ont qu'à prendre l'omnibus.

M. Valabrègue. — La voiture est une nécessité en hiver pour les chanteurs parce que le moindre rhume les obligerait à un chômage forcé. Les appointements ne sont pas déjà si élevés !

D'ailleurs, puisque toutes les questions peuvent être posées, le Congrès offrant ceci de particulier que la contradiction y est recherchée, j'accepte de répondre à toutes les contradictions lorsque j'aurai soumis mon vœu à l'assemblée. Le voici :

Considérant que la condition physiologique de la femme ne la met pas dans un état d'infériorité intellectuelle, et que dans tous les domaines des arts, de la science et de la littérature, la femme a fait preuve de capacités intellectuelles égales à celles des hommes, le Congrès émet le vœu qu'une action énergique soit tentée auprès des pouvoirs publics afin que toutes les carrières dites libérales soient accessibles à la femme ; que, de plus, l'arsenal des lois soit mis en œuvre, partout où la femme se trouve dans une situation sociale dépendant de l'homme, afin de la protéger contre l'exploitation et la tyrannie sexuelle du mâle.

Mme Marguerite Durand, *vice-présidente*. — Puisque vous venez d'entendre les raisons qui justifient ce vœu, je vais le mettre aux voix immédiatement.

Une Congressiste. — Je demande la parole.

Mme Marguerite Durand, *vice-présidente*. — Ce que vous avez à dire, Madame, concerne-t-il ce vœu ?

La Congressiste — Nous sommes ici une réunion féministe ; pourquoi veut-on exclure les artistes ? Pourquoi veut-on les jeter à la boue ? Alors, il faut des syndicats pour les femmes artistes. Et que voulez-vous que je réponde à la femme artiste qui me dira : Les féministes ne m'acceptent pas ? On a fait des protestations, je trouve cela pénible.

Mme Marguerite Durand, *vice-présidente*. — Voulez-vous me permettre un mot personnel ? Il est absolument certain — je ne puis répondre de l'opinion de toutes les personnes qui sont ici — il est absolument certain qu'au bureau personne n'est contre les artistes, et moi moins que personne, car tout le monde sait que j'ai appartenu au monde du théâtre.

Mme de Maguerie. — Au Congrès du travail féminin, nous avons eu le rapport des femmes artistes lyriques et dramatiques.

Nous avons protesté ici, non contre les artistes, non contre le fond du rapport, mais contre la forme.

Mme Marguerite DURAND, *vice-présidente*. — Il y a un malentendu dont tout le monde, certainement, fait justice. Je vais mettre aux voix le vœu de M. Valabrègue ; vous le voterez, ou ne le voterez pas.

(Adopté à l'unanimité.)

Mme Marguerite DURAND, *vice-présidente*. — Vous voyez que le bureau et le Congrès sont unanimes, contrairement à ce que vous venez de dire, pour s'intéresser à la situation des artistes qui est, en effet, très intéressante.

(Applaudissements.)

Mme Marguerite DURAND, *vice-présidente*. — Nous allons passer au vote des vœux généraux (1).

Sur la première question de la section : « La femme infériorisée par les lois, les règlements, les coutumes », aucun vœu ne va vous être proposé, car nous estimons que, seule, l'obtention par la femme de ses droits politiques supprimera pour elle, et radicalement, toute infériorité.

Sur la seconde question : « Le travail des femmes entravé par les lois dites de protection » ;

Sur la troisième question : « Un régime égal de protection pour les travailleurs des deux sexes », je vous propose de voter simplement, et dans leur texte primitif, et pour leur donner une nouvelle sanction, les vœux que nous avons déposés au Congrès de 1900, et dont je vais vous donner lecture :

1er vœu : *Que le principe « A travail égal, salaire égal » étant un principe de stricte équité, les administrations nationales, départementales, communales et hospitalières donnent l'exemple aux patrons en rétribuant de la même façon les femmes et les hommes qu'elles emploient.*

(Adopté à l'unanimité.)

2e vœu : *Que toutes les lois d'exception qui régissent le travail des femmes soient abrogées et remplacées par l'application à toute la population ouvrière et sans distinction de sexe, d'un régime égal de protection.*

(Adopté à l'unanimité.)

3e vœu : *Que le travail de la femme dans la famille soit évalué.*

(Adopté à l'unanimité.)

4e vœu : *Que dans les établissements d'assistance publique ou privée, une loi prescrive :*

1° *Qu'un métier, qui leur donne le moyen de gagner leur vie, soit appris aux filles mineures recueillies dans ces établissements ;*

(1) Voir, à l'Appendice, la communication de M. Jacques Lourbet, écrivain et publiciste : *Le Travail des femmes et la race.*

2° *Qu'il leur soit accordé un salaire placé chaque année à la Caisse d'épargne, pour leur constituer un petit pécule à leur sortie.*

(Adopté à l'unanimité.)

Nous avons ensuite reçu des vœux des auteurs des rapports qui ont été lus hier soir. Je vais en donner lecture, ou prier leurs auteurs d'en donner lecture.

Il y a un vœu de Mlle Bouvard concernant les retraites ouvrières ; il s'agit, par exemple, de faire comprendre dans les retraites ouvrières les femmes ménagères. Mademoiselle Bouvard, voulez-vous le relire ? Je vous prierai de ne donner à ce vœu qu'un développement très succinct.

Mlle Bouvard. — Le Congrès émet le vœu que le bénéfice des retraites ouvrières soit étendu aux ménagères, ce qui pourrait se faire par les moyens suivants :

1° Attribution à l'Etat de tout héritage en ligne indirecte ;

2° Diminution des traitements au-dessus de 20.000 francs ;

3° Suppression de toutes les pensions que nous payons encore aux privilégiés, familles détrônées et anciens nobles.

Si vous vous rappelez, ce projet, sans la moindre retenue sur les salaires, permet de donner une somme de 830 francs à tous les retraités de 60 ans. Il n'y aurait aucune retenue ni capitalisation, et une répartition immédiate...

Mme Marguerite Durand, *vice-présidente*. — Je voudrais vous rappeler que nous ne sommes pas dans une assemblée légiférante, et que nous ne devons pas entrer dans des développements trop complets. Nous pouvons indiquer aux législateurs dans quelle voie nous serions désireux de les voir s'engager afin de donner satisfaction à nos revendications. Je vous demanderai, Mademoiselle, de rédiger votre vœu de cette façon : « *Nous prions les législateurs d'étudier la possibilité où ils seraient de faire comprendre les femmes ménagères dans les retraites ouvrières* ». Quant au texte même, je vous prierai de laisser aux législateurs qui, eux-mêmes, sont si longs à s'entendre sur leurs textes, le soin de le rédiger.

(Le vœu est adopté à l'unanimité moins une voix.)

Mme Marguerite Durand, *vice-présidente*. — Il y a encore à voter le vœu dont M. Bourceret vous a donné lecture, relatif à la création de cercles professionnels féminins (1).

(Adopté à l'unanimité.)

Mme Marguerite Durand, *vice-présidente*. — Messieurs et Mesdames, la seconde section a terminé ses travaux ; Mme Vincent va prendre la parole pour les questions de la troisième section.

(Applaudissements.)

(1) Voir plus haut l'énoncé de ce vœu.

[illegible] 1908

sœur de M. Vincent

LE SUFFRAGE DES FEMMES [1]

(Suite de la séance du dimanche 28 juin.)

Mme Vincent annonce aux congressistes qu'un lunch froid sera servi à l'issue de la séance.

Mme VINCENT, *présidente*. — J'ai reçu la lettre suivante :

« Rotterdam, 27 juin 1908.

« CHÈRE MADAME,

« Permettez que je vous envoie, à vous et à toutes les organisatrices de votre Congrès, un salut bien cordial et mes meilleurs vœux pour la réussite de votre Congrès.

« Je me réjouis d'avance d'en donner un petit compte rendu dans *Jus Suffragii*.

« Recevez l'expression de mes meilleurs sentiments. »

Signé : « Martina G. KRAMERS,
*« secrétaire de l'Alliance internationale
« pour le suffrage des femmes. »*

Mme BÉROT-BERGER :

LE MONOPOLE DES MÈRES, DES ÉDUCATRICES ET DES FEMMES COMPÉTENTES

Lorsqu'on rive ses yeux sur l'ouvrière méritante et qu'on la suit, depuis la consécration de son loyal amour jusqu'à sa tombe prématurément ouverte, on relève tant d'héroïsmes individuels d'une part, et de si misérables injustices de l'autre que, pour peu qu'on sente battre en sa poitrine un cœur libre et fier, on s'élit spontanément le défenseur d'une si belle cause.

C'est de l'adresse, direz-vous, car un tel plaidoyer porte en lui le succès. Puissent nos législateurs partager vos sentiments et entendre ceci : La femme, lasse de souffrir moralement, ne veut plus souffrir physiquement ; c'est sa vengeance de génératrice. Messieurs, si vous êtes encore les maîtres, décidez ; mais constatez plutôt, avec M. Jacques Bertillon, « que la boulangère impayée refuse sa marchandise et en a le droit » (un des seuls incontestables). Faites-la enfin votre égale, n'infériorisez pas la femme dans tous ses domaines, et satisfaite ensuite, par son travail mieux rémunéré, de laisser manger à leur faim ses enfants qui doivent garder la France, elle saura vous remercier avec générosité. Mais dépêchez-vous, n'oubliez pas

(1) Voir, à l'Appendice, les rapports de M. Jacques Lourbet : *Le Suffrage politique des femmes*, et de Mme Anna Whitlock, présidente de la société suédoise pour le suffrage des femmes : *Le Mouvement pour le Suffrage des femmes, en Suède*.

que, physiologiquement, les organes qui ne fonctionnent plus ont neuf chances sur dix de s'atrophier. Prenez la quatrième vitesse si vous voulez rattraper le temps de vos longues léthargies. Vous perdîtes, en 1907, un corps d'armée ; regagnez-le en 1909. Le vieux Code civil a des chapitres qui devraient faire honte à la République.

La République est symbolisée par une femme intelligente, une libératrice, dont on se contente, d'ailleurs, de magnifier le seul buste, parce que ses mains sont restées enchaînées. Faisons tomber ces chaînes qui entravent les salutaires besognes.

La nation a besoin de toutes les mains, de tous les cerveaux et de tous les cœurs. Lisez plutôt la chronique de Pierre Baudin au *Journal*, le 5 juin dernier, sur *la plus rigoureuse utilisation des forces* : « L'abaissement du chiffre des naissances, phénomène continu, non accidentel, nous commande une utilisation plus ingénieuse et une culture plus méthodique de toutes nos forces : forces économiques, forces intellectuelles, forces militaires ». Aussi voyons-nous avec peine les forces féminines souvent perdues en France.

Croyez-vous, Messieurs, que toutes les femmes qui s'engouffrent dans les œuvres d'assistance y vont pour le plaisir de respirer l'air mortel des taudis? — Non. Elles y portent l'excédent de leur amour maternel, leurs dévouements incompris et leur tendresse inemployée. Alors qu'un arriviste médiocre préside à tel Hôtel-de-Ville la commission scolaire en couvrant son plan quelconque de fautes d'orthographe et autres, la femme instruite, pourvue de diplômes supérieurs, de son certificat d'aptitude pédagogique, ne dispose d'aucun moyen pour utiliser ses réserves, si précieuses pourtant et si opportunes. Découragée, elle émiette sa vie et ses efforts auprès des chemineaux.

Une telle injustice, doublée d'une si sensible déperdition d'énergie, ne peut plus avoir cours aujourd'hui. Et tous les hommes épris d'équité vous diront : Mettons enfin chacun à sa place. Que les questions maternelles, infantiles et éducatives soient laissées aux femmes, dans les commissions municipales et départementales comme dans les conseils supérieurs. Que ce qui regarde la femme, la mère, la fille, l'enfant, ne soit pas traité et commandé par un maître, d'autant plus autoritaire qu'inexpert, chez qui l'on sent que le pouvoir donné par la loi étouffe le moindre sentiment de l'élémentaire justice humaine.

De cette mise au point faite par l'instruction publique obligatoire je crois possible une première mise en place respective :

1° Parce que ces emplois étant bien dans nos cordes, Mesdames, donneront immédiatement un maximum de résultats satisfaisants ;

2° Parce que ces messieurs commencent à en avoir assez de faire la nourrice, aux bureaux de bienfaisance ; la lingère ou la couturière, à la commission scolaire ; pour terminer par un pseudocordon-bleu ou rédacteur d'enseignement ménager, dans les discours de distributions de prix.

J'émets donc le vœu suivant :

Admission des femmes compétentes, en nombre égal à celui des hommes, dans les conseils supérieurs et autres commissions départementales et municipales, pour les questions maternelles, infantiles, économiques et éducatrices où leurs aptitudes et leur compétence doivent apporter à la nation un maximum d'amélioration et de progrès.

Mme VINCENT, *présidente*. — Maintenant, Mesdames, vous me permettrez d'intervertir l'ordre du jour. Nous avons ici M. Louis Marin, le député qui a bien voulu accepter de parler sur le suffrage politique ; nous allons lui accorder la parole pour commencer.

M. Louis MARIN, *député :*

MESDAMES,

Je m'excuse tout d'abord très vivement de n'avoir pu, conformément à la promesse que j'avais faite autrefois à Mme Oddo Deflou, venir prendre la parole avant-hier sur la recherche de la paternité. La nécessité, que je juge pour ma part un devoir impérieux, d'assister aux séances de la Chambre m'en a privé, et je regrette profondément de n'avoir pu joindre aux vôtres mes efforts en faveur de la solution urgente de cette grande iniquité de nos lois actuelles.

Aujourd'hui, dès le début de la séance, je viens d'entendre dire que vous aviez fait très souvent appel aux législateurs et que cet appel n'avait pas été jusqu'ici très entendu par le Parlement français. A mon avis, il ne paraît pas devoir l'être d'ici quelque temps encore. *(Mouvements divers.)*

Ne protestez jamais, Mesdames, contre la sincérité : je dois expliquer cette inertie relative du Parlement français et, en vous faisant ma propre profession de foi, vous dire quelles espérances prochaines je fonde cependant sur les progrès des études sociales pour amener non seulement l'opinion publique, mais particulièrement l'opinion parlementaire, à changer d'avis au sujet du suffrage des femmes.

J'ai parlé de profession de foi personnelle, car c'est vraiment sur ma propre conscience que j'ai pu constater au jour le jour l'influence des études sociales effectuant dans mon esprit la transformation que j'espère voir se produire prochainement dans la plupart des esprits.

Autrefois, au temps très lointain où j'étais jeune *(Sourires)*, mes camarades de Faculté et moi avions, en effet, sur le suffrage des femmes une idée très simple. En disant que nous étions jeunes, je ne veux pas dire que nous avions des illusions et que celle de la nécessité du suffrage des femmes en était une, puisque, bien loin de s'être perdue, cette croyance, dans mon esprit, est devenue de plus en plus forte et vivante. Je veux dire par là qu'en sortant du collège et des programmes scolaires pour aborder la vie et des études plus élevées de droit, de philosophie, d'histoire, le suffrage des femmes nous apparaissait comme une question très simple ; en vertu de l'idée abstraite de l'égalité des âmes humaines, nous nous étions du premier coup naïvement, mais fortement, à la façon jacobine, comme on nous le disait alors, déclarés partisans très résolus du suffrage politique des femmes.

Aujourd'hui, au Parlement, cette idée simple et abstraite règne dans un certain nombre d'esprits et c'est elle, n'en doutez pas, qui a conduit soit à vos congrès, soit aux groupes féministes du Sénat et de la Chambre, la plupart des parlementaires partisans du suffrage politique des femmes.

Certes, nous aurions tout à fait tort de médire de la force de ces idées abstraites : elles viennent du plus profond et du plus mystérieux de la conscience humaine ; elles éclairent peu à peu les esprits, leur donnent de plus en plus des convictions solides ; elles conduisent souvent le monde, mais elles ne sont pas toujours suffisantes à réaliser des progrès pratiques parce qu'elles sont obscurcies et leurs effets entravés sans cesse par des intérêts coalisés.

Par exemple, l'idée si forte du suffrage des femmes fondée sur l'égalité abstraite n'est pas assez puissante pour lutter contre tous les égoïsmes ayant à craindre l'action libératrice du vote des femmes ; si vive que soit dans certaines consciences l'idée de justice abstraite, il faut que des arguments pratiques viennent l'aider à triompher dans la plupart des esprits.

Or, des arguments pratiques de telle sorte, très forts, très convaincants, nous sont maintenant apportés chaque jour, multipliés, fortifiés par les sciences sociales en progrès.

Cet hôtel qui abrite votre Congrès abrite en même temps, et depuis longtemps, le Collège des Sciences sociales où j'ai eu, depuis la fondation de celui-ci, il y a bientôt quinze ans, l'occasion de pouvoir suivre les progrès des différentes études sociales. Notre premier programme imprimait jadis que ces études étaient organisées, avaient des méthodes précises, étaient prêtes à être enseignées... Ces affirmations prouvaient notre ardeur de néophytes, mais nous prenions nos désirs et nos espoirs pour des réalités que l'avenir est loin d'avoir depuis réalisées.

Aujourd'hui même, les sciences sociales n'existent guère encore ; elles sont en tout cas bien loin, pour la plupart, de la vigueur des vraies sciences ; elles tâtonnent dans l'établissement de leurs méthodes et de leurs cadres ; à peine quelques-unes d'entre elles, soit très anciennes comme l'économie politique, soit très jeunes comme l'ethnographie, offrent à la raison des satisfactions assurées. Mais ce sera tout de même un honneur et une des grandes tâches de la fin du XIXe siècle et du commencement du XXe d'avoir essayé d'établir solidement ces études si passionnantes et si utiles.

Utiles, certes. Je voudrais avoir la parole assez claire pour vous montrer précisément combien les partisans du suffrage des femmes peuvent y venir puiser des arguments excellents et comment, de toutes les études sociales, ressort avec éclat la nécessité absolue d'établir l'égalité du vote.

Soyez rassurées, Mesdames, je ne vous ferai point de longue énumération, et vous me permettrez certainement, à cause de votre ordre du jour si chargé, de procéder en causant un peu à bâtons rompus : l'idée que j'exprime devant vous est si évidente, si éclatante que, quelle que soit l'infériorité de ma parole, elle convaincrait les consciences les plus rebelles.

Quelles que soient en effet les études dans lesquelles nous voudrions chercher des preuves, depuis les plus délicates, comme la psychologie sociale par exemple, jusqu'à celles qui passeraient pour les plus éminentes et les plus graves comme l'économie sociale, toutes, quelles qu'elles soient, démontrent de la façon la plus énergique la nécessité du suffrage des femmes, et surtout, elles mettent à néant *dès* aujourd'hui, et malgré qu'elles en soient encore à la période des tâtonnements, tous ces arguments fantaisistes si nombreux et si baroques qu'on a sans cesse répandus contre le suffrage politique des femmes. *(Applaudissements.)*

Tout à l'heure, j'entendais lire les vœux préparés par le Congrès au sujet de l'inégalité du salaire pour même travail entre les femmes et les hommes. Est-ce que l'économie politique, qui a dû partout constater ce fait, a pu l'expliquer autrement que par une exploitation cynique ? Est-ce qu'elle n'a pas fait justice de tous ces arguments révoltants avec lesquels des esprits égoïstes essayent encore de légitimer l'infériorité pour même travail du salaire de la femme, sous prétexte, par exemple, de moindres besoins à satisfaire, de moindres dépenses ?

Votre programme nous annonce tout à l'heure des rapports empruntés à l'histoire sociale et à la géographie sociale. Vous verrez à la lumière des points traités dans ces rapports, et vous pourrez vous assurer, que tout entières l'histoire et la géographie sociales montrent de la façon la plus forte, à tous leurs chapitres, quel que soit le peuple dont nous interrogions l'histoire et les mœurs, que toujours l'humanité, quelle que soit la force avec laquelle les climats, les conditions physiques et sociales plus ou moins bonnes, les événements plus ou moins douloureux ont pesé sur les peuples, toujours l'humanité a tendu sans cesse à amener dans les rapports sociaux l'égalité des droits entre l'homme et la femme, et parmi ces droits, quels qu'aient été les exemples écrasants d'esclavage politique des femmes chez bien des peuples, on a vu peu à peu la conscience humaine s'efforcer obscurément de réaliser aussi le suffrage politique des femmes.

Voulez-vous consulter des sciences minutieuses, délicates, et auxquelles des travaux très pénétrants ont donné déjà quelques caractères scientifiques, comme la psychologie sociale ? Celle-ci vous montrera, à l'examen du jeu de l'intelligence humaine dans toute son activité sociale, quels sont les rôles parallèles du cerveau masculin et du cerveau féminin; elle vous incitera à penser avec conviction que, pour qu'un régime social produise des fruits, il y a une condition absolue dans le rôle complémentaire que l'intelligence, le cœur, la volonté de l'homme et de la femme doivent jouer l'un à côté de l'autre pour réaliser un équilibre et une vie heureuse.

Je m'excusais tout à l'heure de n'avoir pu vous parler de la recherche de la paternité. Est-ce que toutes les études de droit, droit civil, commercial, constitutionnel, industriel, n'aboutissent pas à prouver la nécessité des droits politiques pour tous? Si la femme avait eu des droits politiques, non seulement ses droits de femme auraient été autrement sauvegardés, mais ceux de l'enfant lui-même, ceux de l'enfant surtout, peut-être, l'auraient été aussi beaucoup mieux; et, d'un mot, ce n'est pas seulement la femme et l'enfant qui auraient été défendus par le bulletin de vote donné à la femme, ce sont les peuples tout entiers qui en bénéficieraient. *(Applaudissements.)*

Ici, dans cette maison même, je me suis efforcé d'enseigner depuis quinze ans l'ethnographie. Le terme est encore rébarbatif à bien des oreilles, mais la science est du plus haut intérêt et ses méthodes, comme ses conquêtes, se précisent et se développent de jour en jour : les civilisations, depuis les plus grandioses jusqu'à celles des populations les plus barbares, sont peu à peu analysées, mieux décrites, mieux expliquées. Or, qu'on étudie les civilisations les plus brillantes, comme celle des Egyptiens, ou notre vieille civilisation du moyen âge vraiment sortie de notre sol, ou bien qu'on étudie les civilisations des régions les plus désolées du globe, comme celle des Touaregs du Sahara, que voit-on sans cesse? On constate dans l'histoire des civilisations les plus variées, et surtout, chaque fois qu'elles s'épanouissent, la tendance à faire partager peu à peu par la femme les droits politiques. *(Applaudissements.)*

Il ne faut pas objecter avec dédain que, parce que ces faits se passent au temps des Carolingiens ou chez des Touaregs barbares, ce sont là des exemples sans valeur parce que présentés par des peuples trop lointains ou arriérés. D'abord, parce que la civilisation carolingienne, ou même la civilisation mérovingienne, ont été les premières assises de toute notre civilisation occidentale et qu'aussi des civilisations permettant à l'homme de résister à l'influence terrible des déserts peuvent mériter aussi notre admiration; mais surtout parce que, chez les hommes de toutes les races et vivant dans tous les milieux, la même raison humaine, quand elle s'appuie sur une idée juste, perçue dans la conscience morale, comme celle de l'égalité du droit de vote, finit par s'orienter toujours vers le même idéal qui est celui de la justice et de l'intérêt même des peuples. *(Applaudissements.)*

Si vous me le permettez encore (vos applaudissements m'y encouragent, et si je parle trop longuement et trop ennuyeusement, je n'en serai plus le seul coupable), je tiendrais à vous signaler aussi quelques études parmi beaucoup d'autres : il n'est aucune des études sociales qui, certes, ne puisse fournir à l'envi des arguments à tous ceux qui réclament le suffrage politique des femmes et, à la vérité, il faudrait les prendre toutes en exemple. Seulement j'ai lu, au programme de votre Congrès, que j'avais eu l'honneur d'être indiqué parmi les membres du comité de patronage pour avoir, dit le texte, « rendu quelques services à la cause féministe ».

Si les désirs comptent comme états de service, j'y consens, mais je dois être plus modeste ; je ne crois pas en avoir rendu encore, mais je m'explique l'indulgence de Mme Oddo Deflou : elle m'avait vu, dans divers congrès, soutenir les revendications d'œuvres féministes et, par exemple, au Congrès du Retour aux champs.

Ce Congrès, très nouveau, le premier en France de ce genre, avait pour but de réunir tous ceux qui voudraient chercher les moyens d'entraver l'exode des campagnes vers les villes. Au moment de la préparation de ce Congrès plusieurs dames vinrent nous dire : « Mais il faut, dans de pareils congrès, une section féministe ! Vous ne pouvez pas oublier le rôle que la ménagère joue dans les campagnes, l'importance de son travail dans beaucoup d'industries rurales, laiterie, beurrerie, horticulture, et tant d'autres, broderie, passementerie, etc., susceptibles d'améliorer les ressources économiques des villages ». Nous les avons écoutées et nous avons eu, à côté des dix ou douze sections de ce Congrès, une section spéciale consacrée aux œuvres féminines dans les campagnes et à tout ce qui pourrait améliorer le sort de la femme des champs. Cette section a été des plus brillantes, animée de l'esprit le plus pratique, et des plus complètes. A tel point que nous allons, au prochain Congrès du Retour aux champs, supprimer cette section, car nous avons reconnu partout, dans toutes les sections de ce Congrès, soit qu'il s'agisse d'amélioration de la vie matérielle ou de la vie morale, soit qu'il s'agisse d'œuvres d'assistance ou d'œuvres d'enseignement, toujours l'action profonde de la femme ; loin de l'isoler dans une section spéciale, il est de meilleure méthode de l'admettre dans toutes les sections en même temps que l'action de l'homme.

Et, Mesdames, dans ce Congrès, vous auriez vu à chaque rapport combien j'avais raison quand je vous disais tout à l'heure que toutes les études sociales donnaient des arguments aux partisans du suffrage des femmes et surtout qu'elles détruisent tous les arguments fantaisistes si abondamment employés contre l'égalité du vote !

Vous les avez entendus, ces arguments, depuis les plus artificieux jusqu'à... comment dire ?... disons le vrai mot : jusqu'aux plus bêtes ! Comment, en effet, dénommer des arguments comme ceux de tel grand industriel disant : « Quand les femmes voteront, elles ne seront plus à leur ménage. Qui nourrira les enfants quand elles seront en réunion politique ? Et puis, le geste du vote n'est guère gracieux pour elles, etc... »

Or, pour juger l'hypocrisie béate de ces arguments, il suffit d'avoir vu ce que certaines industries ont exigé des femmes, les exilant toute la journée hors de leurs foyers, leur imposant les besognes les plus dures, les gestes les plus pénibles et ne s'inquiétant guère de l'allaitement de l'enfant ! Comment apprécier également cet argument qui consiste à soutenir que la femme n'a pas, pour voter, l'instruction suffisante quand on voit l'effort intellectuel que, dans la chaleur communicative des banquets, la solution de tant de graves questions politiques demande à tel ou tel de nos contemporains ? *(Rires.)*

Voici, mais il est tout en votre faveur, un argument meilleur pour lequel je voudrais vous demander encore une minute de bienveillante attention, et par lequel j'espère, je ne dis pas un jour prochain, mais un jour peut-être, hélas ! encore lointain, pouvoir rendre un modeste, mais clair service à la cause du suffrage des femmes. C'est un argument auquel, tout à l'heure, on a fait allusion et qui peut servir à la conversion de beaucoup de bons esprits.

On dit souvent que le service militaire pour l'homme, qui seul de ce fait paie l'impôt du sang, légitime pour l'homme seul le droit de présider politiquement aux destinées du pays. A ce soi-disant principe on a déjà répondu avec force par nombre d'excellents arguments. On n'a pas eu, par exemple, de peine à montrer que le suffrage politique n'est pas donné à ceux-là seulement qui ont accompli le service militaire, mais qu'il est donné sans difficulté aux vieillards ou aux infirmes. On a montré aussi qu'en France on n'a pas donné le suffrage politique aux soldats et aux officiers, ce qui serait une singulière contradiction, si ce soi-disant principe était tellement fondé ! Mais il est, entre beaucoup d'autres arguments, une démonstration excellente, à la condition que des chiffres bien éprouvés l'appuient, et je veux vous montrer par là un des cas où la statistique elle-même nous apporte son appui.

J'ai, à ce sujet, essayé avec l'aide de quelques-uns de nos élèves, un travail statistique, qui est loin d'aboutir. Depuis douze ans qu'il est commencé, je ne sais vraiment quand il sera fini, car nous ne pouvons procéder qu'en nous basant sur de petites périodes portant sur certains hôpitaux, sur certaines campagnes militaires ; mais, dès maintenant, nous pouvons donner une conclusion qui s'impose d'abord, sinon avec une précision complètement scientifique, mais déjà avec toutes chances d'être confirmée plus pleinement encore par des travaux futurs. Cette conclusion est celle-ci : si l'impôt du sang pour l'homme est toujours nécessaire, tant qu'il est nécessaire de défendre la race à main armée, il y a un autre impôt du même genre que paie la femme, c'est celui des dangers de la maternité par qui elle fonde la race ! *(Applaudissements.)* Ce sont toutes ces maladies et ces morts que provoque, hélas ! si souvent, la maternité, et qui sont comme la rançon, elles aussi, de la perpétuité des nations !

Une Congressiste. — En temps de guerre, les femmes soignent aussi les blessés !

M. Louis Marin. — Certes, oui, et ces femmes qui soignent les blessés, nous ne leur ménageons pas notre admiration ; elles nous serviraient aussi d'argument pour montrer comment partout, même dans les œuvres de guerre, la femme pourrait, à côté de l'homme, remplir sa tâche utile. Mais nous surabondons d'arguments ! Et j'achève rapidement de vous préciser l'argument statistique dont je vous entretenais, parce qu'il vous faisait voir l'usage que nous pouvons tirer d'une étude qui passe pour sèche et aride, mais dont les lumières sont souvent éclatantes.

Si on fait le compte des hommes qui, en Europe, depuis cent vingt ans, c'est-à-dire depuis les grandes guerres de la Révolution et de l'Empire, sont morts sur les champs de bataille, et dont le nombre représente ce que l'impôt du sang a coûté aux hommes pour la défense de la nation, il faut comparer ce que les accidents et les morts qui peuvent suivre la maternité ont coûté aux femmes pendant le même temps. Vous voyez les difficultés de pareilles statistiques, même approximatives, et surtout dans tant de pays et à tant d'époques où les documents manquent ; mais on va d'approximation en approximation, et c'est d'ailleurs à cause de ces difficultés que l'exemple est particulièrement intéressant pour étudier le mécanisme et les méthodes de la statistique.

Eh bien, si vraiment le sang versé pour la défense des nations, pour le salut, la vie, le progrès de la race est ce qui vaut à l'homme le suffrage politique, la conclusion de ces statistiques, malgré encore leurs extrêmes approximations, serait, il n'est pas douteux, que, même dans cette Europe de la Révolution et du XIXe siècle où les grandes guerres ont été pour ainsi dire incessantes, le nombre des femmes mortes des suites de la maternité, ce qui est pour elles mourir au champ d'honneur, mourir pour la race, dépasse certainement plus de quatre ou cinq fois le nombre des hommes morts aux batailles ou à la suite de blessures. De sorte que, d'après la statistique, un plaisant, qui voudrait retourner l'argument de ceux qui font de la mort pour la race le principe du suffrage politique, pourrait prétendre ironiquement qu'au nom du sang versé et des dangers de mort encourus pour la nation, il serait nécessaire de donner aux femmes plusieurs suffrages ! Ce serait peut-être une cité trop féministe, et que les plus féministes d'entre vous ne désirent pas. *(Applaudissements.)*

Mesdames, je parle beaucoup trop longuement, car je suis sûr que les quelques exemples que je viens de vous indiquer brièvement vous ont bien convaincues de ma thèse : les études sociales, en se développant, nous apportent les arguments les plus variés et surtout nous donnent des armes incomparables contre les mauvaises raisons de nos adversaires. Or, quelle était la conclusion pratique que je voulais offrir à votre examen afin d'en tirer des espérances de succès prochain ? C'est qu'autrefois la grande majorité des partisans du suffrage des femmes, soit dans l'opinion, soit au Parlement, fondaient surtout leurs convictions sur la grande raison de conscience, de justice, l'égalité des droits entre les sexes. Il leur manquait, pour gagner tous les esprits, ces arguments variés et vivants que nous fournissent aujourd'hui les sciences sociales.

En France, cette vérité est particulièrement sensible; il faut bien remarquer, en effet, qu'une très grande différence semble exister entre la France et les autres pays : dans la plupart des pays étrangers, l'élite impose peu à peu à l'opinion l'égalité politique des sexes par des arguments empruntés à toutes ces études que nous venons de citer. En France, au contraire, l'élite, du moins dans son ensemble, paraît se désintéresser entièrement de la question et se contenter d'en sourire à l'occasion : l'opinion profonde du peuple, quoique n'étant pas passionnée encore pour la question, amène au contraire peu à peu, par une pression lente et en quelque sorte inconsciente, les esprits de tous, et même les esprits des législateurs, à des mesures, à des lois successives qui préparent obscurément la réalisation des droits politiques. Peu à peu, et presque sans bruit, voici pour les femmes le droit de témoigner aux actes de l'état civil, l'électorat, puis bientôt l'éligibilité aux prud'hommes, et bientôt aussi l'électorat et l'éligibilité aux conseils du travail, etc. Il faudra bien en venir à examiner la proposition sur l'électorat municipal.

Il arrivera donc bientôt pour notre pays, d'une part à la suite de l'exemple déjà probant de pays étrangers de plus en plus proches de nous et, d'autre part, à la suite de la pression sourde de l'opinion publique, il arrivera que bientôt la question se posera avec force à l'esprit de l'élite et devant les Parlements.

Or, dans le Parlement de 1908, si la résistance relative à accepter les réformes du suffrage favorables aux femmes s'atténue peu à peu, elle existe toujours et elle vient de ce que ses quelques partisans sincères le sont encore d'après la seule idée abstraite très profonde, très sûre, très bien fondée, de l'égalité des droits entre les sexes, mais, comme nous l'avons dit, idée insuffisante pour vaincre toutes les forces de l'égoïsme, de l'ignorance, de la timidité, qui sont coalisées contre le suffrage des femmes. C'est alors que les études sociales donnent peu à peu des armes nouvelles à l'opinion de tous les pays civilisés et l'opinion imposera aux Parlements ces vérités qui ne leur apparaissaient pas assez jusqu'ici.

Espérons donc que tous les Parlements, et souhaitons-le particulièrement pour le Parlement français, seront bientôt conduits à accepter les premiers projets de vote politique des femmes, car cette réforme dans tous les pays non seulement réalisera une plus grande justice, mais aussi rendra sûrement les plus grands services pratiques. *(Applaudissements prolongés.)*

Mme Vincent, *présidente :*

LES DROITS POLITIQUES DES FEMMES
sous l'ancien régime.

Mesdames,

Messieurs,

Après le discours si remarquable que vous venez d'entendre, je crois bien qu'il ne me reste plus rien à dire. Et cependant, si vous le permettez, je prendrai l'histoire des femmes dans l'ancienne France. C'est un exposé que j'ai présenté dans plusieurs congrès. Je reprendrai, dis-je, ce qui était la tradition dans notre pays. Tous vous avez entendu dire que la loi salique excluait les femmes du trône de France. Eh bien, c'est une légende comme tant d'autres. La loi salique n'a jamais existé.

Si nous remontons à l'origine, nous voyons que les terres qui étaient aux Saliens étaient accordées en récompense des services militaires et données aux hommes pour ces services, et aussi parce qu'ils pouvaient défendre avec l'épée l'héritage. Lorsque l'héritier mâle manquait, le père désira laisser son héritage à sa fille, et petit à petit s'établit cette coutume que, lorsqu'il n'y avait pas de garçons, les filles entraient en possession des fiefs. Ce fut l'hérédité.

A l'origine, la France était divisée en 51 fiefs ; 4 seulement étaient dénommés fiefs masculins, dont les femmes ne pouvaient être investies ; 47 étaient des fiefs féminins dont les femmes pouvaient hériter.

La question de la successibilité des femmes au trône fut soulevée pour la première fois en 1316 à la mort du roi Louis X ; il laissait la reine Clémence, qui eut un fils qui ne vécut que quelques jours.

Les grands vassaux, ou barons, s'assemblèrent pour décider du sort du royaume ; ils ne voulaient pas qu'un étranger pût obtenir la France par un mariage. Le droit d'hérédité reconnu aux filles pour les fiefs ne fut pas admis pour la couronne : les lis, dirent-ils, ne doivent pas tomber en quenouille. L'héritière Jeanne fut écartée, ce fut un cousin du roi qui monta sur le trône.

Ainsi en décidèrent les pairs du royaume. Depuis l'origine de la monarchie féodale, les descendants de Hugues Capet s'étant succédé de mâle en mâle, nulle occasion ne s'était présentée de débattre l'admissibilité des femmes à la couronne.

Héritières des fiefs, les femmes avaient les mêmes droits que les hommes. Elles étaient admises dans les conseils du roi, elles ont exercé les plus hautes dignités et pris part au gouvernement du royaume de France.

Elles jugeaient, levaient des armées, battaient monnaie. Lorsqu'on dit qu'en France les femmes n'ont jamais joui de droits politiques, on avance une chose absolument contraire à la vérité.

Depuis l'origine des Etats-Généraux, qui eurent lieu de 1302 à 1789, les femmes étaient en possession du droit de nommer des délégués pour élire les députés aux Etats-Généraux.

Ceci concernait, d'une part, les femmes propriétaires ; et, dans les corporations, les femmes ouvrières étaient convoquées de même que les hommes ouvriers. Nous trouvons dans les archives les noms de femmes qui prirent part aux assemblées communales et provinciales.

La dernière convocation du règlement fait par le roi Louis XVI en date du 24 janvier 1789, article 20, est ainsi conçue : « Les femmes possédant divisément, les filles et les veuves, ainsi que les mineures jouissant de la noblesse, pourvu que les dites femmes, filles, veuves ou mineures possèdent des fiefs, pourront se faire représenter par des procureurs pris dans l'ordre de la noblesse ».

Ce droit, les femmes en ont joui, jusqu'à cette époque. Dans la grande tourmente révolutionnaire où toute l'organisation gouvernementale fut abolie et qui eut pour conséquence d'augmenter les droits de l'homme, les femmes furent complètement dépouillées. Quelques protestations se firent entendre, mais elles ne furent pas écoutées. Que pouvaient les réclamations des femmes lorsque la patrie était en danger ?

La dernière trace du vote des femmes se trouve à l'occasion du partage des biens communaux.

Après, nous ne trouvons que le droit, pour les femmes veuves, de déléguer leurs impôts, soit au fils ou au gendre, droit reconnu aux femmes pour parfaire le cens électoral alors en vigueur. Cet état de choses dura jusqu'en 1848.

Voici le vœu :

Le Congrès considérant qu'en France les femmes ont toujours eu, sous l'ancien régime, les mêmes droits que les hommes, en tant que propriétaires de fiefs ; qu'elles ont eu dans les mêmes conditions le vote pour les assemblées communales, provinciales ; que les femmes possédant divisément en nom ont été en possession du vote pour les députés aux Etats-Généraux depuis l'origine, 1302, jusqu'en 1789, suivant les coutumes et règlements des provinces ;

Qu'à la Révolution, les femmes ont été dépouillées de droits dont elles avaient la jouissance et l'exercice, sans que, depuis, elles aient été remises en possession de ces droits ;

Qu'en 1848, lorsque le suffrage dit universel fut accordé aux hommes, les femmes ont vainement réclamé contre cette loi, qui met en dehors de toute participation aux affaires publiques, au vote de l'impôt, plus de la moitié de la nation :

Emet le vœu que le suffrage dit universel soit exercé par tous les Français sans distinction de sexe.

(Adopté à l'unanimité moins 2 voix.)

La parole est à Mrs Rigby.

Mrs Rigby, *déléguée de la « National Women's social and political Union » :*

LE MOUVEMENT SUFFRAGISTE EN ANGLETERRE

Mesdames,
Messieurs,

En Angleterre, seuls les hommes qui payent une certaine somme d'impôts ont le droit de vote. Les femmes réclament pour qu'elles puissent avoir le même droit de vote quand elles payent les mêmes impôts.

Cette revendication est présentée de deux façons. D'un côté, par la voie constitutionnelle : les femmes dévouées à l'action constitutionnelle ont tenu leur grande réunion samedi, 13 juin, remplissant la plus grande salle de Londres, Albert Hall, où l'on vit 13.000 personnes.

D'autre part, nous avons le mouvement militant. Moi, je suis déléguée officielle de l'Union nationale, sociale et politique des Femmes qui vient de tenir son gigantesque meeting dimanche dernier. Ce dernier a réuni plus de 300.000 personnes, à Hyde Park, 20.000 personnes portant des insignes.

Il y a cinq ans, ni l'une ni l'autre de ces démonstrations n'eût été possible en Angleterre. Très peu de monde, en dehors des groupements des propagandistes, s'occupait de la question de savoir si les femmes doivent ou non voter. Cela n'intéressait personne, quoiqu'il y ait plus de cinquante ans que l'on travaille laborieusement pour cette question. Je vais vous expliquer comment, depuis cinq ans, les choses ont évolué d'une façon si rapide et si efficace. Il y a à présent une nouvelle manière et une nouvelle énergie pour poser les revendications. Les femmes n'ont plus besoin de s'excuser pour le dérangement qu'elles causent aux hommes politiques en s'adressant à eux pour s'en faire écouter. Par exemple, Mrs Fawcett qui était et qui est une des plus sérieuses travailleuses à la manière constitutionnelle, et qui a participé à l'organisation de la plus récente démonstration d'Albert Hall, disait, il y a quelques mois, à un banquet qui s'était tenu à Savoy Hotel, à Londres, pour saluer la libération des suffragettes emprisonnées : « Nous avons une dette à payer aux femmes rebelles ; ce sont elles qui ont donné de la vie à toute la question ». Elle ajouta : « Aujourd'hui, j'ai une autre opinion là-dessus : nous avons toutes une autre opinion ».

Mrs Elmy, dont l'action obtint le droit des femmes mariées sur leurs biens, bill qui passa vers 1880, est entièrement partisante de la rébellion ; même elle est membre du comité de l'Union nationale, sociale et politique des Femmes (les militantes). Elle était une remarquable figure dans la démonstration de Hyde Park, dimanche dernier.

Je ne me risquerai pas à vous décrire le genre de travail que nous, les femmes militantes, nous avons à faire. Aller en prison, ennuyer les ministres en leur posant des questions dans des réunions où ils ne demandaient qu'à oublier complètement le droit des femmes. Nous sommes ici deux suffragettes anglaises présentes aujourd'hui qui avons pris notre part pleinement de ce genre de travail.

Quant à moi, j'ai été deux fois emprisonnée, six semaines en tout, et j'ai assisté à environ douze réunions de ministres l'hiver dernier, et c'était un travail bien désagréable et qui, pourtant, en valait bien la peine.

Une des choses les plus merveilleuses dans ce mouvement, c'est la force de l'esprit nouveau parmi les femmes ; ce sont les centaines, les milliers de femmes parties pour parler sur les places publiques, aux coins des rues, aux portes des usines ; elles disent : « Si on nous eût prédit, il y a deux ans, que nous ferions cela, nous aurions été aussi surprises que vous, Mesdames, le seriez si vous deviez faire la même chose sous peu ». C'est la personnalité de ces femmes qui est la chose remarquable en tout ceci, les esprits puissants et hardis qui se sont rencontrés. Derrière tout ce qu'elles ont fait, c'est leur caractère, leur sagesse, leur héroïsme, tout cela réuni avec une sage ordonnance, qui a amené le mouvement à cette période particulière. Je me propose aujourd'hui de vous donner les raisons les plus saillantes de ce changement dans la condition du suffrage des femmes, qui a fait d'une cause négligeable l'objet d'un immense enthousiasme.

Avant tout, rien n'a été fait dans le seul but d'une démonstration. Aucun acte de violence n'a été commis. « Nous n'avons fait du mal à personne, mais on nous a fait du mal à nous », disait dernièrement Mrs Pankhurst, publiquement. Les deux raisons que je donnerai volontiers du succès du mouvement militant sont les suivantes. Premièrement, pour gagner le vote qui, en Angleterre, est le symbole de l'égalité des droits pour les citoyennes, la chose essentielle était, pour les femmes, de laisser de côté toutes les autres questions. Car, lorsque les femmes auront le vote, elles apprendront pour la première fois, comme les hommes, à savoir manier des questions aussi importantes que la réforme de la loi du divorce, la recherche de la paternité, la réglementation du travail des femmes, etc. Il n'est pas possible de vaincre, dans un si dur combat que celui qu'elles ont à livrer, avec des forces dispersées. Ces derniers mois, beaucoup de femmes ont abandonné des occupations de travail social, très utiles, dans lesquelles elles s'étaient engagées antérieurement, pour consacrer leur temps uniquement à cette cause qui, en somme, sera la pierre fondamentale de l'éducation politique et sociale des femmes. Quand le vote sera acquis aux femmes, seulement alors les femmes apprendront à se servir de leur droit de citoyennes. A force de forger, on devient forgeron. La Société militante, l'*Union nationale, sociale et politique des Femmes*, a travaillé dans cette direction avec une persévérance déterminée, et c'est là la seconde raison du succès.

Malgré que les deux tiers des membres du Parlement croient juste le principe du suffrage des femmes, ceci ne les décide pas à en obtenir la réalisation par la loi. Dans les rapports avec les hommes politiques, on constate que ce n'est pas la question juste, c'est la question urgente qui les force de faire une loi. Nous sommes déterminées à faire de cette question une pierre d'achoppement pour le gouvernement, aussi longtemps qu'il se refusera à la mettre officiellement sur son programme.

Voilà à quoi nos femmes sont décidées. Toutes leurs actions doivent être envisagées sous cet angle. Et, avec cette suite dans les idées, elles arriveront à se faire respecter de plus en plus par le gouvernement. Ainsi le premier ministre, Mr Asquith, un de nos anciens ennemis, est déjà beaucoup moins ferme dans son opposition de longue date.

A l'occasion de la démonstration gigantesque de dimanche dernier, j'ai été heureuse de pouvoir envoyer un message de France aux femmes qui ont si vaillamment travaillé dans mon pays au succès de notre cause. En première ligne, parmi les femmes françaises qui m'ont prêté leur concours et qui se sont chaleureusement intéressées à notre cause, je dois nommer Mme Marya Cheliga qui, avec son grand cœur et la généreuse spontanéité de son esprit, a dicté ce message. Ce message, signé par les secrétaires et les présidentes des groupes féministes français, était ainsi conçu : « Les féministes françaises sont de cœur avec les suffragettes anglaises, leur envoient leur fraternelle sympathie et vœux ardents pour la réussite de la cause si juste qu'elles défendent avec tant de vaillance ».

Mme Oddo Deflou, *secrétaire générale*. — Mesdames, vous venez d'entendre la déléguée de la *Women's social and political Union*. Il y a, en Angleterre, deux grandes sociétés qui réclament le suffrage des femmes au moyen de l'action directe. L'autre société est la *Women's freedom League*, dont Mrs Manson était la déléguée. Elle ne l'est plus, pour des raisons dans lesquelles il n'est pas nécessaire d'entrer. Maintenant, cependant, elle nous fait dire que, si vous désirez avoir des renseignements sur le fonctionnement de sa société, elle parlera.

Mme Compain. — Il serait extrêmement intéressant, il me semble, de savoir quel est le programme politique des suffragettes anglaises.

Mme Oddo Deflou, *secrétaire générale*. — Mrs Manson vous le dira ; elle est invitée à nous dire quels sont les moyens d'action de sa société, quel est son programme politique, ou plutôt anti-politique, ou plutôt non politique, et de quelle manière elle le met à exécution.

Mrs Manson. — Vous m'excuserez de parler très mal, car je suis une étrangère. Comme je ne suis pas déléguée de ma société, je n'ai pas préparé de rapport à vous lire ; mais j'observe, à mon grand regret, que ma remplaçante, Miss Hamilton Scott, ne me remplace pas, et je crains qu'il ne se présente plus d'occasion pour vous expliquer un peu la politique de la ligue dont j'ai fait partie jusqu'à il y a dix jours. Je voudrais vous expliquer comment nous avons vécu en Angleterre.

La propagande a été faite, il y a déjà cent vingt ans. Nous datons du temps de la Révolution française. Les Anglaises qui étaient à Paris dans ce temps-là, notamment la belle-mère de notre grand poète Shelley, lurent l'essai qu'a écrit le marquis de Condorcet. — Vous apprendrez avec intérêt qu'en ce moment nous faisons circuler cet ouvrage en Angleterre au prix de deux sous, et cela se lit en anglais avec beaucoup de popularité.

Eh bien, Mesdames, pour remuer les idées, on n'a que la propagande comme les suffragettes constitutionnelles la pratiquaient depuis trente-deux ans, ou notre méthode. Si cela ne marchait pas d'abord, maintenant nous pouvons dire au moins que si nous n'avons pas atteint notre but, comme l'a dit Galilée, cela commence tout de même à bouger un petit peu. Nous avons pris cette méthode militante depuis le temps de la guerre des Boërs, et je vais vous expliquer pourquoi. Les Anglais qui ont fait la guerre, ce sont des hommes, pas des femmes, bien entendu. Beaucoup de femmes, comme moi, étaient pro-Boërs; nous avons fait notre possible pour arrêter cette guerre. *(Applaudissements.)* On nous a jeté de l'eau salée, des pierres; nous avons commencé à souffrir, à être martyrisées. Cela ne nous a rien fait. Tout le monde, en Angleterre, est de notre avis. On dit que la guerre n'aurait pas dû être faite. Nous avons demandé: « Pourquoi cette guerre se fait-elle ? » On nous a répondu : « A cause de la question du suffrage. — Mais les hommes anglais l'ont, les soldats aussi, pourquoi faire la guerre ? — Parce que les Anglais, au Transvaal, ne peuvent pas voter. » Ah ! Mesdames, si vous connaissiez la politique, vous verriez bien que le vote est tout.

Au temps de l'affaire Jameson, quand M. Jameson fut incarcéré comme prisonnier politique, pas comme Mrs Rigby et les autres suffragistes, mais comme prisonnier de première classe, avec toutes sortes de ménagements — il pouvait faire venir ses repas, s'habiller en gentleman — il a dit : « Le suffrage domine tout ». Eh bien, Mesdames, si le suffrage domine tout pour les hommes qui l'ont déjà dans leur patrie, cela domine tout aussi pour les femmes qui ne l'ont pas dans leur patrie ! *(Applaudissements.)*

Nous sommes des femmes patriotes, Mesdames ; ne croyez pas ceux qui diront le contraire. C'est parce que nous aimons notre pays que nous avons fait la propagande contre l'alcoolisme ; que nous avons demandé des réformes dans la loi du divorce ; que nous nous sommes occupées de toutes les questions sociales en Angleterre et à l'étranger, de la paix, de la guerre ; que nous demandons, pour la femme, l'entrée libre dans toutes les professions, pour que la femme puisse choisir entre une profession de femme et la profession de prostituée.

Depuis l'âge de quinze ans, et j'en aurai bientôt trente-huit, j'ai été une femme politique ; il n'y a donc que deux ans que je suis une femme sans parti politique, et c'est pour cela que je suis montée ici ; c'est pour vous donner un conseil, Mesdames, qui, peut-être, peut vous épargner bien du travail inutile en France : Méfiez-vous des partis politiques, je vais vous dire pourquoi. Les hommes savent très bien que nous avons l'influence indirecte, l'influence sans la responsabilité, n'est-ce pas ? et cela n'a pas de bornes. Mais vous ne pouvez pas compter sur ce genre d'influence si vous n'êtes pas jeunes, ni charmantes, ni sans conscience. Nous autres, suffragettes politiques, en Angleterre, nous avons dit : « Messieurs les politiciens de tous les partis, maintenant, nous allons travailler pour nous ; nous avons assez travaillé pour vous ».

Nous avons un proverbe que nous appliquons à notre gouvernement de l'Inde, un proverbe qui dit : *Divide ut regnes*. Ne divisons pas les femmes, ne soyons pas divisées, que les catholiques se mettent à demander le vote avec les athées. *(Applaudissements.)* Les femmes catholiques ont besoin, dans l'État, de représenter leur opinion ; elles ne la représenteront jamais qu'avec le vote. De même pour celles qui sont en dehors des religions ; elles ont besoin de leur vote pour exprimer leurs idées, comme les hommes. Si vous êtes royalistes, Mesdames, je ne suis pas contre vous, parce que j'ai renoncé à tout parti ; si vous êtes républicaines, je ne suis ni pour, ni contre, parce que j'ai renoncé à tout parti. Ce que je veux, c'est le vote de la femme, parce que c'est le seul moyen d'obtenir le relèvement de la femme, c'est le seul moyen que nous, qui sommes des êtres intelligents, quoique traités en fous ou en criminels, nous ayons de formuler une opinion intelligente. Pour le moment, nous n'avons que l'influence indirecte ; nous sommes divisées en partis ; nous avons trop d'influence, ou nous n'en avons pas assez ; nous n'en avons pas directement, mais indirectement. Eloignez-vous des partis : obtenez le vote, et votez !

Je vais vous donner un conseil, et je sais que Mme Oddo Deflou n'est pas de mon avis. Vous allez vous épargner bien des peines et des ennuis si vous êtes de mon avis. Vous savez que nous autres, suffragettes, sommes très convaincues de nos opinions, autrement nous ne pourrions pas parler à des foules de 3 à 5.000 personnes, comme nous le faisons, dans notre propre langue, bien entendu, et non dans une langue étrangère. Il faut vous opposer à tout gouvernement qui est au pouvoir. Je vais vous dire pourquoi : c'est parce qu'il a le pouvoir. Il faut faire ce qu'on ferait en cuisine pour faire cuire un bifteck : le retourner jusqu'à ce qu'il soit cuit. Le gouvernement qui est au pouvoir, il faut que vous lui montriez votre main forte : vous êtes la chose la plus impuissante du monde, c'est vrai, mais vous avez l'enthousiasme, la justice; vous triompherez, parce que je suis convaincue que le gouvernement selon les idées de tout le monde, le gouvernement démocratique, est une forme de développement social dont l'avènement ne peut pas tarder bien longtemps.

Nos têtes sont tournées à l'ouest ; le progrès marche dans le même sens que le soleil. La femme, dans l'Orient, a une condition bien pire que la nôtre ; la femme de l'Est a une condition bien meilleure que la nôtre. Dans les Indes où je suis née, la femme indienne (pas la femme européenne, qui gouverne, bien entendu) a les mêmes luttes à soutenir pour sortir sans voile, pour ne pas être mariée à neuf ans, pour ne pas être forcée de rester veuve, que la femme en Angleterre pour obtenir le vote parlementaire. Les hommes ont toujours repoussé pied à pied le progrès de la femme, mais il faut bien qu'un jour ou l'autre ce progrès s'accomplisse. Moi, j'ai expliqué ma conduite à ma mère, qui est d'ailleurs très féministe, mais qui n'aime pas que je me mêle à ce mouvement ; je lui ai dit : « Eh bien, maman, si tu avais fait cela quand j'étais petite, je ne serais pas obligée de le faire maintenant ». *(Applaudissements.)* Mesdames, vous pouvez vous apercevoir que je n'ai pas beaucoup de force et que je suis une femme extrêmement nerveuse, et pas du tout téméraire, et je vous assure que cela ne me fait pas plaisir de courir toutes sortes de dangers et de lutter pour ma petite fille, de façon qu'elle n'ait pas à faire cela pour sa fille. C'est pour cela que je lutte, Mesdames, je le fais, et je le ferai toujours. Je suis convaincue que c'est nécessaire pour vous, dans le monde entier, comme pour nous autres Anglaises. Je dirai comme a dit Danton : Que mon nom soit flétri, mais que la France soit libre ! Les journalistes peuvent se moquer de nous tant qu'ils veulent. Je suis journaliste moi-même, et sais combien il est dur de gagner sa vie avec sa plume ; mon mari est journaliste aussi. Je voudrais prévenir ces journalistes que le monde, maintenant, commence à nous connaître un peu, et qu'il serait peut-être préférable pour eux de tâcher de gagner leur salaire en disant un peu la vérité. Si nos idées sont émancipées, nos mœurs ne le sont pas, et quoique nous ne portions guère de corsets, ni de faux cheveux, nous n'en sommes pas moins des femmes. Il y a contre nous, Mesdames (car je ne parle qu'aux dames), une opposition immense, et je vais vous expliquer cette opposition, parce que je la connais.

L'opposition se décompose en trois grands groupes :

Il y a la femme esclave, et inconsciente de son esclavage ; cette pauvre esclave va bientôt être, je crois.. je ne sais pas quel mot vous employez ici... nous disons « stuff » en Angleterre, c'est-à-dire, mise dans les musées.

L'opposition la plus dangereuse, c'est celle des deux partis masculins :

Il y a l'autoritaire qui veut qu'une femme soit soumise aux lois des hommes pour l'obtenir à un prix réduit ; celui-là ne veut pas que la femme vote, et il ne le voudra jamais.

Il y a un autre genre qui est pire encore : c'est celui qui veut que la femme soit sujette de l'homme ; qu'elle soit mal payée, de façon qu'elle ait besoin de la protection de l'homme... Et est-ce vraiment pour la protéger ? Non, c'est pour la séduire ! Quant à l'opposition politique, cela ne compte pas, et c'est pour cela que je vous conseille de vous opposer au gouvernement. Le gouvernement, c'est le pouvoir ; tout ce qu'il désire, c'est de ne rien changer. Il sait parfaitement que les femmes, si elles ont le vote, changeront tout, tout ce qui est injuste, tout ce qui est impur, tout ce qui est vicieux, tout ce qui est extravagant, et il ne le veut pas. Mais nous nous opposons au gouvernement pour lui faire voir que nous faisons plus d'obstruction, que nous sommes bien plus ennuyeuses maintenant que nous ne le serons quand nous aurons le vote.

Et maintenant, Mesdames, j'espère que vous me pardonnerez de dire qu'il y a deux choses que nous faisons dans notre politique pratique en Angleterre : c'est que nous écartons les hommes de nos réunions. Nous ne leur permettons pas de parler dans les congrès de femmes. Puisque les femmes ne sont pas égales aux hommes à présent, nous ne nous mêlons pas à eux. Si les hommes veulent travailler avec les femmes, qu'ils obtiennent pour elles le suffrage. Je crois que c'est la seule chose au monde de ce genre-là qui existe en Angleterre : nous avons une ligue des hommes pour le suffrage des femmes, et je suis contente de vous apprendre que mon mari en fait partie. Les femmes parlent ensemble chez elles, et quand nous voulons faire du tapage, nous invitons les messieurs à entrer.

Voilà toutes les recommandations que j'ai à vous faire : l'indépendance absolue de tout parti, l'opposition au gouvernement, parce que c'est au gouvernement seul à refuser ou à donner. *(Applaudissements.)*

Mme Marguerite DURAND, *vice-présidente.* — Mesdames et messieurs, l'oratrice que vous venez d'entendre a si brillamment exposé la question du rapport du suffrage politique des femmes avec les partis politiques, que je supprime absolument tout le travail que j'avais préparé sur le même sujet. *(Protestations.)*

Mme VINCENT, *présidente :*

ÉLECTORAT ET ÉLIGIBILITÉ DES FEMMES aux Conseils des Prud'hommes (1).

Ce rapport, aussi condensé que possible, a pour but de faire comprendre tout l'intérêt qu'il y a pour les femmes, patronnes et ouvrières, à être non seulement électrices, mais encore éligibles, et à siéger dans les différents conseils des prud'hommes qui sont appelés à juger les contestations entre les patrons, patronnes et ouvrières.

Ce fut pour la première fois au Congrès international de 1889, qu'une proposition tendant à accorder aux femmes l'électorat et l'éligibilité dans les conseils des prud'hommes fut présentée par Mme Vincent et le regretté féministe Léon Giraud.

A la suite de cette proposition, des démarches furent faites près

(1) Ce rapport, vu sa longueur, ne put être lu. Le Congrès vota, à l'unanimité, le résumé de ses conclusions. Voir plus loin la rubrique : *Vœux divers.*

de M. de Gasté, député de Brest, qui, à la Chambre, eut le courage de présenter et de soutenir toutes les revendications formulées par les femmes.

Lors du projet de loi portant réorganisation des conseils des prud'hommes, M. de Gasté, le 12 février 1891, déposa un amendement ainsi conçu :

« Les hommes et les femmes sont électeurs et éligibles aux conseils des prud'hommes ».

Lors de la discussion, les 7, 8 et 10 mars 1892, M. de Gasté, dans un résumé historique, rappela tous les droits dont les femmes étaient investies et dont elles avaient l'exercice avant la Révolution. Elles étaient admises dans les conseils communaux et provinciaux, et dans les corporations ouvrières concernant les femmes, elles avaient les mêmes droits que les hommes.

L'amendement de M. de Gasté en ce qui concerne l'électorat fut adopté et l'éligibilité repoussée à la séance du 10 mars 1892.

Ce projet de loi vint en discussion au Sénat le 30 avril 1894 ; un amendement fut déposé par le sénateur Jean Macé, signé par ses collègues : Griffe, Durand, Théophile Roussel, Scheurer-Kestner, Morrelet, Alcide Dusolier, Anglès.

Cet amendement était ainsi conçu :

« Les ouvrières et les patronnes prennent part aux élections des conseils des prud'hommes, au même titre et dans les mêmes conditions que les ouvriers et les patrons, sauf l'inscription sur les listes électorales politiques ».

Le rapporteur du projet, M. le sénateur Demôle, ne trouva rien de plus sérieux à objecter, sinon que la paix et l'harmonie sociales de la famille seraient compromises si les femmes étaient admises dans les conseils des prud'hommes ! Grave objection !

Depuis, les projets de loi et les amendements se sont succédé à la Chambre et au Sénat, et nos sénateurs finirent par adopter l'électorat en 1906.

Ce même projet revint en discussion à la Chambre des députés le 16 mars 1907.

Les deux Chambres se sont mises d'accord pour comprendre dans la juridiction des prud'hommes 250.000 ouvriers des industries d'extraction et 900.000 travailleurs du commerce et des transports, cela est parfaitement juste ; mais pourquoi avoir sacrifié les femmes patronnes et les ouvrières ?

M. Bénazet, député de l'Indre, lors de la discussion de la loi sur les prud'hommes, le 15 mars, a déposé un amendement en faveur de l'éligibilité des femmes aux conseils des prud'hommes.

M. Bénazet, à qui nous avons fourni tous les documents, a cité les chiffres des contestations que nous avons relevés depuis seize ans.

« *Conseil des tissus de Paris.* — Le nombre des affaires concernant les femmes devant le conseil des tissus indique une moyenne de 60 à 65 % relative aux ouvrières jugées par ce conseil. »

L'amendement a été repoussé par le rapporteur, M. Groussier, alléguant que c'était à la suite d'une transaction entre la Chambre des députés et le Sénat qui, jusqu'en 1901, avait repoussé l'électorat, que la commission avait maintenu seulement l'électorat des femmes.

Le rapporteur a promis que, d'ici peu, la commission du travail accepterait l'amendement proposé.

M. Viviani, ministre du Travail, a appuyé les déclarations du rapporteur et a ajouté qu'il est dans les intentions du gouvernement de déposer prochainement un projet de loi qui donnera satisfaction à M. Bénazet sur l'éligibilité des femmes aux conseils des prud'hommes.

La prud'homie actuelle trouve ses origines dans les corporations de métiers, dans lesquelles les femmes étaient admises au même titre que les hommes.

Jusqu'au règne de saint Louis, les corps de métiers de la ville de Paris étaient sans réglementation officielle.

Le prévôt des marchands de Paris, Etienne Boileau, eut l'idée de consulter tous les corps de métiers sur les coutumes par lesquelles ils étaient régis et usagés.

Etienne Boileau ordonna que tous les documents seraient classés par métiers, et qu'à l'avenir toutes les contestations, le prix du travail, les malfaçons, les déloyautés, les contrats d'apprentissage, la durée de la journée, enfin tout ce qui concernait les maîtres, maîtresses, ouvriers et ouvrières, valets, apprentis, artisans et fabricants, devait être soumis aux règlements consignés dans les livres où avaient déjà été inscrits les résultats de l'enquête faite suivant les déclarations des maîtres jurés et prud'hommes et prud'femmes de chaque communauté de marchands ou d'artisans.

Ces registres renferment tout le code de l'industrie ; ils sont connus sous le nom : *Statuts des Métiers de Paris.* La date peut être fixée vers 1268.

Certains métiers étaient composés exclusivement de femmes ; elles étaient admises à la maîtrise et aux fonctions de gardes-jurées prud'femmes, au même titre que les hommes.

Dans les corporations féminines, l'organisation était la même que celle des corporations masculines.

Les règles sont les mêmes pour l'apprentissage, la maîtrise, les heures de travail ; les prud'femmes sont à la tête de la corporation.

Les gardes et jurés, hommes et femmes, étaient élus par les membres de la corporation.

Les fonctions des jurés et jurées, hommes et femmes, étaient :

« La surveillance des contrats d'apprentissage et la protection des apprentis et apprenties.—La perception des droits à la maîtrise. — La gestion des finances et les contestations relatives au métier.

« Le contrôle de la fabrication, poinçonner et marquer les objets ou tissus fabriqués, le droit de faire des visites domiciliaires pour constater les malfaçons, dresser des procès-verbaux, opérer des saisies, surveiller les ventes des marchandises ».

La durée des fonctions de jurés, jurées, n'était pas uniforme ; ils étaient élus pour une année, quelquefois plus.

Dans tous les métiers, les veuves pouvaient continuer le métier du mari tant qu'elles étaient veuves ou, en cas de remariage, si le mari appartenait au métier, la femme continuait à jouir des avantages attachés à la maîtrise ; si elle épousait un étranger, elle était déchue de la maîtrise et perdait le droit de former des apprentis.

Les corporations où nous trouvons le plus de femmes sont les métiers de préparation et de vente du lin, du chanvre et de la soie.

Il y avait environ quatre-vingts métiers mixtes accessibles aux deux sexes.

Pour faire comprendre l'importance des règlements des corporations en ce qui concerne les femmes ouvrières, nous relaterons les statuts des couturières de Paris avant la Révolution.

Les couturières étaient divisées en quatre catégories :

1° Couturières pour femmes ;

2° Couturières pour enfants ;

3° Couturières en linge ;

4° Couturières en garnitures et ornements.

Il y avait plus de 1.500 maîtresses couturières et plus de 4.000 ouvrières et apprenties, suivant le relevé officiel.

Les couturières, avant 1675, réclamaient au roi Lous XIV la réorganisation de la corporation en communauté de couturières, pour tous les ouvrages de femmes et d'enfants, et l'interdiction du métier aux tailleurs hommes.

Les couturières obtinrent, à l'exclusion des tailleurs, le droit de façonner, faire et vendre robes, parures, jupes et tous autres ouvrages pour les femmes et les filles.

En 1716, les couturières demandent que la communauté soit administrée par trois syndiquées et trois adjointes. Les réunions concernant la communauté étaient hebdomadaires. Les affaires qui nécessitaient un délibéré étaient portées devant l'assemblée tous les mois.

Dans les articles de la constitution, il est dit :

« Les députées de l'assemblée mensuelle auront 50 sols d'honoraires par personne ».

Des jetons de présence étaient accordés à Mmes les syndiquées et adjointes de semaine.

Mmes les députées, en 1768, proposaient à la corporation une organisation arbitrale destinée à juger tous les différends de métier.

Pour les contestations graves concernant le commerce et la profession, les parties intéressées auront le droit de requérir la constitution d'arbitres ; elles pourront être nommées, soit par les parties, soit d'office, mais elles ne devront être prises que parmi les députées de la communauté.

Pour la conciliation et les jugements, les membres étaient pris parmi les patrons, fabricants, maîtres et maîtresses, ouvriers et ouvrières.

L'inspection des ateliers est obligatoire. Quant aux contrevenantes, elles doivent être, à la requête des visiteuses, appelées devant les jurées de la communauté et, le cas échéant, assignées à la salle de police.

Par ces détails nous voyons que les corporations d'autrefois étaient plus avancées que les syndicats du xxe siècle : elles jugeaient leurs différends.

Les déléguées visitaient les ateliers, veillaient aux heures de travail ; dans nombre de corps de métiers, le travail de nuit était interdit, de même que le travail du dimanche et jours de fête ; dans certains corps de métiers, le travail était interdit aux femmes enceintes ; le cas de séduction des filles mineures, soit par le patron ou les ouvriers, était sévèrement puni.

Les déléguées faisaient fonction d'inspectrices du travail.

Certaines corporations avaient des maisons de refuge pour leurs membres malades ou infirmes. Des secours en argent étaient distribués aux membres malades, aux veuves et aux orphelins.

L'organisation des corps de métiers était loin d'être parfaite, elle a donné lieu à bien des critiques ; la plus forte peut-être était qu'elle renfermait les membres dans un cercle étroit qui ôtait l'initiative aux ouvriers et la liberté du commerce.

Sur la proposition de Turgot, les corporations furent abolies au mois de mars 1776 ; on les rétablit après la chute de Turgot. Le 14 juin 1791, une loi proposée par Chapelier anéantit définitivement le régime corporatif en France.

La loi de 1791 mit dans le droit commun une foule de cas qui, jusqu'alors, avaient une législation spéciale. Les juges furent appelés à se prononcer sur des procès auxquels ils ne comprenaient rien ; des réclamations se produisirent.

Au mois de mars 1806, Napoléon ordonna la création d'un conseil des prud'hommes à Lyon, destiné à juger les différends entre les patrons, patronnes, ouvriers et ouvrières.

Un grand nombre de villes manufacturières obtinrent la création de conseils des prud'hommes.

Le régime, à l'heure actuelle, est en vigueur dans toutes les villes manufacturières.

Napoléon, qui n'était pas tendre pour les femmes, oublia de faire figurer dans la nouvelle organisation les patronnes et les ouvrières et, jusqu'ici, ce sont les hommes seuls qui jugent, expertisent, arbitrent tout le travail féminin.

Pour terminer notre rapport, nous avons relevé les statistiques, depuis l'année 1900, de toutes les affaires concernant les femmes, soumises au conseil des tissus, à Paris.

ANNÉE 1900. — CONSEIL DES TISSUS

Bretelles et jarretières	9
Broderies, brodeurs, brodeuses	211
Dentelles et tulles	12
Implanteurs cheveux	5
Chemisières	40
Corsetières	37
A reporter	314

Report.....	314
Couturières	901
Cravates	11
Lainages au crochet	1
Lingères	71
Plisseurs	12
Casquettes	36
Fleuristes, feuillagistes	120
Fourreurs et pelletiers	99
Modistes	187
Plumes	65
Confections pour équipements	66
Confections	305
Costumiers	564
Giletières	27
Tailleurs pour dames	564
	3.343 femmes.

Total des contestations : 4.389.

Sur le chiffre total, la proportion concernant les femmes est donc de 63 %.

Année 1901. — Conseil des tissus

Bretelles et jarretières	5
Broderies, brodeurs, brodeuses	185
Dentelles et tulles	32
Implanteurs	6
Chemisières	45
Corsetières	36
Couturières	985
Cravates (fabricants de)	18
Lainages au crochet	2
Lingères	86
Plisseurs	3
Casquettes (fabricants de)	41
Fleuristes, feuillagistes	106
Fourreurs et pelletiers	145
Modistes	185
Plumes	55
Confections	317
Confectionneurs équipements	»
Confections pour poupées	1
Costumiers	6
Giletières	12
Tailleurs pour dames	533
	2.804 femmes.

Total des contestations : 4.500.

Sur le chiffre total, la proportion concernant les femmes est de 62 %.

ANNÉE 1902. — CONSEIL DES TISSUS

Bretelles et jarretières	6
Broderies, brodeurs, brodeuses	157
Dentelles et tulles	20
Implanteurs	6
Chemisières	32
Corsetières	37
Couturières	923
Cravates	18
Lainages au crochet	1
Lingères	96
Plisseurs	6
Casquettes	35
Fleuristes, feuillagistes	105
Fourreurs et pelletiers	102
Modistes	197
Plumes	52
Confections	315
Confections pour poupées	1
Costumières	7
Giletières	10
Tailleurs pour dames	239
	2.365 femmes.

Total des contestations : 4.110.

Sur le chiffre total, la proportion concernant les femmes est 57 %.

ANNÉE 1903. — CONSEIL DES TISSUS

Bretelles et jarretières	7
Broderies, brodeurs, brodeuses	161
Dentelles et tulles	18
Implanteurs	7
Ruches	2
Chemisières	35
Corsetières	46
Couturières	1.041
Cravates	15
Lainages au crochet	1
Lingères	86
Plisseurs	8
Casquettes	55
Fleuristes et feuillagistes	96
Fourreurs et pelletiers	133
A reporter	1.711

Report.....	1.711
Modistes	229
Plumes	60
Confections	333
Confections pour poupées	2
Giletières	10
Tailleurs pour dames	280
	2.625 femmes.

Total des contestations : 4.288.

Sur le chiffre total, la proportion concernant les femmes est 67 °/o.

ANNÉE 1904. — CONSEIL DES TISSUS

Bretelles et jarretières	3
Brodeurs, brodeuses, broderies	162
Ouvrages en cheveux	1
Dentelles et tulles	12
Matelas	1
Posticheurs, cheveux ouvragés	7
Ruches	4
Stores	3
Tapissières	3
Bourses en tissus	1
Chemisières, chemisiers	48
Corsetières	32
Couturières	1.173
Cravates	15
Lainages au crochet	2
Lingères	111
Parapluies	2
Plisseurs, plisseuses	4
Tapisserie	3
Fleuristes, feuillagistes	103
Fourreurs et pelletiers	165
Modistes	223
Plumassières	64
Confectionneuses	341
Confections poupées	3
Giletières	18
Tailleurs pour dames	311
	2.815 femmes.

Nombre de contestations soumises au conseil dans l'année : 4.655.

Concernant les femmes : 2.815, soit 58 °/o des contestations concernant les femmes.

ANNÉE 1905. — CONSEIL DES TISSUS

Brodeurs	119
Ouvrages en cheveux	1
Dentelles et tulles	11
Matelas	5
Posticheurs, implanteurs	2
Ruches	1
Stores	2
Tapissières	2
Chemisières	49
Corsetières	30
Couturières	1.027
Cravates	14
Lingères	95
Parapluies	2
Plisseurs	9
Fleuristes, feuillagistes	88
Fourrures, pelleteries	157
Modistes	202
Plumes	76
Confectionneurs	291
Confections pour poupées	1
Giletières	13
Tailleurs pour dames	316
	2.513 femmes.

Contestations soumises au conseil dans l'année : 4.248.

Contestations concernant les femmes : 2.513, soit 59 °/₀ concernant les femmes.

ANNÉE 1906. — CONSEIL DES TISSUS

Brodeurs, brodeuses	111
Bretelles, jarretières	4
Ouvrages en cheveux	1
Dentelles et tulles	11
Matelas	11
Posticheurs, cheveux	3
Ruches	1
Stores	1
Tapisserie	4
Chemisiers	40
Corsetières	27
Couturières	892
Cravates	10
Lingères	80
Parapluies	3
A reporter	1.199

Report.....	1.199
Fleuristes, feuillagistes	93
Fourreurs	151
Modistes	179
Plumes	66
Confectionneurs	312
Giletières	14
Tailleurs pour dames	361
	2.375 femmes.

Nombre de contestations soumises au conseil dans l'année : 4.176.

Concernant les femmes : 2.375, soit 56 %.

Ces chiffres démontrent tout l'intérêt que les femmes patronnes et ouvrières ont à participer à l'électorat et à l'éligibilité aux conseils des prud'hommes.

RÉSUMÉ

Résolutions et vœux adoptés concernant l'électorat et l'éligibilité des femmes aux conseils des prud'hommes, aux Congrès suivants : Congrès international de Bruxelles en 1897, Paris, Roubaix, Berlin en 1904, Congrès du travail féminin à Paris, 27 mars 1907.

1° Extension de la juridiction de la prud'homie à tous les salariés sans aucune exception : ouvriers, domestiques ;

2° Eligibilité des femmes aux conseils des prud'hommes, dans les mêmes conditions que les hommes ;

3° Fixation de l'âge, pour l'électorat à 21 ans ; pour l'éligibilité à 25 ans ;

4° Que la compétence des prud'hommes soit étendue à l'inspection des ateliers, pour l'hygiène et les accidents ;

5° Que la présidence du conseil des prud'hommes soit alternative pour le président et le vice-président ;

6° Fixation du mandat des conseillers à une durée de quatre ans ; renouvellement du conseil par moitié tous les deux ans ;

7° Gratuité absolue de la juridiction des prud'hommes ;

8° Création d'un conseil dans chaque canton ;

9° Le vote pour les élections des conseils des prud'hommes aura lieu dans les mairies des villes et des villages ;

10° Pour toutes les contestations relatives au travail personnel, la femme mariée peut ester en justice sans l'assistance ou l'autorisation de son mari, les mineurs des deux sexes sans l'autorisation ou l'assistance de leurs parents ou tuteurs ;

11° Tout différend entre les employés et employées salariés, ouvriers et ouvrières, est du ressort des conseils des prud'hommes ;

12° Toute patronne, ou fabricante, et les ouvrières peuvent défendre devant les prud'hommes les intérêts professionnels dont elles ont la direction et le travail fait par elles, sans l'autorisation du mari, parents ou tuteurs ;

13° Dans le relevé des conseils des prud'hommes, la désignation des différends concernant les femmes ouvrières sera indiquée afin qu'une statistique exacte puisse être faite (1).

Mme Legrelle de Ferrer, *publiciste*. — La femme française, héritière directe des institutions de la Révolution de 1789, a des droits civils et politiques égaux à ceux de l'homme.

Condorcet l'a exprimé excellemment : « N'est-ce pas en qualité d'êtres sensibles, capables de raison, ayant des idées morales, que les hommes ont des droits ? — Les femmes doivent donc avoir absolument les mêmes ».

La femme contribuable française du xxe siècle paye 100 francs d'impôts par tête en moyenne comme l'homme ; elle a donc, comme lui, la volonté légitime d'avoir voix au chapitre des dépenses, et droit à la participation des bénéfices, c'est-à-dire : *au bulletin de vote*.

La femme, ennoblie par la maternité, fait plus pour le service de la patrie que l'homme, ou tout au moins il y a équivalence ; elle a donc les mêmes droits à l'arme légale qui est : *le bulletin de vote*.

D'autre part, la natalité étant en décroissance, il y a danger pour la patrie ; en conséquence, la femme majeure, célibataire sans enfant, pourrait servir pendant une année dans les services auxiliaires de la guerre, comme on la voit maintenant dans les postes, les chemins de fer, les établissements de crédit, tenant dignement son rang. Cet acte de dévouement à la cause publique impliquerait aussi le droit *au bulletin de vote*.

En conséquence :

Premier vœu : Le Congrès émet le vœu qu'il soit présenté au Parlement français, dans le plus bref délai, un projet de loi basé

(1) L'année 1907 s'est écoulée sans que la loi fût votée, malgré toutes les démarches et les promesses.

A ce Congrès, nous avons mis la question à l'ordre du jour.

Les résolutions ci-dessus énoncées ont été votées dans tous les congrès français et étrangers.

L'année dernière, au Congrès du travail féminin tenu à la salle du Grand Orient de France, les 25, 26 et 27 mars, elles ont été adoptées à l'unanimité par tous les syndicats ouvriers participant au Congrès, avec mention d'en poursuivre l'exécution devant les pouvoirs publics.

Depuis, à la date du 27 octobre 1908, un rapport tendant à conférer aux femmes l'éligibilité aux conseils de prud'hommes, adopté par la Chambre des députés, a été déposé au Sénat par M. Paul Strauss. La proposition a été votée d'urgence le 10 novembre 1908 et la date des élections fixée, pour les prud'hommes ouvriers et ouvrières, au 29 novembre, et au 13 décembre pour les patrons et patronnes. Pour être électeur, électrice et éligible, il faut être inscrit sur des listes spéciales, ouvertes du 1er au 20 avril de l'année 1908.

Très peu de femmes s'étaient fait inscrire.

Plusieurs candidates se sont présentées et c'est avec peine que nous avons vu une seule femme nommée.

La campagne menée depuis vingt ans est terminée. Nos efforts n'ont pas été stériles. L'avenir montrera que les femmes du xxe siècle sont aussi aptes que les femmes d'autrefois pour juger tout ce qui a rapport au travail. V.

sur le premier paragraphe de « la Déclaration des droits de l'homme » avec adjonction des deux mots : et citoyennes ;

Impliquant pour les femmes tous les mêmes droits civils et politiques que pour les hommes, et donnant comme texte de loi : « Tous les citoyens et citoyennes sont égaux devant la loi ».

Second vœu additionnel : Le Congrès émet le vœu qu'il soit présenté au Parlement français, concurremment avec le précédent, et comme sa conséquence, un projet de loi tendant à ce que les femmes majeures, célibataires sans enfant, soient astreintes, après examen médical, à une année de présence dans les services auxiliaires de l'administration du département de la Guerre aux lieux et places des hommes qui seraient plus utiles dans le rang, au régiment. (Interruptions et protestations.)

Mme ODDO DEFLOU, *secrétaire générale.* — Les personnes que cette motion choquera ne la voteront pas (1).

UNE CONGRESSISTE. — Les services auxiliaires sont faits par les hommes qui ne peuvent pas faire le service actif.

Mme ODDO DEFLOU, *secrétaire générale.* — Messieurs, Mesdames, je demande à compléter le vœu de Mme Legrelle de Ferrer de cette manière :

« Seront assimilables aux femmes que Mme Legrelle de Ferrer vient de décrire les hommes réformés ». *(Tumulte.)*

Mme Marguerite DURAND, *vice-présidente.* — Je vous demande de vouloir bien reporter ce vœu, non pas à une autre séance, puisque celle-ci est la dernière, mais à un autre congrès *(Très bien !)* et, si vous êtes en conformité d'idées avec Mme de Ferrer, de mettre la question à l'examen.

Elle ne se pose pas d'une façon aussi simple. Ce n'est pas seulement les services d'intendance qui, quoi qu'on prétende, peuvent très bien être exercés par des femmes ; ce sont les questions d'habillement, de choix des viandes qui peuvent parfaitement être traitées par elles. De même les services sanitaires pourraient leur être confiés, à tel point qu'en ce moment-ci les femmes, à la demande du ministre de la guerre, font un service au Val-de-Grâce. Ce que nous avons voté dans des congrès précédents, justement pour répondre à cette objection *du service militaire* qu'on oppose toujours aux femmes, c'était que la femme majeure qui ne serait pas mère, qui ne serait pas mariée, et après examen médical comme le demande Mme de Ferrer, fût obligée de donner un an au pays, soit dans les services des crèches, soit dans les services des hôpitaux. Cette proposition, pour ne pas être suffisamment développée peut-être, ne mérite pas le qualificatif qu'on a donné de saugrenue.

Ne votez pas le vœu si vous ne voulez pas, mais nous vous engageons à ne pas le traiter en quantité négligeable.

(1) La discussion qui suit et le vote qui la clôture ont trait au second vœu additionnel de Mme Legrelle de Ferrer, mais il faut remarquer que ce second vœu implique le premier et n'en est que la *conséquence*.

Mme Maria Vérone. — Nous sommes délégués de sociétés. Ce vœu n'a pas figuré à l'ordre du jour, il me semble impossible que les délégués votent ce vœu.

Mme Oddo Deflou, *secrétaire générale*. — Je me permets de vous faire observer que, non seulement nous avons déjà voté, pendant le présent Congrès, plusieurs vœux que les sociétés n'avaient pu étudier, vu qu'ils n'étaient pas formulés encore, mais que nous lisons, à la fin de notre programme, la rubrique « Vœux divers » ; et j'en ai une douzaine, pour mon compte, à vous présenter tout à l'heure. J'espère que vous ne refuserez pas, après avoir accordé, comme vous le deviez, votre attention aux discours intéressants qui viennent d'être prononcés, d'accueillir les vœux de personnes ayant payé leurs cartes de congressistes et ayant fait de très longs voyages pour venir ici. *(Tumulte et conversations particulières.)*

Mme Bogelot, *présidente d'honneur*. — Un peu de patience et de politesse, je vous en prie ! Nous devons continuer ce Congrès, qui ne durera plus que quelques instants, avec la belle tenue qu'il a eue depuis le premier jour.

Mme Oddo Deflou, *secrétaire générale*. — En ma qualité de secrétaire, je propose qu'on vote par assis et levé, toutes les fois qu'un résultat est douteux. Nous ne pouvons pas dire qu'un vœu est voté à peu près.

M. Louis Marin. — Je voudrais, Mesdames, profiter de ma présence au Congrès, puisque nous avons la permission d'y assister, pour vous soumettre une idée d'expérience quotidienne. Je vois tous les jours que, lorsque des vœux sont présentés aux Chambres, même s'ils renferment des observations très ingénieuses, ils peuvent, certes, être utilisés par les uns ou les autres d'entre nous, mais que le Parlement lui-même n'est amené à les prendre vraiment en considération que s'ils correspondent déjà à un certain mouvement de l'opinion publique. Je crois donc qu'un vœu comme celui de Mme de Ferrer gagnerait plutôt à être soumis encore aux études, aux critiques des Congrès, des journaux, de l'opinion, mais que, présenté au Parlement, il ferait tort peut-être à d'autres vœux très précis, urgents, soutenus dès aujourd'hui par l'opinion, et qu'en tout cas, il n'aurait devant les Chambres probablement pas de succès à l'heure actuelle.

M. Valabrègue. — On ne peut pas subordonner les travaux d'un congrès aux habitudes parlementaires. Les congrès sont absolument libres de travailler comme ils l'entendent et, surtout au Parlement, on ne nous donne pas toujours l'exemple d'un excellent travail.

M. Louis Marin. — Je pense que la plupart d'entre vous, Mesdames, n'ont pas supposé un seul instant que je voulais entraver la marche du Congrès ; j'ai cru trouver, au contraire, l'occasion de vous donner un conseil d'une utilité pratique évidente ; notre devoir, à nous, parlementaires, est, non pas d'apporter ici des approbations générales, mais quand notre conscience nous dit qu'il y a un bon conseil à donner, de le donner tout simplement.

Mme Oddo Deflou, *secrétaire générale*. — Je réponds à M. Marin. Nous ne différons que sur une question de forme. Il n'y a point de doute sur l'idée de Mme de Ferrer, qui est d'établir pour les femmes une compensation du service militaire. Nous pouvons donc voter sur l'idée, et le reste, étant donné que nous ne sommes pas un parlement, est une affaire accessoire que nous pouvons et devons négliger.

(Après vote, le vœu de Mme de Ferrer est adopté.)

Mme de Maguerie. — Nous demandons la mise à l'étude du projet avec la prise en considération, attendu que beaucoup d'entre nous n'ont pas voté parce que cette condition faisait défaut. *(Applaudissements.)*

Mme Hubertine Auclert, *secrétaire générale de la société « Le suffrage des femmes »*. (L'apparition de l'oratrice à la tribune est saluée par des applaudissements chaleureux et prolongés.) — L'accueil que vous me faites me prouve que vous êtes d'avis que le suffrage des femmes reste chez nous la question féminine par excellence. Nous pourrions adopter le vœu que je vais vous proposer pour nous aider à amener les députés à partager notre opinion sur cette question. Pour cela, il faut les intéresser à la chose. Nous avons fait beaucoup dans ce but, mais inutilement. Depuis des années, nous présentons des pétitions aux Chambres; elles sont mises au panier. Enfin, nous étions parvenues, l'année dernière, à faire émettre un vœu par le conseil général de la Seine en faveur de l'électorat des femmes aux assemblées locales. Nous espérions que le Parlement allait le ratifier ; il n'a pas voulu entendre de cette oreille. Comme, depuis longtemps, nous nous bornions à des manifestations tout à fait légales, nous nous sommes dit qu'il fallait agir comme les hommes. Vous savez que, pour obtenir le suffrage, les hommes ont fait des barricades. Eh bien, nous, les femmes — un certain nombre de femmes, pas assez nombreuses, malheureusement, mais des femmes déterminées — nous sommes allées, le 3 mai, jour des élections municipales, manifester dans les sections électorales, et nous sommes parvenues, après beaucoup d'efforts, à bousculer des urnes, et même à en renverser. *(Applaudissements.)*

Les hommes qui étaient là, auprès des urnes, ont été stupéfaits. Finalement, nous avons été arrêtées et conduites au commissariat de police ; le commissaire nous reçut en me disant, à moi : « Mais je vous suis depuis très longtemps, et je partage toutes vos idées ! »

Enfin, nous avons été conduites devant la police correctionnelle. Les juges ont été doux, et ils avaient le sourire aux lèvres pendant que nous leur disions que c'était à notre grand regret que nous avions usé de ce moyen violent, mais que c'était tout simplement pour protester contre notre exclusion du droit électoral.

Ayant fait tout cela, Mesdames et Messieurs, et n'ayant pas obtenu que nos législateurs daignent s'occuper de nos intérêts, je vais vous proposer un vœu pour les déterminer à nous suivre dans cette voie, en liant leurs intérêts aux nôtres. Vous savez comment sont réglées les élections : elles se font d'après le nombre des habitants, et non d'après le nombre des électeurs. Ceci est très injuste. Le jour où ce ne seront que les électeurs qui compteront, et non pas les habitants, les députés seront intéressés à nous faire voter. Aujourd'hui, en nous faisant voter, ils n'obtiennent pas un siège législatif de plus, et ils se créent des solliciteurs de plus, car quel est le rôle des députés en ce moment ? C'est surtout de chercher des situations sociales pour leurs électeurs ; s'ils acceptaient notre électorat, ils doubleraient le nombre de leurs clients. Les députés auraient intérêt à nous faire compter, si mon vœu était réalisé, car alors, si nous ne comptions pas, le nombre de leurs sièges au Parlement serait diminué de moitié. Il faut 100.000 habitants pour créer un siège législatif ; or, sur ces 100.000 habitants, il y a plus de 50.000 femmes. Je vais donc présenter mon vœu :

Considérant qu'il est anormal que les femmes non représentées au Parlement contribuent à créer les sièges législatifs, le Congrès émet le vœu : Qu'aussi longtemps que les femmes seront privées de leurs droits politiques, ce ne soit point le nombre des habitants, mais seulement le nombre des électeurs, qui soit pris pour base de l'élection des députés.

Mme Marguerite Durand, *vice-présidente.* — Voulez-vous permettre un mot à côté du Congrès ? Après avoir félicité les suffragettes anglaises, je crois que le Congrès, réuni ici, pourrait adresser quelques félicitations à celles qui, en France, n'ont jamais cessé de combattre et, parmi elles, en première ligne, à Mme Hubertine Auclert.

(Applaudissements.)

M. Abensour, *licencié ès lettres :*

LE SUFFRAGE POLITIQUE DES FEMMES dans l'ancienne France.

Mesdames,

Messieurs,

Les femmes ont eu, dans le passé, des droits politiques. C'est là un fait que trop de gens, aujourd'hui, ignorent ou feignent d'ignorer et qu'il est de l'intérêt de la cause féministe de proclamer bien haut.

En effet, Mesdames, il ne vous sera pas inutile de savoir que ces droits que vous venez aujourd'hui courageusement réclamer, vos aïeules les possédaient. Vos convictions féministes n'en pourront qu'être affermies. Il faut que nos adversaires, dont beaucoup se disent républicains, voire même socialistes, se rendent compte que l'égalité politique de l'homme et de la femme, dont ils ne veulent pas entendre parler, la monarchie de Juillet, la Restauration, l'ancien régime même l'admettaient dans une certaine mesure. Il est bon, enfin, que les gouvernants, lorsque, suivant leur promesse, ils promulgueront une loi relative au suffrage des femmes, aient conscience qu'ils ne font pas une œuvre absolument révolutionnaire, qu'ils puissent, en un mot, invoquer des précédents.

Les droits politiques des femmes sont, en effet, Mesdames, tout à fait dans les traditions de la vieille France. Nous nous en rendrons bien compte en examinant quelle était, au moyen âge, la condition de la femme et particulièrement de la femme noble, la seule qui eût réellement de l'importance dans la société de cette époque.

Vous savez, Mesdames et Messieurs, que, pendant tout le moyen âge, les titres, les dignités, les fonctions ne sont pas attachés à la personne humaine, mais à la terre. Est noble qui possède une terre noble. C'est le fief qui est la base de tous les droits civils et politiques. Or, le fief, comme toute propriété, est transmissible par héritage et ce, selon une coutume qui s'est très vite établie sans distinction de sexe. Lorsque le possesseur d'un fief meurt sans laisser d'héritier mâle (c'est un cas que les nombreuses guerres rendirent très fréquent), sa descendance féminine a tous les droits sur le fief. Etant propriétaire du fief, la femme doit nécessairement posséder les droits civils et politiques qui y sont attachés. C'est bien là, vous le voyez, un régime de parfaite égalité des deux sexes.

Aussi voyons-nous, au moyen âge, des femmes porter tous les titres féodaux ; posséder, tout comme les hommes, le droit de battre monnaie, de faire les lois et, naturellement aussi, de les appliquer. Non seulement une femme a, comme tout seigneur féodal, le droit de rendre la justice dans ses propres domaines, mais encore, car c'est là une aide féodale à laquelle la femme, pas plus que l'homme, ne peut se soustraire, elle est tenue d'assister aux procès importants qui se jugent à la cour de son suzerain. Lorsque ce suzerain immédiat est le roi de France, la femme qui possède un domaine relevant directement de lui, sera pair de France et, comme telle, jouira de toutes les prérogatives attachées à ce titre. Elle sera membre de la cour des pairs où, sous forme de procès, s'agitent souvent les plus hauts intérêts politiques du royaume. Elle aura le droit de ratifier, pour ainsi dire, l'avènement du roi en assistant à son sacre.

L'exemple classique de la femme portant le titre de pair de France et exerçant tous les droits attachés à ce titre est la fameuse Mahaut, comtesse d'Artois, qui, en 1315, siégea à la cour des pairs dans un procès fait à son neveu Robert d'Artois et, assistant au sacre de Philippe le Long, soutint la couronne sur sa tête. C'est l'exemple de Mahaut qui est de beaucoup le plus célèbre ; mais on pourrait citer un grand nombre de femmes qui furent dans le même cas.

Bien plus, les obligations féodales s'étendant jusqu'au service militaire, la femme possesseur d'un fief peut lever elle-même des armées et en prendre le commandement. Il faut dire qu'en fait —

et c'est là un sentiment que sans doute, Mesdames, vous partagez — elles ne tinrent pas beaucoup à exercer cette prérogative et se firent, la plupart du temps, remplacer.

Pour les simples bourgeoises, leurs droits étaient naturellement beaucoup moins étendus. Mais, dans la plupart des pays, elles étaient tenues, tout comme les hommes, d'assister aux assemblées des communes (sortes d'assemblées municipales) et de signer avec eux le procès-verbal des délibérations. Dans certains pays, la masse des femmes ne jouissait pas de ce droit. Mais on trouvait toujours des femmes dans les assemblées, les veuves à titre de chefs de famille, les marchandes à titre de notables.

D'ailleurs, à partir du moment où la puissance des possesseurs de fiefs et celle des communes s'absorbent dans le pouvoir royal grandissant, les droits féodaux des femmes, tout comme ceux des hommes, tombent peu à peu en désuétude.

Une circonstance particulièrement défavorable aux femmes fut le triomphe, dans le royaume de France, de la prétendue loi salique (je dis prétendue car vous savez, Mesdames, que la loi salique n'est qu'une invention des conseillers de Philippe le Bel), triomphe favorable aux intérêts de la royauté et, il faut bien le dire, à ceux mêmes de la France.

Cependant, même sous le régime de la monarchie la plus absolue, au XVIIe et au XVIIIe siècle, on reconnaît encore aux femmes certaines capacités politiques. Il est presque inutile de rappeler, tant le fait est connu, que, pendant la minorité d'un roi, les reines régentes avaient en fait les pouvoirs d'un souverain. Mais, et ceci est beaucoup moins connu, certaines femmes reçurent alors des fonctions ou des dignités très importantes. La marquise de Guébriant fut, sous Louis XIII, ambassadeur de France en Pologne ; Henriette d'Angleterre fut chargée d'une mission diplomatique à la cour de Charles II ; enfin, la duchesse d'Aiguillon, pour avoir rendu d'importants services au cardinal de Richelieu, fut nommée pair de France.

J'ai cité là des exceptions, et nos adversaires auraient beau jeu à dire que l'exception confirme la règle. Mais ce qui ne constitue plus une exception, c'est qu'il y eut toujours une certaine catégorie de femmes possédant l'électorat aux Etats-Généraux. En 1614, comme en 1789, les femmes possédant un fief en propre et les membres des communautés religieuses jouèrent le même rôle que les hommes. Elles votaient soit par procuration, soit directement et, dit M. Aulard dans son *Histoire de la Révolution*, « il arriva qu'aux Etats-Généraux de 1789, des députés de la noblesse et du clergé durent leur élection à des voix féminines ».

La Révolution de 1789 qui proclama l'égalité de tous les hommes oublia, dans sa magnifique déclaration des droits, une moitié du genre humain. Loin de songer à étendre les droits que possédaient les femmes avant elle, elle les supprima complètement. Elle n'admit même pas que les femmes protestassent contre une telle injustice et Olympe de Gouges (saluez en elle, Mesdames, la première des féministes), qui avait courageusement opposé à la déclaration des droits de l'homme une déclaration des droits de la femme, porta, en 1793, sa tête sur l'échafaud.

Sous l'Empire, les femmes n'ont aucun droit politique, aucune vélléité de les réclamer.

La Restauration et la monarchie de Juillet furent plus libérales et, sous ces deux régimes politiques, les femmes jouissent en fait, bien qu'indirectement, des droits politiques. En effet, le régime électoral de cette époque, dit régime censitaire, était basé uniquement sur la richesse. Tout individu payant 100 francs de contributions directes est électeur. Parmi ceux qui payent 100 francs de contributions directes, il se trouve des femmes aussi bien que des hommes. Il est donc juste qu'elles jouissent des droits politiques. Mais, à cette époque, il n'est plus dans les mœurs de laisser les femmes voter directement. Voici donc comment l'on procède Si la femme payant le chiffre voulu de contributions est mariée, elle peut, au cas où son mari n'aurait pas, de par sa situation de fortune, le droit d'être électeur, faire passer à son mari son droit électoral. Si elle est veuve, elle pourra transmettre ce droit à son fils, son petit-fils ou son gendre, lequel sera, en quelque sorte, son fondé de pouvoir. Ces droits politiques étaient, vous le voyez, bien restreints, ils étaient accordés à la femme d'une façon bien détournée. Mais enfin, c'étaient des droits politiques et la femme n'en a jamais possédé autant sous le régime du suffrage universel (entendez le suffrage demi-universel).

Une voix autorisée vous a dit tout à l'heure les droits de la femme héritière des institutions de 1789. Je crois vous avoir montré que ses titres remontent plus haut. qu'elle doit jouir des droits politiques comme héritière des institutions de l'ancienne France et viens, en conséquence, déposer à cette tribune le vœu suivant : Qu'il soit déposé à la Chambre des députés une proposition de loi accordant aux femmes le suffrage universel.

Mme Marya Cheliga, *déléguée des « Foyers pacifistes » :*

LE SUFFRAGE POLITIQUE DES FEMMES à l'étranger.

La question du suffrage des femmes paraît, aux yeux de la majorité, comme quelque chose d'extravagant, d'audacieux et de dangereux à la fois. Or, il m'a semblé intéressant d'étudier consciencieusement et sans parti pris l'effet et le résultat du vote accordé aux femmes dans les pays où fleurit l'égalité. Car, bien que cela nous semble ici presque chimérique, ils existent ces Etats qui accordent avec la même confiance le bulletin de vote à l'ouvrier qu'à l'ouvrière, à l'instituteur qu'à l'institutrice, au commerçant qu'à la commerçante. en vertu de ce principe qu'au point de vue électoral, ils se valent les uns les autres. Il y a donc à l'heure actuelle, en Amérique, quatre Etats où le suffrage est vraiment universel ; il y a l'Australie entière, sauf l'Etat de Victoria et, plus près de nous, il y a le suffrage des femmes en Finlande et le suffrage restreint en Norvège, et le droit de vote municipal en Angleterre et en Suède. Le champ d'observation me paraît suffisamment vaste et les exemples assez multiples pour pouvoir obtenir quelques conclusions appuyées par l'expérience. Il ne s'agit plus de théorie, mais de faits.

Commençons par l'Amérique. A Paris, on connaît surtout la légendaire Américaine milliardaire, entichée de noblesse, qui se marie avec un prince plus ou moins ruiné et devient ainsi Française, grâce à la belle loi que nous connaissons et qui oblige la femme à perdre sa nationalité en se mariant. Mais il y a, en Amérique, d'autres Américaines, justement celles qui votent ou luttent pour obtenir le suffrage total, qui s'occupent très activement de la vie sociale, et qui y jouent un rôle prépondérant. Ces Américaines sont légion. J'invoque le témoignage de deux personnes connues de tous, dont le nom vous garantira la véracité incontestable ; le premier est celui d'une femme très prudente, très pondérée dans son jugement, écrivain modéré dans ses convictions et qui fût gagnée au féminisme à la suite de ses voyages à l'étranger ; j'ai nommé Mme Bentzon, chevalière de la Légion d'honneur, qui vient de mourir, regrettée sincèrement. Elle a vu de ses propres yeux combien la femme américaine libre, respectée, indépendante, a su devenir la bonne déesse de sa patrie qui lui doit en grande partie son évolution morale et intellectuelle, et le grand développement de toutes les œuvres d'éducation. Le second témoin, M. d'Estournelles de Constant, l'homme éminent que nous connaissons tous, nous a dit récemment, à une réunion pacifiste des sociétés féminines sous les auspices du Conseil national français, à l'endroit même où nous tenons nos assises, avec quelle sincère admiration il a vu les femmes américaines à l'œuvre comme éducatrices, comme philanthropes, comme protagonistes de toutes les bonnes causes, comme inspiratrices et en même temps exécutrices d'une foule de choses utiles, bonnes, excellentes, altruistes, d'une haute importance sociale et d'une valeur morale incontestable. Et toute l'activité de la femme qui vote, comme de celle qui demande encore ce droit, se manifeste toujours de la même façon : par le souci constant de ce qui concerne la question de l'éducation, et par le combat acharné livré à l'alcoolisme.

Et, chose curieuse, nous retrouvons la même tendance chez la femme électrice et éligible en Australie. Elle a obtenu là ce droit d'une façon peu commune, et qui mérite d'être signalée. En 1894, le Parlement sud-australien devait adopter la loi relative au suffrage des femmes. Les ennemis de cette loi voulurent faire échouer le projet en proposant un amendement rendant aussi les femmes éligibles au Parlement. Quelle ne fut pas leur surprise lorsque la Chambre, entraînée par la conviction sincère de M. Kingston, féministe ardent, accepta l'amendement ! Et depuis, le Parlement fédéral donna aux femmes le droit de suffrage entier, l'éligibilité au Parlement et aux charges publiques. En 1902, le bill du suffrage fut adopté par la Nouvelle-Galles du Sud, en 1903 par la Tasmanie, et en 1905 par le Queensland.

« Le premier effet du suffrage accordé aux femmes s'est fait sentir en matière d'éducation », écrit un témoin éclairé et impartial dans les *Documents du Progrès*, sous la signature de Vida Goldstein. « Dès le moment où les femmes ont une responsabilité politique, elles cherchent à se rendre dignes de cette responsabilité en travaillant en commun au progrès de l'éducation ».

Voici encore un tableau intéressant de cette vie nouvelle, que nous fait le même auteur :

« Avant que la loi leur fût accordée, les seules femmes qui manifestaient publiquement leur opinion sur les affaires de l'Etat étaient les quelques enthousiastes qui organisaient le mouvement en faveur du suffrage féminin. Maintenant il y a, partout où cela a été possible, des ligues politiques féminines ; et les femmes qui consacrent le plus de temps et d'argent à l'organisation politique sont précisément celles qui, avant la loi, déclaraient que les femmes n'ont pas le temps de s'occuper de politique et que, d'ailleurs, la politique est une occupation *dégradante*. Mais, à présent, elles trouvent qu'elles ont le temps nécessaire pour s'en occuper, parce qu'elles donnent moins de temps aux futilités et parce qu'elles ont compris que la politique, au lieu d'avoir une influence dégradante, donne, au contraire, aux femmes une vision plus large de la vie et touche au bien-être de leur maison et de leurs enfants de beaucoup plus près qu'elles ne pouvaient le supposer ».

Il y a une objection que l'on sert régulièrement, surtout sous la forme d'une plaisanterie, toujours la même, lorsqu'il s'agit d'un droit ou d'une carrière libérale pour les femmes. Et votre enfant ? crie-t-on à la femme candidate au Conseil municipal, à l'avocate, à la doctoresse, qui soignera votre enfant pendant que vous allez siéger, ou plaider, ou visiter des malades ? Mais pourquoi n'a-t-on jamais eu l'idée de poser la même question, par exemple, aux marchandes des quatre-saisons qui traînent de lourdes voitures à travers les rues de Paris, tout le long de l'année, aussi bien l'hiver que l'été, exposées à perdre leur santé, leur grâce féminine, pour gagner juste de quoi vivre ? Ah ! on ne s'apitoie jamais sur celles-là, on ne récrimine pas contre leur prétention à l'affranchissement par le travail, on ne dessine pas leurs enfants rôdant autour de la boîte du chiffonnier ; on réserve sa sollicitude pour démontrer combien il serait onéreux pour la femme députée d'être admise à siéger quelques heures par jour à la Chambre et à gagner honorablement ses 15.000 francs par an, comme ses collègues masculins. De même, on ne s'étonne pas de voir la femme mondaine courir d'une réception à une autre, dans tous les salons, aller à tous les spectacles, dans tous les endroits à la mode ; mais on protestait vivement au nom de la morale lorsque la femme étudiait pour devenir médecin ou avocate, ou lorsqu'elle demande le bulletin de vote afin de ne pas rester, avec les criminels et les fous, en dehors de la vie sociale et politique de sa patrie.

Or, l'expérience faite en Amérique et en Australie a montré combien tous ces arguments invoqués contre le vote des femmes furent vains. La femme électrice et éligible n'a pas abandonné le foyer mais, au contraire, elle y a ramené son mari, le père de ses enfants, en combattant l'alcoolisme, en surveillant l'école, en s'occupant de l'assainissement moral et matériel de son pays. Et ce qui est intéressant à noter, c'est que la même presse qui s'était opposée avec force arguments bien connus au vote des femmes en Australie, prédisant les pires catastrophes et des désastres incalculables à cet état nouveau des choses, ne néglige pas maintenant, en toute occasion, de proclamer en faveur des femmes que « les droits de tout citoyen sont sacrés » et que « la stabilité du foyer et de l'Etat dépend du sage exercice de ce droit précieux, le droit de vote pour tout citoyen ».

Donc, voilà ce qui est acquis, en Amérique et en Australie, comme résultat du vote féminin : législation antialcoolique en premier lieu, ce qui est d'une importance capitale, car l'alcoolisme est la source de presque tous les fléaux dont souffre l'humanité, y compris la série rouge des crimes, la folie héréditaire et la tuberculose. Ensuite, les femmes électeurs tiennent beaucoup à ne pas donner leur voix à n'importe quel candidat ; elles attachent aux qualités morales de celui qui doit représenter un parti une grande importance ; elles tiennent à sa moralité, aussi bien en ce qui concerne le domaine public qu'en ce qui touche à sa vie privée. A la suite de cette tendance nettement accusée, les candidats plus ou moins tarés furent éliminés et le vote des femmes a sensiblement élevé la valeur morale, l'intégrité de l'ensemble des élus.

Je crois que ce fait mérite d'être signalé.

« Le vote des femmes se fait dans des conditions d'ordre inconnues jusqu'alors », racontent les témoins. Aucune scène tumultueuse, aucune hésitation. Les femmes prennent au sérieux leur devoir de citoyennes. Il y a, en Australie, des circonscriptions où l'on compte beaucoup plus, parmi les votants, de femmes que d'hommes. L'idée du devoir civique pénètre beaucoup plus profondément l'esprit d'un électeur féminin que masculin. Elles vont aux urnes électorales avec un but et, aussi bien en Amérique qu'en Australie, elles ont une action salutaire sur la vie sociale du pays, car elles ont profité de leur droit afin de faire bloc pour prohiber la vente publique de l'alcool, pour établir une législation en faveur de l'enfance et de la jeunesse, pour adopter des mesures excellentes en ce qui concerne l'hygiène et le bien-être général. On est donc en droit d'affirmer que le vote des femmes sert positivement à améliorer la vie sociale d'un pays.

Je voudrais, sans dépasser beaucoup les dix minutes réglementaires, dire encore quelques mots sur les pays européens où les femmes ont le droit de vote. En Finlande, les femmes obtinrent le droit de vote le 20 juillet 1906. Elles en ont profité pour élire, sur 200 députés, 19 femmes. Ces femmes ont été de véritables représentantes de leur pays. Il y avait là 7 institutrices, 2 rédacteurs en chef de journaux, 2 ouvrières, 1 paysanne, 3 bourgeoises, dont une baronne et une femme de pasteur, propagandistes intellectuelles du mouvement. Ces élections, faites avec une admirable sagesse, furent le résultat d'une excellente organisation. Dans ce petit pays où la femme, depuis longtemps, prend part à la vie sociale, tous les partis s'honorent d'avoir la participation féminine. Ainsi, le parti social-démocrate compte au nombre de ses adhérents 18.000 femmes.

La fédération sociale-démocrate des femmes a plus de 5.000 membres répartis en 200 unions locales, et la fédération des domestiques-femmes compte 30 unions locales qui ont plus de 3.000 membres. C'est pourquoi aucun vote ne s'est égaré sur un candidat ou une candidate sans valeur. Les électrices féminines connaissaient bien leurs élues et les savaient capables de remplir leur mission. Elles envoyèrent au Landtag les ouvrières pour représenter la classe ouvrière, et une domestique pour défendre les intérêts des femmes domestiques dont le sort mérite d'attirer quelque peu l'attention des législateurs. Ah! Il est vrai que certaines de ces nouvelles députées ont, surtout aux yeux d'un correspondant parisien, manqué d'élégance et de beauté. Hélas ! Des femmes à la coiffure simple, aux mains abîmées par le labeur quotidien, à la taille sans finesse, se promenaient dans les couloirs, en causant tranquillement avec leurs collègues, sans l'ombre apparente de coquetterie, sans une œillade à l'adresse des représentants de la presse mondiale. Ce fut, paraît-il, tout à fait décevant. On pourra peut-être faire observer à ce correspondant que le Landtag finlandais n'avait pas la tâche d'organiser un concours de beauté, qu'après tout la coiffure et le costume changent et que l'intelligence, même sans ornement, possède sa valeur, et aussi que des goûts et des couleurs il ne faut pas discuter, car ce qui ne plaît pas aux uns peut enchanter les autres, et je connais une négresse qui trouve tous les Parisiens horriblement laids parce qu'ils sont blancs ! Enfin, la sévère appréciation du distingué amateur de la beauté féminine n'a pas empêché que les députées finlandaises, dont neuf sont mariées, n'aient, pendant la durée de la Diète, dissoute à présent sur l'ordre du Tzar, dignement et consciencieusement rempli leur mission. Dans leur programme, nous trouvons la question d'amélioration de la situation juridique des domestiques, la réforme de la condition légale du mariage. Au point de vue de l'éducation, il y a en Finlande une telle perfection, grâce aux femmes qui se sont occupées de cette question depuis longtemps, qu'il n'y a plus grand' chose à faire. Parmi les députées, il y a une femme admirable, fondatrice des écoles mixtes, Lucina Hagmann, qui a élevé une génération d'hommes et de femmes, aujourd'hui ses fervents électeurs, et qui a mérité la reconnaissance et l'estime du pays tout entier. Et la population des bourgs et des campagnes considère les premières députées comme de nouveaux apôtres du christianisme, comme les missionnaires d'une pure doctrine qui ne vise que le bonheur universel. Et ce n'est pas un conte bleu que je vous raconte, c'est la vérité. J'ajouterai même volontiers que, parmi les élues, il y a des divisions, que les élues du parti social-démocrate se refusent à adhérer au groupe parlementaire féminin ayant pour but la défense spéciale des intérêts des femmes à la Chambre. Il y a, au Landtag finlandais, des femmes réactionnaires, libérales et socialistes, tout comme parmi les hommes, mais il n'y en a pas une seule qui ne s'intéresse à toutes les questions qui touchent leur patrie, et lorsqu'il s'agit d'une loi bonne et humanitaire, on peut compter sur l'appui des voix féminines.

Des déléguées spéciales vous ont dit des détails intéressants, quant au suffrage des femmes encore non réalisé en Angleterre et en Suède (1). Je m'efface avec plaisir pour leur faire place. Mais je tiens à ajouter un mot sur le résultat moral et matériel de l'introduction des femmes dans les conseils municipaux en Angleterre. Il fut excellent puisque les femmes, avec leur entendement de l'administration, ont arrêté le gaspillage des fonds dans les établissements charitables et y ont apporté un adoucissement remarquable dans le régime appliqué aux pauvres, aux orphelins, aux enfants abandonnés, aux prisonniers, en un mot, à l'humanité souffrante. Les pauvres, avant l'entrée des femmes comme conseillères, furent traités à Londres comme des criminels, avec une dureté incroyable et inconnue dans les pays latins. Les femmes ont heureusement introduit dans ce régime un peu de compassion et de bonté. C'est un résultat appréciable, je pense.

Pour les suffragettes qui sont allées en prison par principe, leur court passage dans les prisons a laissé aussi, comme souvenir durable, l'amélioration du sort des prisonniers. Traitées comme des prisonnières de droit commun, les propagandistes ont observé et noté des lacunes et des abus et, après leur sortie de la prison, elles ont obtenu le changement notable de l'impitoyable régime. N'est-ce pas là un beau trait du cœur et de l'esprit féminin, et ne doit-on pas leur pardonner d'avoir bousculé un peu quelques solides gars de la police qui ne voulaient pas les arrêter et les conduire en prison ? D'ailleurs, chaque pays a ses usages et ses moyens d'agir. Les suffragettes anglaises ont eu ou auront devant vous trois excellentes interprètes dont une, Mme Bourdin, a assisté, en qualité de déléguée française de la Société internationale des Suffragettes, récemment fondée à Paris, à la grande manifestation du 21 juin, et elle vous en dira les péripéties. Vous avez eu aussi le rapport présenté par Mrs Rigby, la plus dévouée des suffragettes, qui vous a dit toute la vaillance de cette admirable propagande de sa Société. Mais, avant de finir ce bref résumé de l'action sociale des femmes qui votent à l'étranger, je crois utile d'insister sur ce point : que la femme électeur et éligible a démontré partout où elle a la liberté d'exercer ses droits qu'elle en use pour le bien de sa patrie, qu'elle s'occupe de bien élever les enfants de son pays,

(1) Voir, à l'Appendice, le rapport de Mme Anna Whitlock : *Le Mouvement pour le suffrage des femmes, en Suède.*

d'éliminer tout élément de corruption sociale et d'élever le principe de la morale. Cette constatation me donne l'espoir que le Congrès voudra bien accepter le vœu suivant :

Considérant que le vote des femmes ne peut qu'augmenter le bien-être moral et matériel de la patrie, le Congrès émet le vœu que les femmes, qui ont dans l'Etat les mêmes intérêts que les hommes, puissent avoir les mêmes droits civiques de vote et d'éligibilité.

(Adopté à l'unanimité.)

Mme Marie-Rose Bourdin, *déléguée de la « Société néosophique » :*

VOTES FOR WOMEN

Impressions d'une Française à Londres, le 21 juin.

Une manifestation grandiose, unique en son genre, a eu lieu, le 21 juin dernier, à Londres : 400.000 femmes, unies dans une même pensée, pour obtenir le droit au suffrage, se rendaient, par différentes voies, en sept processions, au lieu du meeting, sur l'immense pelouse de Hyde Park.

Précédées de musiciens, protégées par la police remarquable par son respect pour le sexe dit faible, ces 400.000 femmes, toutes vêtues de blanc, portant en écharpe les rubans aux couleurs verte, blanche, bleue, marchaient enthousiastes, traversant, avec leurs bannières, les principales rues de Londres.

Partout, pour les voir passer, la foule est immense, toujours respectueuse, souvent enthousiaste.

Dans le quartier riche, les balcons sont garnis de dames qui portent à leur corsage le petit médaillon blanc, insigne du *Votes for women* ; elles saluent, agitent leurs mouchoirs à notre passage lorsqu'elles aperçoivent le ruban tricolore épinglé à nos corsages et notre bannière sur laquelle est écrit en français : « La femme doit voter la loi qu'elle subit ». Elles crient : « France, France, vive France ! » Nous sommes souvent obligées de répondre à ces saluts, de tendre la main aux mains qui se tendent vers nous.

Ainsi entourées, nous arrivons à Hyde Park. Presque toutes les processions, composées de 25 à 30.000 femmes, arrivent en même temps par différents côtés. Le spectacle est des plus impressionnants.

Une vingtaine de plates-formes, sur lesquelles prennent place des chefs de groupes qui doivent parler. Ainsi placées, nous apercevons la foule autour de nous. Jamais on n'avait vu, sur cette immense pelouse, autant de spectateurs ; le nombre de 400.000 n'avait pas été dépassé. Pour voir, pour entendre les suffragettes, nous en comptâmes plus de 700.000. Et quelle foule ! ! foule qui respecte la femme, foule qui a le culte de l'idée, foule qui sait écouter.

Sur l'estrade où je prends place, Mrs Lawrence parle avec énergie ; elle est vivement applaudie.

L'adresse dont je suis chargée par le groupe international du Vote pour les femmes, lui est remise.

Elle la traduit :

« Les suffragettes françaises sont de cœur avec les suffragettes anglaises. Elles leur envoient leur sympathie, leurs vœux ardents pour le succès de la cause si juste qu'elles défendent si bravement ».

Cette lecture est suivie de hurrah, hip, hip, pour la France, pour la Française qui avait voyagé toute la nuit pour apporter ces vœux.

Les discours se succèdent, sur toutes les plates-formes ; les oratrices demandent le vote pour les femmes.

One, two, three !! entend-on.

Votes for women !
Votes for women !
Votes for women !

Ainsi se termine, dans ce pays de liberté, une journée qui doit rester la plus belle dans l'histoire du féminisme.

Je pense que cette dernière manifestation ébranlera le mauvais vouloir des parlementaires anglais.

Justice doit être rendue aux femmes intelligentes, courageuses, qui ont su s'organiser si fortement, bravant les préjugés, sacrifiant tout à l'idée, et qui tiennent une si grande place dans l'histoire de leur pays.

Mme Maria VÉRONE. — Mesdames, Messieurs, Mme Vincent a bien voulu me demander de vous présenter la question électorale, la question des droits électoraux, et même d'éligibilité en matière municipale. Vous m'excuserez de ne pas vous apporter un travail écrit, mais j'ai eu tellement à m'occuper de cette question ces temps derniers que je n'ai pas eu le courage d'écrire. Nous sommes, d'après la loi de 1884, sur un terrain tout à fait particulier. Tout à l'heure, en effet, à propos des droits politiques des femmes, on vous parlait des citoyens, et on disait que la femme n'était pas considérée comme citoyen et ne pouvait pas, par conséquent, avoir les droits politiques. Or, si l'on considère simplement la loi sur les communes, la plus récente, celle du 5 avril 1884, qui est en vigueur dans toute la France, sauf en partie pour Paris, — je dis en partie, mais une loi de mars 1886 la rend applicable à Paris — nous voyons que, pour être électeur ou éligible, il faut être dans un des cas dont nous parlerons tout à l'heure. Comment peut-on être inscrit sur les listes électorales, d'après la loi de 1884 ? Est-il dit qu'il faut être citoyen ? Dans cette loi, on nous parle des citoyens d'une façon tout à fait exceptionnelle.

Donc, pour être inscrit sur les listes électorales, il faut être, par exemple, inscrit à l'une des quatre contributions directes. Quelles sont-elles ? La cote personnelle et mobilière, que les femmes paient ; l'impôt des portes et fenêtres, que les femmes paient ; la patente, que les femmes paient ; les impôts fonciers, que les femmes paient.

Par conséquent, puisque nous payons dans les mêmes conditions que les hommes toutes les contributions, nous prétendons que lorsque nous sommes inscrites sur un de ces rôles, et lorsque nous sommes Françaises et que nous avons 21 ans, il n'y a, dans la loi, aucun texte qui autorise un maire à refuser l'inscription de la femme sur les listes électorales. *(Applaudissements.)*

Autre point : les habitants de la commune — car il est toujours question des habitants, et moi, je n'ai pas voté le vœu de Mme Hubertine Auclert, parce que je suis contente qu'on parle toujours des habitants quand il s'agit de nommer des conseillers municipaux et des députés — eh bien, parmi les habitants d'une commune, il y en a qui ne figurent à aucune contribution directe, mais sont tenus à la résidence obligatoire, les fonctionnaires, par exemple. Ceux-là doivent être inscrits d'office sur les listes électorales. Or, parmi les fonctionnaires astreints à une résidence obligatoire, il n'y a pas que des hommes, puisqu'actuellement, en France, il y a un certain nombre de femmes parmi les fonctionnaires. Donc, ici encore, nous avons droit au vote.

Il y a aussi la question de temps. Il faut être depuis six mois dans la commune.

Et puis, il y a une question tout à fait particulière et assez intéressante : c'est la question de la prestation en nature. Excusez-moi de faire un peu de pédantisme, mais c'est le conseil de préfecture qui m'a obligée à travailler la question des droits électoraux. Lorsqu'on est chef de famille ou d'établissement, qu'on a avec soi des membres de la famille mâles, des domestiques mâles, des voitures ou des charrettes, on est tenu de payer la prestation en nature, c'est-à-dire tant de journées de travail évaluées généralement à telle somme par tête ou par voiture. Eh bien, il ne s'agit là en effet, que des membres mâles de la famille, des domestiques mâles ; les charrettes n'ont pas de sexe, et ne peuvent être considérées ni comme mâles, ni comme femelles ! Étant donné que, d'habitude, on considère comme chef de famille un homme, quand ce sera une femme qui sera chef de famille ou directrice d'un établissement, si elle a avec elle des membres de la famille mâles, des domestiques, etc., — je ne recommence pas l'énumération — elle paiera, et la seule différence qu'il y ait, c'est qu'elle ne paiera pas pour elle-même. Les membres de la famille pour laquelle elle est inscrite iront trouver le maire et lui diront : Il y a une femme qui paie pour nous la cote de prestation ; vous allez donc nous inscrire sur la liste électorale ; mais, d'un autre côté, si la femme dit : C'est moi qui paie, on lui répondra : Puisque vous êtes femme, c'est vous qui paierez, et ce seront les hommes qui auront le droit de voter.

Eh bien, nous prétendons qu'il y a là une chose absolument illogique, absolument inadmissible, et quand on dit que tout habitant qui figure au rôle de la prestation en nature doit être nscrit sur les listes électorales, c'est la moindre des choses que nous, femmes, nous soyons inscrites si nous sommes dans ces conditions, d'autant plus, je le répète, qu'il n'y a rien dans la loi de 1884 qui s'y oppose.

Que faut-il pour être éligible? Il faut ou être inscrit sur les listes électorales ou être inscrit au rôle d'une des quatre contributions directes, c'est-à-dire que, même si vous ne vous êtes pas fait inscrire sur les listes électorales, il suffit que vous payiez dans la commune l'une des quatre contributions directes pour que vous ayez le droit, je ne dirai pas d'être candidat, mais le droit d'être élu, et considéré comme élu. Dans ces conditions, je ne vois pas encore apparaître le texte qui autorise le maire à repousser les femmes de l'éligibilité ; et cependant — je suis obligée de vous parler un peu d'un cas qui a passionné tous ceux qui se sont intéressés à la candidature d'une femme — nous avons pu voir que, dans un quartier de Paris, dans un quartier qu'on croyait être réactionnaire et rétrograde, nous avons pu voir près d'un millier de voix se porter sur une candidature féminine ; or, comme jusqu'à présent on n'a pas permis aux femmes d'être inscrites sur les listes électorales, on a bien été obligé d'avouer qu'au moins dans un quartier de Paris, il y avait environ un millier d'électeurs, c'est-à-dire un millier d'hommes, qui étaient partisans de l'éligibilité des femmes en matière municipale. *(Applaudissements.)*

Je sais bien qu'au conseil de préfecture on n'a pas voulu admettre notre thèse, et on a dit : « C'est une question de lois ; il faut que vous présentiez à nouveau la question devant le Parlement ». A cela, il y a lieu de répondre que, par exemple, M. Briand, ministre socialiste indépendant, a déclaré que, par un simple décret, par une simple lettre, il pouvait obtenir que les ouvriers figurent sur les listes du jury. Pourquoi? Parce que, dans le texte de la loi, il n'y avait absolument rien qui s'opposât à l'admission des ouvriers dans les jurys. Eh bien, nous disons, et je l'ai dit devant le conseil de préfecture : « Nous attendons un ministre assez féministe pour envoyer à tous les maires une circulaire ainsi conçue : « Puisqu'il n'y a rien dans la loi qui interdise « aux femmes de prendre part aux élections municipales, veuillez « donc, dorénavant, inscrire les femmes sur les listes électorales « en matière municipale ». *(Applaudissements.)*

Quoique nous ayons beaucoup de ministres féministes — tout au moins ils le disent — j'ai bien peur que nous attendions encore longtemps, et c'est pourquoi je crois qu'à côté de la propagande que nous faisons ici, il est bon de faire de la propagande auprès des parlementaires.

Un projet récent, le projet Dussaussoy, a été déposé sur le bureau du Parlement, tendant justement à donner aux femmes l'électorat et l'éligibilité en matière municipale. Je crois que tous nos efforts, actuellement, doivent tendre à l'adoption de cette proposition par la Chambre des députés et par le Sénat.

Ne croyez pas que je veuille en rien abdiquer mes convictions, et que je déclare que le vote politique en matière législative ne serait pas bon pour les femmes ; mais je crois que si nous voulons tout obtenir d'un seul coup, nous n'obtiendrons rien d'ici longtemps. Au contraire, en matière municipale, une active propagande a été faite, et je crois que nous pouvons dire sans nous tromper que l'opinion publique est avec nous lorsqu'il s'agit de la question municipale.

En effet, il y a différents partis politiques qui craignent les suffrages féminins. Je ne vous dis pas que je suis de leur avis, mais beaucoup de partis politiques disent : « Nous serions prêts à donner le droit de vote aux femmes si nous ne craignions une réaction ». Or, je ne suppose pas qu'en matière municipale, le vote des femmes, même s'il devait être réactionnaire, — ce qui n'est pas prouvé, d'ailleurs — fût tellement à redouter. Je ne crois pas que les conseils municipaux, même un peu plus réactionnaires qu'ils ne peuvent l'être actuellement, renverseraient la République, d'autant plus que les conseils municipaux, toujours d'après la loi de 1884, n'ont pas le droit d'émettre des vœux politiques, si bien que les conseils municipaux réactionnaires ne pourraient pas faire connaître leur avis, cela leur étant interdit.

De plus, dans certaines communes, comme on indique le nombre des conseillers municipaux, non pas d'après les électeurs mais d'après les habitants, il arrive parfois qu'on ne peut pas arriver, faute d'un nombre d'hommes électeurs et éligibles suffisant, à avoir le nombre de conseillers municipaux qui est prévu par la loi. Et alors, que fait-on ? On emprunte des conseillers municipaux aux communes voisines. Eh bien, il me semble qu'il serait beaucoup plus juste et plus pratique de nommer des femmes : elles sont parmi les habitants, parmi ceux qui paient, et ont, par conséquent, des intérêts absolument immédiats que n'ont pas des conseillers municipaux cherchés aux environs, et surtout des conseillers qui habitent pendant quelques mois dans une commune ; ceux-là, il suffit qu'ils aient les six mois de résidence voulus pour qu'obligatoirement on les nomme parce qu'on n'en a pas d'autres, tandis qu'au contraire, il y a des femmes qui sont depuis longtemps dans la commune, qui y sont nées, et qui seraient heureuses d'y défendre leurs intérêts.

Je crois donc qu'il n'y a, au point de vue politique, aucun danger ; qu'au point de vue de la justice il serait équitable de voir les femmes non seulement électrices, mais éligibles au conseil municipal, et c'est pourquoi je suppose que si nous portons tous nos efforts sur cette question, nous pourrons voir aboutir assez prochainement le projet de M. Dussaussoy.

Il n'y a qu'une toute petite chose qui empêche certains esprits de se rallier à nos désirs. On nous dit : « Mais, pourtant, il y a un très grand danger à ce que les femmes soient électrices et éligibles au conseil municipal : c'est que les conseillers municipaux nomment les délégués sénatoriaux qui composent le collège électoral en matière sénatoriale », car vous savez que les sénateurs sont élus au suffrage restreint, et bien des fois, depuis plusieurs années, on nous a dit : « Nous accorderions bien le vote politique aux femmes si nous pouvions faire, entre les femmes, une sélection ». Et la difficulté, c'était de trouver un moyen de sélectionner ; sélectionner d'après les diplômes était une chose absolument absurde : il peut y avoir des femmes diplômées très sottes, et des femmes non diplômées tout à fait intelligentes : il y a toute la catégorie des ouvrières, c'est-à-dire le plus grand nombre des femmes, qui aurait été repoussée du droit politique ; et parce que nous ne pouvions pas accepter ce mode de sélection, on en a cherché beaucoup d'autres ; on n'en a pas trouvé. En voici un tout trouvé : les femmes qui participeraient à la nomination des délégués sénatoriaux seraient les femmes élues, c'est-à-dire des femmes qui auraient déjà obtenu de leurs concitoyens, dans leurs communes, c'est-à-dire de la part des gens qui les connaissent le mieux, cette preuve d'estime, cette preuve — car je veux faire confiance aux électeurs comme aux électrices et croire qu'ils ne choisissent jamais que des gens capables de les bien représenter — qui serait non seulement une preuve d'estime, mais encore une preuve de capacité. Seules, les femmes conseillères municipales pourraient participer, d'une manière indirecte, aux élections sénatoriales au moment de la nomination des délégués sénatoriaux.

C'est la petite porte ouverte, il est vrai, vers les droits politiques que nous réclamons. Mais nous dirons aux parlementaires : « Nous faisons la campagne sur un seul point ; nous ne vous demandons, en ce moment, que l'élection municipale ; nous faisons donc une grande concession ; nous ne vous apportons pas tout notre programme. Vous nous avez dit : il faut procéder par étapes. Nous sommes d'accord avec vous. Donnez-nous les droits municipaux. Mais alors, puisque nous faisons cette grande concession, peut-être pourriez-vous faire cette petite concession d'accepter, pour les femmes, la loi de 1884 sur les communes telle qu'elle existe, c'est-à-dire le droit, pour les femmes, de participer à l'élection des délégués sénatoriaux ».

Je ne crois pas que cela marcherait plus mal que cela ne marche aujourd'hui. Je suis même persuadée qu'en matière communale, en matière budgétaire surtout, il y aurait de nombreuses réformes. Les femmes plus pratiques, plus économes le plus souvent que les hommes, — cela est reconnu par tous les maris qui confient l'argent aux femmes parce qu'ils savent qu'il sera bien mieux administré de cette façon — les femmes montreraient sur beaucoup de points les mêmes qualités, et en matière de budget elles seraient beaucoup plus économes ; elles compteraient mieux, et peut-être alors les adjudicataires et ceux qui passent des marchés seraient-ils mécontents, mais les contribuables, par exemple, verraient peut-être diminuer leurs contributions, et je suis persuadée qu'ils en seraient tout à fait satisfaits.

(Applaudissements).

Je vous propose donc, comme résolution pratique, de déclarer que le Congrès est d'avis de porter actuellement toutes les forces de propagande sur la question municipale électorale et l'éligibilité pour les femmes en matière municipale, conformément aux lois existantes. Il invite, par conséquent, le Parlement à voter dans le plus bref délai possible le projet Dussaussoy qui nous donne entière satisfaction. *(Vifs applaudissements.)*

Mme Oddo Deflou, *secrétaire générale*. — Bien loin de combattre Mme Maria Vérone dans ses idées, je vais m'associer à elle, et je suis sûre qu'elle s'associera à moi par réciprocité. Je crois que tous les groupes féministes et tous les féministes intelligents et intelligentes seront d'accord sur ce point : afin que des réformes acceptables ne soient pas remises aux calendes grecques, sur le terrain politique des élections, il serait adroit et opportun de nous en tenir purement et simplement à la proposition Dussaussoy telle qu'elle est. A défaut de M. Dussaussoy absent, nous avons un télégramme de M. Buisson, rapporteur de la proposition. Quand je vous en aurai donné lecture, vous voudrez bien, je pense, voter le vœu que je vais proposer, et qui sera la clôture presque immédiate du Congrès. Nous aurons ensuite, sous la rubrique « Vœux divers », quelques vœux qui, en général, ne se rapportent pas directement aux questions traitées, pour lesquels nous vous demanderons dix minutes de patience et de silence, et tout sera terminé. Voici la dépêche de M. Buisson :

« Au moment de prendre le train, j'apprends que j'ai été inscrit pour la séance d'aujourd'hui, au Congrès, sur le projet Dussaussoy. Je dois passer la journée à Doullens, pour une fête où je représenterai le 13e arrondissement. Il me sera donc impossible de me rendre au Congrès. Mais je n'ai pas besoin de vous dire que je suis toujours à la disposition de tous les groupes féministes, soit pour la question du suffrage, soit pour toutes celles qui peuvent intéresser les droits civils et civiques de la femme. Sur le projet Dussaussoy, je pourrai présenter mon rapport dès qu'il paraîtra désirable dans l'intérêt de la cause. Il me semble que le moment le plus propice serait le jour même de la rentrée, époque de la reprise du travail parlementaire et des discussions dans la presse. Veuillez agréer, etc. »

Voici la résolution que je propose :

Le Congrès national des Droits civils et du Suffrage des femmes, réuni le 28 juin à l'Hôtel des sociétés savantes, remercie M. le député Buisson des excellentes intentions qu'exprime son télégramme, et le prie à l'unanimité de déposer au plus tôt son rapport sur la proposition Dussaussoy.

Mme Maria Vérone. — Il faut demander l'électorat et l'éligibilité.

M. Louis Marin. — Je m'excuse de prendre la parole après le discours si lumineux et si parfait de Mme Maria Vérone, et je m'excuse d'autant plus de le faire qu'il ne s'agit en apparence que d'un détail de procédure, mais qui pratiquement est très important.

Vous allez adresser un vœu à M. Buisson, rapporteur de la Commission du suffrage universel, mais cette commission comprend vingt-deux membres, et M. Buisson devra soumettre son rapport à l'avis favorable de ces vingt-deux membres de la Commission. Que diront ceux-ci ?... Je puis, à ce sujet, vous faire une confidence tout à fait confidentielle, certain que vous ne la répéterez pas. Sur ces vingt-deux membres, quelques-uns sont très favorables à la proposition Dussaussoy, et quelques-uns en sont des adversaires résolus ; mais la majorité, d'après du moins des conversations personnelles, ne paraît pas avoir une opinion définitive. Comme leurs noms sont connus et appartiennent à l'action de tout le monde, je crois qu'il serait excellent d'adresser le vœu à chacun des membres de la Commission, nominativement.

Sans doute, l'action sur la Commission n'est qu'un prélude à l'action sur la Chambre, mais il faut considérer le triomphe à la Commission et le dépôt d'un rapport favorable comme un véritable succès. D'abord, parce que c'est un signe très favorable et que la Chambre a, la plupart du temps, la tendance à suivre l'avis de ses commissions, mais aussi parce qu'un projet étant rapporté, au lieu d'être caduc s'il n'est pas voté avant la fin de la législature, fait place au rapport qui peut être aussitôt repris et mis en discussion au début des législatures suivantes.

Mme Oddo Deflou, *secrétaire générale*. — Nous pouvons faire les deux choses. Que M. Marin veuille bien rédiger le vœu qu'il nous propose d'adresser aux membres de la Commission, mais que, néanmoins, nous adressions à M. Buisson, par le canal de la secrétaire ou de qui vous voudrez, la prière de déposer son rapport. Est-ce que M. Marin voit un inconvénient à suivre ce procédé ?

M. Louis Marin. — Pas du tout, au contraire. Vous pouvez faire les deux adresses, mais je vous signale comme très utile l'envoi du texte à chacun des membres de la Commission (1).

Mme Oddo Deflou, *secrétaire générale*. — Puisque M. Buisson s'occupe de nous et travaille pour nous, il semble naturel que nous nous adressions à lui. Nous allons donc voter sur la question ainsi posée. (Adopté à l'unanimité.)

Mme Vincent, *présidente*. — Je remercie M. Marin de l'excellent concours qu'il nous a donné.

M. Louis Marin. — Je vous demande pardon d'avoir été amené à vous donner des conseils, mais l'expérience me montre tous les jours combien les questions de tactique parlementaire influent sur le succès des réformes.

(1) Dès l'issue du Congrès, l'adresse de M. Louis Marin ainsi formulée : « Le Congrès émet le vœu que la Commission du suffrage universel rapporte au plus tôt et dans ses termes la proposition Dussaussoy » a été envoyée, par les soins de la secrétaire générale, à chacun des vingt-deux membres de la Commission.

VŒUX DIVERS

Mme Oddo Deflou, *secrétaire générale.* — Nationalité de la femme. Au moment où cette question a été discutée, vous avez manifesté une grande sympathie pour le vœu de Mme Slatoff, et je crois que le fait de l'approuver n'est qu'une question de forme. Cependant, je le mets aux voix. Il est ainsi conçu :

Le Congrès émet le vœu qu'une Française mariée à un étranger recouvre sa nationalité de plein droit et sans frais, en cas de divorce, à moins qu'elle ne manifeste sa volonté de rester étrangère.

(Adopté à l'unanimité.)

M. Alfred Valensi, docteur en droit, avocat au barreau de Tunis, nous a priées de vous soumettre un vœu. Nous ne pouvons pas entrer dans des explications qui seraient trop longues, mais enfin le voici, formulé à peu près tel qu'il est :

« Le Congrès émet le vœu qu'il soit créé, pour le père et la mère, un délit d'abandon de famille ».

Mme Vérone fait observer qu'il existe des pénalités pour le cas qu'envisage M. Valensi.

(Le vœu n'est pas mis aux voix.)

Mme Oddo Deflou, *secrétaire générale.* — Vœu de Mme Ranvaud, trésorière du Groupe français d'études féministes :

Le Congrès émet le vœu que le conseil municipal de Paris mette à la disposition de tous les groupes féministes l'une des salles de chaque mairie pour leurs réunions habituelles.

Une Congressiste, *interrompant.* — Mais on n'a qu'à le demander.

Mme Oddo Deflou, *secrétaire générale.* — Permettez-moi de vous mettre en garde contre ces affirmations si téméraires. Cela dépend du maire. Veuillez me laisser lire le vœu tel qu'il est, et vous demander de le voter de même.

Mme Vincent, *présidente.* — Ce n'est pas régulier.

Mme Oddo Deflou, *secrétaire générale.* — Nous avons la rubrique : Vœux divers. C'est justement de ces vœux-là qu'il s'agit.

Suite du vœu : *Les féministes estiment qu'elles ont les plus grands droits à ce local communal, dont elles fournissent, par leurs impôts, la part de dépenses qu'il entraîne, et qu'il est de toute équité de leur en donner l'entrée libre et gratuite.*

« Le Congrès espère que la municipalité voudra bien entendre cet appel si juste et si simple, en les autorisant à venir y échanger et discuter leurs idées, sans y être dérangées, ni suspectées, d'autant plus qu'elles ne font pas de politique civile ou religieuse ».

Mme Vincent, *présidente.* — Pour donner satisfaction à Mme Oddo Deflou, nous allons mettre le vœu aux voix.

Mme H. Bélilon demande la suppression de la dernière phrase, parce qu'il y a des groupes qui font beaucoup de politique.

Mme Oddo Deflou, *secrétaire générale.* — Le vœu n'est pas de moi, il est de Mme Ranvaud.

(Adopté à l'unanimité, moins le dernier membre de phrase.)

Mme Oddo Deflou, *secrétaire générale.* — Mlle van Marcke de Lummen exprime le vœu : *Qu'il soit composé un chant féministe, entraînant et poétique, qui pourrait inaugurer ou clore les solennités féministes. (Interruptions.)*

Une voix. — C'est baroque !

Mme Oddo Deflou, *secrétaire générale.* — Mesdames, vous aimez beaucoup vous inspirer de ce qui se fait dans les autres pays. A Berlin, au Congrès de 1904, j'ai entendu, comme premier acte des opérations du Congrès, un hymne féministe. L'idée de Mlle van Marcke de Lummen n'est donc pas baroque.

(Adopté.)

Mme Oddo Deflou, *secrétaire générale.* — Mlle van Marcke de Lummen propose aussi « que les féministes organisent un voyage en Orient d'une certaine durée, afin d'examiner sur place la condition des femmes musulmanes, et de pouvoir réagir contre l'opinion émise par certains publicistes qui prétendent qu'elles en sont satisfaites ».

(Le vœu, ayant donné lieu à de nombreuses réclamations, n'est pas mis aux voix.)

Mme Oddo Deflou, *secrétaire générale.* — Mme Grandmottet-Brenet attire l'attention du Congrès sur l'abandon dans lequel le parti féministe laisse la province, où réside le nombre, et où l'idée d'émancipation est mal connue et surtout mal comprise.

Elle forme le vœu : *Qu'un centre de propagande soit créé à Paris pour organiser des conférences par toute la France et faire accepter, par les journaux de province, des articles favorables. (Applaudissements.)*

(Adopté.)

Vœu de Mme Véra Starkoff, signé de quinze personnes :

« Le Congrès proteste contre le règlement des enfants assistés qui empêche la mère indigente de voir son enfant, et émet le vœu que cette injustice criante soit abolie dans le plus bref délai ». *(Tumulte.)*

(Le vœu n'est pas mis aux voix.)

Mme Marguerite Durand, *vice-présidente.* — Je vous demande pardon si je suis de l'avis des personnes qui protestent contre l'inopportunité des vœux à la fin du Congrès, qui devrait se terminer par un vœu général relatif au suffrage des femmes, et couronnerait ainsi cette belle manifestation. On me fait cependant remarquer qu'on n'a pas parlé de l'éligibilité des femmes aux prud'hommes. Je demande au Congrès de vouloir bien donner son opinion sur cette question, à savoir s'il est d'avis : *Que les femmes déjà électeurs aux prud'hommes y soient également éligibles.*

(Adopté.)

Mme Marguerite Durand, *vice-présidente.* — J'ai une bonne nouvelle à vous annoncer. D'après le pointage que nous avons établi, nous pouvons considérer cette réforme comme acquise. Elle vient au Sénat en ce moment, et la majorité est favorable. Le Congrès accueillera cette information avec un certain plaisir.

Maintenant je crois qu'il faudrait, avant d'entendre Mmes Bogelot et Vincent, que nous votions ensemble, à l'unanimité et par acclamation, si vous le voulez bien, *la loi accordant aux femmes le droit de suffrage politique, qu'en un mot nous réclamions, pour les femmes, les droits civils et politiques.*

(Acclamé à l'unanimité.)

Mme Bogelot, *présidente d'honneur.* — Mesdames et Messieurs, je suis heureuse d'avoir assisté à cette grande manifestation. C'est presque pour moi, maintenant, un couronnement de carrière. J'ai le grand honneur et le grand plaisir d'être la présidente d'honneur de beaucoup de sociétés ; la présidente d'honneur, cela veut dire qu'on vous estime et qu'on a pour vous de la sympathie, mais que l'âge du travail et de la lutte est passé... C'est donc à titre d'amie et de vieille personne s'étant occupée de sociétés, d'œuvres, ayant voyagé, étant estimée et aimée dans bien des pays, que je me trouve au milieu de vous. Je vous remercie. Ce Congrès, direz-vous peut-être, a été un peu long, un peu fatigant, mais nous saurons prêcher lentement, c'est le premier mot que j'ai dit ; nous serons fermes et courtois, parce que ce n'est qu'avec la fermeté et la courtoisie qu'on gagne les sympathies, et qu'on fait son éducation personnelle. Encore une fois, Mesdames, merci !

Mme Vincent, *présidente.* — Mesdames, Messieurs, il me reste à remercier les congressistes d'avoir bien voulu assister à nos travaux peut-être un peu longs, mais qui, je crois, se sont terminés à la satisfaction générale. Au nom du Congrès je remercie également la presse, qui nous a été, pour ainsi dire, à l'unanimité favorable et qui, nous l'espérons, continuera de l'être. Remercions enfin Mme Bogelot, notre présidente d'honneur, et Mme Oddo Deflou, notre dévouée secrétaire générale.

Mlle Marie Popelin. — Je demande que nous acclamions le bureau tout entier qui a organisé cette admirable manifestation, et a conduit ces débats avec courage et, surtout, avec une admirable patience.

APPENDICE

LA NATIONALITÉ DE LA FEMME

De quelques conséquences de l'article 19 du Code civil

PAR Mme LUCIE WAHL

La femme étant l'éternelle mineure que l'on sait et n'étant, dans notre droit civil, que la chose, la propriété de l'homme qui veut bien lui faire l'honneur de lui donner son nom, il résulte de notre législation des choses véritablement monstrueuses dont je vais montrer quelques exemples. Auparavant, je citerai les textes de lois auxquels je ferai allusion dans la seconde partie de ce travail.

Code civil, art. 19, modifié par la loi du 26 juin 1889. — La femme française qui épouse un étranger suit la condition de son mari, à moins que son mariage ne lui confère pas la nationalité de son mari, auquel cas elle reste Française. Si son mariage est dissous par la mort du mari ou le divorce, elle recouvre la qualité de Française avec l'autorisation du gouvernement, pourvu qu'elle réside en France ou qu'elle y rentre en déclarant qu'elle veut s'y fixer.

Code civil, art. 8, § 4, modifié par la même loi. — L'étranger qui a épousé une Française (peut être naturalisé) aussi après une année de domicile autorisé.

Code civil, art. 20. — Les individus qui acquerront la qualité de Français dans les cas prévus par les art... 19 du C. C. ne pourront s'en prévaloir que pour les droits ouverts à leur profit depuis cette époque.

Loi du 24 vendémiaire an II, art. 4. — Pour acquérir le domicile de secours, il faut un an de séjour dans la commune.

Art. 5. — Le séjour ne comptera pour l'avenir que du jour de l'inscription au greffe de la municipalité.

Art. 6. — Ceux qui sont restés deux ans dans la même commune en louant leurs services à un ou plusieurs particuliers obtiendront le même droit.

Loi du 7 août 1851, art. 1er. — Lorsqu'un individu privé de ressources tombe malade dans une commune, aucune condition de domicile ne peut être exigée pour son admission dans l'hôpital existant dans la commune.

Loi du 15 juillet 1893, art. 1er. — Tout Français malade privé de ressources reçoit gratuitement de la commune, du département ou de l'Etat, suivant son domicile de secours, l'assistance médicale à domicile ou, s'il y a impossibilité de le soigner utilement à son domicile, dans un établissement hospitalier. Les femmes en couches sont assimilées à des malades. Les étrangers malades privés de ressources seront assimilés aux Français toutes les fois que le Gouvernement aura passé un traité d'assistance réciproque avec leur nation d'origine.

Art. 6. — Le domicile de secours s'acquiert : 1° par une résidence habituelle d'un an dans une commune, postérieure à la majorité ou à l'émancipation. (Cet article abroge l'article 6 de la loi du 24 vendémiaire an II cité plus haut.)

Loi du 14 juillet 1905, art. 1er. — Tout Français privé de ressources, incapable de subvenir par son travail aux nécessités de l'existence et, soit âgé de plus de 70 ans, soit atteint d'une infirmité ou d'une maladie reconnue incurable, reçoit, aux conditions ci-après, l'assistance instituée par la présente loi.

Art. 3. — Le temps requis pour l'acquisition et la perte du domicile de secours est porté à cinq ans. A partir de 65 ans, nul ne peut acquérir un nouveau domicile de secours, ni perdre celui qu'il possède.

De cet ensemble il résulte que le mari étranger habitant la France a tout intérêt à épouser une Française, puisqu'au lieu de trois ans il peut obtenir la naturalisation en un an : ce qui lui donne une foule d'avantages, tandis que la femme française perd tous les droits qu'elle possède en épousant un étranger.

Elle les perd tellement qu'elle, Française par sa naissance, ne peut recouvrer la qualité de Française que dans le cas de dissolution du mariage par mort de son conjoint ou par le divorce, et encore au prix d'une décision du Gouvernement qui est facultative, qui, par conséquent, peut être refusée. Encore l'autorisation exigée ne serait-elle pas délivrée à titre gratuit : les frais en sont très élevés, pareils à ceux que la loi impose à l'étranger qui veut être légalement admis à domicile, c'est-à-dire à 192 francs environ de droits divers, sans compter les pertes de temps, démarches et autres qui se chiffrent, pour celle qui est obligée de travailler pour vivre, à une somme élevée. Donc une Française, veuve d'un étranger, pour redevenir Française est obligée de dépenser une somme telle en frais de procédure et démarches que, pour beaucoup de veuves, elle équivaut à une véritable impossibilité.

Et alors que peut-il arriver?

Lorsqu'elle est en puissance de mari et que ce mari est étranger, la femme, sauf le cas d'urgence prévu par la loi de 1851, art. 1er, n'a droit à aucun secours. Si, dans les grandes villes et en particulier à Paris, il existe une certaine tolérance qui, d'ailleurs, ne s'étend pas à toutes les catégories d'indigents mais dont l'examen nous entraînerait à des études très abstruses de droit public international, — dans les petites localités, on n'obtient absolument rien, sauf en cas de maladie aiguë, de durée limitée et courte. En cas de tuberculose ou de cancer, par exemple, cas justiciables des hospices ou des maisons d'incurables, on n'obtient rien. C'est l'application brutale du vieux principe : nous n'avons rien à débrouiller avec les étrangers. En cas de vieillesse, rien non plus à espérer. Il est, certes, juste dans beaucoup de cas que les étrangers ne deviennent point une charge pour nos communes; mais pour une jeune fille française qui épouse dans son propre pays un étranger, qui, avec lui, a passé de longues années à travailler, à contribuer aux charges publiques comme les autres habitants de la localité, se voir, à l'âge où la vie ne se recommence pas, jetée sans ressources sur le pavé, sans rien d'assuré, même la maigre pitance de l'hospice — voilà ce qui est monstrueux. Telle est la loi dans toute sa brutalité. Ce n'est pas tout : aux enfants de cette étrangère dans son propre pays (C. C., art. 8, § 3), on viendra demander le service militaire, et leur mère n'aura droit à rien !

Chose plus monstrueuse encore, si cette malheureuse devient folle, elle sera (à moins d'instrument diplomatique spécial) transférée dans le pays de son mari, qui est théoriquement le sien, qu'elle n'a jamais habité, dont elle ignore la langue : non pas dans la province ou le département où son mari a pu laisser une parenté inconnue, mais qui peut quand même s'intéresser à cette malade, mais dans l'asile d'aliénés le plus voisin de la frontière. Il ne semble pas que, si elle guérit par hasard, le pays qui l'a hospitalisée lui doive même un secours pour regagner son domicile d'où elle a été brutalement arrachée, secours que la France ne lui accordera certainement pas.

Autre cas : supposons le mariage dissous ; la femme indigente, veuve ou divorcée, obtient qu'une société charitable ou un particulier généreux paie pour elle les droits de réintégration. Le gouvernement qui sera renseigné sur la situation par l'enquête prescrite, hésitera à se créer des charges en accordant à une indigente le droit aux secours publics. Même si une solution favorable intervient, il faudra à cette malheureuse un délai d'un an et un jour pour obtenir le moindre secours et celui de cinq années pour qu'elle ait droit à l'assistance, comme incurable ou vieille femme, car les délais pour l'obtention des secours ne partent que de la date du décret de réintégration. Si elle a plus de 65 ans, elle n'a plus droit à rien.

Telles sont les conséquences d'une législation qui ne tient aucun compte des justes *droits des femmes*, pourtant aussi légitimes et naturels que ceux des hommes, nos seigneurs et maîtres.

C'est pourquoi nous demanderons au Congrès de vouloir bien voter les résolutions suivantes :

Le Congrès,

Considérant le préjudice que la législation actuelle cause aux femmes françaises qui épousent des étrangers, surtout lorsqu'elles continuent après leur mariage à résider en France,

Emet le vœu que l'article 19 du Code civil soit ainsi modifié :

« La femme française qui épouse un étranger, mais qui continue à résider sans aucune interruption en France, postérieurement à son mariage, conservera l'usage de son statut personnel et le droit de jouir pour elle-même de tous les avantages que la loi confère aux Français d'origine.

« La femme française qui a épousé un étranger et a résidé à

l'étranger peut, en rentrant en France, jouir, conformément aux lois, de toutes les prérogatives attachées à la qualité de Française, à partir du jour où elle fera aux autorités compétentes une déclaration établissant sa situation personnelle. »

CONDITION DES ENFANTS NATURELS

La Caisse de l'Enfance

PAR Mme CAMILLE BÉLILON

vice-présidente du Groupe français d'Études féministes.

Je sais qu'on peut me dire que le Congrès n'a pas mis à son ordre du jour le sujet que je vais traiter ; mais, dans ce cas, je répondrai que, du moment où il s'occupe du sort des enfants naturels, il lui faut compter avec les réflexions, les idées de réformes que cette thèse entraînera et dont il est prudent de rétorquer à l'avance celles qui peuvent être dangereuses pour le féminisme.

A l'appui de ce que nous disons, nous allons faire connaître la genèse de cette revendication : Le budget de la maternité, lequel fut mis à l'ordre du jour et voté, peut-être un peu à la légère, par les derniers congrès féministes. C'est le moyen de faire comprendre et la valeur de nos arguments et la nécessité de les exposer.

Mais, tout d'abord, nous déclarons repousser le mot « budget », car, employé dans la circonstance, il éveille l'idée d'un régime spécial, d'un socialisme d'Etat qui peut n'être pas du goût de tous les féministes. Nous substituons donc à ce mot celui de « caisse », comme répondant mieux à notre pensée qui est de nous désintéresser de toute question politique.

Et maintenant, c'est au point de vue purement féministe que nous nous plaçons pour repousser également le mot « maternité », lequel offre un danger en ce qui regarde l'indépendance économique de la femme. Le mot « enfance » est, d'ailleurs, en l'espèce, plus juste, plus rationnel, plus humanitaire.

Donc, revenons à l'origine de cette revendication.

Il y a longtemps déjà, des esprits généreux se sont justement indignés en constatant que les mères non mariées (il ne nous plaît point d'employer le mot « fille-mère ») avaient seules la charge des enfants. Des voix s'élevèrent en leur faveur et, heureusement, furent écoutées. Mais, bientôt, on s'aperçut que beaucoup de femmes mariées se trouvaient dans la même détresse. Les unes étaient abandonnées de leur mari ; les autres, malheureusement, ne l'étaient pas ! Affligées, au contraire, d'un ivrogne, d'un paresseux dont elles dépendaient, leur sort était plus triste encore. Puis il y avait les mères veuves sans ressources et aussi des femmes dont le mari, quoique raisonnable, n'arrivait pas à subvenir aux besoins de sa famille, soit par insuffisance de gain, soit par suite de mauvaise santé.

En face de toutes ces misères, on considéra qu'on ne devait pas, en bonne justice, refuser un secours à une mère nécessiteuse pour ce motif qu'elle était la femme légitime du père de son enfant et l'on pensa à demander que ce secours s'étendît à toutes les mères dans le besoin.

Ce serait fort bien, en somme, cette égalité des mères entre elles, mais il ne faut pas qu'elle entraîne une inégalité de droits entre la femme et l'homme ; il ne faut pas que celui-ci puisse faire entendre une légitime réclamation qui, si elle se heurtait à un refus, aurait pour résultat un triomphe anti-féministe.

Un exemple : une femme mariée indigente vient à mourir. Le secours s'éteint avec elle. Or, le mari, le père, n'est-il pas autorisé à dire : « Mais ce secours n'était donc pas pour l'enfant qui se trouve ainsi dépossédé ? Si je n'avais pas le moyen de subvenir entièrement aux besoins de la mère, je n'ai pas davantage celui de payer une nourrice. Je vois que la mère est protégée pécuniairement en tant que femme. On veut tout simplement qu'elle reste chez elle et l'on prend des mesures en conséquence. On n'a cure ni de l'enfant, ni du père : on nous le prouve. Il est clair que toutes les ressources provenant du travail, que toutes les professions, surtout celles qui sont le mieux rétribuées, doivent nous échoir en partage, car nous, les hommes, on ne nous exonère d'aucune charge ».

On voit d'ici le danger. Aussi devons-nous repousser toutes ces mesures, toutes ces lois d'exception qui n'ont d'autre résultat que d'entraver la liberté, l'indépendance économique de la femme. Ces mesures, plus arbitraires qu'humanitaires, la placent dans un état d'infériorité vis-à-vis de l'homme au point de vue du droit au travail.

Donc, pour protéger l'égalité de droits pour les deux sexes, aussi bien d'un côté que de l'autre, et pour que tous les enfants, quel que soit l'état civil de leurs parents et que ces parents soient décédés ou non, pour que tous, disons-nous, aient le nécessaire, nous demandons que le secours accordé *le soit seulement en vue de pourvoir aux besoins de l'enfant* et, conséquemment, que la somme soit versée entre les mains de ceux qui sont chargés de l'élever.

Au mot « secours » nous préférons celui d' « allocation ».

En conséquence, nous émettons le vœu suivant et nous demandons au Congrès de le sanctionner par un vote :

« Qu'une allocation soit attribuée à chaque enfant nécessiteux, quel que soit l'état civil de ses parents et que ses parents soient décédés ou non. Pour le cas où l'enfant serait orphelin de père et de mère, la somme serait remise aux proches parents, s'ils sont nécessiteux eux-mêmes et s'ils ont manifesté le désir de ne point laisser mettre le petit être aux enfants assistés. Cette institution serait désignée par ce nom : « Caisse de l'enfance ».

DE L'IMMUTABILITÉ des conventions matrimoniales

PAR M. DÉPINAY
rédacteur en chef de la Revue du Notariat.

Le principe de l'immutabilité des conventions matrimoniales, en droit français, résulte des dispositions des articles 1394 et 1395 du Code civil, aux termes desquels, d'une part, toutes conventions matrimoniales doivent être « rédigées, avant le mariage, par acte devant notaire », et, d'autre part, « ne peuvent recevoir aucun changement après la célébration du mariage ». La seconde de ces dispositions est la conséquence nécessaire de la première : car, modifier une convention matrimoniale, c'est en réalité en faire une nouvelle.

Au moment de la publication du Code civil, la règle de l'immutabilité des conventions matrimoniales constituait une innovation pour une partie de la France. En effet, les pays de droit écrit, qui continuaient à appliquer le droit romain, admettaient la modification des conventions matrimoniales pendant le mariage. Toutefois, une tendance s'y manifestait, sous l'influence du voisinage du droit coutumier, en faveur de l'immutabilité : les jurisconsultes appuyaient sur cette règle la prohibition de la diminution de la constitution de dot, pendant la durée de l'union conjugale (1).

La généralité des Coutumes décidait, au contraire, que le contrat de mariage devait être antérieur à la célébration et que, le mariage célébré, le contrat ne pouvait plus être modifié (2).

D'une manière générale, les anciens jurisconsultes étaient favorables au principe de l'immutabilité (3) ; cependant, ils ne l'appliquaient pas d'une manière aussi rigoureuse que le droit moderne : ils en tempéraient la sévérité par une interprétation large, et ils s'arrêtaient souvent à des solutions que repousse le texte formel et précis des articles 1394 et 1395. C'est cependant sous leur inspiration qu'a été introduite dans le Code civil la règle inflexible de l'immutabilité des conventions matrimoniales.

Quelles étaient donc les raisons sur lesquelles le droit coutumier basait le principe de l'immutabilité? Il le justifiait d'abord par la nécessité de protéger les époux contre les entraînements d'une passion aveugle : des modifications apportées aux conventions

(1) SERRES, *Institutions du droit français*, liv. 2, tit. 14 ; ROUSSILHE, *Traité de la dot*, N° 84 ; DESPEISSES, *De la dot*, tit. 2, N°s 4 et 14 ; TESSIER, *De la dot*, N° 11 ; GARRELON, *Etude sur l'immutabilité des conventions matrimoniales*, pp. 17 et suiv.

(2) Coutumes d'Orléans, art. 202 ; Auvergne, art. 173 ; Bretagne, art. 220 ; Bourgogne, titre 4, art. 7 ; Paris, art. 282. Par exception, quelques Coutumes, par exemple, les Coutumes d'Alsace, rejetaient le principe de l'immutabilité des conventions matrimoniales.

(3) DUMOULIN, sur l'article 100 de la Coutume de Paris, N° 4 ; RENUSSON, *Communauté*, 1re partie, chap. 4, N° 12 ; LEBRUN, *Communauté*, liv. 1er, chap. 3, N° 24 ; POTHIER, *Introduction au traité de la Communauté*, N° 18.

matrimoniales après la célébration du mariage seraient-elles consenties avec la liberté qui doit présider à la formation de tout contrat? (1). La crainte de querelles et de divisions entre mari et femme a eu aussi sa part dans l'institution du principe. Si l'un des époux s'opposait aux sollicitations de l'autre et refusait de remanier le contrat de mariage, n'y avait-il pas à redouter un trouble profond dans le ménage ? (2)

On invoquait aussi l'harmonie que l'on prétendait devoir exister entre l'union des personnes et l'union des biens : la première étant indissoluble et ne devant se terminer qu'à la mort de l'un des époux, la seconde ne devait-elle pas, comme elle et pendant toute sa durée, rester sans changement? (3) Enfin, l'idée dominante chez les anciens jurisconsultes était la terreur des avantages prohibés entre époux : le contrat de mariage se prêtant facilement au déguisement des libéralités, n'était-il pas naturel de défendre de le passer ou de le modifier après la célébration du mariage? (4)

D'après les travaux préparatoires du Code civil, la règle de l'immutabilité des conventions matrimoniales a été maintenue : dans l'intérêt de la famille, par crainte de créer des mésintelligences entre les conjoints; dans l'intérêt des époux, dont l'un pourrait abuser de son pouvoir ou de l'affection de l'autre pour extorquer des conventions dolosives; et dans l'intérêt des tiers, qui, si l'on permettait aux époux de rédiger ou de modifier leurs conventions matrimoniales pendant la durée du mariage, seraient exposés à des fraudes par la substitution d'un régime de restriction à un régime de capacité, en vue duquel ils avaient traité (5).

Le principe de l'immutabilité est appliqué de la manière la plus sévère par la jurisprudence, qui frappe d'une nullité absolue et d'ordre public tout contrat postérieur à la célébration du mariage (6) et toute convention passée pendant la durée de l'association conjugale et dérogeant au contrat de mariage (7).

Cependant le Code civil lui-même a admis des exceptions à la

(1) BOUHIER, sur les Coutumes de Bourgogne, chap. 21, N° 57 ; BASNAGE, sur la Coutume de Normandie, art. 338.

(2) BOUHIER, *loc. cit.*

(3) LEPESTRE, *Arrêts*, chap. 98, N°s 10 et suiv. ; BRODEAU, sur Louet, lettre M, 4, N° 3.

(4) DUMOULIN, sur l'article 110 de la Coutume de Paris, N° 4 ; d'ARGENTRÉ, sur l'article 221 de l'ancienne Coutume de Bretagne, N° 9, texte 3, N° 1 ; LEBRUN, *Communauté*, liv. 1er, chap. 3, N° 9 ; BOURJON, *Droit commun de la France*, 1re part., chap. 3, section 1re, 1 dist. 3, N° 11 ; BACQUET, *Des droits de justice*, chap. 21, N° 73.

(5) BERLIER, *Exposé des motifs*, Locré, t. 13, p. 277, N° 8 ; SIMÉON, *Discours au Corps législatif*, Locré, t. 13, p. 453, N° 15.

(6) Cass., 22 avril 1834, D. 34-1-328. — Voir aussi AUBRY et RAU, 4e édition, 503 *bis*, p. 253 ; GUILLOUARD, t. 1er, N° 216 ; LAURENT, t. 21, N° 59 ; BAUDRY-LACANTINERIE, LE COURTOIS et SURVILLE, *Du contrat de mariage*, t. 1er, N° 85.

(7) Cass., 28 mars 1866 et 4 décembre 1867, D. 66-1-396 et 67-1-215 ; Cass., 23 juin 1887, 1-90, S. 90-1-291. — Voir aussi AUBRY et RAU, t. 5 et 503 *bis*, p. 254 texte et note 8 ; GUILLOUARD, t. 1er, N° 222 ; LAURENT, t. 21, N° 65 ; BAUDRY-LACANTINERIE, *op. cit.*, t. 1er, N° 91.

règle. Qu'est-ce, en effet, que la séparation de biens judiciaire, si ce n'est une modification du régime matrimonial adopté par les époux au moment de la célébration du mariage? De plus, l'article 1451 du Code civil permet aux époux séparés de biens judiciairement de rétablir la communauté qui existait entre eux, à la charge de se conformer aux conditions qu'il prescrit : constatation du rétablissement par acte notarié, et publication de l'acte pour sauvegarder les droits des tiers.

Les législations calquées sur le Code civil français ou rédigées sous l'inspiration de notre droit, ont conservé le principe de l'immutabilité des conventions matrimoniales (1).

Le Code suédois de 1734 (2) oblige aussi les parties à rédiger leurs conventions matrimoniales avant le mariage.

Mais l'article 1432 du Code civil allemand permet aux époux de « régler leur régime matrimonial par contrat, notamment d'abolir ce régime ou de le changer, même après la célébration du mariage ». En Angleterre, les conventions matrimoniales ne sont point soumises aux dispositions rigoureuses du droit français : la forme notariée n'est pas nécessaire; pour la validité de ces conventions, il suffit qu'elles soient constatées par écrit et consignées par celle des parties qui s'oblige ou par son représentant; le mariage célébré, les époux ne peuvent plus valablement contracter l'un avec l'autre, par suite de la confusion de leurs personnalités; si, cependant, les conventions qui interviennent entre eux au cours du mariage ont un fondement raisonnable, il se peut que, sans valeur en droit strict, elles produisent leur effet en équité (3).

On admet, en Autriche, que les pactes matrimoniaux peuvent être valablement conclus après la célébration du mariage (4).

En vertu des articles 4 et 5 de la loi norvégienne du 29 juin 1888, le contrat de mariage peut être valablement rédigé après la célébration du mariage, et les époux peuvent même modifier, pendant la durée du mariage, un contrat passé avant la célébration, s'ils obtiennent la sanction royale. La loi russe autorise les époux à modifier leurs conventions matrimoniales au cours du mariage (5).

Enfin, les articles 179 et 181 du Code civil suisse, qui a été adopté en décembre 1907 par le conseil fédéral et qui doit prochainement entrer en vigueur dans tous les cantons helvétiques, autorisent les époux à passer un contrat avant ou après la célébration du mariage, et à modifier ou révoquer ce contrat pendant le mariage.

(1) Code civil espagnol, art. 1320; Code civil ionien, art. 1310; Code civil italien, art. 1882 et 1385; Code civil de la Principauté de Monaco, art. 1217; Code civil hollandais, art. 203; Code civil portugais, art. 1105; Code civil roumain, art. 1347 et 1349; Code civil polonais, art. 209 et 210.

(2) Titre du mariage, chap. 8.

(3) Lehr, Droit civil anglais, Nos 184 à 186.

(4) Cour suprême d'Autriche, 13 décembre 1882 et 4 avril 1883.

(5) Trib. Seine, 21 mars 1907, *Journal du Droit international*, fév. 1907, 1124.

Il peut être utile d'ajouter que, d'après la jurisprudence et la majorité de la doctrine, les dispositions des articles 1394 et 1395 du Code civil français se rattachent aux formalités du contrat de mariage, formalités qui sont déterminées par la loi du pays où le contrat est passé, de sorte que des Français ne sont pas astreints à observer le principe de l'immutabilité des conventions matrimoniales si la loi du pays où est rédigé leur contrat de mariage ne formule pas ce principe. En droit international privé, c'est donc la loi du lieu de la passation de l'acte qui résout la question de savoir si la rédaction du contrat doit nécessairement précéder la célébration du mariage et si les conventions matrimoniales sont immuables après la célébration du mariage (1).

Les raisons invoquées en faveur du principe de l'immutabilité des conventions matrimoniales sont loin d'être décisives.

D'abord, la crainte d'obsession réciproque des époux, de faiblesse, d'entraînement irréfléchi ou d'abus d'autorité n'est plus aujourd'hui un motif d'une valeur suffisante, puisque le Code civil admet les donations entre époux. Le danger qui effrayait les anciens jurisconsultes est moins redoutable quand il s'agit d'une simple modification du contrat de mariage que quand un des conjoints entend obtenir de l'autre, et malgré celui-ci, par voie de donation entre vifs, d'importants avantages de survie. De plus, les idées du mari et de la femme sur leurs droits réciproques ne sont plus ce qu'elles étaient autrefois; elles ont subi une profonde évolution, dont les théories féministes sont aujourd'hui à la fois la justification et la sanction.

Quant à la prétendue harmonie qui, d'après les anciens jurisconsultes, devrait exister entre l'union des personnes et l'union des biens, elle n'a aucune raison d'être, et elle aboutit à cette conséquence inadmissible : le mariage dans lequel n'existe pas l'union des biens n'est pas un véritable mariage. Une pareille théorie pouvait se comprendre chez les juristes du droit coutumier, qui, partisans exclusifs de la communauté, rejetaient d'une manière absolue tout autre régime matrimonial. Mais, les pays de droit écrit étaient soumis au régime dotal, qui, sauf l'inaliénabilité et l'imprescriptibilité de la dot, peut, à certains points de vue, être considéré comme l'équivalent de la séparation de biens; et cependant, le mariage était aussi moral et aussi indissoluble dans les pays de droit écrit que dans les pays de droit coutumier.

De nos jours, le régime de la séparation de biens est le régime de droit commun de l'Angleterre, de l'Italie, de la plus grande partie des Etats-Unis, de la Russie, etc. Les législations qui en ont ainsi décidé n'ont fait que codifier d'anciens usages ou admettre des règles nouvelles, d'accord avec les mœurs, sans considérer que l'union des biens fût le corollaire nécessaire de l'union des personnes.

(1) Cass., 11 juillet 1855, D. 56-1-9 ; Toulouse, 7 mai 1866, D. 66-2-109 ; Cass., 24 décembre 1867, S. 68-1-134. — Voir aussi Aubry et Rau, 4e édition, t. 5 et 503 *bis*, p. 253 ; Guillouard, t. 1er, N° 335.

Par le principe de l'immutabilité, les rédacteurs du Code civil ont pensé mettre les tiers à l'abri des fraudes tentées contre eux par les époux. Mais, une publicité efficace prescrite pour les contrats de mariage passés pendant la durée du mariage et pour les modifications introduites après la célébration du mariage dans les conventions antérieures, constituerait pour les droits des tiers la plus utile sauvegarde. Nous n'entendons par là, ni une publication analogue à celle qui résulte de l'article 67 du Code de commerce pour les contrats de mariage des commerçants, parce que cette publication ne sert à rien dans la pratique, ni des insertions dans les journaux, parce qu'elles ne produiraient en fait aucune conséquence appréciable. Il suffirait, pour parer au danger, d'exiger, en attendant la constitution si désirable du casier civil, la mention en marge de l'acte de mariage, non seulement de tout contrat de mariage passé après la célébration de l'association conjugale, mais aussi de toute modification au contrat réalisée pendant la durée du mariage.

D'autre part, n'est-il pas d'une rigueur excessive de lier les époux quant aux conditions civiles de leur mariage pour toute la durée de leur union, en leur interdisant d'une manière absolue de modifier un contrat qu'ils ont conclu à une époque où ils se connaissaient à peine, et de le remanier dans un sens qui convient mieux à leur situation sociale ou pécuniaire? Par suite de circonstances indépendantes de la volonté des époux, leur condition respective a pu changer pendant le mariage ; des successions échues à l'un ou à l'autre, des bénéfices réalisés ou des pertes subies d'une manière imprévue ont pu détruire l'équilibre savamment établi par leur contrat de mariage; ils peuvent reconnaître d'accord que leurs conventions matrimoniales, rédigées exclusivement sur les indications de leurs parents, parfois même sans qu'ils aient été consultés, sont préjudiciables à leurs intérêts. Les notaires sont souvent consultés par des époux qui, animés d'excellentes intentions, voudraient, par prudence, modifier les stipulations de leur contrat de mariage, et surtout par des conjoints désespérés de n'avoir point fait de contrat de mariage et dont le régime de la communauté légale compromet gravement l'avenir. La loi ne contient aucune disposition qui puisse leur porter secours; elle prohibe, au contraire, de la manière la plus énergique toute mesure de nature à leur venir en aide. L'article 1387 du Code civil pose avec raison, en tête des dispositions légales sur le contrat de mariage, le principe de la liberté des conventions matrimoniales, que, dit-il « les époux peuvent faire comme ils le jugent à propos, pourvu qu'elles ne soient pas contraires aux bonnes mœurs ». La suppression du principe de l'immutabilité n'a rien de contraire aux bonnes mœurs. Pourquoi ne pas donner plus d'extension au principe de la liberté en autorisant les époux, sous réserve bien entendu des droits des tiers, à passer leur contrat de mariage même après la célébration du mariage, et à modifier à leur gré leurs conventions matrimoniales pendant la durée du mariage? Cette importante réforme s'impose aujourd'hui, en faveur surtout de la femme, qui, ignorante de ses droits au moment de son mariage, prend peu à peu, par l'expérience de la vie et au contact des affaires, conscience de ses intérêts et de ses obligations vis-à-vis d'elle-même et de ses enfants.

Le Congrès national des droits civils de la femme ferait œuvre utile en adoptant un vœu demandant l'abrogation du principe de l'immutabilité des conventions matrimoniales, et l'organisation d'une publicité efficace destinée à faire connaître aux tiers les contrats de mariage passés pendant la durée de l'union conjugale et les modifications apportées par les époux à leurs conventions matrimoniales au cours du mariage.

LE MEILLEUR RÉGIME LÉGAL DES BIENS dans le mariage

PAR Mme José MARTIN-VIALLA

licenciée en droit.

L'étude des régimes matrimoniaux réserve à ceux qui s'y livrent bien des désillusions. Dès que l'on a édifié un système qui semble permettre de remédier aux défauts que présente le Code, on voit surgir de nombreux contradicteurs qui ont un seul point commun : chacun d'eux vous apporte un cas particulier qui met votre système en défaut. Féministes et antiféministes usent largement de ce procédé de discussion que nous croyons devoir écarter avant tout examen de la question.

Nous ne nous trouvons pas ici en présence d'une série de cas semblables qui puissent être tous fondus au même moule; nous nous trouvons en présence d'une série de cas particuliers dont chacun diffère de tous les autres, qui varient de l'un à l'autre suivant les intérêts, les habitudes, la position réciproque et la mentalité des parties. C'est une vérité que nous demandons de rappeler au début de cet exposé : ce qui convient à un ménage peut être funeste à un autre et il n'est au pouvoir d'aucun législateur de faire une loi qui ne soit susceptible, dans un cas particulier, de léser quelque intérêt.

De ces considérations nous tirerons deux conclusions : l'une pour nous-même, l'autre pour le législateur.

C'est ainsi que nous déclarons par avance savoir parfaitement que le régime légal auquel nous accordons la préférence pourra, dans un grand nombre de cas particuliers, ne pas donner satisfaction à des intérêts très légitimes; il est impossible qu'il en soit autrement et l'on comprend en pareille matière combien est vaine toute critique qui ne s'inspire pas d'idées générales ou, tout au moins, de l'intérêt du plus grand nombre.

Le même sentiment nous pousse à demander au législateur

d'autoriser la plus grande variété possible dans les contrats de mariage. A des situations différentes, il faut des solutions différentes. Si les rédacteurs du code Napoléon sont loin d'avoir donné satisfaction aux féministes, ils ont tout au moins compris cette vérité, et c'est à leur éloge. Ce que nous demanderons tout d'abord sans approfondir cette question qui fait l'objet d'un autre rapport, c'est qu'à la base de tout régime figure une plus large capacité de la femme mariée. Nous pensons devoir, en la demandant, rallier tous les suffrages de ceux qui ne pensent pas que le mariage doive être pour la femme une forme de tutelle.

Si, maintenant, nous nous posons la question qui est le fond même de ce rapport : quel est le meilleur régime légal ? nous commencerons par étudier les divers régimes établis par notre code, et ceci pour deux raisons : d'abord parce qu'avec leurs modifications et empiètements réciproques, ils constituent à peu près tout l'ensemble des divers régimes matrimoniaux qu'il est possible d'établir ; ensuite parce qu'il faut vivre avec son code et que nous avons plus de chance de le modifier graduellement que d'en faire table rase.

Nous avons, en France, quatre régimes matrimoniaux : 1° la communauté; 2° le régime sans communauté; 3° le régime dotal; 4° la séparation des biens.

La communauté est une sorte de société de biens entre les époux ; elle est caractérisée par l'existence d'une masse commune qui représente leurs biens. A la dissolution du mariage, ces biens forment deux parts qui reviennent à chacun d'eux. La jouissance, l'administration des biens appartiennent au mari.

Le régime sans communauté est caractérisé, au contraire, par l'absence de biens communs avec les mêmes prérogatives qui, dans le régime précédent, sont accordées au mari sur tous les biens.

Le régime dotal, d'origine romaine, qu'on retrouve surtout dans le Midi et en Normandie, décide que les biens constituant la dot de la femme seront inaliénables et insaisissables, de sorte que ni le mari, ni la femme ne sont propriétaires, au sens strict du mot. Le mari garde toujours un droit d'administration sur les biens.

Le régime de la séparation des biens laisse à chacun des époux la propriété de ses biens; il est surtout caractérisé par une certaine capacité qu'il accorde à la femme sur l'administration de ses biens.

A la vérité, aucun de ces systèmes ne nous satisfait complètement; cependant, il est hors de doute, en l'état actuel des textes, que le régime de la séparation des biens donne à la femme une plus large indépendance, et qu'elle lui permet l'exercice de certains actes qu'elle ne peut accomplir sous aucun autre régime. C'est pourquoi il jouit d'une certaine faveur chez un grand nombre de féministes.

Mais il ne faut pas se payer de mots; toutes les solutions proposées diffèrent radicalement de celles que nous donne le code. Lorsqu'on nous parle de séparation de biens, on entend par là un régime qui n'a que fort peu de points communs avec la séparation du code. Lorsqu'on nous parle de communauté, on entend par là une communauté qui ne ressemble que de fort loin à notre régime légal. Dans tous les régimes proposés, une partie des biens sont communs, d'autres restent propres aux époux. Pourquoi, dès lors, se perdre en longs discours sur l'opportunité d'adopter la séparation de biens ou la communauté comme régime légal puisque, aussi bien, chacun est d'accord pour repousser avec énergie les régimes ainsi dénommés par le Code ? Il me semble que c'est faire trop d'honneur à notre législation actuelle que de discuter ainsi sur les distinctions qu'elle a établies.

Ce que nous demandons, c'est que, dans le mariage, il y ait une masse de biens commune, que d'autres biens restent propres à chaque époux, et que la capacité de la femme soit augmentée. Le tout est une question de mesure et le nom dont on habillera le régime légal est une bien petite chose, qui ne vaut pas que l'on discute longtemps à son sujet.

Nous demandons que, dans le régime légal, il y ait des biens communs aux époux; nous demandons que ce soient les biens acquis par le travail; c'est ce que l'on a coutume d'appeler société d'acquêts ou communauté réduite aux acquêts.

Nous demandons que les autres biens restent propres aux époux et que la capacité de la femme soit étendue sur ceux qui composent la communauté. Un régime légal ainsi établi remplira la condition essentielle d'un régime légal : il s'appliquera au plus grand nombre. Les gens qui se marient sous le régime légal sont généralement ceux qui ne peuvent faire les frais d'un contrat; ils associent deux misères, ou plutôt deux salaires : libre aux autres de modifier comme ils l'entendent le régime légal ainsi établi.

Nous pensons qu'il est indiscutable que, pour les femmes peu fortunées, pour les femmes d'ouvriers, il y a intérêt à ce que les économies du ménage entrent en communauté.

Faisons la part des raisons de sentiment : il est désirable que, dans un ménage, le cœur et la bourse ne soient point séparés; cela se pratique partout où la bonne entente règne, c'est-à-dire dans un grand nombre de cas. Les ménages heureux, comme les peuples heureux, n'ayant pas d'histoire, il arrive qu'on connaît surtout les mauvais: de là, parfois, une tendance à exagérer leur nombre, alors qu'ils ne sont en réalité que des exceptions. S'il est vrai toutefois, suivant l'expression d'un philosophe, qu'il y a de bons ménages mais qu'il n'y en a point de délicieux, contentons-nous de légiférer pour les bons ménages, en négligeant les délicieux et les mauvais.

A côté de ce motif, il y a des raisons d'ordre pratique. Avec nos mœurs, c'est surtout l'homme qui gagne, la femme qui économise; nous ne voulons pas discuter si cet état de choses doit constituer l'idéal féministe, mais nous agirions avec imprudence en négligeant ces considérations. Il faut que la femme ne perde pas le fruit des économies qu'elle a fait faire au ménage et, du reste, quelle que soit l'évolution économique des rapports réciproques des époux au point de vue des salaires, nous pensons que c'est un acte de justice que de partager, à la dissolution de la communauté, les économies réalisées.

Pour les autres biens, ils restent propres aux époux, les meubles comme les immeubles. Si nous adoptons cette séparation d'une partie des biens, ce n'est pas dans un esprit de méfiance vis-à-vis du principe de la communauté, mais pour des raisons d'opportunité. Actuellement, le régime de la séparation des biens est celui qui donne le plus de pouvoir à la femme; il faut tenir compte de cet état de choses et prévoir le passage du régime du code à un autre régime.

Bien que nous ne voulions pas empiéter sur le rapport qui traite de la capacité de la femme mariée, nous ne pouvons pas éviter de parler de l'administration de la communauté et des droits qu'elle doit conférer à la femme. Nul n'ignore les pouvoirs du mari dans notre régime actuel; les articles 1388 et 1421 les consacrent. Le mari administre seul les biens de la communauté; il peut vendre, aliéner, hypothéquer sans le concours de la femme. Et cependant ses droits, si exorbitants qu'ils nous paraissent, ont été un peu diminués en 1804. La coutume de Paris disait en effet : « Le mari est seigneur des meubles et conquêts immeubles, en telle manière qu'il les peut vendre, aliéner ou hypothéquer, et en faire et disposer à son plaisir et volonté sans le consentement de sa femme ». Mais combien peu a-t-on affaibli ces pouvoirs du mari ! Certaines donations sont encore possibles au mari agissant seul : ce sont les donations de meubles faites à titre particulier et en pleine propriété.

Le mari a l'administration des biens propres à la femme. C'est lui qui passe les baux qui seront obligatoires pour la femme pendant la durée de la communauté, et même en cas de renonciation. Il a qualité pour recevoir les capitaux mobiliers dus à sa femme. Enfin, il exerce toutes les actions en justice.

A ce régime j'oppose un système dans lequel la femme aurait, sur ses biens propres, un droit d'administration et de jouissance, mais non de disposition. Aucun acte de disposition à titre gratuit ou à titre onéreux ne serait possible à chacun des époux agissant seul. Tous les actes de quelque importance seraient réellement communs et exigeraient la participation des deux époux.

Nous demandons ainsi que la femme cesse d'être assimilée aux fous, aux interdits et aux enfants.

Si nous voulons être logiques avec nous-mêmes, nous devons renoncer en même temps aux avantages humiliants que nous donne le code, c'est-à-dire au bénéfice de l'hypothèque légale et au droit de renonciation à la communauté. Si la femme et le mari doivent apporter leur concours d'une manière égale dans tous les actes de disposition, il serait injuste de donner à l'un quelconque des deux une hypothèque sur les biens de l'autre.

A propos de la renonciation à la communauté, nous nous séparons d'une proposition de loi présentée par M. Charles Beauquier, proposition qui mérite, hâtons-nous de le dire, beaucoup d'éloges de la part des féministes, et qui s'inspire à la fois de hautes idées de justice et d'une connaissance approfondie de nos régimes matrimoniaux. M. Beauquier adopte, pour les deux époux, un régime de séparation de biens avec une variété de communauté d'acquêts, réservant aux deux époux la faculté de renoncer à cette sorte de communauté. Nous croyons qu'il y a là une erreur aussi bien au point de vue logique qu'au point de vue juridique.

La renonciation à la communauté est faite pour compenser l'incapacité de la femme mariée et l'éloignement dont elle est tenue dans la gestion des biens du ménage. Il est juste qu'elle puisse, à la dissolution du mariage, refuser d'accepter les conséquences d'actes auxquels elle n'a participé en rien. Mais c'est, à notre sens, commettre une grave erreur que de vouloir lui conserver cette faculté de renoncer si elle acquiert la faculté de gérer et que de croire qu'on compensera l'augmentation de pouvoir de la femme en donnant au mari, en même temps qu'on le lui conserve à elle, le pouvoir de renoncer à une communauté pour les actes de laquelle il a fallu leur concours à tous deux.

C'est en même temps à une conséquence inique que l'on arrive et nous ne pouvons admettre qu'à la dissolution du mariage chacun des époux puisse refuser de payer les dettes contractées pour les besoins du ménage. La situation de créancier n'a rien en soi qui doive motiver les rigueurs des juristes et nous pensons qu'on peut être féministe et demander en même temps qu'on ne sanctionne pas dans la loi le droit simultané pour l'homme et la femme de refuser de payer les dettes librement consenties (1).

Telles sont, dans leurs grandes lignes, les réformes qu'il nous paraît utile d'apporter à notre système matrimonial. En résumé, nous demandons que le principe de la communauté soit respecté, mais que cette communauté soit réduite aux acquêts. Nous voulons que la femme ait un rôle plus actif dans l'administration de la communauté; que, pour tous les actes engageant la communauté, son intervention soit exigée; que, sur leurs biens propres, les

(1) L'auteur du rapport se trompe ici complètement; elle critique ce que M. Beauquier n'a jamais dit ni proposé. On s'en convaincra par les extraits suivants du projet de ce député :

« Lorsque les époux n'auront pas fait de contrat, leurs biens meubles et immeubles resteront propres à chacun, pendant toute la durée du mariage, comme s'ils n'étaient pas mariés. — Chaque époux conservera l'administration, la jouissance et la disposition de sa fortune personnelle. »

Puisqu'il n'y aura entre les époux, *pendant toute la durée du mariage, aucune espèce de communauté*, puisque chacun se sera engagé séparément, il est assez naturel que chaque époux, ou sa succession, supporte les conséquences des actes antérieurs. Il est si peu question de ne pas payer les dettes contractées pour les besoins du ménage que M. Beauquier dit ensuite, expressément :

« Art. 3. — A la dissolution du mariage, soit par la mort, soit par le divorce, il sera formé une masse composée de toutes les économies réalisées par l'un ou par l'autre des époux depuis le jour du mariage. *On en déduira les dettes contractées pour les besoins du ménage* et le reste formera deux parts, etc. » (Note de Mme Oddo Deflou.)

époux aient les mêmes pouvoirs d'administration et de jouissance. Enfin, nous supprimons l'hypothèque légale et la faculté de renonciation à la communauté et nous le faisons sans regret car nous estimons que l'idéal féministe doit être l'égalité économique des époux, et que toute mesure de protection pour la femme est forcément la conséquence d'un état de dépendance.

LE SALAIRE DE LA FEMME MARIÉE

Communication de M. Ambroise COLIN
professeur à la Faculté de Droit.

Paris, le 27 juin 1908.

Madame,

Je vous prie d'excuser mon absence au *Congrès des droits civils et du suffrage des femmes* si, comme je le crains, je ne puis me rendre libre assez tôt pour assister à la séance d'aujourd'hui.

Voulez-vous me permettre de vous indiquer brièvement le sens de la communication que j'aurais faite, relativement à la loi du 13 juillet 1907, sur le libre salaire de la femme mariée.

J'avais d'abord l'intention de signaler, dans une étude d'ensemble, les diverses répercussions probables de cette loi, excellente dans son inspiration, très défectueuse, à mon avis, dans sa réalisation, à la fois insuffisante à certains égards et excessive à plusieurs autres, si excessive même par la situation toute léonine qu'elle fait à la femme dans la communauté, qu'elle pourra jeter un discrédit fâcheux sur l'ensemble des revendications juridiques du féminisme français.

A la réflexion, j'ai renoncé à ce dessein. Après tout, le texte d'une loi ne permet guère de la juger sérieusement. Il faut attendre quelque temps pour voir ce qu'en fera la jurisprudence. A vaticiner dès maintenant sur la portée de la loi nouvelle, on risque de se créer des périls imaginaires, de susciter de vains fantômes que la souple et sage doctrine de nos tribunaux aura peut-être tôt fait de conjurer.

Cependant il y a, dans la loi de 1907, une lacune manifeste que l'on doit dès maintenant constater, et sur laquelle il me paraît utile d'attirer l'attention du Congrès féministe.

La loi du 13 juillet 1907 a voulu soustraire la femme salariée, plus généralement la femme travailleuse, à la domination du mari, dans l'exercice de son activité économique. La femme, pour toucher son salaire, pour le placer, pour disposer de ses économies, pour plaider à propos de ses biens réservés, n'a plus besoin de l'autorisation maritale.

Mais la loi n'a pas touché à l'autorisation maritale nécessaire pour l'exercice même de la profession.

Aujourd'hui, voici quelle est la jurisprudence sur ce point.

La femme ne peut être commerçante, ni embrasser une profession quelconque (médecin, sage-femme, artiste, domestique) sans l'autorisation du mari, laquelle, à la vérité, peut être tacite et résulter de ce qu'il ne met pas d'opposition aux actes de la femme.

2° En cas de refus du mari, les tribunaux se montrent très hésitants pour accorder une autorisation supplétive. Lorsqu'il s'agit d'être commerçante, la femme ne peut obtenir cette autorisation de la justice que si elle est mariée sous un régime lui laissant l'administration de ses biens.

3° L'autorisation du mari est toujours révocable. S'il lui plaît de retirer son consentement et, après avoir voulu que sa femme fût commerçante ou artiste, vouloir ensuite qu'elle cesse de l'être, la femme et les tiers n'ont qu'à s'incliner. Et il est contesté que, ici même, la femme ait le droit de s'adresser aux tribunaux pour se faire relever des conséquences d'un retrait d'autorisation capricieux et malveillant.

4° Enfin, si la femme *commerçante* jouit d'une aptitude ***générale*** qui la dispense de recourir au mari pour chacun des actes de son commerce, la jurisprudence (à tort selon moi) n'étend pas la même idée à l'exercice des autres professions. L'autorisation initiale générale n'y suffit plus. Il faut une autorisation particulière pour chaque contrat, pour chaque procès. Exemple : la femme, pour être actrice, a besoin que son mari le veuille bien. Mais en outre, une fois actrice, elle ne pourra signer un engagement que si son mari le signe avec elle.

Tout cela est-il compatible avec l'esprit de la loi du 13 juillet 1907? C'est ce que je ne crois pas.

Plus particulièrement, peut-on admettre encore aujourd'hui que le mari puisse à son gré retirer à la femme l'autorisation nécessaire à l'exercice de sa profession? Quoi! il ne peut toucher à un centime des gains et salaires de l'épouse. Mais il pourra, d'un trait de plume, la priver du droit de les acquérir! On protège contre lui les fruits en lui interdisant de les cueillir, mais on lui laisse le droit de couper l'arbre par le pied! N'est-ce pas, pour employer le mot à la mode, une pure incohérence?

La faute que notre législateur, cependant bien intentionné, a commise en émancipant les salaires sans affranchir la salariée, a été évitée avec soin par les législateurs étrangers. Le chapitre de la loi belge du 14 mars 1900 sur le contrat de travail, relatif aux droits de la femme ouvrière sur ses gains, a soin de nous dire (art. 29) : La femme mariée est capable d'engager son travail moyennant l'autorisation expresse ou tacite de son mari. *A défaut de cette autorisation, il peut y être suppléé par le juge de paix sur simple réquisition de la femme*, le mari préalablement entendu ou appelé ». Et le code civil suisse, d'une physionomie si libérale et si modérée, ne se contente pas non plus de statuer sur les biens réservés de la femme. Il ajoute (article 167) : « *La femme a le droit, quel que soit le régime matrimonial des époux, d'exercer une profession ou une industrie, avec le consentement exprès ou tacite du mari. Si le mari refuse son consentement, la femme peut être autorisée par le juge à exercer cette profession ou cette industrie lorsqu'elle établit que cette mesure est commandée par l'intérêt de l'union conjugale ou de la famille* ».

En ce qui me concerne, je ne serais pas très satisfait par l'adoption d'un texte conforme à ces articles du tout récent code helvétique. Cet article, en effet, me semble un peu timide. En tout cas, j'estime que le Congrès de 1908 pourrait émettre un vœu en ce sens : *Que le Parlement français complète les dispositions de la loi du 13 juillet 1907 en réformant les règles relatives au droit pour la femme mariée d'entreprendre et de poursuivre l'exercice d'une profession.*

Veuillez agréer, etc.

LE TRAVAIL DES FEMMES ET LA RACE

PAR M. JACQUES LOURBET

publiciste.

Le travail étant la base de toutes les libertés, le droit au travail équivalant au droit à la vie, les femmes, comme les hommes, doivent, en toute indépendance, pouvoir choisir les occupations sociales qui conviennent le mieux à leurs aptitudes et à leurs goûts.

Il ne s'agit donc pas de favoriser aux femmes *l'accès de certaines carrières*, mais bien de garantir à tous, sans distinction de sexe, le *droit au travail* digne, susceptible de faire vivre normalement la personne sans la subordonner à l'arbitraire d'une autre.

Et, en attendant que le salaire devienne l'expression plus juste des rapports entre la valeur et le travail, il faut dire : à travail égal, rétribution égale.

Mais, cela entendu, il y a lieu de considérer que les femmes enceintes se trouvent dans des conditions particulières. La femme enceinte *travaille physiologiquement et psychiquement pour la race :* il serait barbare et contraire à l'intérêt véritable de la société de vouloir lui imposer par surcroit un travail matériel effectif dans l'organisme social.

A mon sens, il y a lieu d'assimiler la gestation et l'allaitement à *une fonction sociale de premier ordre.* C'est plus qu'un travail de défense nationale ; c'est une œuvre d'expansion de la race et de perfectionnement de toutes ses qualités.

Le législateur a pour devoir étroit de se préoccuper d'assurer à la femme enceinte les meilleures conditions pour le perfectionnement physique et moral de l'enfant.

Le Congrès, pénétré de ces vérités, émet le vœu suivant : « Pendant la gestation et l'allaitement, les femmes sont exonérées de tout travail physique et intellectuel régulier. L'œuvre de vie qu'elles accomplissent pendant ce laps de temps est assimilée, pour la valeur économique, au salaire maximum qu'elles peuvent avoir dans leurs métiers respectifs. En conséquence, les chefs d'industrie sont tenus de leur assurer un salaire régulier, selon le taux maximum, pendant toute la durée de la gestation et de l'allaitement. Une caisse spéciale sera fondée à cet effet. Elle sera alimentée par les mutualités, les communes, le département et l'Etat.

« Le Parlement est invité à voter d'urgence une loi protégeant ainsi la race ».

LE MOUVEMENT POUR LE SUFFRAGE DES FEMMES en Suède

PAR Mme ANNA WHITLOCK

présidente de la Société suédoise pour le suffrage des femmes.

Le mouvement suédois pour le suffrage des femmes a pris, en très peu de temps, d'imposantes proportions. Six années d'un travail persévérant et tenace ont suffi pour en faire ce qu'il est aujourd'hui, grâce à une organisation qu'on loue partout, organisation sur laquelle s'est dernièrement modelée la société danoise pour le suffrage des femmes.

La « Société de Stockholm pour le suffrage des femmes » a été constituée le 4 juin 1902. Depuis ce jour, on peut compter comme fondé le mouvement pour les droits politiques des femmes suédoises. Il est le résultat de plusieurs événements dont le plus ancien, de 1884, est la proposition de M. F.-T. Borg, membre de la seconde Chambre, et a pour but d'accorder aux femmes l'électorat et l'éligibilité politiques. Cette proposition a été repoussée par les deux Chambres, la presse tourna la tentative en ridicule, et ce n'est qu'en 1899 que la question des droits politiques des femmes se présenta de nouveau. La société féministe « Frédrika Bremer » envoie alors au Parlement une pétition demandant que la question du droit d'élection politique des femmes soit mise en délibération cette année, en même temps que celle du suffrage universel, pétition qui eut le même sort que la proposition de M. Borg. Pourtant, en 1902, le maire actuel de Stockholm, M. C. Lindhagen, déposa, à la seconde Chambre, une nouvelle proposition, se fondant sur la pétition ci-dessus mentionnée et demandant une enquête au sujet du suffrage des femmes. La proposition de M. Lindhagen engagea les femmes à une lutte plus intense pour leur cause. Trois réunions furent donc tenues à Stockholm et ces réunions nommèrent deux comités différents chargés de l'organisation d'une société pour le suffrage des femmes. Ce fut la « Société de Stockholm pour le suffrage des femmes ». Les réunions eurent aussi pour résultat une adresse au Parlement, où les femmes déclarèrent soutenir la proposition de M. Lindhagen.

Malgré la brièveté du temps, qui nécessita l'exclusion de toutes les villes, sauf Stockholm et Gothembourg, les adhésions atteignirent le nombre de 5.641.

La proposition de M. Lindhagen a été repoussée par 111 voix contre 64 dans la seconde Chambre, unanimement dans la première. Mais l'œuvre était en marche et ne pouvait plus être supprimée. Les yeux des femmes se sont dessillés et leur organisation a commencé à prendre forme, une forme souple en même temps que forte. A différents endroits se sont constituées des sociétés du suffrage — 63 en mai 1906, le double, 126, en ce mois de mai, les premières fondées en grande partie par Mme A.-M. Holmgren. De très bonne heure on comprit la haute nécessité de réunir ces sociétés locales et, à cette fin, il a été créé une société générale, dirigée par un comité central. Le comité se compose d'une députée de chacune des sociétés de province et de trois députées de Stockholm, investies, ces dernières, des fonctions de présidente, de secrétaire générale et de trésorière. Ces trois fonctionnaires forment, en outre, un comité exécutif préparant les questions qui seront traitées dans le comité central et exécutant ses décisions. Dans les cas exceptionnels et urgents, le comité exécutif peut agir seul au nom du comité central. Le travail du comité central est organisé à une réunion annuelle tenue au mois de janvier et convoquée chaque fois à un endroit différent. Les membres de ce comité, dispersés dans le pays entier, constituent un intermédiaire effectif entre la société générale et les sociétés locales; ainsi se forment de vrais canaux pour les demandes et les réponses, pour les projets et les renseignements mutuels. — Au mois de novembre, chaque année, les sociétés locales ont à élire les membres du comité central d'entre les hauts fonctionnaires. Depuis sa fondation, la société générale a eu à sa tête la même présidente, Mlle A. Whitlock. Comme secrétaire, Mlle S. Bergman a succédé à Mme Holmgren et Mlle le docteur L. Wahlström à Mlle A. Adelborg.

Malgré l'étendue de cette organisation, le travail s'y exécute sans de trop grandes difficultés. Les sociétés locales travaillent avec une liberté permettant l'initiative personnelle, mais en se soumettant toujours à la volonté de la société générale. Une discipline parfaite règne parmi les membres de la Société suédoise pour le suffrage des femmes. Aussi, une des lignes de conduite toujours suivies par la Société a-t-elle été de se tenir à l'écart des questions de parti. A cet égard comme à d'autres, il y a eu égalité et liberté. Tous les partis ont été représentés de même que toutes les classes et conditions. Pourtant, des événements extérieurs ont provoqué une scission : les socialistes ayant, depuis 1907, mis sur leur programme le suffrage des femmes, les femmes socialistes se sont détachées de la société pour le suffrage des femmes et sont entrées dans les clubs socialistes. Les relations entre les femmes socialistes et la Société pour le suffrage des femmes ne se sont pourtant pas interrompues et sont toujours restées amicales. Aux cours sociaux de l'hiver 1907-1908 organisés par la société générale, les femmes socialistes ont pris une part très active.

Les Parlements de 1904 et de 1905 amenèrent des propositions en faveur de la femme : dans la première Chambre par M. Sjoecrona, dans la seconde Chambre par M. Lindhagen soutenu, en 1905, par 57 membres de la Chambre. Les propositions ont été rejetées. L'hiver 1905-1906 donna de très grandes espérances. Un ministère libéral, jeune et énergique, était parvenu au pouvoir et devait résoudre la question de l'extension du suffrage des hommes. On organisa des réunions de femmes qui eurent pour résultat trente pétitions adressées au Cabinet. La réponse fut négative, on craignait d'embrouiller ainsi la question du suffrage des hommes. Les trente-six pétitions des femmes adressées aux membres du Parlement eurent plus de succès : quatre propositions en faveur de la femme furent déposées dans les Chambres. Pourtant, à la proposition du comité de constitution (comité perpétuel ayant à traiter des questions touchant la constitution), les quatre projets furent repoussés et une enquête ordonnée au sujet de la question du droit de suffrage des femmes. Au mois de mai, le ministère libéral céda la place à un ministère conservateur. Les femmes, aiguillonnées par cet échec, décidèrent de tenter un suprême effort : ce fut la grande pétition qui réunit 142.128 noms et qui fut présentée au Parlement le 6 février 1907. A la réunion annuelle de cette même année, les femmes décidèrent, en outre, d'étendre leur programme jusqu'à exiger, non seulement le suffrage, mais l'éligibilité des femmes au Parlement. En dépit de cette pétition, en dépit d'une grande réunion de femmes à Stockholm, où l'enthousiasme débordant s'est manifesté tant par le public qui, forçant les barrières et remplissant le local jusqu'à la dernière place, laissait dehors des milliers de personnes, que par des membres du Parlement, représentants de différents partis, enfin, malgré les six propositions présentées au Parlement, le suffrage des femmes fut repoussé. On a prétendu que l'enquête sur le suffrage des femmes n'était pas encore terminée, et en même temps on a préliminairement voté la loi de l'extension du suffrage des hommes.

Cette dernière année, 1907-1908, un grand nombre de réunions ont eu lieu où a été proclamé le droit de suffrage des femmes. A la suite de ces proclamations, le parti libéral — comme auparavant le parti socialiste — a mis sur son programme le suffrage des femmes. A l'exemple des clubs socialistes, le parti libéral, organisé en groupe, admet depuis quelque temps les femmes dans ses rangs. Au dernier Parlement, la question du suffrage des femmes a de nouveau subi un échec, motivé par les mêmes raisons qu'on avait déjà alléguées l'année précédente.

Les femmes concentreront dorénavant leurs efforts sur les élections au Parlement de l'automne prochain.

LE SUFFRAGE POLITIQUE DES FEMMES

PAR M. JACQUES LOURBET
publiciste.

Je suis, depuis longtemps, de ceux qui réclament la liberté entière des femmes dans la cité française.

Mais comment peut se réaliser cette liberté ?

Est-ce simplement par le bulletin de vote ?

La politique a pris, dans notre pays, un développement énorme. Elle a envahi avec une telle minutie la vie sociale, même élémentaire, que tout semble réductible à la capacité politique.

J'estime que c'est un excès. La politique, ainsi comprise, porte la multitude à se passionner pour des conflits d'idées vagues ; à mettre des amours-propres très irritables à la place de notions précises ; à substituer des batailles de mots à l'étude raisonnée des faits ; à opposer les luttes mesquines d'égoïstes convoitises à l'ample et généreuse discussion des doctrines.

Et, par une sorte de choc en retour, le sens politique ainsi vulgarisé dans la foule favorise « l'idéologie » ; habitue les esprits aux conclusions hâtives, superficielles et absolues ; aux solutions simplistes et fausses : il porte à créer une législation sans rapport juste avec les réalités de la vie collective.

Le public s'illusionne ainsi sur la signification du *nombre*, soit sur la signification du suffrage universel.

Le nombre ne contient pas nécessairement les éléments de progrès social, car il peut agir par accumulation d'unités et par *capillarité d'imitation*. Le nombre n'a de vertu améliorante que s'il procède par ordre de *compétences distributives*.

Aussi, tout en proclamant le droit des femmes à une liberté intégrale, je n'hésitai pas, il y a quelques années (1), à me séparer de l'opinion de Stuart Mill au sujet du suffrage politique. A cette époque, la France était en proie à des convulsions extraordinaires.

Mais, depuis, l'apaisement s'est fait dans les esprits ; chacun a repris la plénitude de sa réflexion impartiale et, sans troubler les consciences, un grand fait historique s'est produit : la séparation des Eglises et de l'Etat.

Cet événement révèle l'évolution rapide et profonde qui s'est accomplie dans la mentalité française. Les questions religieuses avaient le don, naguère, de mettre le feu aux poudres avec une vivacité extrême. Le temps a transformé le monde : les idées de tolérance ont pénétré la vie sociale.

La démocratie a déjà une puissance critique et une sagesse suffisantes pour envisager sans péril les éventualités, jadis redoutables.

De plus, la politique, abandonnant la méthode déductive, a proclamé, par l'avènement du ministère Clemenceau, la nécessité de faire résulter les lois civiles de la comparaison des faits, de leur

(1) *Le problème des sexes*, 1 vol. V. Giard et E. Brière, Paris, 1900.

analyse et de leur synthèse ; c'est dans ce but que le « ministère du travail » a été créé. Aux luttes stériles *d'opinions abstraites*, tendent à se substituer les controverses de doctrines issues de la connaissance des conditions totales de la vie collective réelle.

Nous nous trouvons donc, maintenant, en présence de conditions psycho-sociales très différentes.

Les motifs principaux que j'invoquais contre le droit immédiat de suffrage politique à accorder aux femmes ont disparu ou se sont très atténués.

Je suis donc d'avis que l'émancipation politique, avec la plénitude des droits et des devoirs qu'elle implique, soit donnée aux femmes.

Mais les femmes doivent-elles apporter leur opinion dans la vie politique, de la même manière que les hommes ? Doivent-elles faire œuvre d'imitation en réclamant le même mode de votation et de représentation ?

La citoyenne sera-t-elle une *copie* du citoyen ?

Cela n'est pas désirable, pour plusieurs raisons que je résume ainsi :

Le progrès réel veut la variété de ses composantes ; l'évolution de la famille et de la cité exige que les femmes fassent œuvre d'originalité.

Or, s'il ne faut pas craindre que les femmes manquent d'initiative et d'originalité, il faut redouter que les habitudes politiques masculines, marquées fortement dans le présent mode de votation, étouffent l'initiative et l'originalité dès le principe même et fassent évanouir l'action féminine dans l'arbitraire du nombre sans signification civilisatrice.

Je m'explique.

Voici une idée abstraite sans support dans la réalité sociale. Un rhéteur habile la développe avec véhémence. Il persuade une multitude d'auditeurs, c'est-à-dire d'électeurs. Ceux-ci votent et font triompher l'opinion.

Mais cette opinion est fausse : elle est stérile ou nocive.

Si les femmes de demain, persuadées de la même manière que les hommes, ajoutent leur bulletin de vote, apporteront-elles des éléments de progrès ? Non ! L'influence nocive de l'opinion, au contraire, augmentera, tendra à devenir générale et à pervertir le sens de la vie collective.

L'écueil que je signale n'est pas hypothétique ; il est positif.

Cet écueil, sur lequel le mouvement en faveur de l'affranchissement des femmes risque de s'anéantir, c'est le collectivisme qui fascine, par ses promesses tapageuses, nombre de femmes d'avant-garde.

La sympathie que des femmes témoignent pour les doctrines collectivistes est une contradiction regrettable.

Sans doute, les collectivistes ont mis dans leurs programmes le chapitre de l'affranchissement des femmes, mais ce sont des phrases vides de possibilités pratiques.

Les femmes, après réflexion — et si le parlementarisme évolutionniste prend résolument en mains leur cause sans crainte et sans ajournements hypocrites — ne s'y tromperont pas.

Qu'est-ce que le progrès de la liberté civique, sinon la consécration réciproque du principe d'individualisme, de l'autonomie de la personne, qui doit régir la société des hommes et des femmes ?

Or, biologiquement, par sa conformation même, la femme est collectiviste tandis que l'homme est individualiste.

Socialement, l'homme doit devenir solidariste; la femme, au contraire, doit progresser vers l'individualisme.

Toute la législation contemporaine en faveur des femmes est empreinte de cette idée centrale : la femme a le droit d'être elle-même et elle ne peut l'être que par le triomphe rationnel de l'individualisme. La loi du 13 juillet 1907, celle en instance au Sénat, qui va élargir le divorce, etc., manifestent la force politique de cette idée. Le communisme consacrerait un exécrable abaissement du rôle social et moral des femmes.

Je n'insiste pas. Mais j'ai cru devoir dénoncer sans ambages le chimérique de la doctrine collectiviste, avec d'autant plus de fermeté qu'elle a, dans les partis politiques du moment présent, des adeptes énergiques et éloquents.

Si les femmes veulent vite conquérir la liberté sociale qu'elles méritent et collaborer, en même temps, à la véritable émancipation humaine, elles n'iront pas à la politique avec des idées collectivistes.

Que faut-il donc pour que la venue des femmes à la vie politique ne risque pas d'être absorbée par un courant tout-puissant de panurgisme ?

Il faut qu'elles apportent le pouvoir libre et bienfaisant de contre-observation, non point par système de rivalité mais par résolution généreuse de perfectionner la vie privée et publique.

Dans ce but, les collèges électoraux des femmes devraient s'organiser, non point d'après le chiffre de la population, mais d'après les *zones civilisées*, c'est-à-dire d'après les conditions économiques morales et intellectuelles de la France.

En résumé, j'ai l'honneur de proposer au Congrès l'adoption du vœu suivant :

« Le Congrès estime qu'il y a lieu d'accorder aux femmes la plénitude des droits politiques dans la cité française.

« Il invite le Parlement à voter d'urgence une loi conférant l'électorat et l'éligibilité aux femmes et déterminant le mode de formation des collèges électoraux, non point d'après le nombre des habitants, mais d'après les grands intérêts de la nation : agriculture, industrie, commerce, instruction publique, éducation, hygiène publique, prophylaxie du crime, justice, distribution du travail, grèves, chômage, rééducation des délinquants mineurs, éducation par la caserne, protection des enfants du premier âge, rapports entre les puissances, arbitrage international, éducation esthétique de la démocratie, suppression du paupérisme, etc.

« La France, dans ce but, sera divisée en zones civilisées.

« Les femmes, selon une proportion à fixer, seront éligibles aux conseils municipaux, aux conseils d'arrondissement et généraux, et aux deux Chambres. »

TABLE DES MATIÈRES

Le Nom de l'épouse.

TROISIÈME SÉANCE (27 juin au soir).

Droits civils proprement dits (Suite et fin).

Le meilleur Régime matrimonial des biens (suite).

Droits civils en connexion avec la question économique : Travail des femmes.

QUATRIÈME SÉANCE (28 juin).

Droits civils en connexion avec la question économique

(Suite et fin).

Le Suffrage des femmes.

Le Mouvement suffragiste en France.

APPENDICE

La Nationalité de la femme :
De quelques conséquences de l'article 19 du Code civil

IMPRIMERIE SPÉCIALE DU CONGRÈS

www.ingramcontent.com/pod-product-compliance
Ingram Content Group UK Ltd.
Pitfield, Milton Keynes, MK11 3LW, UK
UKHW020556230726
13926UKWH00005B/2054

9 782013 468886